基础会计实务

主　编　马婷洁　戚素文　韩德静
副主编　王海燕　王亚楠　岳　颖
　　　　王明哲

北京理工大学出版社
BEIJING INSTITUTE OF TECHNOLOGY PRESS

内 容 简 介

本教材依据教育部《国家职业教育改革实施方案》《职业教育提质培优行动计划（2020—2023年）》等文件精神，从培养高水平、高素质技术技能人才的培养目标出发，以岗位职业能力要求为导向，以企业实际会计核算工作业务为载体，按照"夯实基础性理论、强化普适性技能、突出新岗位针对性、促进专业持续发展性"的建设思路设计编写。

本教材打破了传统教材学科体系的构建模式和束缚框架，紧紧围绕"大智移云"时代会计核算岗位工作任务和助理会计师考试大纲、"1+X"职业技能等级标准来选择课程内容，重组教材结构。将教材内容与会计岗位群的基本能力相结合，与证书考试相连接，与课程建设相贯通，充分体现了"岗课赛证"四位一体技能人才的培养理念。依据最新财税法规，对会计核算过程重新整合、序化，将课程内容设计为认识企业和会计工作、填制与审核原始凭证、掌握会计核算方法、填制与审核记账凭证、设置与登记会计账簿、组织和开展财产清查、编制与报送会计报表、确定账务处理程序八个教学项目。每个项目开头都设置了"思政阅读材料""学习目标"（"素质目标""知识目标"和"能力目标"）等栏目，项目中设置了"会计职业判断""提示""拓展"等栏目，把重难点、详细解析、拓展、微课、图像等做成二维码在教材中进行了标注，活化教材内容情境，项目后均附有"自检知识图谱""自测题"，力求使教学内容和形式更加丰富多彩。每个任务按照"任务布置—知识准备—任务实施—任务训练"来设计，充分体现了"理实一体化"的教学思想，为该课程的教学和自学提供了方便。

本教材既可以作为高职高专院校财务会计类专业以及财经商贸大类各相关专业的教学用书，也可作为各类人员的自学用书。

版权专有　侵权必究

图书在版编目（CIP）数据

基础会计实务 / 马婷洁，戚素文，韩德静主编. -- 北京：北京理工大学出版社，2021.9（2021.11重印）
ISBN 978-7-5763-0351-3

Ⅰ. ①基… Ⅱ. ①马… ②戚… ③韩… Ⅲ. ①会计实务-高等学校-教材 Ⅳ. ①F233

中国版本图书馆CIP数据核字（2021）第190219号

出版发行 / 北京理工大学出版社有限责任公司	
社　　　址 / 北京市海淀区中关村南大街5号	
邮　　　编 / 100081	
电　　　话 /（010）68914775（总编室）	
（010）82562903（教材售后服务热线）	
（010）68944723（其他图书服务热线）	
网　　　址 / http：//www.bitpress.com.cn	
经　　　销 / 全国各地新华书店	
印　　　刷 / 唐山富达印务有限公司	
开　　　本 / 787毫米×1092毫米　1/16	
印　　　张 / 22.5	责任编辑 / 王俊洁
字　　　数 / 598千字	文案编辑 / 王俊洁
版　　　次 / 2021年9月第1版　2021年11月第2次印刷	责任校对 / 刘亚男
定　　　价 / 59.90元	责任印制 / 施胜娟

图书出现印装质量问题，请拨打售后服务热线，本社负责调换

前　言

本教材依据教育部《国家职业教育改革实施方案》《职业教育提质培优行动计划（2020—2023年）》等文件精神，全面落实立德树人的根本任务，以2019年申报成功的河北省精品在线开放课程为基础，从培养高水平、高素质技术技能人才的培养目标出发，以岗位职业能力要求为导向，以企业实际会计核算工作业务为载体，按照"夯实基础性理论、强化普适性技能、突出新岗位针对性、促进专业持续发展性"的建设思路设计编写。

本教材打破了传统教材学科体系的构建模式和束缚框架，紧紧围绕"大智移云"时代会计核算岗位工作任务和助理会计师考试大纲、"1+X"职业技能等级标准来选择课程内容，重组教材结构。将教材内容与会计岗位群的基本能力相结合，与证书考试相连接，与课程建设相贯通，充分体现了"岗课赛证"四位一体技能人才的培养理念。

本教材是由长期从事会计教学工作同时又有多年企业兼职会计工作经历的"双师型"专任教师和长期从事企业会计实际工作的兼职教师共同编写。在编写时，编者充分分析和论证了"大智移云"时代会计核算工作岗位的任务、职能以及对会计人员的素质、能力要求；分析确定了高职学生的就业方向与就业岗位，以及这些岗位典型的工作任务；分析讨论了能够适应产业转型升级的X证书考核内容；分析借鉴了会计教材建设中的经验和教训，按照"理实一体化"的教学模式，根据会计核算工作流程搭建项目化教学的课程结构，编排课程内容。

本教材突出体现了以下几个特点：

一、课程思政化

本教材积极响应习近平总书记在中国共产党第二十次全国代表大会上的报告精神，深入思考习近平总书记提出的"培养什么人、怎样培养人、为谁培养人"的教育根本问题，固本夯基，从"心"出发，将会计成长中应具备的诚心、慎心、忠心、细心、耐心、匠心、清心充分融入相关项目单元，培养诚信为本、操守为重、坚持准则、不做假账的会计基本素养。

二、内容职业化

本教材充分体现了项目导向、任务驱动，基于工作过程系统化的课程开发理念，依据最新财税法规，对会计核算过程重新整合、序化，将课程内容设计为认识企业和会计工作、填制与审核原始凭证、掌握会计核算方法、填制与审核记账凭证、设置与登记会计账簿、组织和开展财产清查、编制与报送会计报表、确定账务处理程序八个教学项目，前七个项目以北京中润服饰有限责任公司（以下简称中润公司）为背景，以真实业务示例或仿真案例教学始终贯穿于会计工作的全过程，展现了会计工作的全貌；项目八确定账务处理程序通过信达公司典型的会计业务，进行实例讲解，巩固工作内容。

三、体例系统化

每个项目开头都设置了"思政阅读材料""学习目标"（"素质目标""知识目标"和"能力目标"）等栏目，项目中设置了"会计职业判断""提示""拓展"等栏目，把重难点、详细解析、拓展、微课、图像等做成二维码在教材中进行了标注，活化教材内容情境，项目后均附有

"自检知识图谱""自测题",力求使教学内容和形式更加丰富多彩。每个任务按照"任务布置—知识准备—任务实施—任务训练"来设计,充分体现了"理实一体化"的教学思想,为该课程的教学和自学提供了方便。

四、资源多样化

为了利教便学,本教材将大量的微课、动画、图片等数字资源以二维码形式插入相关内容,读者可通过移动终端扫描获取。

本教材由唐山职业技术学院大数据与会计专业教学团队（省级团队）与校企合作单位的一线会计工作者共同开发完成,由唐山职业技术学院马婷洁、韩德静和曹妃甸职业技术学院戚素文担任主编；由唐山职业技术学院王海燕、王亚楠、岳颖和曹妃甸职业技术学院王明哲担任副主编；参与本教材编写的有唐山市曹妃甸区财政局朱长倩、唐山市城市建设投资集团有限公司肖艺霜；由国际注册高级会计师刘涛担任主审。全书由马婷洁进行修改和最终定稿。

尽管编者在本教材升级方面做了很大努力,但由于编者水平有限,加之时间仓促,难免存在不足,敬请广大读者和各界同仁多提宝贵意见。谢谢!

目 录

项目一 认识企业和会计工作 ... 001

会计论道之诚心 ... 001
学习目标 ... 001
任务1.1 了解企业及基本生产经营过程 ... 002
 1.1.1 企业的概念 ... 002
 1.1.2 企业组织形式及组织架构 ... 003
 1.1.3 企业基本生产经营过程 ... 005
任务1.2 认识会计工作 ... 007
 1.2.1 会计工作组织、会计机构 ... 007
 1.2.2 会计人员及其专业技术职务 ... 008
 1.2.3 会计工作的发展趋势 ... 009
任务1.3 明确会计工作的内涵 ... 010
 1.3.1 会计的特点与会计的职能 ... 010
 1.3.2 会计的对象与会计的目标 ... 012
 1.3.3 会计基本假设与会计信息的质量要求 ... 014
 1.3.4 会计的方法与会计核算的内容 ... 019
任务1.4 认识会计要素与会计等式 ... 023
 1.4.1 划分会计要素 ... 024
 1.4.2 建立会计等式 ... 031
自检知识图谱 ... 038
自测题 ... 038

项目二 填制与审核原始凭证 ... 039

会计论道之慎心 ... 039
学习目标 ... 039
任务2.1 了解原始凭证 ... 039
 2.1.1 原始凭证的概念 ... 043
 2.1.2 原始凭证的种类 ... 044
任务2.2 取得与填制原始凭证 ... 049
 2.2.1 原始凭证的填制要求 ... 052
 2.2.2 筹集资金的原始凭证 ... 054
 2.2.3 投资活动的原始凭证 ... 057
 2.2.4 供应过程的原始凭证 ... 058
 2.2.5 生产过程的原始凭证 ... 061
 2.2.6 销售过程的原始凭证 ... 064

2.2.7　其他经济业务的原始凭证 ·· 070
　任务2.3　审核原始凭证 ·· 077
　　2.3.1　原始凭证的审核 ··· 078
　　2.3.2　错误凭证的处理 ··· 079
　自检知识图谱 ·· 083
　自测题 ·· 083

项目三　掌握会计核算方法 ·· 084

　会计论道之忠心 ··· 084
　学习目标 ··· 084
　任务3.1　开设会计账户 ·· 085
　　3.1.1　设置会计科目 ·· 085
　　3.1.2　会计对象、会计要素、会计科目三者之间的关系 ············· 089
　　3.1.3　开设会计账户 ·· 090
　　3.1.4　会计科目与会计账户的联系和区别 ································ 092
　任务3.2　借贷记账法 ··· 095
　　3.2.1　记账方法概述 ·· 096
　　3.2.2　借贷记账法的基本内容 ·· 098
　任务3.3　核算企业主要经济活动 ·· 108
　　3.3.1　筹集资金业务核算 ·· 111
　　3.3.2　投资活动业务核算 ·· 114
　　3.3.3　供应过程业务核算 ·· 115
　　3.3.4　生产过程业务核算 ·· 118
　　3.3.5　销售过程业务核算 ·· 122
　　3.3.6　其他经济业务核算 ·· 125
　　3.3.7　财务成果形成与分配业务核算 ······································· 127
　自检知识图谱 ·· 163
　自测题 ·· 163

项目四　填制与审核记账凭证 ·· 164

　会计论道之细心 ··· 164
　学习目标 ··· 164
　任务4.1　了解记账凭证 ·· 165
　　4.1.1　记账凭证的概念 ·· 165
　　4.1.2　记账凭证的分类 ·· 166
　　4.1.3　记账凭证的基本内容 ·· 169
　任务4.2　编制记账凭证 ·· 170
　　4.2.1　编制记账凭证的基本要求 ·· 171
　　4.2.2　编制记账凭证的具体要求 ·· 171
　任务4.3　审核记账凭证 ·· 181
　　4.3.1　审核记账凭证的意义 ·· 182
　　4.3.2　记账凭证的审核内容 ·· 182

任务4.4　传递与保管会计凭证 …………………………………………………… 184
　　　　4.4.1　会计凭证的传递 ……………………………………………………… 184
　　　　4.4.2　会计凭证的装订 ……………………………………………………… 185
　　　　4.4.3　会计凭证的保管 ……………………………………………………… 188
　　自检知识图谱 …………………………………………………………………………… 190
　　自测题 …………………………………………………………………………………… 190

项目五　设置与登记会计账簿 …………………………………………………………… 191

　　会计论道之耐心 ………………………………………………………………………… 191
　　学习目标 ………………………………………………………………………………… 191
　　任务5.1　初识会计账簿 ……………………………………………………………… 192
　　　　5.1.1　会计账簿的概念 ……………………………………………………… 192
　　　　5.1.2　会计账簿的种类 ……………………………………………………… 193
　　任务5.2　设置与启用会计账簿 ……………………………………………………… 199
　　　　5.2.1　会计账簿的设置方法 ………………………………………………… 199
　　　　5.2.2　会计账簿的启用 ……………………………………………………… 205
　　任务5.3　登记会计账簿 ……………………………………………………………… 208
　　　　5.3.1　会计账簿的登记要求 ………………………………………………… 209
　　　　5.3.2　日记账的登记 ………………………………………………………… 210
　　　　5.3.3　明细账的登记 ………………………………………………………… 211
　　　　5.3.4　总账的登记 …………………………………………………………… 213
　　　　5.3.5　总账与明细账的平行登记 …………………………………………… 214
　　任务5.4　查找与更正错账 …………………………………………………………… 222
　　　　5.4.1　错账的查找方法 ……………………………………………………… 223
　　　　5.4.2　错账的更正方法 ……………………………………………………… 224
　　任务5.5　对账与结账 ………………………………………………………………… 228
　　　　5.5.1　对账的方法及内容 …………………………………………………… 229
　　　　5.5.2　结账的程序与方法 …………………………………………………… 231
　　　　5.5.3　新账的更换方法 ……………………………………………………… 233
　　自检知识图谱 …………………………………………………………………………… 237
　　自测题 …………………………………………………………………………………… 237

项目六　组织和开展财产清查 …………………………………………………………… 238

　　会计论道之清心 ………………………………………………………………………… 238
　　学习目标 ………………………………………………………………………………… 239
　　任务6.1　认知财产清查 ……………………………………………………………… 239
　　　　6.1.1　财产清查的意义 ……………………………………………………… 239
　　　　6.1.2　财产清查的种类 ……………………………………………………… 240
　　　　6.1.3　财产清查的一般程序 ………………………………………………… 241
　　任务6.2　清查库存现金 ……………………………………………………………… 242
　　　　6.2.1　库存现金清查的方法与种类 ………………………………………… 242
　　　　6.2.2　库存现金清查盘点结果的账务处理 ………………………………… 243

任务6.3 清查银行存款 ... 248
6.3.1 开展银行存款的清查 ... 248
6.3.2 编制银行存款余额调节表 ... 249
任务6.4 清查往来款项 ... 253
6.4.1 开展往来款项的清查 ... 253
6.4.2 整理往来款项的清查结果 ... 254
任务6.5 清查实物资产 ... 254
6.5.1 开展实物资产的清查 ... 255
6.5.2 实物资产清查结果的账务处理 ... 256
自检知识图谱 ... 261
自测题 ... 261

项目七 编制与报送会计报表 ... 262
会计论道之匠心 ... 262
学习目标 ... 262
任务7.1 认知财务报表 ... 263
7.1.1 认知财务报表 ... 263
7.1.2 明确财务报表编制要求 ... 266
7.1.3 财务报表编制前的准备工作 ... 267
任务7.2 编制利润表 ... 268
7.2.1 利润表概念 ... 268
7.2.2 利润表的结构 ... 269
7.2.3 利润表的编制方法 ... 271
任务7.3 编制资产负债表 ... 278
7.3.1 资产负债表的概念 ... 278
7.3.2 资产负债表的结构 ... 279
7.3.3 资产负债表的编制方法 ... 282
任务7.4 现金流量表 ... 294
7.4.1 现金流量表概述 ... 294
7.4.2 现金流量表的结构及基本内容 ... 295
7.4.3 现金流量表的编制方法 ... 299
任务7.5 报送会计报表 ... 300
7.5.1 会计报表的对外报送对象 ... 300
7.5.2 会计报表的对外报送要求 ... 300
自检知识图谱 ... 302
自测题 ... 302

项目八 确定账务处理程序 ... 303
会计论道之责任心 ... 303
学习目标 ... 303
任务8.1 应用记账凭证账务处理程序 ... 304
8.1.1 记账凭证账务处理程序的特点 ... 307

8.1.2　记账凭证账务处理程序下设置的记账凭证与会计账簿 …………………… 308
　　8.1.3　记账凭证账务处理程序的工作步骤 …………………………………………… 308
　　8.1.4　记账凭证账务处理程序的优缺点及适用范围 ………………………………… 309
任务8.2　应用科目汇总表账务处理程序 ……………………………………………… 325
　　8.2.1　科目汇总表账务处理程序的特点 ……………………………………………… 325
　　8.2.2　科目汇总表账务处理程序下设置的记账凭证与会计账簿 …………………… 325
　　8.2.3　科目汇总表核算程序的工作步骤 ……………………………………………… 327
　　8.2.4　科目汇总表账务处理程序的优缺点及适用范围 ……………………………… 328
任务8.3　应用汇总记账凭证账务处理程序 …………………………………………… 332
　　8.3.1　汇总记账凭证账务处理程序的特点 …………………………………………… 332
　　8.3.2　汇总记账凭证账务处理程序下设置的记账凭证与会计账簿 ………………… 332
　　8.3.3　汇总记账凭证的编制方法 ……………………………………………………… 332
　　8.3.4　汇总记账凭证账务处理程序的工作步骤 ……………………………………… 334
　　8.3.5　汇总记账凭证账务处理程序的优缺点及适用范围 …………………………… 335
自检知识图谱 ……………………………………………………………………………… 349
自测题 ……………………………………………………………………………………… 349

参考文献 ………………………………………………………………………………… 350

项目一
认识企业和会计工作

 思政阅读材料

会计论道之诚心

《后汉书·张酺传》："张酺前入侍讲，屡有谏正，阎阎（yin）恻恻，出于诚心，可谓有史公之风矣。"这里的诚心是指诚恳的心意。

会计的诚心也可以理解为会计诚信，是社会经济关系发展到一定阶段的产物，是传统诚信理念的发展与延伸，它要求会计人员立足会计实践，力行诚实守信。它包括四层含义：会计人员要以诚待人，做老实人，说老实话，办老实事；会计工作要实事求是，不弄虚作假；数据要真实，计算要正确；严密保守因工作关系获取的机密。

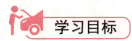 学习目标

素质目标
- 培养学生爱岗敬业、细心踏实、诚实守信的职业道德，强化职业意识，养成良好的职业习惯。
- 培养学生发现问题、分析问题与解决问题的能力。
- 培养学生自主学习、自我发展与应用知识的能力。
- 培养学生分工协作的团队精神。

知识目标
- 了解企业的概念、组织形式及基本生产经营过程。
- 了解企业机构设置、企业常设会计工作岗位及职责。
- 了解会计工作的发展趋势。
- 掌握会计的概念、会计对象和目标。
- 熟悉会计职能，掌握会计基本假设。
- 理解会计信息质量要求，理解会计核算基础。
- 熟悉会计要素的含义与特征，掌握会计要素的内容。
- 掌握会计等式的表现形式，理解基本经济业务的类型及其对会计等式的影响。

能力目标
- 能提出会计机构设置的方法和形式。
- 能描述会计工作岗位及职责。
- 能描述企业的主要经济业务和资金运动的过程，具备运用权责发生制的判断能力，掌握会计核算方法之间的联系。

- 能正确确认会计要素，正确识别经济业务的特征。
- 能分析经济业务类型及会计要素的变动对会计等式的影响。
- 能根据会计职业的发展趋势，对自己未来的会计职业生涯作出合理的规划。

任务1.1　了解企业及基本生产经营过程

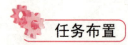

今天，某高职院校会计专业的顶岗实习安排表下发了，即将参加实习的学生都围在一起叽叽喳喳讨论不止。小萌同学兴奋地说："我被分派到北京中润服饰有限责任公司去参观，小超你分到哪儿啦？"小超同学有些失望地告诉小萌说："你好幸运啊！我被分派到唐山市某某会计文化用品商店参观。个人开办的会计文化用品商店，这也属于企业吗？到底企业包括哪些类型呢？怎么才能知道参观的企业属于哪种类型的企业呢？"小萌同学也一筹莫展地说："是啊，老师还要求咱们了解企业的基本情况，并绘制它的内部组织架构图。这些企业的信息我们应该从哪里获取呢？"

1.1.1　企业的概念

1. 企业的概念

企业是指从事生产、流通、服务等经济活动，以生产或服务满足社会需要，实行自主经营、独立核算、依法设立的一种营利性的经济组织。

2. 企业的作用

企业的作用主要表现在以下几个方面：

1）企业是市场经济活动的主要参加者

市场经济活动的顺利进行离不开企业的生产、销售和服务活动；离开了企业的生产、销售和服务活动，市场就成了无源之水、无本之木。因此，企业的生产和经营活动直接关系着整个市场经济的发展。

2）企业是社会生产、流通和服务的直接承担者

社会经济活动的主要过程即生产、流通和服务，都是由企业来承担和完成的。离开了企业，社会经济活动就会中断或停止。企业的生产状况和经济效益直接影响着国家经济实力的增长、人民物质生活水平的提高。

3）企业是社会经济技术进步的主要力量

企业通过生产和经营活动，不仅创造和实现了社会财富，而且也是先进技术和先进生产工具的制造者和采用者，这在客观上推动了整个社会经济技术的进步。我国国民经济体系由许多不同形式的企业组成，企业的生产和经营活动不仅决定着市场经济的发展状况，而且决定着我国社会经济活动的生机和活力。所以，企业是最重要的市场主体，在社会经济生活中发挥着巨大作用。

1.1.2 企业组织形式及组织架构

1. 企业组织形式的类型

企业组织形式按不同的标准可分为不同的类型。

1）按照财产的组织形式和所承担的法律责任划分

(1) 独资企业。

独资企业，是指个人出资经营、归个人所有和控制、由个人承担经营风险和享有全部经营收益的企业。以独资经营方式经营的独资企业负有无限的经济责任，破产时债权人可以扣留业主的个人财产。我国的个体户和私营企业很多都属于此类企业。

独资企业的特点是：①企业的建立与解散程序简单；②经营管理灵活自由。企业出资人可以完全根据个人的意志确定经营策略，进行管理决策；③企业出资人对企业的债务负无限责任。当企业的资产不足以清偿其债务时，企业出资人以其个人财产偿付企业债务；④企业的规模有限。独资企业有限的经营所得、企业出资人有限的个人财产、企业出资人一人有限的工作精力和管理水平等都制约着企业经营规模的扩大；⑤企业的存在缺乏可靠性。独资企业的存续完全取决于企业出资人个人的得失安危，企业的寿命有限。

(2) 合伙企业。

合伙企业，是指自然人、法人和其他组织依照《中华人民共和国合伙企业法》在中国境内设立的，由两个或两个以上的自然人通过订立合伙协议，共同出资经营、共负盈亏、共担风险的企业组织形式。我国合伙企业组织形式仅限于私营企业。合伙企业一般无法人资格，不缴纳所得税。其包括普通合伙企业和有限合伙企业。合伙企业可以由部分合伙人经营，其他合伙人仅出资并共负盈亏，也可以由所有合伙人共同经营。

合伙企业的特点是：①合伙企业是不具备法人资格的营利性经济组织；②普通合伙人对合伙企业的债务承担无限连带清偿责任；③全体合伙人订立书面合伙协议；④合伙人共同出资、合伙经营、共享收益、共担风险。

合伙企业分为普通合伙企业和有限合伙企业两类。普通合伙企业由普通合伙人组成，合伙人对合伙企业债务承担无限连带责任。有限合伙企业由普通合伙人和有限合伙人组成，普通合伙人对合伙企业债务承担无限连带责任，有限合伙人以其认缴的出资额为限对合伙企业债务承担责任。

(3) 公司制企业。

公司制企业又叫股份制企业，是指由一个以上投资人（自然人或法人）依法出资组建，有独立法人财产，自主经营、自负盈亏的法人企业。

公司制企业是所有权和管理权分离，出资者按出资额对公司承担有限责任的企业，主要包括有限责任公司和股份有限公司。两类公司均为法人，投资者可受到有限责任保护。

有限责任公司，是指一般由 1 人以上 50 人以下的股东共同出资设立，每个股东以其认缴的出资额为限对公司行为承担有限责任，公司以其全部资产对其债务承担责任的法人企业。有限责任公司不对外公开发行股票，股东的出资额由股东协商后确定，并不要求等额。有限责任公司的一种特殊形式为一人有限责任公司，是指由一个股东（自然人或法人）为公司进行全部出资的有限责任公司。一人有限责任公司具有法人资格，承担有限责任，而个人独资企业属于自然人企业范畴，不具有法人资格，承担无限责任。

股份有限公司又称股份公司，是指注册资本由等额股份构成，并通过发行股票（或股权证）筹集资本，公司以其全部资产对公司债务承担有限责任的企业法人。在市场经济国家，股份有限公司是大、中型企业通常采用的组织形式。任何愿意出资的人都可以成为股东，不受资格限制。作为单纯的股份持有者，股东的权益主要体现在股份上，并随着股份的转移而转移。股份有限公司的财务状况必须向社会公开；公司股份可以自由转让，但不能退股；公司设立和解散有严格的法律程序，手续复杂。

2）按行业分类标准划分

（1）制造业企业。

制造业企业是指对制造资源（物料、能源、设备、工具、资金、技术、信息和人力等），按照市场要求，通过制造过程，转化为可供人们使用和利用的大型工具、工业品与生活消费产品的行业。

（2）商品流通企业。

商品流通企业是指独立于生产领域之外，专门从事商品流通活动的企业单位。其特点如下：①专门从事商品（含生活资料和生产资料）经营和流通服务活动；②经营业务主要是购、销、运、存；③流动资金占用比例高；④经营的商品种类多；⑤消费者（含生产性用户）数量多等。

我国商品流通企业包括商业、粮食、物资、供销、外贸、医药商业、石油商业、烟草商业、图书发行以及从事其他商品流通的企业。

（3）服务企业。

服务企业是指为政府、事业单位、企业和居民提供各种服务的企业。它不生产物质产品，但为生产企业和流通企业提供资金、保险、技术服务，为行政事业单位和居民提供生活、餐饮、娱乐、旅游等服务。

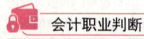

会计职业判断

从事物流运输业务的公司属于商品流通企业吗？

2. 企业组织架构

企业组织架构，是指企业的流程运转、部门设置及职能规划等最基本的结构依据，常见的组织架构形式包括中央集权制、分权制、直线式以及矩阵式等。不同的企业，由于性质不同，其企业组织架构也不完全一样。下面以公司制企业为例，简要介绍其组织架构，如图1-1所示。

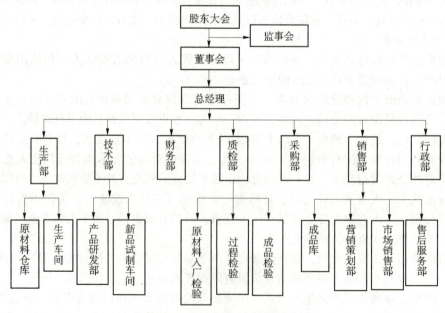

图1-1　公司制企业组织架构

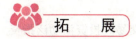

"五证合一"登记制度，是指将企业登记时依次申请的，分别由工商部门核发的营业执照、质监部门核发的组织机构代码证、税务部门核发的税务登记证、人力社保部门核发的社会保险登记证和统计部门核发的统计登记证，改为由申请人"一表一次，一次申请"，工商部门统一收件，并由质检、国税、地税、人力社保、统计部门并联审批，统一核发一个加载统一社会信用代码的营业执照，即"一照一码"营业执照。通过"一口受理、并联审批、信息共享、结果互认"，实现由一个部门核发加载统一社会信用代码的营业执照。"一照一码"营业执照就好比企业的"身份证"，企业凭营业执照可以在政府机关、金融、保险机构等部门证明其主体身份，办理刻章、纳税、开户、社保等事务，相关部门都予以认可，且全国通用。"五证合一"营业执照的格式及具体内容如图1-2所示。

图1-2　"五证合一"营业执照的格式及具体内容

1.1.3　企业基本生产经营过程

企业的经济活动各种各样，但按照经营过程，可以简单地归纳为筹资活动、投资活动、营业活动、分配活动四大类。

1. 筹资活动——钱从哪里来

筹资活动，是指企业资金的筹措或取得之交易。钱从哪里来？"巧妇难为无米之炊"，开门七件事：柴、米、油、盐、酱、醋、茶，家庭如此，企业更是如此，没有钱将一事无成。所以，筹资活动，乃企业一切活动的根本。

企业资金来源有两个：一为股东，二为债权人。

（1）股东所提供的资金，属于自有资金，股东对企业所拥有的权益，称为股东权益（或股本）。

（2）债权人所提供的资金，是外来资金，债权人对企业所拥有的权益，称为负债。

因此，如何筹措足够的资金，供日后投资及营运活动之用，乃企业经营首要之务。

微课：生产经营活动

2. 投资活动——钱到哪里去

投资活动，是指企业将所筹集的资金，转换成企业营运所需要的资产交易。投资活动泛指资金形态的转换或资源配置，主要包括：

（1）实物资产投资，通常企业在进行营业活动之前，必须先投资或取得某些供营业活动使用的资产，如厂房、仓库、机器设备、办公场所等。

（2）非实物资产投资，如无形资产的购买及其研发活动等。

3. 营业活动——赚钱过程及钱如何回收并获利

企业已通过股本及负债等筹资活动取得必要的资金，并进行投资而拥有营业活动所需要的资产或资源。营业活动，是指企业运用资金，从事供、产、销等一系列的活动，通过提供产品（商品）或劳务，以实现创造利润的目标。简而言之，营业活动就是获利活动，通俗地讲，就是投出去的钱如何收回并收回更多的钱。

就制造业企业而言，按照营业活动的不同内容、所处环节和特定目的，可以将其大体分为四个方面：供应过程、生产过程、销售过程、其他活动。

4. 分配活动——计算钱如何多出来及为谁而挣

公司是为股东创造盈余而存在的，且使股东权益最大化。通过企业的营运活动和对外投资活动，付出去很多钱，同时也收回来很多钱，简单地讲，收回来的钱扣除付出去的钱，就是盈余（或称经营成果），前者大于后者的差额为利润，后者大于前者的差额为亏损。

虽然公司是为股东创造盈余而存在，但企业创造的盈余不一定全部分配给股东或投资者。按照《公司法》的规定，企业盈余的分配顺序如下：

（1）要弥补以前年度的亏损。

（2）应提取10%的法定盈余公积。

（3）向股东分派股息或红利。股息或红利的发放，是企业盈余最主要的用途，也是股东投资的主要目的之一。

任务实施

第一步：熟悉北京中润服饰有限责任公司的基本情况。

从公司的营业执照（见图1-2）可以了解企业的基本情况：

企业名称：北京中润服饰有限责任公司；

社会信用代码：911101024111658505；

企业地址：北京市西城区刘润街刘绍路58号；

法定代表人：李建刚；

公司类型：有限责任公司；

经营范围：主要经营服装、服饰制品的加工与销售；

注册资本：400万元；

实收资本：400万元；

成立日期：2015年8月1日。

第二步：熟悉北京中润服饰有限责任公司的内部组织机构。

公司设有办公室、财务部、采购部、专设销售机构、生产车间等部门。

任务训练

选择一家真实的制造业企业、商品流通企业或服务企业等，通过实地参观或网上查询，熟悉其基本情况和企业的内部组织架构。

任务1.2　认识会计工作

请小萌同学分析北京中润服饰有限责任公司的内部机构设置，熟悉各岗位工作职责。根据所了解的信息，完成个人职业生涯规划。

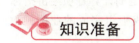

1.2.1　会计工作组织、会计机构

1. 会计工作组织概述

会计工作组织是会计工作的组织，一般包括设置会计机构、配备会计人员并按照规定的会计制度进行工作。会计机构是直接从事和组织领导会计工作的职能部门，是加强会计工作、保证会计工作顺利进行的重要条件。企业、事业和行政单位都要设置会计工作的专职机构，负责办理财务会计工作。

科学地组织会计工作对于完成会计职能、实现会计目标、发挥会计在经济管理中的作用，具有十分重要的意义，具体表现在以下三个方面：

（1）有利于提高会计工作的质量和效率。

（2）有利于协调与其他经济管理工作的关系。

（3）有利于加强经济责任制。

2. 会计工作组织形式

由于企业会计工作的组织形式不同，企业财务会计机构的具体工作范围也有所不同。企业会计工作的组织形式有独立核算和非独立核算、集中核算和非集中核算、专业核算和群众核算几种组织形式。

1）独立核算和非独立核算

独立核算是指对本单位的业务经营过程及其结果，进行全面的、系统的会计核算。实行独立核算的单位称为独立核算单位，它的特点是具有一定的资金，在银行单独开户，独立经营、计算盈亏，具有完整的账簿系统，定期编制报表。独立核算单位应单独设置会计机构，配备必要的会计人员，如果会计业务不多，也可只设专职会计人员。

非独立核算又称报账制。实行非独立核算的单位称为报账单位，它是由上级拨给一定的备用金和物资，平时进行原始凭证的填制和整理，以及备用金账和实物账的登记，定期将收入、支出向上级报销，由上级汇总，它本身不独立计算盈亏，也不编制报表。如商业企业所属的分销店就属于非独立核算单位。非独立核算单位一般不设置专门的会计机构，但需配备专职会计人员，负责处理日常的会计事务。

2）集中核算与非集中核算

实行独立核算的单位，其记账工作的组织形式可以分为集中核算和非集中核算两种。

集中核算就是将企业的主要会计工作都集中在企业会计机构内进行。企业内部的各部门、各单位一般不进行单独核算，只是对所发生的经济业务进行原始记录，办理原始凭证的取得、填制、审核和汇总工作，并定期将这些资料报送给企业会计部门进行总分类核算和明细分类核算。实行集中核算，可以减少核算层次，精简会计人员，但是企业各部门和各单位不便于及时利用核算资料进行日常的考核和分析。

非集中核算又称为分散核算，就是企业的内部单位要对本身所发生的经济业务进行比较全面的会计核算。如在工业企业里，车间设置成本明细账，登记本车间发生的生产成本并计算出所完成产品的车间成本，厂部会计部门只根据车间报送的资料进行产品成本的总分类核算。

3) 专业核算和群众核算

我国有些企业除实行专业核算外，还开展群众核算。专业核算是由专职会计人员进行核算。

群众核算是由职工群众参加进行的经济核算，如工业企业的班组核算和商业企业的柜组核算等。其具体做法是，确定核算单位，制定核算指标，推选群众核算员，定期计算各项经济指标的实绩和得失以及开展劳动竞赛等。群众核算可以使群众及时了解班组或柜组完成的业绩，激发广大职工群众的生产积极性和主动性。

3. 会计机构

会计机构是单位内部所设置的、专门办理会计事项的机构。会计机构和会计人员是会计工作的主要承担者。

企业应当根据会计业务的需要设置会计机构，或者在有关机构中设置会计人员并指定会计主管人员；不具备设置条件的，应当委托经批准设立从事会计代理记账业务的中介机构代理记账。国有的和国有资产占控股地位或者主导地位的大、中型企业必须设置总会计师。总会计师的任职资格、任免程序、职责权限由国务院规定。

根据《代理记账管理办法》的规定，在我国从事代理记账业务的机构，应至少有 3 名持有会计从业资格证书的专职人员。主管代理记账业务的负责人必须具有会计师以上专业技术资格，机构有健全的代理记账业务内部规范。

1.2.2 会计人员及其专业技术职务

1. 会计人员

会计人员，是在企业从事会计工作的人员，其应当具备必要的专业知识和专业技能，熟悉国家有关法律、法规、规章和国家统一的会计制度，遵守职业道德。从事会计工作的人员应提高从事会计工作所需的专业能力。

会计机构负责人、会计主管人员应当具备下列基本条件：

(1) 坚持原则，廉洁奉公；
(2) 具备会计师以上专业技术职务资格或者从事会计工作不少于三年；
(3) 熟悉国家财经法律、法规、规章和方针、政策，掌握本行业业务管理的有关知识；
(4) 有较强的组织能力；
(5) 身体状况能够适应本职工作的要求。

2. 会计工作岗位

各单位应当根据会计业务需要设置会计工作岗位，对各个岗位的会计人员按照岗位责任进行考评。我国《会计基础工作规范》规定会计工作岗位一般可分为会计机构负责人或会计主管人员、出纳、财产物资核算、工资核算、成本费用核算、财务成果核算、资金核算、往来核算、总账报表、稽核、档案管理等。实行会计信息化和管理会计的单位，可以根据需要设置相应工作岗位，也可以与其他工作岗位相结合。

会计工作岗位可以一人一岗、一人多岗或者一岗多人，但出纳人员不得兼任稽核、会计档案保管和收入、支出费用、债权债务账目的登记工作。会计人员的工作岗位要有计划地进行轮换，以促进会计人员全面熟悉业务和不断提高综合业务素质。

3. 会计专业技术职务

会计专业技术职务是区分会计人员从事业务工作的技术等级。会计专业技术职务分为高级会计师、会计师、助理会计师、会计员。其中，高级会计师为高级职务，会计师为中级职务，助理会计师与会计员为初级职务。目前，我国会计专业技术人员的专业技术职务实行考试与评聘相结合的方式。全国会计专业技术资格考试合格者，由各单位根据会计工作需要，在规定的限额和批准的编制内设置相应职务。

会计专业技术资格考试，也称会计职称考试，是由财政部、人力资源和社会保障部共同组织的全国统一考试，共分初级会计师、中级会计师和高级会计师职称三个级别。考试实行全国统一考试制度，每年考试一次，由全国统一组织、统一大纲、统一试题、统一合格标准。会计专业技术初级、中级资格考试合格者，即由各省、自治区、直辖市、新疆生产建设兵团人事（职改）部门颁发人事部统一印制，加盖人事部、财政部印章的会计专业技术资格证书。证书全国范围有效。

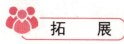

1+X 职业技能登记证书考试

2019年中央全面深化改革委员会第五次会议审定《国家职业教育改革实施方案》（20条）确定启动1+X证书试点。1+X证书是学历证书+若干职业技能等级证书制度（简称1+X证书制度），其中"1"是学历证书，"X"为若干职业技能等级证书。1+X证书制度鼓励学生在获得学历证书的同时，积极取得多类职业技能等级证书，拓展就业创业本领，缓解结构性就业矛盾。目前适合财会专业的1+X证书主要包括："财务共享服务""财务数字化应用""业财一体信息化""智能财税"等。

1.2.3 会计工作的发展趋势

当今技术的发展，如互联网、大数据、物联网络等引发了会计行业的逐步信息化，并向人工智能转变。此外，财务信息处理的准确性也在持续提高，人工智能技术也在其他领域被运用，为了提高应用水平，有必要正确认识人工智能技术的应用。在会计方面，人工智能发挥了重大作用，成功建立了"人机互动"的导向模式，为会计发展提供动机和支持，改变了传统的用人理念，引导会计行业和人才市场向智能型开发转变。

智能会计能替代绝大部分基础会计录入等工作，大幅度减少了基础手工会计的工作量，伴随智能会计系统的进一步完善，还会节省更多的手工会计劳动量；智能会计也提高了会计工作的效率，增加了会计信息准确度。智能会计是在传统人工会计的基础之上，利用人工智能来实现会计工作的自动化。

但是智能会计不具有人类的逻辑应变能力及复杂事件的逻辑分析处理能力，对于找不到规律的记录，例如账务调整、新政策更新、建立计算输出模型的复杂会计处理工作，智能会计无法完成。智能会计由于是人们开发的运用工具，决定了它本质上只能更好地模仿人工会计技能，但不能具备与人工会计同等的理解分析能力。会计工作中的统筹分析与筹划，多维度、对比性的综合管理与社会经济等环境复杂的财税分析，智能会计也做不到。

随着智能会计不断发展，人工会计的大量基础重复工作将越来越多地被智能工作所替代，人工会计应当充分借助智能会计的优势，以企业各项运营业务为依托，加强会计的监督管理职能，不断帮助企业提升经营能力；还应当抓住智能化时代的新机遇迎难而上，顺应智能会计时代的新发展，具备更强的学习及解读财会专业知识的能力，熟练使用智能会计的新技能，加强人工综合管理分析能力，不断提高自身的核心综合竞争力。

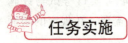

第一步：根据北京中润服饰有限责任公司的实际业务情况，需要设置财务部，由于企业规模不大，可以设置会计主管1人，复核员1人，出纳员1人，记账员1人，制单员1人，并结合会计工作实际确定每人的岗位职责。

第二步：根据个人的情况，完成个人职业生涯规划书1份，并在班内展示。

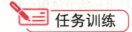

根据所学知识，分析企业中各部门之间的关系。

任务1.3 明确会计工作的内涵

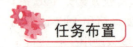

请以北京中润服饰有限责任公司内部会计人员的身份，熟悉会计的特征、会计的对象与目标、会计的职能与方法、会计基本假设等，进一步明确会计工作的内涵。

1.3.1 会计的特点与会计的职能

1. 会计的特点

微课：认识会计——会计内涵

会计是以货币为主要计量单位，以凭证为依据，用一系列专门的方法，对一定主体的经济活动进行全面、连续、系统、综合的核算和监督，并向有关方面提供会计信息的一种经济管理活动。与企业其他管理活动相比，会计具有以下基本特点：

1）以货币为主要计量单位

对任何一种经济活动的核算和记录，都必须应用一定的计量单位，否则就无法进行数量反映。人们经常采用的计量单位主要有三种：实物量度（如公斤、米、件等）、劳动量度（如工作日、工时等）和货币量度（元、角、分）。这些计量单位，由于衡量的基础不同，分别应用在不同的方面。

（1）实物量度是为了核算各种不同物资的实物数量而采用的，它对于提供经营管理上所需的实物指标，保护各种物资的安全和完整具有重要意义。但是，实物量度有一定的局限性，它只能用于总计同一种类的物资，而不能用来总计各种不同种类的物资，更无法用来综合反映各种不同的经济活动。

（2）劳动量度是为了核算企业经营活动中消耗的劳动者工作时间的数量而采用的一种计量单位，应用劳动量度，可以具体确定某一工作过程的劳动耗费，这在商品经济条件下是非常必要且具有特定作用的。但是，由于价值规律是商品经济下的基本经济规律，社会再生产过程中所消耗的劳动量，还不能广泛利用劳动量度来进行记录和计算，仍需要间接地利用价值形式进行计算，即必须借助于价值形式才能把各种经济性质相同或不同的生产经营业务加以综合，以求得经营管理所必需的资产、负债、成本、利润等这样一些综合性的经济指标，总括反映各个单位错综复杂的经济活动过程及其结果。

（3）货币是商品的一般等价物，具有价值尺度的功能。以货币作为统一的计量单位来进行核算是会计的一个重要特点。尽管实物量度和劳动量度也要经常应用，但会计上的主要计量单位还是货币量度。

2）具有连续性、系统性、全面性和综合性

会计具有一套科学的专门方法，能对经济活动进行连续、系统、全面和综合的核算与监督。连续性是指会计对各种经济业务按其发生的时间先后顺序进行不间断的记录；系统性是指对会计记录要按一定要求进行科学的分类、整理和汇总，为经营管理提供系统的、有用的会计信息；全面性是指会计对全部经济活动进行完整的计量和记录，反映其来踪去迹，不能有任何遗漏；综合性是指会计对各项经济业务以统一货币为计量尺度进行综合汇总，为经营管理提供总括的价值指标。

3）会计核算以合法凭证为依据

为了实现会计目标，向有关各方提供真实、有用的会计信息，会计对任何经济业务的记录与核算，必须取得或填制合法会计凭证，并按有关规定对凭证进行审核。只有经过审核无误的会计凭证才能作为会计处理的依据。

2. 会计的职能

会计的职能，是指会计在经济管理中所具有的功能。正确认识会计的职能，对于正确提出会计工作应担负的任务，确定会计人员的职责和权限，充分发挥会计工作应有的作用，都有重要的意义。《中华人民共和国会计法》（以下简称《会计法》）把会计的基本职能表述为会计核算和会计监督。

1）会计的核算职能

会计的核算职能是会计最基本的职能，也称反映职能。它是指以货币为主要计量单位，对特定主体的经济活动进行确认、计量、记录、计算和报告，为有关各方提供会计信息。会计核算的内容具体表现为生产经营过程中的各种经济业务，包括：

（1）款项和有价证券的收付；

（2）财物的收发、增减和使用；

（3）债权、债务的发生和结算；

（4）资本、基金的增减和经费的收支；

（5）收入、费用、成本的计算；

（6）财务成果的计算和处理；

（7）其他需要办理会计手续、进行会计核算的事项。

会计核算的要求是真实、准确、完整、及时。

确认是运用特定会计方法、以文字和金额同时描述某一交易或事项，使其金额反映在特定主体财务报表的合计数中的会计程序。确认分为初始确认和后续确认。

计量是确定会计确认中用以描述某一交易或事项的金额的会计程序。

记录是指对特定主体的经济活动采用一定的记账方法,在账簿中进行登记的会计程序。

报告是指在确认、计量、记录的基础上,对特定主体的财务状况、经营成果和现金流量情况,以财务报表的形式向有关各方报告。

2)会计的监督职能

会计的监督职能也称控制职能,是指对特定会计主体经济活动和相关会计核算的合法性、合理性进行审查,即以一定的标准和要求利用会计所提供的信息对各单位的经济活动进行有效的指导、控制和调节,以达到预期的目的。会计监督的内容包括:

(1)监督经济业务的真实性;

(2)监督财务收支的合法性;

(3)监督公共财产的完整性。

会计监督是一个过程,它分为事前监督、事中监督和事后监督。

会计的监督职能要求会计人员在进行会计核算的同时,要对特定主体经济业务的合法性、合理性进行审查。合法性审查是指保证各项经济业务符合国家法律法规,遵守财经纪律,执行国家有关方针政策,杜绝违法乱纪行为;合理性审查是指检查各项财务收支是否符合特定主体的财务收支计划,是否有利于预算目标的实现,是否有奢侈浪费行为,是否有违背内部控制制度要求的现象,为增收节支、提高经济效益严格把关。

上述两个会计职能是相辅相成、辩证统一的关系。会计核算是会计监督的基础,没有核算所提供的各种信息,监督就失去了依据;而会计监督又是会计核算质量的保障,只有核算,没有监督,就难以保证核算所提供信息的真实性、可靠性。

会计作为管理经济的一种活动,它的职能随着会计的发展而发展。理论界认为,会计除了传统的核算、监督职能外,还有预测经济前景、参与经济决策、计划组织以及绩效评价等职能。

1.3.2 会计的对象与会计的目标

1. 会计的对象

会计的对象是指会计核算和监督的内容。前已述及,会计需要以货币为主要计量单位,对特定主体的经济活动进行核算与监督。也就是说,凡是特定主体能够以货币表现的经济活动,都是会计核算和监督的内容,即会计的对象。换言之,会计的对象就是能用货币表现的经济活动。以货币表现的经济活动,通常又称为价值运动或资金运动。

微课:认识会计——会计的对象和核算内容

资金运动包括各特定对象的资金投入、资金运用(即资金的循环与周转)、资金退出等过程,而具体到企业、行政单位、事业单位,又有较大的差异,即同样是企业,工业、商业、建筑业及金融业等也均有各自资金运动的特点,其中尤以工业企业最具代表性。下面以工业企业为例,说明企业会计的具体对象。

工业企业是从事工业产品生产和销售的营利性经济组织。为了从事产品的生产和销售活动,企业必须拥有一定数量的资金,用于建造厂房、购买机器设备、采购原材料、支付职工工资、支付经营管理中必要的开支等,生产出的产品经过销售,收回的货款还要补偿生产中的垫付资金、偿还有关债务、上交有关税金等。由此可见,工业企业的资金运动表现为资金的投入、资金的循环与周转(包括供应过程、生产过程和销售过程三个阶段)和资金退出企业三部分,既有一定时期内的显著运动状态(表现为收入、费用和利润等),又有一定日期的相对静止状态(表现为资产同负债、所有者权益),如图1-3所示。

资金的投入包括企业所有者投入的资金和债权人投入的资金两部分,前者属于企业所有者权益,后者属于企业债权人权益——企业负债。投入企业的资金一部分构成流动资产,另一部分构成非流动资产。

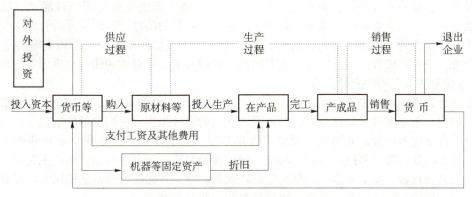

图 1-3　工业企业资金的循环与周转

资金的循环与周转分为供应、生产、销售三个阶段。在供应过程中，企业要购买材料等劳动对象，发生材料买价、运输费、装卸费等材料采购成本，与供应单位发生货款结算关系。在生产过程中，劳动者借助于劳动手段将劳动对象加工成特定的产品，发生材料消耗的材料费、固定资产磨损的折旧费、生产工人劳动耗费的人工费等，构成产品使用价值和价值的统一体。同时还将发生企业与工人之间的工资结算关系、与有关单位之间的劳务结算关系等。在销售过程中，将生产的产品销售出去，发生有关销售费用、收回货款、上交税金等业务活动，并同购货单位发生货款结算关系、同税务机关发生税务结算关系等。企业获得的销售收入，扣除各项费用后的利润，还要提取盈余公积，并向所有者分配利润。

资金的退出包括偿还各项债务、上交各项税金、向所有者分配利润等，这部分资金便离开企业，退出企业的资金循环与周转过程。

 **提示**

上述资金运动的三个阶段，构成了开放式的运动形式，是相互支撑、相互制约的统一体。没有资金的投入，就不会有资金的循环与周转；没有资金的循环与周转，就不会有债务的偿还、税金的上交和利润的分配等；没有这类资金的退出，就不会有新一轮的资金投入，就不会有企业的进一步发展。

 会计职业判断

行政事业单位会计的对象是什么？

2. 会计的目标

会计的目标也称财务报告的目标，是指会计管理活动所期望达到的预期结果。会计的目标是会计工作的内在规定性，它决定着会计活动的方向。2006年财政部新颁布的《基本会计准则》第4条明确规定了会计的目标是向财务报告使用者提供与企业财务状况、经营成果和现金流量等有关的会计信息，反映企业管理层受托责任的履行情况，有助于财务报告使用者作出经济决策。概括地讲，会计的目标包括了反映企业管理层受托责任的履行情况和提供会计信息两个方面。同时，对企业提供的会计信息要满足会计信息的质量要求。

1) 反映企业管理层受托责任的履行情况

企业管理水平的高低直接影响着企业的经济效益、经营风险、竞争能力和发展前景，在一定程度上决定着企业的前途和命运。在现代企业制度下，企业的所有权和经营权高度分离，企业的管理层受托于企业的所有者经营和管理企业，会计信息如实反映企业各项经营活动、投资活动和筹资活动，以及关于企业财务状况、经营业绩和现金流量的信息，有助于反映管理层受托责任的履行情况，也为所有者评价管理者的经营业绩和管理水平提供依据，以便所有者为是否对企业继续投资，是否更换管理层，以及对企业的经验管理提出有针对性的建议与措施等作出决策。

2）提供对决策有用的会计信息

企业会计提供的信息主要涉及两个方面：一是会计信息使用者；二是会计信息使用者需要什么样的信息。企业会计主要通过包括财务报表在内的会计报告对使用者提供信息。

会计信息使用者一般区分国家宏观经济管理部门、企业内部管理者和企业外部使用者三个方面。国家宏观经济管理部门如财政、税收、统计等相关部门；企业内部管理者主要包括企业的权力机构及其管理者，如董事会、监事会、总经理等；企业外部的会计信息使用者有投资人、债权人、客户、供应单位等，他们是会计提供信息的主要服务对象。

会计信息使用者需要什么样的信息，取决于信息使用者的目的及需求不同。

（1）投资者（含潜在的）。

他们是会计信息的主要使用者，他们关心投资的内在风险和投资报酬。投资者利用会计信息，主要结合公司的投资项目、资本结构和股利分配政策，来了解企业的盈利能力及其变化发展趋势，进而作出投资决策，如是否投资、继续持有还是转让投资、增加还是减少投资等。他们还需要利用会计信息来帮助他们评估企业支付股利的情况。

（2）债权人（含潜在的）。

他们主要关心企业的偿债能力，他们利用会计信息来帮助自己作出有关决策，如是否将资金贷给企业，是增加或减少给企业的贷款，是否应继续保持对企业的债权，是否向企业赊销商品和劳务等。

（3）政府有关部门。

政府有关部门包括财政、税务、物价、银行、审计、统计和证券监管部门，他们需要利用会计信息了解企业的经营状况，并对企业会计信息的真实性、合规性、完整性进行监督和检查。他们将各企业的会计信息汇总后，还可了解国民经济各部门、各地区的整体情况，为制定各项经济政策提供依据。

（4）社会公众。

社会公众主要指企业内部职工及企业外部与企业有直接或间接联系的用户，如顾客、证券商、经纪人、中介机构、经济分析人员等。他们有的以主人翁的身份参与企业经营管理，关心企业的利润分配情况及企业的发展前景；有的出于投资决策、购买决策或对企业经营情况进行咨询、审计、鉴证、评价、分析等需要利用会计信息。

（5）企业管理者。

在两权普遍分离的条件下，企业内部管理者是指企业最高管理层的成员。他们受雇于企业投资者，必须完成投资者赋予的经济责任，实现企业的经营目标，进而实现管理者自身的价值。为此，企业内部管理者就必须对经营过程中遇到的重大问题进行正确的决策，如新产品的开发、产品的定价、成本费用的控制、工资奖金的分配、对外投资等问题。这些问题决策得正确与否，直接关系到企业的兴衰成败。所以，企业管理者必须了解本企业所有的会计信息，并据以作出正确决策。

1.3.3 会计基本假设与会计信息的质量要求

1. 会计基本假设

会计基本假设，也称会计的基本前提。一般包括会计主体、持续经营、会计分期和货币计量。

1）会计主体

会计主体又称为会计实体，是指会计核算和监督的特定单位或组织，它界

微课：认识会计——会计基本假设

定了从事会计工作和提供会计信息的空间范围。一般来讲，凡是拥有独立的资金、自主经营、独立核算收支盈亏并编制会计报表的单位或组织都可构成一个会计主体。

会计主体这一基本假设要求会计人员只能核算和监督所在主体的经济活动（就企业类主体而言，其经济活动就是所发生的交易或事项，下同）。其主要意义在于：一是将特定主体的经济活动与该主体所有者及职工个人的经济活动区别开来；二是将该主体的经济活动与其他单位的经济活动区别开来，从而界定了从事会计工作和提供会计信息的空间范围，同时说明某会计主体的会计信息仅与该会计主体的整体活动和成果相关。

 提示

会计主体与法律主体（法人）并不是对等的概念，法人可作为会计主体，但会计主体不一定是法人。例如，由自然人所创办的独资与合伙企业不具有法人资格，这类企业的财产和债务在法律上被视为业主或合伙人的财产和债务，但在会计核算上必须将其作为会计主体，以便将企业的经济活动与其所有者个人的经济活动以及其他实体的经济活动区别开来。企业集团由若干具有法人资格的企业组成，各个企业既是独立的会计实体，也是法律主体，但为了反映整个集团的财务状况、经营成果及现金流量情况，还应编制该集团的合并会计报表，企业集团是会计主体，但通常不是一个独立的法人。

 会计职业判断

（1）会计主体必须是法律主体的说法对吗？
（2）事业单位、企业集团、分公司、生产车间、销售部门、合伙制企业这些组织中哪些可以作为会计主体？

2）持续经营

持续经营是指会计主体在可预见的未来，将根据正常的经营方针和既定的经营目标持续经营下去。即在可以预见的未来，该会计主体不会破产清算，所持有的资产将正常营运，所负有的债务将正常偿还。

有了持续经营的前提，会计信息的可比性等会计信息质量要求才能得到满足，会计计量的历史成本计量属性才能发挥作用，企业在信息的收集和处理上所采用的会计方法才能保持稳定，会计核算才能正常进行。例如，在市场经济条件下，企业破产清算的风险始终存在，一旦企业发生破产清算，所有以持续经营为前提的会计程序与方法就不再适用，而应当采用破产清算的会计程序和方法。

3）会计分期

会计分期是指在企业持续不断的经营过程中，人为地划分一个个间距相等、首尾相接的会计期间，以便确定每一个会计期间的收入、费用和盈亏，确定该会计期间期初、期末的资产、负债和所有者权益的数量，并据以结算账目和编制财务报表。会计分期规定了会计核算的时间范围。

企业应当划分会计期间，分期结算账目和编制财务报告。会计期间分为年度和中期。以年度为会计期间通常称为会计年度。在我国，以公历年度作为企业的会计年度，即以公历1月1日起至12月31日止，在年度内，再划分为季度和月份等较短的期间，这些短于一个完整的会计年度的报告期间统称为中期。

提示

由会计分期假设产生了会计核算基础——权责发生制。我国《会计法》规定,企业会计的确认、计量和报告应当以权责发生制为基础。权责发生制又称应收应付制,它以款项的应收应付作为确定本期收入和费用的标准。它要求凡当期已经实现的收入和已经发生或应当负担的费用,无论款项是否收付,都应当作为当期的收入和费用,计入利润表;凡是不属于当期的收入和费用,即使款项已经在当期收付,也不应作为当期的收入和费用。

收付实现制与权责发生制相对应,它是以款项实际收到或付出为标准来确定本期收入和费用的一种会计基础。

目前,我国的行政单位会计主要采用收付实现制,事业单位会计除经营业务可以采用权责发生制以外,其他大部分业务采用收付实现制。

会计职业判断

在以下三种情况下,权责发生制和收付实现制是否分别予以确认、计量和报告?
(1) 款项已经收到,费用已经支付,收入、费用应当归属于本会计期间;
(2) 款项已经收到,费用已经支付,但收入和费用不应当归属于本会计期间;
(3) 款项没有实际收到,费用也没有实际支出,但收入和费用应当归属于本会计期间。

4) 货币计量

货币计量是指企业会计核算采用货币作为主要计量单位,记录、反映企业的经济活动,并假设币值保持不变。

企业会计的核算采用货币作为经济活动的最好计量单位,如果企业的经济业务是多种货币计量并存的情况,就需要确定一种货币作为记账本位币。记账本位币,是指企业经营所处的主要经济环境中的货币。我国企业会计准则规定,企业通常应选择人民币作为记账本位币。业务收支以人民币以外的货币为主的企业,可以选定其中一种货币作为记账本位币。但是,编报的财务报表应当折算为人民币。

会计职业判断

(1) 货币计量是否为会计核算唯一的计量单位呢?
(2) 某企业确定以人民币作为记账本位币。某日,收到某外资企业支付的业务咨询费5 000美元,会计应该如何处理?

提示

上述会计核算的四项基本假设,具有相互依存、相互补充的关系。会计主体确立了会计核算的空间范围,持续经营与会计分期确立了会计核算的时间长度,而货币计量则为会计核算提供了必要手段。没有会计主体,就不会有持续经营;没有持续经营,就不会有会计分期;没有货币计量,就不会有现代会计。

2. 会计信息的质量要求

会计信息的质量要求是对企业财务报告中所提供会计信息质量的基本要求，是使财务报告中所提供会计信息对投资者等使用者决策有用应具备的基本特征，它主要包括可靠性、相关性、清晰性、可比性、实质重于形式、重要性、谨慎性和及时性八项。

1）可靠性

可靠性要求企业应当以实际发生的交易或者事项为依据进行确认、计量和报告，如实反映符合确认和计量要求的各项会计要素及其他相关信息，保证会计信息真实可靠、内容完整。

会计信息要有用，必须以可靠为基础，如果财务报告所提供的会计信息是不可靠的，就会给投资者等使用者的决策产生误导甚至造成损失。

2）相关性

相关性要求企业提供的会计信息应当与投资者等财务报告使用者的经济决策需要相关，有助于投资者等财务报告使用者对企业过去、现在或者未来的情况作出评价或者预测。

会计信息质量的相关性要求，需要企业在确认、计量和报告会计信息的过程中，充分考虑使用者的决策模式和信息需要。但是，相关性是以可靠性为基础的，两者之间并不矛盾，不应将两者对立起来。也就是说，会计信息在可靠性前提下，要尽可能地做到相关性，以满足投资者等财务报告使用者的决策需要。

3）清晰性

清晰性（可理解性）要求企业提供的会计信息应当清晰明了，便于投资者等财务报告使用者理解和使用。

企业编制财务报告、提供会计信息的目的在于使用，而要使使用者有效使用会计信息，应当能让其了解会计信息的内涵，弄懂会计信息的内容，这就要求财务报告所提供的会计信息应当清晰明了，易于理解。只有这样，才能提高会计信息的有用性，实现财务报告的目标，向投资者等财务报告使用者提供对决策有用的信息。

4）可比性

可比性要求企业提供的会计信息应当相互可比。这主要包括两层含义：

（1）同一企业不同时期可比。

为了便于投资者等财务报告使用者了解企业财务状况、经营成果和现金流量的变化趋势，比较企业在不同时期的财务报告信息，全面、客观地评价过去、预测未来，从而作出决策。会计信息质量的可比性要求同一企业不同时期发生的相同或者相似的交易或者事项，应当采用一致的会计政策，不得随意变更。但是，满足会计信息的可比性要求，并非表明企业不得变更会计政策，如果按照规定或者在会计政策变更后可以提供更可靠、更相关的会计信息，可以变更会计政策。有关会计政策变更的情况，应当在附注中予以说明。

（2）不同企业相同会计期间可比。

为了便于投资者等财务报告使用者评价不同企业的财务状况、经营成果和现金流量及其变动情况，会计信息质量的可比性要求不同企业同一会计期间发生的相同或者相似的交易或者事项，应当采用规定的会计政策，确保会计信息口径一致、相互可比，以使不同企业按照一致的确认、计量和报告要求提供有关会计信息。

5）实质重于形式

实质重于形式要求企业应当按照交易或者事项的经济实质进行会计确认、计量和报告，不仅仅以交易或者事项的法律形式为依据。

企业发生的交易或事项在多数情况下，其经济实质和法律形式是一致的。但在有些情况下，会出现不一致。例如，以融资租赁方式租入的资产虽然从法律形式上来讲企业并不拥有其所有权，但是由于租赁合同中规定的租赁期相当长，接近于该资产的使用寿命；租赁期结束时承租企业有优先购买该资产的选择权；在租赁期内承租企业有权支配资产并从中受益等。因此，从其经济实质来看，企业能够控制融资租入资产所创造的未来经济利益，在会计确认、计量和报告上就应当将以融资租赁方式租入的资产视为企业的资产，列入企业的资产负债表。

6）重要性

重要性要求企业提供的会计信息应当反映与企业财务状况、经营成果和现金流量有关的所有重要交易或者事项。

在实务中，如果会计信息的省略或者错报会影响投资者等财务报告使用者据此作出决策，该信息就具有重要性。重要性的应用需要依赖职业判断，企业应当根据其所处的环境和实际情况，从项目的性质和金额大小两方面加以判断。

7）谨慎性

谨慎性要求企业对交易或者事项进行会计确认、计量和报告时应当保持应有的谨慎，不应高估资产或者收益、低估负债或者费用。

在市场经济环境下，企业的生产经营活动面临着许多风险和不确定性，如应收款项的可收回性、固定资产的使用寿命、无形资产的使用寿命、售出存货可能发生的退货或者返修等。会计信息质量的谨慎性要求，需要企业在面临不确定性因素的情况下作出职业判断时，应当保持应有的谨慎，充分估计到各种风险和损失，既不高估资产或者收益，也不低估负债或者费用。例如，要求企业对可能发生的资产减值损失计提资产减值准备、对售出商品可能发生的保修义务等确认预计负债等，就体现了会计信息质量的谨慎性要求。

谨慎性的应用不允许企业设置秘密准备，如果企业故意低估资产或者收益，或者故意高估负债或者费用，这不符合会计信息的可靠性和相关性要求，损害会计信息质量，扭曲企业实际的财务状况和经营成果，从而对使用者的决策产生误导，这是会计准则所不允许的。

8）及时性

及时性要求企业对于已经发生的交易或者事项，应当及时进行确认、计量和报告，不得提前或者延后。

会计信息的价值在于帮助所有者或者其他方面作出经济决策，具有时效性。即使是可靠、相关的会计信息，如果不及时提供，也就失去了时效性，对于使用者的效用就大大降低甚至不再具有实际意义。在会计确认、计量和报告过程中贯彻及时性，一是要求及时收集会计信息，即在经济交易或者事项发生后，及时收集整理各种原始单据或者凭证；二是要求及时处理会计信息，即按照会计准则的规定，及时对经济交易或者事项进行确认或者计量，并编制财务报告；三是要求及时传递会计信息，即按照国家规定的有关时限，及时地将编制的财务报告传递给财务报告使用者，便于其及时使用和决策。

将以上会计信息的质量要求归纳如图 1-4 所示。

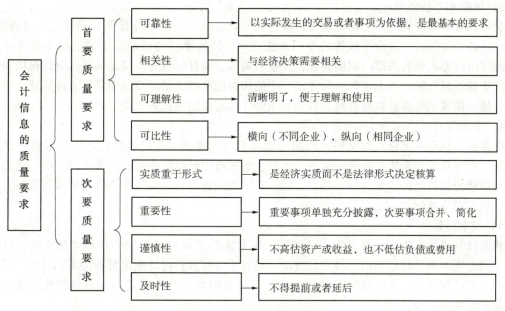

图 1-4　会计信息的质量要求

1.3.4　会计的方法与会计核算的内容

1. 会计的方法

会计的方法是用来核算和监督会计对象，履行会计职能，实现会计目标的手段。会计的方法包括会计核算方法、会计分析方法、会计检查方法、会计预测和决策方法等。会计核算方法是最基本的会计方法，会计分析方法、会计检查方法、会计预测和决策方法等都是在会计核算方法的基础上，利用会计核算资料进行的。这里只阐述会计核算方法，这是初学者必须掌握的基础知识。

微课：会计核算流程

会计核算方法一般包括设置账户、复式记账、填制和审核凭证、登记账簿、成本计算、财产清算、编制会计报表七种专门方法。其中，复式记账是会计核算方法的核心。在实际运用中，它们相互配合、相互衔接，形成一个完整的会计核算方法体系。

1）设置账户

设置账户是对会计对象的具体内容，按其不同特点以及管理需要，进行分类核算与监督的一种专门方法。会计对象的内容是多种多样的，如财产物资就有各种存在的形态（厂房建筑物、机器设备、各种材料、半成品等），它们在生产中各有作用，管理的要求也不同，而企业取得的这些财产物资所需的经营资金又来自不同的渠道，有银行贷款，有投资者投入等。为了获得有用的会计信息，必须对各自不同的内容分类、归纳，并以账户的形式出现，进而分门别类地计量与记录。

2）复式记账

复式记账是指对每一项经济业务都要以相等的金额在两个或两个以上相互联系的账户中进行登记的一种记账方法。在现实生活中，任何一项经济业务的发生都有其来龙和去脉，如企业银行存款减少1 000元，去向是什么？或购买材料，或提取现金备用等。采用这一方法就是对发生的任何一项经济业务，既要在有关账户中登记其来源，又要在有关账户中登记其去向。只有这样才能相互联系地反映经济业务的全貌，并通过试算平衡，检查账簿记录的正确性。

3）填制和审核凭证

会计凭证简称为凭证，它是记录经济业务、明确经济责任的书面证明，是登记账簿的依据。填制和审核会计凭证，是会计核算的专门方法之一。任何单位对已经发生或已经完成的经济业务，都应由经办人或有关部门填制凭证，并签名盖章，而且所有凭证都必须经过会计机构和会计人员的审核。只有经审核无误的会计凭证，才能作为记账的依据。填制和审核会计凭证，不仅为经济管理提供真实可靠的数据资料，也为实施会计监督提供重要的依据。

4）登记账簿

账簿是由具有一定格式而又相互联结的账页组成的簿籍。登记账簿就是根据审核无误的会计凭证，运用复式记账法在账簿中全面、连续、系统地记录经济业务的一种专门方法。通过登记账簿可以将分散的经济业务进行汇总，连续、系统地提供每一类经济业务的完整数据资料，为提供会计信息打下基础。

5）成本计算

成本计算是指在生产经营过程中，按照一定对象归集和分配发生的各种费用支出，以确定该对象的总成本和单位成本的一种专门方法。通过成本计算，可以确定材料的采购成本、产品的生产成本和销售成本，可以反映和监督生产经营过程中发生的各项费用是否节约或超支，并据以确定企业经营盈亏。

6）财产清查

财产清查是指通过盘点实物、核对账目，查明各项财产物资、货币资金实有数的一种专门方法。具体做法是将实物盘点的结果与账面结存相核对，将企业的债权、债务逐笔与其对方账户核对，如果发现账实不符，应立即查明原因，确定责任该由谁负责，并调整账面余额，做到账实相符，以保证会计核算资料的正确性和真实性。

7）编制会计报表

会计报表是根据账簿记录，按照规定的表格，主要运用数字形式，定期编制的总结报告。通过编制会计报表，能对分散在账簿中的日常核算资料进行综合、分析、加工整理，提供全面反映经济活动所需的有用信息。同时，基层单位的会计报表经逐级汇总后，又可以为国家宏观调控提供依据。

上述各种会计核算方法相互联系、密切配合，构成了一个完整的方法体系。在会计核算方法体系中，就其工作程序和工作过程来说，主要是三个核心环节：填制和审核凭证（最初环节）、登记账簿（中心环节）和编制会计报表（最终环节）。在一个会计期间，所发生的经济业务，都要通过这三个环节进行会计处理，将大量的经济业务转换为系统的会计信息。如图1-5所示。

2. 会计核算的内容

会计核算的内容是指特定主体的资金运动，包括资金的投入、资金的循环周转、资金的退出三个阶段。资金在上述三个阶段中的运动，又是通过一系列的经济业务事项来进行的。《会计法》要求对下列经济业务事项必须及时办理会计手续，进行会计核算。

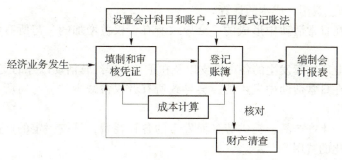

图 1-5　会计核算方法之间的关系

1）款项和有价证券的收付

款项是作为支付手段的货币资金，主要包括现金、银行存款以及其他视同现金和银行存款的外埠存款、银行汇票存款、银行本票存款、信用卡存款、信用证存款（其他货币资金）等。

有价证券是指表示一定财产拥有权或支配权的证券，如国库券、股票、企业债券等。

款项和有价证券是流动性最强的资产，可以随时用于购买所需要的物资，支付有关费用或偿还债务。任何单位从事经济活动都离不开货币资金，持有的货币资金是进行经济活动的基本条件，货币资金的核算在会计中占有重要地位。在市场经济中，各种交易都必须用货币资金来计量并要以货币为媒介来完成，因而都会直接或间接地发生款项的收入和款项支出的行为。各单位必须按照国家统一的会计制度的规定，及时、如实地核算款项和有价证券的收付及结存，保证企业货币资金的流通性、安全性，提高货币资金的使用效率。

2）财物的收发、增减和使用

财物是财产和物资的简称，是指单位拥有或控制的能以货币计量的各项资产。是企业进行生产经营活动且具有实物形态的经济资源，一般包括原材料、燃料、包装物、低值易耗品、在产品、库存商品等流动资产，以及房屋、建筑物、机器、设备、设施、运输工具等固定资产。这些物资一般价值较大，在企业资产总额中往往占有很大的比重。财物的收发、增减和使用，是会计核算中的经常性业务，也是发挥会计在控制和降低成本、保证财物安全完整、防止资产流失等职能作用的重要方面。因此，各单位必须加强对财物的收发、增减和使用环节的核算，维护企业正常的生产经营秩序。

3）债权债务的发生和结算

债权是企业收取款项的权利，一般包括各种应收和预付款项等。

债务是指由于过去的交易、事项形成的，企业需要以资产或劳务偿付的现时义务，一般包括各项借款、应付和预收款项以及应交款项等。

债权债务是企业日常生产经营和业务活动中大量发生的经济业务事项。由于债权债务的发生和结算涉及本企业与其他单位或有关方面的经济利益，关系到企业自身的资金周转，影响着企业的生产经营活动和业务活动。因此，各企业必须及时、真实、完整地核算本企业的债权债务，防止在债权债务环节发生非法行为。

4）资本的增减

资本是投资者为开展生产经营活动而投入的资金。会计上的资本专指所有者权益中的投入资本。所有者权益是指投资者对企业净资产的所有权，是企业全部资产减去全部负债后的余额，包括实收资本、资本公积、盈余公积和未分配利润。资本表明的是企业的产权关系，即企业归谁所有。明确界定企业产权关系，实现资本的保值增值，保护投资者的合法权益，各单位必须按照国家统一的会计制度的规定和具有法律效力的文书进行资本的核算。

5）收入、支出、费用、成本的计算

收入是指企业在日常活动中形成的、会导致所有者权益增加的、与所有者投入资本无关的经济利益的总流入。

支出指的是企业所实际发生的各项开支以及在正常生产经营活动以外的支出和损失。

费用是指企业在日常活动中发生的、会导致所有者权益减少的、与向所有者分配利润无关的经济利益的总流出。

成本是指企业为生产产品、提供劳务而发生的各种耗费，是按一定的产品或劳务对象所归集的费用，是对象化的费用。

收入、支出、费用、成本都是计算和判断企业经营成果及其盈亏状况的主要依据。各企业应当重视收入、支出、费用、成本环节的管理，按照国家统一的会计制度的规定，正确核算收入、支出、费用、成本。

6）财务成果的计算和处理

财务成果主要是指企业在一定时期内通过从事生产经营活动而在财务上所取得的成果，具体表现为盈利或亏损。财务成果的计算和处理一般包括利润的计算、所得税的计算、利润分配或亏损弥补等。财务成果的计算和处理，涉及所有者、国家等方面的利益，因此，各单位必须按照国家统一的会计制度的规定办理会计手续、进行会计核算。

7）需要办理会计手续、进行会计核算的其他事项

其他会计事项是指在上述六项会计核算内容中未能包括的、按有关法律法规或会计制度的规定或根据单位的具体情况需要办理会计手续和进行会计核算的事项。单位在有这类事项时，应当按照各有关法律、法规或者会计制度的规定，认真、严格办理有关会计手续，进行会计核算。

会计职业判断

某公司是由张灿和李斯合伙创办的，9月份该公司发生了下列经济业务，由会计王虎做了相应的账务处理，请分析会计王虎所做的账务处理是否正确，如有错误，请说明理由。

（1）9月10日，收到某单位支付的自下月起三个月的房屋租金3 000元。会计王虎在当期直接增加收入3 000元。

（2）9月12日，张灿从公司出纳处支取了现金500元，给自家住宅交纳水电费，会计将其计入企业的办公费支出。理由是张灿是本公司的合伙人，公司的钱有张灿的一部分。

（3）9月15日，会计王虎将本月1—15日的收入、费用汇总后，计算出前半个月的利润，并编制了会计报表。

（4）9月20日，公司购入机器设备一台，价值36 000元，为了少计当期利润，少交所得税，会计将其全部计入当月的管理费用。

（5）9月30日，支付下季度机器设备租赁费4 500元，全部作为本月份的费用。

（6）9月30日，公司应收账款项目有100 000元，但却从未计提坏账准备。

（7）9月30日，收到某单位预付本公司的货款15 000元，会计全部计入当期的收入。

（8）9月30日，采用先进先出法计算本月产品的销售成本，以前月份采用的是加权平均法。

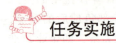

任务实施

各小组学习讨论会计的特点、会计的对象、会计的职能、会计基本假设，进一步明确会计人员工作的内涵。

提示

会计具有三大特点,会计对象可以表述为用货币表现的经济活动。会计具有核算和监督两大基本职能。会计有四大基本假设,即主体假设、持续经营、会计分期和货币计量。

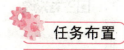

除了会计的核算与会计的监督两大基本职能以外,会计还具有哪些职能?

任务1.4 认识会计要素与会计等式

任务布置

北京中润服饰有限责任公司是一家服装服饰制造企业,注册资本4 000 000元,由王继峰和张广兴各出资50%投资兴建,生产男士西装、女士套装,主要使用化纤布、纺织布、纽扣、拉链、蕾丝花边等作为原材料。3月,公司可以用货币表现的事项基本情况如表1-1所示。

表1-1 公司事项基本情况

序号	项目	会计要素		
		资产	负债	所有者权益
1	存放在银行的存款2 241 264元			
2	库存的化纤布、纺织布、纽扣、拉链、蕾丝花边价款159 480元			
3	库存待售的男士西装、女士套装价款83 791元			
4	王继峰和张广兴投入的资本金4 000 000元			
5	购买材料未支付的货款70 000元			
6	向建设银行借入的期限3个月的借款100 000元			
7	应付而未付给职工的薪酬119 091.20元			
8	运输用的汽车价值256 600元			
9	房屋及建筑物价值3 000 000元			
10	生产用生产设备价值547 956.20元			

请根据资料对北京中润服饰有限责任公司列举的事项划分会计要素,按不同类别金额加总,并查看结果,总结各会计要素之间的关联关系。

知识准备

1.4.1 划分会计要素

会计要素就是对会计对象的基本分类，是进行会计确认和计量的依据，也是设定会计报表结构和内容的依据。

《企业会计准则——基本准则》第 10 条规定，企业应当按照交易或者事项的经济特征确定会计要素。会计要素包括资产、负债、所有者权益、收入、费用和利润。

1. 资产

资产是企业过去的交易或者事项形成的，由企业拥有或者控制的，预期会给企业带来经济利益的资源。

具体来讲，企业从事生产经营活动必须具备一定的物质资源，如货币资金、厂房场地、机器设备、原材料等，这些都是企业从事生产经营的物质基础，都属于企业的资产。此外，专利权、商标权、土地使用权等不具有实物形态，但是却有助于企业生产经营活动进行的无形资产以及企业对其他单位的投资等也都属于资产。

根据资产的定义，资产具有以下基本特征：

1）资产必须是由过去的交易或者事项形成的

包括购买、生产、建造行为或其他交易或事项，也就是说，资产是过去已经发生的交易或事项所产生的结果，资产必须是现实的资产。未来将发生的交易或事项不能确认为资产。例如，某企业计划将在 2022 年购入一批存货，并于 2020 年 12 月份已经与供货方签订了购买合同，合同约定于 2022 年 3 月份提供商品并付款。则该企业在 2020 年年末资产负债表中不能将这批货物作为资产反映。因为该买卖行为还未发生，尚未产生结果。

2）资产由企业拥有或者控制

一项资源要作为企业资产予以确认，企业应该拥有此项资源的所有权，可以按照自己的意愿使用或处置。但对一些特殊方式形成的资产，企业虽然对其不拥有所有权，却能够实际控制的，也应当确认为企业的资产。比如融资租入的固定资产，也应该确认为固定资产。

会计职业判断

某企业 2020 年同时租入甲、乙两台设备，其中甲设备是以融资租入的方式租入的，租期为 10 年，乙设备是以经营租赁方式租入的，租期为 5 年。甲、乙两台设备哪一台应该确认为企业的资产？为什么？

分析：虽然从法律形式来讲，该企业并不拥有这两台设备的所有权，但是由于甲设备租赁合同中规定的租赁期相当长，接近于该设备的使用寿命；租赁结束时该企业有优先购买这台设备的选择权；在租赁期内该企业有权支配设备的使用并从中受益，所以，从其经济实质来看，该企业能够控制甲设备创造的未来经济利益。因此，在会计核算上应将这台设备视为该企业的资产。

3）资产预期能够直接或间接地给企业带来经济利益

这是指资产具有直接或间接导致现金和现金等价物流入企业的潜力。例如，企业通过收回应收账款、出售库存商品等直接获得经济利益，企业也可以通过对外投资以获得股利或参与分配利润的方式间接获得经济利益。按照这一特征，那些已经没有经济价值，不能给企业带来经济利益的项目，就不能继续确认为企业的资产。例如，某企业2015年购入的一台设备，由于技术更新，2021年又新购入了一台设备替换了原设备，原设备不再使用，同时又没有市场出售。由于该设备不能再给企业带来经济利益的流入，因此，不再作为企业的资产。

符合资产定义的资源，在同时满足以下条件时，才能确认为资产：
(1) 与该资源有关的经济利益很可能流入企业；
(2) 该资源的成本或者价值能够可靠地计量。

资产按其流动性不同，分为流动资产和非流动资产。

流动资产是指预计在一个正常营业周期内变现、出售或者耗用，或者主要为交易目的而持有，或者预计在资产负债表日起一年内（含一年）变现的资产，以及自资产负债表日起一年内变换其他资产或清偿负债能力不受限制的现金或现金等价物。流动资产主要包括库存现金、银行存款、交易性金融资产、应收及预付款项、其他应收款、存货等。

非流动资产是指流动资产以外的其他资产。主要包括长期股权投资、固定资产、工程物资、在建工程、无形资产、开发支出等。

提示

1) 融资租赁（也叫金融租赁或净租赁）

出租人多为金融机构（银行、保险公司、信托投资公司等）附设的租赁公司，只负责出资购买用户选定的设备租给用户使用而不包维修；运输、保险、安装、维修等多由用户自理。这种租赁的租期较长，一般只租给每个用户一次使用，设备的成本、有关费用、利润等均以租金方式基本上全部一次分摊，然后以租金方式分期收回。如果用户在租赁期满时将设备购为己有，只需支付设备的残值。这种租赁多用于长期的大型的价值高的设备，实际上是通过租物给予承租人一笔长期的信贷。

2) 现金等价物

现金等价物是指企业持有的期限短、流动性强、易于转换为已知金额现金、价值变动风险很小的投资。现金等价物虽然不是现金，但其支付能力与现金的差别不大，可视为现金。如企业为保证支付能力，手持必要的现金，为了不使现金闲置，可以购买短期债券，在需要现金时，随时可以变现。

3) 资产负债表日

资产负债表日指的是结账日期，即结账和编制资产负债表的日期。一般是在会计年末和会计中期期末。我国的会计年度采用公历年度，即1月1日至12月31日。因此，年度资产负债表日是指每年的12月31日，中期资产负债表日是指各会计中期期末，包括月末、季末和半年末。例如第1季度的资产负债表日是3月31日，而半年的资产负债表日则是6月30日，等等。

会计职业判断

(1) 根据一份合同，公司将在未来的某一时间购买的一套设备；
(2) 一家提供渡轮旅游观光的公司，其观光渡轮常年运行在某运河系统上。该条目中提及的渡轮和某运河系统；
(3) 一台已经废弃、不能再使用的设备；
(4) 完成贷款手续而得到的一笔银行贷款；

(5) 爱利公司从贝克公司临时租用的一辆汽车；
(6) 明芳公司新招聘的员工。
上述条目所涉及的项目是否都能列为资产？为什么？

2. 负债

负债是指企业过去的交易或者事项形成的，预期会导致经济利益流出企业的现时义务。现时义务是指企业在现行条件下已承担的义务。未来发生的交易或事项可能形成的义务不属于现时义务，不应当确认为负债。企业的负债主要包括短期借款、应付票据、应付账款、预收账款、应付职工薪酬、应交税费、应付利息、应付股利、其他应付款、长期借款、应付债券和长期应付款等。

微课：会计要素之负债

根据负债的定义，负债具有下列基本特征：

1）负债必须是由过去的交易或者事项形成的

也就是说，导致负债的交易或事项必须已经发生。例如，购置货物或使用劳务会产生应付账款（已经预付或是在交货时支付的款项除外），接受银行贷款则会产生偿还贷款的义务。只有源于已经发生的交易或事项，会计上才有可能确认为负债。对于企业正在筹划的未来交易或事项，如企业的业务计划等，并不构成企业的负债。例如，某企业已经向银行借入款项 50 000 元，属于过去的交易或事项所形成的负债。企业同时还与银行达成了 3 个月后再借入 50 000 元的借款意向书，该交易就不属于过去的交易或事项，不应构成企业的负债。

2）负债预期会导致经济利益流出企业

即企业的负债通常是在未来某一时日通过交付资产（包括现金和其他资产）或提供劳务来清偿，有时候企业可以通过承诺新的负债或转化为所有者权益来了结一项现有的负债，但最终一般都会导致企业经济利益的流出。

3）负债是企业承担的现时义务

负债必须是企业承担的现时义务，它是负债的一个基本特征。其中，现时义务是指企业在现行条件下已承担的义务；未来发生的交易或者事项形成的义务，不属于现时义务，不应当确认为负债。

这里所指的义务可以是法定义务，也可以是推定义务。其中法定义务是指具有约束力的合同或者法律法规规定的义务，通常在法律意义上需要强制执行。例如，企业购买原材料形成应付账款，企业向银行贷入款项形成借款，企业按照税法规定应当交纳的税款等，均属于企业承担的法定义务，需要依法予以偿还。推定义务是指根据企业多年来的习惯做法、公开的承诺或者公开宣布的政策而导致企业将承担的责任。例如，某企业多年来制定了一项销售政策，对于售出商品提供一定期限内的售后保修服务，预期将为售出商品提供的保修服务就属于推定义务，应当将其确认为一项负债。

> 🔒 **会计职业判断**
>
> 某企业购买原材料形成应付账款 10 万元，向银行贷入款项 20 万元，按照税法规定应当交纳各种税款 2 万元，应付给工人的工资 3 万元；该企业多年来对售出的家电类商品制定了一项服务承诺，即"三个月内包换、一年内保修、终身维护"。企业应承担的上述现时义务和责任中哪些属于法定义务？哪些属于推定义务？

符合负债定义的义务，在同时满足下列条件时，才能确认为负债：

(1) 与该义务有关的经济利益很可能流出企业；
(2) 未来流出的经济利益的金额能够可靠地计量。

在现实的经济活动中，一个企业的负债将导致资产的流出，那么企业有限的资产则需要进行合理的安排来债务清偿。于是企业有必要将负债按偿还期限的长短进行分类，并按此列入资产负债表的负债栏目中。被要求在一年内偿还的债务称为流动负债，如短期借款、应付账款、应付职工薪酬、应缴税费等，而需要在一年以上才偿还的债务则称为非流动负债，如长期借款、应付债券、长期应付款等。

会计职业判断

以下事项中的债权债务发生以什么为标志？债权债务发生后债权人和债务人分别是谁？
(1) 小张因需要购房而向银行办理了为期20年的购房按揭贷款；
(2) A公司与B公司签订了合同，由A公司将货物销售给B公司，B公司有为期1个月的延期付款时间；
(3) 用户购买了移动公司销售的预存话费卡；
(4) 根据公司规定，每月15日为发放上月工资的时间，而现在时间为2021年2月10号，职工还没有领取1月份的工资；
(5) 某商店推出系列购物卡，某公司购买了一定数额的购物卡发放给职工作为福利。

3. 所有者权益

所有者权益是指企业资产扣除负债后，由所有者享有的剩余权益。公司的所有者权益亦称股东权益。

微课：会计要素之所有者权益

提示

企业的资金来源不外乎两条途径：一个是债权人借入，另一个是投资人投入，二者对企业均享有索偿权。债权人对企业资产的索偿权称为企业的负债，投资人对企业资产的索偿权称为企业的所有者权益。

所有者权益的来源包括所有者投入的资本、直接计入所有者权益的利得和损失、留存收益等。直接计入所有者权益的利得和损失，是指不应计入当期损益、会导致所有者权益发生增减变动的、与所有者投入资本或者向所有者分配利润无关的利得或损失。其中，利得是指由企业非日常活动所形成的、会导致所有者权益增加的、与所有者投入资本无关的经济利益的流入；损失是指由企业非日常活动发生的、会导致所有者权益减少的、与向所有者分配利润无关的经济利益的流出。

所有者权益具有下列特征：
(1) 除非发生减资、清算，企业不需要偿还所有者权益；
(2) 企业清算时，只有在清偿所有的负债后，所有者权益才返还给所有者；
(3) 所有者凭借所有者权益能够参与利润分配。

所有者权益包括实收资本、资本公积、盈余公积和未分配利润。其中盈余公积和未分配利润由于都属于企业净收益的积累，所以，合称为留存收益。

提示

资产、负债、所有者权益三个要素是反映企业财务状况的会计要素，反映企业资金价值运动的静止关系，因此称为静态会计要素，是编制资产负债表的要素。

4. 收入

收入是指企业在日常活动中形成的、与所有者投入资本无关的、会导致所有者权益增加的经济利益的总流入。

收入包括商品销售收入、提供劳务收入和让渡资产收入。企业代第三方收取的款项，应当作为负债处理，不应当确认为收入。

微课：会计要素之收入

按照收入的定义，收入具有以下几个特征：

1）收入应当是企业日常活动中形成的经济利益流入

日常活动，是企业为完成其经营目标所从事的经常性活动以及与之相关的活动。比如，工业企业制造并销售商品、商业企业销售商品、租赁公司出租资产等。明确日常活动是为了区分收入与利得的关系，不属于日常活动所形成的经济利益流入应作为利得处理，如企业处置固定资产、无形资产取得的经济利益流入。

2）收入会导致经济利益的流入，该流入不包括所有者投入的资本

收入应当会导致经济利益流入企业，从而导致资产增加或负债减少。但是并非所有的经济利益的流入都是收入，如所有者投入的资本也会导致经济利益流入企业，但应计入所有者权益，而不能确认为收入。

3）收入应当最终导致所有者权益的增加

由于收入会导致资产增加或负债减少，最终必然导致所有者权益增加，不会导致所有者权益增加的经济利益流入不能确认为收入。

收入在符合定义的基础上，只有同时满足以下三个条件时才能加以确认：

（1）与收入相关的经济利益很可能流入企业；

（2）经济利益流入企业的结果会导致企业资产增加或者负债减少；

（3）经济利益的流入能够可靠地计量。

会计职业判断

企业出租出售固定资产、无形资产的收入以及出售不需要材料的收入是否应确认为企业的收入？

分析：企业出售固定资产、无形资产的收入并非企业日常的活动，这种偶发性的收入不应确认为收入，而应作为营业外收入确认；

企业出租固定资产、无形资产，在实质上属于让渡资产使用权，出售不需要材料的收入，属于企业日常活动中的收入，应确认为企业的收入，具体确认为其他业务收入。

5. 费用

费用是指企业日常活动中形成的、与所有者利润分配无关的、会导致所有者权益减少的经济利益的总流出。

费用是企业在日常活动中发生的，可能表现为资产的减少或负债的增加，或二者兼而有之。同理，费用最终导致所有者权益的减少，但所有者权益的减

微课：会计要素之费用

少并不一定是费用的产生。

根据费用的定义，费用具有以下几个方面的特征：

1）费用应当是企业日常活动中发生的

日常活动的界定与收入定义中涉及的日常活动是一致的。以工业企业为例，日常活动所产生的费用通常由产品成本和期间费用两部分构成，产品生产成本由直接材料、直接人工和制造费用三个项目组成，期间费用包括管理费用、财务费用和销售费用三项。

将费用界定为日常活动所形成的经济利益流出，目的是将费用与损失区分，非日常活动所形成的经济利益流出不能确认为费用，而应当确认为损失。

企业处置固定资产、无形资产的损失，违法经营被处罚而支付的罚款，违反合同规定支付的违约金，均导致了企业经济利益的流出，能否确认为企业费用呢？其理由是什么？

2）费用会导致经济利益的流出，该流出不包括向所有者分配的利润

费用会导致经济利益的流出，从而导致企业资产的减少或负债的增加（最终导致资产减少）。但并非所有的经济利益的流出都属于费用，如向所有者分配的利润也会导致经济利益流出，但它属于所有者权益的抵减，不能确认为费用。

3）费用应该最终导致所有者权益减少

不会导致所有者权益减少的经济利益流出，不能确认为费用。如企业偿还一笔短期借款，会导致经济利益流出企业，但负债也同时减少，不会导致所有者权益的减少，所以不能确认为费用。

费用的确认除了符合费用的定义外，还应当同时满足以下三个条件才可以确认：

（1）与费用相关的经济利益很可能流出企业；

（2）经济利益流出企业的结果会导致企业资产减少或者负债增加；

（3）经济利益的流出额能够可靠地计量。

费用按照经济用途进行分类，可分为计入产品成本、劳务成本的费用和不计入产品成本、劳务成本的费用两大类。

计入产品成本、劳务成本的费用，可进一步划分为直接费用和间接费用。其中直接费用包括直接材料、直接人工和其他直接费用，这类费用发生时，能够明确地分清楚是由哪项产品或劳务所引起的；间接费用同样也应计入产品成本或劳务成本的费用中，只是在产生时不能分清每项产品应承担多少，而暂时计在制造费用中，在期末再采用合适的标准分配计入各产品或劳务的总成本中。计入产品成本或劳务成本的费用，只有在销售产品或提供劳务时才能从获得的收入里得到补偿。

不计入产品成本、劳务成本的费用，可进一步划分为管理费用、财务费用和销售费用，在发生费用的当期从当期取得的收入中得到补偿。

提示

在确认费用时，应当注意以下几点：
（1）企业为生产产品、提供劳务等发生的可归属于产品成本、劳务成本的费用，应当在确认产品销售收入、劳务收入等时，将已销售产品、已提供劳务的成本等计入当期损益。
（2）企业发生的支出不产生经济利益的，或者即使能够产生经济利益但不符合或者不再符合资产确认条件的，应当在发生时确认为费用，计入当期损益。
（3）企业发生的交易或者事项导致其承担了一项负债而又不确认为一项资产的，应当在发生时确认为费用，计入当期损益。

会计职业判断

（1）企业根据税法规定计算并代扣的职工的个人所得税；
（2）接受投资者的投资；
（3）因销售商品而得到的款项；
（4）支付的罚款；
（5）每月产生的电话费、水电费、房租；
（6）因从银行借了半年的贷款而产生的贷款利息；
（7）因卖掉长年使用而变旧的汽车而获得的现金。
以上各项哪些应被视为收入或费用？

6. 利润

利润是指企业在一定会计期间的经营成果。反映的是企业的经营业绩，通常是评价企业管理业绩的一项重要指标，也是投资者、债权人等作出投资决策的主要依据。

利润包括收入减去费用后的净额、直接计入当期利润的利得和损失等。

微课：会计要素之利润

利得是指由企业非日常活动发生的、与所有者利润分配无关的、会引起所有者权益增加的经济利益的流入。损失是指由企业非日常活动发生的、与所有者利润分配无关的、会引起所有者权益减少的经济利益的流出。

利得和损失有两个去向：一个是直接计入所有者权益的利得和损失，作为资本公积直接反映在资产负债表中；一个是直接计入当期利润的利得和损失，作为营业外收入、营业外支出反映在利润表中。

 提示

企业当期确认的投资收益或投资损失，以及处置固定资产、债务重组等发生的利得和损失，均属于直接计入当期利润的利得和损失。

利润的构成有三个层次：营业利润、利润总额、净利润。

【**重要公式**】

营业利润＝营业收入－营业成本－税金及附加－期间费用－
　　　　　资产减值损失＋公允价值变动收益＋投资收益
其中：营业收入＝主营业务收入＋其他业务收入

营业成本＝主营业务成本＋其他业务成本
期间费用＝管理费用＋销售费用＋财务费用
利润总额＝营业利润＋营业外收入－营业外支出
净利润＝利润总额－所得税费用

收入、费用、利润三个要素是反映企业经营成果的要素，反映了企业资金运动的动态关系，因此称为动态会计要素，是编制利润表的要素。

会计六要素之间以及利得和损失的关系如图1-6所示。

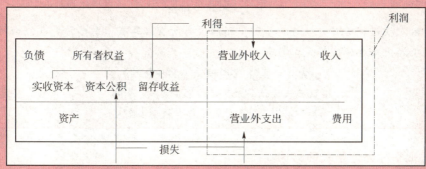

图1-6　会计六要素之间以及利得和损失的关系

1.4.2　建立会计等式

1. 会计等式的含义及表示

微课：会计等式与经济业务类型

会计要素是企业经济活动的具体分类，各要素之间并不是孤立存在的，而是有着密不可分的内在联系。被认定为会计主体的资产有着各种具体表现形式，或有形或无形，或价低或价高，或长期存在或很快被消耗，而这些资产分别来自不同方式。给予企业这些资产的各方都有着各自的目的和要求，也因不同的给予形式拥有着相应的权益。也就是说，一个企业有多少资产，就意味着有关方对这些资产有着多大的权益，资产和权益是同一事物的两个方面，即：

$$资产＝权益$$

资产总额反映了会计主体拥有的经济资源的总量，权益总额反映了有关方对资产总体的要求权的大小，而资产最初有两种获得方式：投资者投入和向债权人借入，而这两种方式则使得两方角色分别有着不同权益，即投资人权益和债权人权益，因此，又可以说：

$$资产＝债权人权益＋所有者权益$$

站在会计主体的角度看，债权人权益即是会计主体对外的负债，所以又有：

$$资产＝负债＋所有者权益$$

人们将上面的公式称为会计恒等式，也叫会计基本等式（简称会计等式），它不仅反映了会计主体某一时点的资产、负债、所有者权益这三个要素之间在数量上的恒等关系，而且从经济含义上体现着三者之间的内在联系，也是设置账户、复式记账、编制资产负债表的理论依据。

会计职业判断

三年前,几个人合伙创建了一家公司,共筹资 400 万元(其中合伙人投资 300 万元,从银行借款 100 万元),用以建厂房、买设备和材料,形成企业的资产。经过两年的苦心经营,企业已拥有资产 600 万元,需要偿还各种债务 200 万元,试计算,企业的净资产为多少?企业的留存收益又是多少?

 提示

我国企业会计准则对收入和费用的定义是狭义的概念,不包括非日常活动产生的计入损益的利得和损失。而从广义的收入和费用定义来看,则有:

$$收入-费用=利润$$

根据债权人权益和所有者权益的差别,利润仅为所有者享有,当然损失也应由所有者来承担。所以将上式代入会计恒等式,则有:

$$资产=负债+(所有者权益+利润)$$
$$资产=负债+所有者权益+收入-费用$$
$$费用+资产=负债+所有者权益+收入$$

2. 经济业务对会计等式的影响

企业的经济业务可以说是复杂多样的,如从银行取得贷款、购进材料、组织生产、产品完工并销售等,但复杂的活动总有一定的规律可循,当我们找到了规律,就可以根据此规律去分析复杂的经济活动。会计恒等式就像一架天平,它始终保持平衡。这样,经济业务的变化类型总体来讲就有两大类:一类活动引起等式两边同增同减,一类活动引起等式一边此增彼减。再在此基础上,对等式两边的要素之间的变化做进一步分析,得出 9 种基本经济业务类型:

类型 1:资产与负债等额同增;
类型 2:资产与负债等额同减;
类型 3:资产与所有者权益等额同增;
类型 4:资产与所有者权益等额同减;
类型 5:资产内部项目之间等额此增彼减;
类型 6:负债内部项目之间等额此增彼减;
类型 7:所有者权益项目之间等额此增彼减;
类型 8:负债增加,所有者权益减少;
类型 9:负债减少,所有者权益增加。

加速会计数据利用,
服务经济高质量发展

 会计职业判断

北京中润服饰有限责任公司 2020 年 1 月初资产总额 460 000 元,负债总额 180 000 元,所有者权益总额 280 000 元。该公司 2020 年 1 月份发生如下经济业务(部分),请指出经济业务的类型并分别计算出资产与权益总额。

(1) 从其开户银行取出现金 1 000 元。

该项经济业务引起资产要素中的"库存现金"项目增加 1 000 元,"银行存款"项目减少 1 000 元,属于上述经济业务类型 5,资产内部项目之间等额此增彼减,不涉及所有者权益要素和负债要素,不影响会计基本等式的平衡关系,也没有使原有等式金额发生变化,资产和权益总额仍然分别是 460 000 元。

资产	=	负债	+	所有者权益
460 000	=	180 000	+	280 000
+ 1 000				
− 1 000				
460 000	=	180 000	+	280 000

(2) 采购一批生产用原材料,价值 20 000 元,货款未付。

该项经济业务引起资产要素中的"原材料"项目增加 20 000 元,同时引起负债要素中的"应付账款"项目增加 20 000 元,属于上述经济业务类型 1,资产与负债等额同增。不涉及所有者权益要素,不影响会计基本等式的平衡关系,但使上笔业务后的等式金额发生了变化,两边同时增加了 20 000 元。

资产与权益双方总额为 480 000 元。

资产	=	负债	+	所有者权益
460 000	=	180 000	+	280 000
+ 20 000		+ 20 000		
480 000	=	200 000	+	280 000

(3) 用银行存款 5 000 元,偿还一笔购货时的欠款。

该项经济业务引起资产要素中的"银行存款"项目减少 5 000 元,同时引起负债要素中的"应付账款"项目减少 5 000 元,属于上述经济业务类型 2,资产与负债等额同减,不涉及所有者权益要素。不影响会计基本等式的平衡关系,但使上笔业务后的等式金额发生变化,两边同时减少了 5 000 元。

资产	=	负债	+	所有者权益
480 000	=	200 000	+	280 000
− 5 000		− 5 000		
475 000	=	195 000	+	280 000

(4) 某投资人代公司偿还到期的 10 000 元短期借款,并协商同意作为对公司的追加投资。

该项经济业务引起负债要素中的"短期借款"项目减少 10 000 元,同时引起所有者权益要素中的"实收资本"项目增加 10 000 元,属于上述经济业务类型 9,负债减少,所有者权益增加,不涉及资产要素。不影响会计基本等式的平衡关系,也没有使原有等式金额发生变化。

资产	=	负债	+	所有者权益
475 000	=	195 000	+	280 000
		− 10 000		+ 10 000
475 000	=	185 000	+	290 000

(5) 从银行借入 1 年期借款 15 000 元，直接偿还以前欠货款。

该项经济业务引起负债要素的内部项目"短期借款"增加 15 000 元，"应付账款"项目减少 15 000 元，属于上述经济业务类型 6，负债内部项目之间等额此增彼减，不涉及资产要素和所有者权益要素。不影响会计基本等式的平衡关系，也没有使原有等式金额发生变化。

资产	=	负债	+	所有者权益
475 000	=	185 000	+	290 000
		+ 15 000		
		− 15 000		
475 000	=	185 000	+	290 000

(6) 用银行存款 6 000 元，归还某投资人投资。

该项经济业务引起资产要素中的"银行存款"项目减少 6 000 元，同时引起所有者权益要素中的"实收资本"项目减少 6 000 元，属于上述经济业务类型 4，资产与所有者权益等额同减，不涉及负债要素。不影响会计基本等式的平衡关系，但使上笔业务后的等式金额发生变化，两边同时减少了 6 000 元。

资产	=	负债	+	所有者权益
475 000	=	185 000	+	290 000
− 6 000				− 6 000
469 000	=	185 000	+	284 000

(7) 根据有关决议，决定向投资人分配利润 80 000 元，红利尚未实际发放。

该项经济业务引起所有者权益要素中的"未分配利润"项目减少 80 000 元，负债要素中的"应付股利"项目增加 80 000 元，属于上述经济业务类型 8，负债增加，所有者权益减少，不涉及资产要素。不影响会计基本等式的平衡关系，也没有使原有等式金额发生变化。

资产	=	负债	+	所有者权益
469 000	=	185 000	+	284 000
		+ 80 000		− 80 000
469 000	=	265 000	+	204 000

(8) 按照法定程序，企业将盈余公积金 200 000 元转入资本公积，增加了企业的资本金。

该项经济业务引起所有者权益要素中的"实收资本"项目增加 200 000 元，所有者权益要素中的"资本公积"项目减少 200 000 元，属于上述经济业务类型 7，所有者权益项目之间等额此增彼减，不涉及资产要素和负债要素。不影响会计基本等式的平衡关系，也没有使原有等式金额发生变化。

资产	=	负债	+	所有者权益
469 000	=	265 000	+	204 000
				−200 000
				+200 000
469 000	=	265 000	+	204 000

（9）某投资人向公司投入一台价值 60 000 元的设备。

该项经济业务引起资产要素中的"固定资产"项目增加 60 000 元，同时引起所有者权益要素中的"实收资产"项目增加 60 000 元，属于上述经济业务类型 3，资产与所有者权益等额同增，不涉及负债要素。不影响会计基本等式的平衡关系，但使上笔业务后的等式金额发生变化，两边同时增加了 60 000 元。

资产	=	负债	+	所有者权益
469 000	=	265 000	+	204 000
+ 60 000				+ 60 000
529 000	=	265 000	+	264 000

提示

我们还可以将以上 9 种类型归纳为 4 种变化规律：

（1）经济业务发生引起资产、权益双方金额同时增加（等号两边同增），增加金额相等，变动后等式仍保持平衡；

（2）经济业务发生引起资产、权益双方同时减少（等号两边同减），减少金额相等，变动后等式仍保持平衡；

（3）经济业务发生引起资产内部一方的项目有增有减（等号左边此增彼减），增减的金额相同，变动后资产的总额不变，等式仍保持平衡；

（4）经济业务发生引起权益一方有增有减（等号右边此增彼减，即负债内部项目此增彼减，或所有者权益内部项目此增彼减，或负债与所有者权益项目之间此增彼减），增减的金额相等，变动后等式右边总额不变，等式仍保持平衡。

会计等式变化规律如图 1-7 所示。

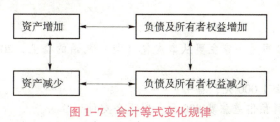

图 1-7　会计等式变化规律

【重要结论】

资产与权益的平衡关系是客观存在的，在任何一个时点上，资产与负债和所有者权益之间都保持着数额相等的平衡关系。无论交易或者事项多么错综复杂，多么千变万化，资产总额恒等于权益总额，交易或事项的发生不会影响会计等式的恒等关系。资产与权益的恒等关系是复式记账法的理论基础，也是企业编制资产负债表的依据。

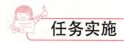

任务实施

第一步：分析每个项目所涉及的会计要素；

第二步：将每个项目的金额填入相应会计要素栏内；

第三步：对各要素栏内金额进行合计，填入相关合计栏内，并检验"资产=负债+所有者权益"的会计恒等式是否成立。

通过分析，北京中润服饰有限责任公司会计要素划分情况如表1-2所示。

表1-2 会计要素划分情况

序号	项目	会计要素		
		资产	负债	所有者权益
1	存放在银行的存款2 241 264元	2 241 264		
2	库存的化纤布、纺织布、纽扣、拉链、蕾丝花边价款159 480元	159 480		
3	库存待售的男士西装、女士套装价款83 791元	83 791		
4	王继峰和张广兴投入的资本金4 000 000元			4 000 000
5	购买材料未支付的货款70 000元		70 000	
6	向建设银行借入的期限3个月的借款100 000元		100 000	
7	应付而未付给职工的薪酬119 091.20元		119 091.20	
8	运输用的汽车价值256 600元	256 600		
9	房屋及建筑物价值1 000 000元	1 000 000		
10	生产用生产设备价值547 956.20元	547 956.20		
11	合计	4 289 091.20	289 091.20	4 000 000

任务训练

北京飞鱼皮具有限公司是一家主要从事皮包（袋）制造的企业，2021年1月发生如下经济业务：

（1）从银行提取现金1 000元，备用。

（2）采购员从财务科预借差旅费800元，以现金支付。

（3）以银行存款支付上月所欠的税费2 000元。

（4）从银丰公司购入材料，价款6 000元，货款尚未支付。

（5）向银行借入半年期款项2 0000元。

（6）收回利达企业所欠货款10 000元，送存银行。

（7）华硕企业向本单位投入一台机器作为投资，价值30 000元。

（8）生产领用原材料，价款2 000元。

（9）以银行存款归还货款800元。

（10）车间完工产品，价款1 000元入库。

请分析上列各项经济业务的类型，填入表1-3中。

表1-3 经济业务的类型

类型	经济业务序号
1. 一项资产增加，另一项资产减少	
2. 一项负债增加，另一项负债减少	
3. 一项所有者权益增加，另一项所有者权益减少	
4. 一项负债增加，一项所有者权益减少	
5. 一项负债减少，一项所有者权益增加	
6. 一项资产增加，一项负债增加	
7. 一项资产增加，一项所有者权益增加	
8. 一项资产减少，一项负债减少	
9. 一项资产减少，一项所有者权益减少	

自检知识图谱

- 认识企业和会计工作
  - 了解企业及基本生产经营过程
    - 企业组织形式
      - 按财产的组织形式和所承担的法律责任划分：独资企业、（　　　）、公司制企业
      - 按行业分类标准划分：（　　　）、商品流通行业、服务行业
    - 企业基本生产经营过程：筹资活动、（　　　）、营业活动、分配活动
  - 认识会计工作
    - 会计工作组织、会计机构
      - 会计工作组织形式
        - 独立核算和非独立核算（　　　）
        - 专业核算和群众核算
    - 会计人员及其专业技术职务
      - 会计工作岗位　11个岗位
    - 会计工作的发展趋势
  - 明确会计工作的内涵
    - 会计的特点与会计的职能
      - 会计的特点：①以（　　　）为主要计量单位；②具有连续性、系统性、全面性和综合性；③以（　　　）凭证为依据
      - 会计的职能：核算和（　　　）
    - 会计的对象与会计的目标
      - 会计的对象：凡是特定主体能以（　　　）表现的经济活动
      - 会计的目标
        - 反映企业管理层受托责任的履行情况
        - 提供对决策有用的会计信息
    - 会计的基本假设与会计信息的质量要求
      - 基本假设：（　　　）、持续经营、会计分期、货币计量
      - 质量要求：可靠性、相关性、清晰性、可比性、（　　　）、重要性、谨慎性、及时性
    - 会计的方法与会计核算的内容　核算内容包括资金的投入、（　　　）、资金的退出
  - 认识会计要素与会计等式
    - 划分会计要素
      - 资产：企业（　　　）交易或者事项形成的、由企业拥有或者控制的、预期会给企业带来经济利益的资源
      - 负债：企业过去的交易或者事项形成的、预期会导致经济利益流出企业的（　　　）义务
      - 所有者权益：企业资产扣除负债后，由所有者享有的（　　　）
      - 收入：企业在（　　　）活动中形成的、与所有者投入资本无关的、会导致所有者权益增加的经济利益的总流入
      - 费用：企业（　　　）活动中形成的、与所有者利润分配无关的、会导致所有者权益减少的经济利益的总流出
      - 利润：企业在一定会计期间的经营成果。包括收入减去费用后的净额、直接计入当期利润的利得和损失
    - 建立会计等式
      - 会计等式的含义及表示
        - ①资产=（　　　）+所有者权益
        - ②收入-（　　　）=利润
      - 经济业务对会计等式的影响
        - ①引起资产、权益双方同时增加
        - ②引起资产、权益双方同时减少
        - ③引起资产内部一增一减
        - ④引起权益内部一增一减

 自测题

项目一自测题

项目二

填制与审核原始凭证

会计论道之慎心

慎心是个人修为的重要体现，是人的一种自律状态。《礼记·中庸》："君子戒慎乎其所不睹，恐惧乎其所不闻。莫见乎隐，莫显乎微，故君子慎其独也。"这里说的正是有君子之德的人，这种人即便在独处时，也会慎重行事，检点行为，不会因没人注意而做有违道德之事。会计工作的对象就是企业的价值运动，会计人员时时与资金打交道，必须做到在各种利诱面前靠强大的精神防线来抵挡诱惑。

慎者，谨也。谨慎性原则也是会计核算工作的重要原则。市场经济下，企业的生产经营活动面临着许多风险和不确定性，会计人员要保持应有的谨慎，充分估计到各种风险和损失，既不高估资产或者收益，也不低估负债或者费用，所谓"宁可预计可能的损失，不可预计可能的收益"。

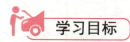

素质目标
- 具备审慎合规的意识和严谨操作的职业习惯。
- 具备廉洁自律、诚实守信、爱岗敬业的职业精神。
- 认识到证据是证明事实存在的依据，办任何事情都要讲究证据。

知识目标
- 通过对原始凭证的认识，熟悉并掌握企业经济活动的具体内容。
- 理解原始凭证的概念和意义，明确其基本分类。
- 掌握原始凭证的内容和填制要求。
- 掌握原始凭证的审核方法。

能力目标
- 能结合企业具体情况准确规范地填制原始凭证。
- 能根据各种不同的原始凭证正确判断出相应的经济业务事项。
- 能准确审核原始凭证。

微课：认识原始凭证——辨析经济业务1

微课：认识原始凭证——辨析经济业务2

任务 2.1　了解原始凭证

以北京中润服饰有限责任公司 2021 年 3 月发生的经济活动为例，认识原始凭证。公司基本情况如下：

企业名称：北京中润服饰有限责任公司；
社会信用代码：911101024111658505；
企业地址：北京市西城区刘润街刘绍路58号；
企业电话号码：010-05130032；
企业增值税类型：一般纳税人；
预留银行印鉴：北京中润服饰有限责任公司财务专用章和法定代表人私章；
基本户银行账号：41570391487043；
一般存款户账号：62858441643419；
美元存款户账号：21975552750016；
记账本位币：人民币；
执行的会计准则：《企业会计准则》；
管理层主要人员：李建刚（法定代表人）、张斌（总经理）、底苗须（财务经理）；
主要原材料：化纤布、纺织布、纽扣、拉链、蕾丝花边；
产品名称：男士西装、女士套装。

假如你是该企业会计人员，请判断下列原始凭证（图2-1~图2-8和表2-1、表2-2）按来源不同分别属于什么凭证？说说这些凭证代表企业发生了哪些经济活动？

图2-1　增值税普通发票（发票联）

图2-2　转账支票存根

图 2-3 收料单（记账联）

图 2-4 进账单

表 2-1 采购费用分配表

2021-03-06　　　　　　　　　　　　　　　　　　　　　　　　　　　　　　　　　　　　元

材料名称	分配标准（数量）	分配率	分配金额
化纤布	2 000	0.09	180
纺织布	3 000	0.09	270
合计	5 000		450

制表：杨同用　　　　　　　　　　　　　　　　　　　　　　　　　　　　　　　　审核：底苗须

表 2-2 制造费用分配表

2021-03-31　　　　　　　　　　　　　　　　　　　　　　　　　　　　　　　　　　　　元

生产车间	产品	分配标准（工时）	分配率	分配金额
生产车间	男士西装	1 500	19.192	28 788
生产车间	女士套装	1 200	19.192	23 030.40
合计		2 700		51 818.40

制表：杨同用　　　　　　　　　　　　　　　　　　　　　　　　　　　　　　　　审核：底苗须

交通银行股份有限公司贷款还息凭证

打印日期2021年04月21日

客户号：62295505286601　　　　　　　　机构代码：301470392180671
借款单位：北京中润服饰有限责任公司

产生利息账号	还息金额	Osp现有余额	备注
62858441643419	150.00		合同号：71446

金额合计　（大写）人民币 壹佰伍拾元整
　　　　　（小写）CNY150.00

付款账号：62858441643419
合同编号：71446
交易业务号：LAA110089008

开票：郭素琴　　记账　　　复核　　　（盖章）

交通银行北京市西城区支行
2021-04-21
转讫
(01)

图 2-5　贷款还息凭证

待安装设备入库单

2021年03月11日

供应单位：镇江圣优机械制造有限责任公司　　　　　　　　编号：SBRK6008

设备编号	名称	规格	数量		实际成本			
			应收	实收	单价	总价	运杂费	合计
	纺织机	FZ001	1	1				

备注：
收货人：张虎山　　　　　　　　　　　　　　　　　　　交货人：白洁

图 2-6　待安装设备入库单

领　料　单

领料部门：生产车间
用　途：机物料消耗　　　　2021年03月18日　　　　编号LL1620

材料编号	名称	规格	计量单位	请领数量	实发数量	备注
01001	化纤布		米	135	135	
01002	纺织布		米	270	270	
01003	纽扣		颗	200	200	
01004	拉链		条	78	78	

领料人：陈静　　　　　　　　　　　　　　　　　　　发料人：张虎山

第三联记账联

图 2-7　领料单

	借款单	
	2021年03月05日	NO 54790
借款人：刘泽军	所属部门：采购部	
借款用途：预借差旅费	现金付讫	
借款金额：人民币（大写）叁仟元整		￥3000.00
部门负责人审批：曹志文	借款人（签章）：刘泽军	
财务部门审核：底苗须		
单位负责人批示：同意	签字：张斌	
核销记录：		

第一联付款联（付款人记账）

图 2-8 借款单

知识准备

会计凭证，是记录经济业务、明确经济责任、并作为记账依据的书面证明，是会计资料的重要组成部分。

任何单位发生经济业务时，都必须由执行和完成该项经济业务的有关人员取得或填制会计凭证，以证明经济业务的发生及完成情况。填制与审核会计凭证，是会计核算的首要环节，会计凭证是否真实、完整，对会计信息质量有十分重要的影响。会计凭证按填制的程序和用途不同，可分为原始凭证和记账凭证两类。任何原始凭证都必须经过审核无误后才能作为填制记账凭证的依据。

提示

填制和审核会计凭证是会计核算工作的起点，也是会计核算的专门方法之一。

2.1.1 原始凭证的概念

原始凭证又称单据，是在经济业务事项发生时取得或填制的，用以记录和证明经济业务发生和完成情况的原始凭据，是会计核算的重要原始资料，是记账的原始依据。

一切经济业务发生时都必须取得或填制原始凭证。如各单位办理现金收付、款项结算、财产收发、成本计算、费用开支、产品入库、产品销售和其他各种经济业务，都必须以原始凭证证明经济业务已经执行或完成，并作为会计核算的原始依据。

微课：认识原始凭证——辨析经济业务1

提示

原始凭证是会计资料中最具有法律效力的一种书面证明文件。它的主要作用在于能够准确、客观、及时、完整地提供经济业务的历史原貌，可以此为依据来检查经济业务的真实可靠性、合理合法性。

提示

原始凭证记录和反映的经济业务必须是已经发生或已经完成的。凡不能证明经济业务已经发生或完成的凭证或文件等，都不能作为记账的原始依据。

会计职业判断

购销合同、费用预算、财务计划、融资协议、派工单等是否属于原始凭证？能否作为记账的原始依据？

2.1.2 原始凭证的种类

原始凭证种类很多，但可以根据不同的标准对其进行分类。

1. 按来源不同分类

原始凭证按其来源不同，可以分为自制原始凭证和外来原始凭证。

1）自制原始凭证

自制原始凭证是指经济业务发生或完成时由本单位内部有关人员填制的，在本单位内部使用的原始凭证。如材料验收入库时由仓库保管人员填制的收料单、职工出差预借差旅费时填制的借款单等。部分自制原始凭证格式如图2-9和图2-10所示。

（a）第一联存根联

（b）第二联记账联

图2-9 收料单

收 料 单

供应单位：　　　　　　　　　　　年　月　日　　　　　　　　　　　编号

材料编号	名 称	单位	规格	数　量		实际成本			
				应 收	实 收	单 价	发票价格	运杂费	总价
备注									

收料人：　　　　　　　　　　　　　　　　交料人：

第三联交料人留存

（c）第三联交料人留存

图 2-9　收料单（续）

借款单

年　月　日　　　　　　　　　NO

借款人：　　　　　　　所属部门：
借款用途：
借款金额：人民币（大写）　　　　　　　　　　　　　　
部门负责人审批：　　　　借款人（签章）：
财务部门审核：
单位负责人批示：　　　　签字：
核销记录：

第一联付款联（付款人记账）

（a）第一联付款联

借款单

年　月　日　　　　　　　　　NO

借款人：　　　　　　　所属部门：
借款用途：
借款金额：人民币（大写）　　　　　　　　　　　　　　
部门负责人审批：　　　　借款人（签章）：
财务部门审核：
单位负责人批示：　　　　签字：
核销记录：

第二联结算联（结算后记账）

（b）第二联结算联

图 2-10　借款单

```
                        借款单
                      年    月    日              NO

   借款人：                  所属部门：

   借款用途：

   借款金额：人民币（大写）

   部门负责人审批：           借款人（签章）：

   财务部门审核：

   单位负责人批示：           签字：

   核销记录：
```
第三联回执联（结算后交接款人留存）

(c) 第三联回执联

图 2-10 借款单（续）

2）外来原始凭证

外来原始凭证是指经济业务发生或完成时从外单位或个人取得的原始凭证。如企业购买材料时从购买单位取得的增值税专用发票、银行收款时开出的收账通知单、出差时取得的车船票等。部分外来原始凭证格式如图 2-11 和图 2-12 所示。

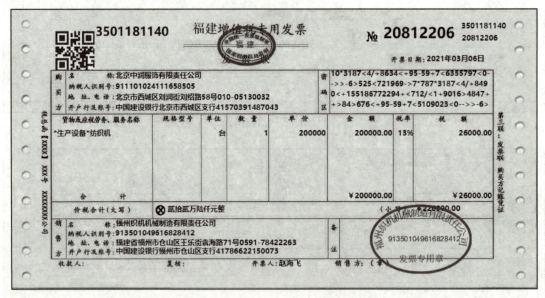

图 2-11 增值税专用发票（第三联发票联）

2. 按填制方法不同分类

原始凭证按其填制方法不同，可分为一次凭证、累计凭证和汇总凭证。

1）一次凭证

一次凭证是指在经济业务发生时，一次性填制完成的原始凭证。外来原始凭证都是一次凭证。大部分自制原始凭证也是一次凭证，如收料单、领料单等。

中国建设银行进账单（回单） 1

2021年03月27日

出票人	全称	扬州华兴房地产经纪有限责任公司	收款人	全称	北京中润服饰有限责任公司	此联是开户银行交给持（出）票人的回单
	账号	41658923388797		账号	41570391487043	
	开户银行	中国建设银行扬州市邗江区支行		开户银行	中国建设银行北京市西城区支行	
金额	人民币（大写）	叁万伍仟元整			亿千百十万千百十元角分 ￥3 5 0 0 0 0 0	
票据种类	转账支票	票据张数	1			
票据号码	1050182211531071					

复核　　记账　　　　　　　　　　开户银行签章

图2-12　进账单（收账通知）

2）累计凭证

累计凭证是指在一定时期内用来连续反映不断重复发生的若干项同类经济业务的原始凭证。

这种凭证在规定日期内可以多次、连续地加以使用，并随时结出累计数及结余数，按照限额进行控制。等到规定的时期届满以后再根据它所计算的累计数作为编制记账凭证的依据。限额领料单是典型的累计原始凭证，如图2-13所示。

限额领料单

领料单位：　　　　　　　　　　　　　　　　　编号：
用　途：　　　　　　　　　年　月　日　　发料仓库

材料类别	材料编号	材料名称及规格	计量单位	领用限额	实际领用	计划单价	金额	备注

日期	领料				退回			限额结余
	请领数量	实发数量	发料人	领料人	退料数量	收料人	退料人	

生产计划部门负责人：　　　供应部门负责人：　　　仓库负责人：

图2-13　限额领料单

提示

累计凭证的填制手续是分次完成的。

3）汇总凭证

汇总凭证又称原始凭证汇总表，是指将一定时期内若干张同类经济业务的原始凭证，经过汇总编制完成的原始凭证。如根据一定时期内的领料单和限额领料单编制的发料汇总表、工资结算汇总表、差旅费报销单等。发料汇总表格式如表2-3所示。

表 2-3 发料汇总表

年　月　日　　　　　　　　　　　　　　　　　　　　　　　　　　　　　　　　　　　元

应借科目	生产成本		制造费用	合计
	甲产品	乙产品		
原材料				
周转材料				
合计				

会计职业判断

汇总凭证与累计凭证有何区别？

3. 按格式和使用范围不同分类

原始凭证按其格式和使用范围不同，分为通用凭证和专用凭证。

1) 通用凭证

专用凭证是指由有关部门统一印制，在全国或某地区、某行业、某部门使用的具有统一格式和使用方法的原始凭证。如全国统一使用的异地银行结算凭证、商业汇票，税务部门统一印制的发票、某一地区使用的收款收据等。

2) 专用凭证

专用凭证是指为满足本单位内部管理的需要，由本单位内部自行设计、印制，仅在本单位内部使用的具有特定内容和专门用途的原始凭证。如借款单、领料单、差旅费报销单等。

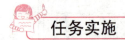

任务实施

第一步：原始凭证按来源不同，可以分为自制原始凭证和外来原始凭证。经济业务发生或完成时由本单位内部有关人员填制的属于自制原始凭证，而从外部单位或个人取得的则属于外来原始凭证，依据这一判定标准，图 2-1 增值税普通发票、图 2-2 转账支票存根、图 2-4 进账单、图 2-5 贷款还息凭证属于外来原始凭证；图 2-3 收料单、表 2-1 采购费用分配表、表 2-2 制造费用分配表、图 2-6 待安装设备入库单、图 2-7 领料单、图 2-8 借款单属于自制原始凭证。

微课：认识原始凭证——辨析经济业务 2

第二步：原始凭证是经济业务发生和完成情况的重要记录和证明，会计人员就是要依据填制或取得的原始凭证判断企业什么时间发生了什么事项以及涉及多少资金运动。

图 2-1 增值税普通发票的发票联是购买方的记账凭证，是中润公司从外部取得的，说明 4月 21 日中润公司向交通银行北京市西城区支行支付了 150 元贷款服务手续费。

图 2-2 转账支票存根是付款方开出转账支票后留存的部分，说明 3 月 5 日中润公司开出转账支票支付广州荣顺服饰有限责任公司 18 984 元货款。

图 2-3 收料单第二联记账联是采购原材料入库的证明，说明 3 月 5 日中润公司从广州荣顺服饰有限责任公司采购的纽扣 12 000 颗已经验收入库。

图 2-4 进账单是银行发来的收账通知，说明 3 月 24 日由无锡美安商贸有限公司开出的转账

支票款项 6 万元已经转入中润公司账户。

表 2-1 采购费用分配表是将采购中发生的共同费用按一定比例标准分配到不同材料，说明 3 月 6 日中润公司采购化纤布和纺织布共同发生的 450 元费用按数量比例进行分配，化纤布分配到 180 元，纺织布分配到 270 元。

表 2-2 制造费用分配表是将归集的制造费用按一定比例标准分配到不同产品，说明 3 月 31 日中润公司归集的 51 818.40 元制造费用，按照工时比例进行分配，男士西装分配到 28 788 元，女士套装分配到 23 030.40 元。

图 2-5 贷款还息凭证是企业支付借款利息的证明，说明 4 月 21 日中润公司支付给交通银行北京市西城区支行 150 元的借款利息。

图 2-6 待安装设备入库单是企业购建待安装设备的入库凭证，说明 3 月 11 日中润公司收到从镇江圣优机械制造有限责任公司发来的纺织机 1 台，但是需要进一步安装调试方能达到预定可使用状态。

图 2-7 领料单是各部门从仓库领取材料的凭证，说明 3 月 18 日生产车间领用化纤布 135 米、纺织布 270 米、纽扣 200 颗、拉链 78 条作为机物料消耗使用。

图 2-8 借款单是各部门人员从财务部借款的凭证，说明 3 月 5 日采购部刘泽军向财务部预借差旅费 3 000 元，已经完成审批，并且财务部已经用现金支付了借款。

任务 2.2　取得与填制原始凭证

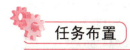

中润公司 2021 年 3 月份发生以下经济业务：

（1）3 月 5 日，签发转账支票 6 360 元用于支付广告费（收款人：永信广告服务有限责任公司，支付密码：8180-0415-9605-9884，付款银行：中国建设银行北京市西城区支行，付款账号：41570391487043，银行预留印鉴：北京中润服饰有限责任公司财务专用章+法定代表人李建刚私章）取得的增值税专用发票的发票联，如图 2-14 所示（抵扣联略），请填制转账支票。

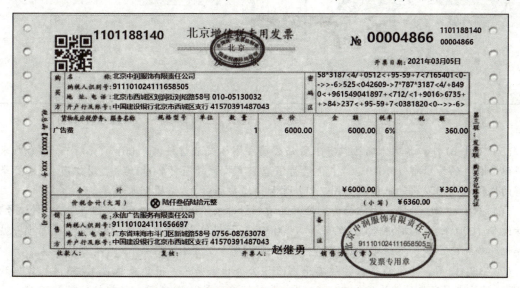

图 2-14　增值税专用发票（第三联发票联）

(2) 3月6日，销售给福州晓笛服饰有限责任公司男士西装380套，女士套装966套。产品已发出，货款尚未收到。销售单如图2-15所示，请开具增值税专用发票。

销 售 单

购货单位：福州晓笛服饰有限责任公司　地址和电话：福建省福州市鼓楼区刘立路张秀号0591-76249068　单据编号：XS8719
纳税识别号：913501022491261198　开户行及账号：中国工商银行福州市鼓楼区支行41628639631742　制单日期：2021-03-06

编码	产品名称	规格	单位	单价	数量	金额	备注
001	男士西装		套	605.68	380	230158.40	含税价
002	女士套装		套	772.92	966	746640.72	含税价
合计	人民币（大写）：玖拾柒万陆仟柒佰玖拾玖元壹角贰分				—	￥976799.12	

销售经理：杨广河　　经手人：魏志平　　会计：杨同用　　签收人：杨继清

图 2-15　销售单

(3) 3月8日，财务部杨同用预借差旅费2 000元，已经过部门负责人即财务部经理底苗须审核，总经理张斌已批示同意并签字，请填制借款单。

(4) 3月9日，收到北京华大百货有限公司转账支票一张，归还上月欠的购货款35 000元，存入银行。收到的转账支票如图2-16所示，请填制进账单。

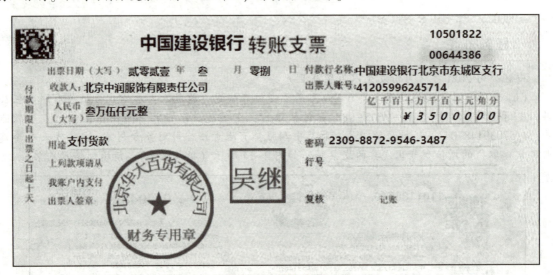

图 2-16　转账支票

(5) 3月10日，潍坊林瑞纺织有限责任公司邱书林交来材料编号001的化纤布（4 000米）、材料编号002的纺织布（3 000米），仓管员张虎山实收化纤布（4 000米）、纺织布（3 000米），取得的增值税专用发票的抵扣联如图2-17所示（发票联略），请填制收料单。

(6) 3月11日，生产车间陈静为生产产品请领材料编号001的化纤布（135米）、材料编号002的纺织布（270米）、材料编号003的纽扣（200颗）、材料编号004的拉链（78条），仓管员张虎山实发化纤布（135米）、纺织布（270米）、纽扣（200颗）、拉链（78条），请填制领料单。

(7) 3月12日，专设销售机构魏志平因洽谈公务出差归来，报销差旅费1 858元，交回现金142元，结清本月预借的差旅费2 000元。差旅费报销单如图2-18所示，借款单如图2-19所示，请填制收款收据，并由经手人魏志平、出纳赵继勇签字。

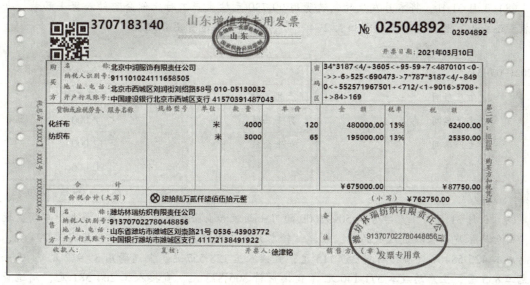

图 2-17　增值税专用发票（第二联抵扣联）

差旅费报销单

2021年03月12日　　　　　　　　　　　　　附原始单据 3 张

姓名	魏志平			工作部门	专设销售机构		出差事由	洽谈公务			
日期		地点		车船费			深夜补贴	途中补贴	住勤费		金额合计
起	讫	起	讫	车次或船名	时间	金额			地区 天数 补贴	旅馆费 公交费	
03-08	03-08	北京市	石家庄市	动车		359.00			2 360.00	780.00	1858.00
03-11	03-11	石家庄市	北京市	动车		359.00					
报销金额（大写）人民币　壹仟捌佰伍拾捌元整									合计（小写）￥1858.00		
补付金额：						退回金额：￥142.00					
领导批准：　　　会计主管：　　　部门负责人：　　　审核：　　　报销人：魏志平											

图 2-18　差旅费报销单

借款单

2021年03月08日　　　　　　　　　　　　　NO 54793

借款人：魏志平	所属部门：专设销售机构
借款用途：出差借款	
借款金额：人民币（大写）贰仟元整	￥2000.00
部门负责人审批：杨广河	借款人（签章）：魏志平
财务部门审核：底苗须	
单位负责人批示：同意	签字：张斌
核销记录：	

第二联结算联（结算后记账）

图 2-19　借款单

(8) 3月31日，将本月发生的制造费用99 780元按生产工时比例分配转入男士西装、女士套装制造成本，生产工时明细表如表2-4所示，请填制制造费用分配表。

表2-4 生产工时明细表

2021-03-31　　　　　　　　　　　　　　　　　　　　　　　　　　　　　　　　　　　　　　小时

生产车间	产品名称	生产工时
生产车间	男士西装	8 000
生产车间	女士套装	12 000
合计		20 000

制表：杨同用　　　　　　　　　　　　　　　　　　　　　　　　　　　　　　　审核：底苗须

(9) 3月31日，生产单号码50993009的男士西装和女士套装生产完工，由生产车间孟悦交库，由仓库张虎山验收进入成品库，计算结转本月完工入库产品成本。男士西装完工794套，生产总成本425 584元（直接材料257 115元，直接人工128 557元，制造费用39 912元）；女士套装完工835套，生产总成本571 140元（直接材料306 873元，直接人工204 581元，制造费用59 686元），请填制入库单。

(10) 3月31日，结转本月已售男士西装（800套）、女士套装（900套）的销售成本，库存商品单位成本计算表如表2-5所示，请填制销售产品成本结转表。

表2-5 库存商品单位成本计算表

2021-03-31　　　　　　　　　　　　　　　　　　　　　　　　　　　　　　　　　　　　　　　元

产品名称	期初结存		本期入库		本期发出库存商品单位成本
	数量	金额	数量	金额	
男士西装	100	50 000	794	425 584	531.97
女士套装	80	40 000	835	571 140	667.91
合计		90 000		996 724	

制表：杨同用　　　　　　　　　　　　　　　　　　　　　　　　　　　　　　　审核：底苗须

假如你是中润公司会计人员，根据上述经济业务填写相关原始凭证。

知识准备

2.2.1 原始凭证的填制要求

1. 基本要素

由于经济业务的种类和内容不同，原始凭证的格式和内容也千差万别。但无论何种原始凭证，作为记录和证明经济业务发生或完成的情况、明确经办单位和人员经济责任的原始证据，都必须具备以下基本内容：

1）原始凭证的名称

原始凭证的名称表明原始凭证所记录业务内容的种类，反映原始凭证的作用。如收款收据、入库单等。

2）原始凭证的编号

原始凭证应连续编号，以有利于查对核实。

3）填制原始凭证的日期

填制原始凭证的日期一般是业务发生或完成的日期。如果在业务发生或完成时，因各种原因未能及时填制原始凭证，应以实际填制日期为准。

4）接受原始凭证的单位名称

接受原始凭证的单位名称即原始凭证的"抬头"，是指发生经济业务的对方单位。将接受凭证的单位与填制凭证的单位或填制人相联系，表明经济业务的来龙去脉。

5）经济业务的内容

经济业务的内容主要包括经济业务的项目、名称、规格及有关的数量、计量单位、单价和金额等。这是原始凭证的核心。

6）填制单位和经办人员的签名盖章

填制单位和经办人员的签名盖章，可以明确经济责任。

7）原始凭证补充项目

为了满足其他工作的需要，原始凭证除了上述必须具备的基本内容外，还增加了其他一些补充项目，如为了防止伪造，增加了防伪条码或识别标志；为便于业务联系，增加了填制单位的地址、银行账号、电话等；为了方便核对查找，注明了相关合同号码、结算方式等，使原始凭证更趋于规范，增加了相关功能。

2. 填制原则

1）记录要真实

原始凭证上填列的内容、数字，必须真实可靠，符合有关经济业务的实际情况，不得弄虚作假，更不得伪造。

2）内容要完整

原始凭证所要求填列的项目必须逐项填列齐全，不得遗漏和省略。

3）手续要完备

无论是自制凭证还是外来凭证，都必须有经办单位和经办人员的签名盖章。例如，自制原始凭证必须有经办部门和经办人员的签名盖章；对外开出的原始凭证必须有本单位公章和经办人员的签章；从外部取得的原始凭证，必须有填制单位的公章和填制人员的签章；从个人处取得的原始凭证，必须有填制人员的签名盖章。

4）书写要清楚、规范

原始凭证要按规定填写，文字要简要，字迹要清楚，易于辨认，不得使用未经国务院公布的简化汉字。大小写金额必须相符且填写规范，小写金额用阿拉伯数字逐个书写，不得写连笔字，在金额前要填写人民币符号"¥"，人民币符号"¥"与阿拉伯数字之间不得留有空白，金额数字一律填写到角分，无角分的，写"00"或符号"—"，有角无分的，分位写"0"，不得用符号"—"；大写金额用汉字壹、贰、叁、肆、伍、陆、柒、捌、玖、拾、佰、仟、万、亿、元、角、分、零、整等，一律用正楷或行书字书写，大写金额前未印有"人民币"字样的，应加写"人民币"三个字，"人民币"字样和大写金额之间不得留有空白，大写金额到元或角为止的，后面要写"整"或"正"字，有分的，不写"整"或"正"字。如小写金额为¥1 008.00，大写金额应写成"壹仟零捌元整"。

5）编号要连续

如果原始凭证已预先印定编号,在写坏作废时,应加盖"作废"戳记,妥善保管,不得撕毁。

6）不得涂改、刮擦、挖补

原始凭证有错误的,应当由出具单位重开或更正,更正处应当加盖出具单位印章。原始凭证金额有错误的,应当由出具单位重开,不得在原始凭证上更正。

7）填制要及时

各种原始凭证一定要及时填写,并按规定的程序及时送交会计机构、会计人员进行审核。

2.2.2 筹集资金的原始凭证

企业资金来源有两个:一是股东,二是债权人,即所有者(投资者)向企业投入资金和向金融机构或其他单位借入资金。所有者向企业的投资按出资方式不同,分为货币资金投资、实物资产投资和无形资产投资。

1. 所有者投入资金

1）货币资金投资

收到货币资金投资取得的原始凭证一般为股东会决议(增资)、款项到账的证明。中润公司股东会决议允许徐州大鹏有限公司出资 100 万元获取 20%的股权,原始凭证如图 2-20 和图 2-21 所示。

股东会决议（增资）

经全体股东审议,将本公司注册资本由4000000.00元增加至5000000.00元,一致通过如下决议:
一、增资股东身份情况
（略）
二、增资股东出资情况

股东名称	认缴新增注册资本	认缴比例（%）	实际出资金额	实际出资额占全体股东出资（%）	出资到位日期	出资方式
徐州大鹏有限公司	1000000.00	20.00%	1000000.00	18.87%	2121-03-01	货币资金

三、增资后各股东持股比例

股东名称	实际出资情况			
	变更前		变更后	
	金额	所占份额	金额	所占份额
王继峰	2000000.00	50.00%	2000000.00	40.00%
张广兴	2000000.00	50.00%	2000000.00	40.00%
徐州大鹏有限公司	0.00	0%	1000000.00	20.00%

股东代表签字：王继峰　　　　　　张广兴　　　　谷满堂

2021年03月01日

图 2-20　股东会决议（增资）

中国建设银行客户专用回单

币别：人民币　　　　2021年03月01日　　　　流水号：320320027J0500810066

付款人	全称	徐州大鹏有限公司	收款人	全称	北京中润服饰有限责任公司
	账号	41856794153020		账号	41570391487043
	开户行	中国建设银行扬州市鼓楼区支行		开户行	中国建设银行北京市西城区支行
金额		（大写）人民币壹佰万元整　　（小写）¥1000000.00			
凭证种类		网银	凭证号码		
结算方式		转账	用途		投资款

打印柜员：　320325584257
打印机构：　中国建设银行徐州市鼓楼区支行
打印卡号：　41856794153020

打印时间：2021-03-01　　交易柜员：320325584257　　交易机构：320310566

图 2-21　客户专用回单（网银转账）

2）实物资产投资

收到实物资产投资，一方面，要取得所有者（投资者）实物资产投资开具的增值税专用发票，以便进行税额抵扣；另一方面，收到实物资产要进行增资确认登记。中润公司股东会决议，允许榆林如道机械制造有限责任公司以投入价值 146 900 元纺织机的形式获取 3.54%的股权，收到的纺织机进项税额可以抵扣，相关原始凭证如图 2-22、图 2-23 和表 2-6 所示。

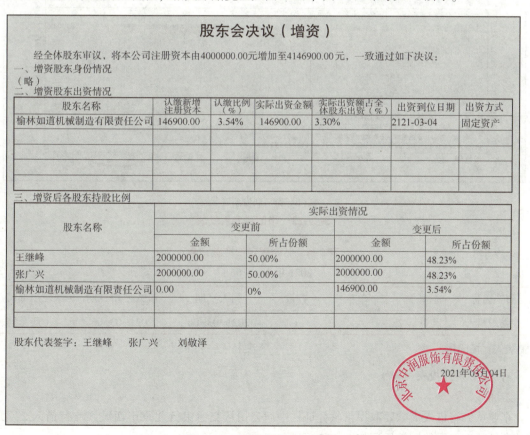

图 2-22　股东会决议（增资）

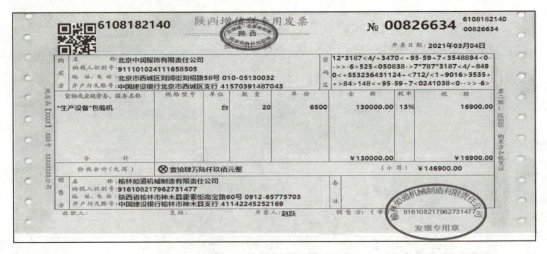

(a) 第二联抵扣联

(b) 第三联发票联

图 2-23 增值税专用发票

表 2-6 新增固定资产登记表

2021 年 03 月 06 日

资产名称	种类	单位	数量	购入日期	投入使用日期	使用部门
纺织机	生产设备	台	1	2021-03-06	2021-03-06	生产车间

制表人：杨同用　　　　　　　　　　　　　复核人：底苗须

3）无形资产投资（略）

2. 借入资金

企业从银行借入借款要取得借款凭证。中润公司从交通银行北京市西城区支行借入 22 万元的长期借款，取得的原始凭证如图 2-24 所示。

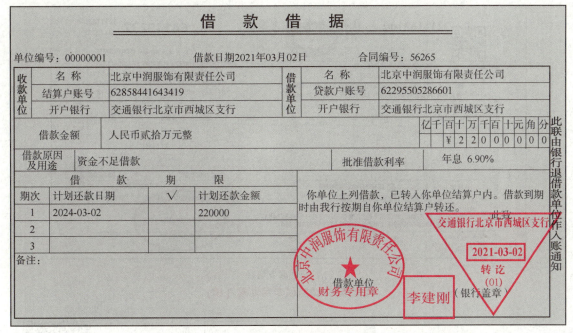

图 2-24 借款借据

2.2.3 投资活动的原始凭证

从企业外部购进或通过在建工程完工而形成的厂房、建筑物、购置机器设备、运输工具等固定资产，要按取得时的买价、进口关税、运输和保险等相关费用，以及为使固定资产达到预定可使用状态前所发生的其他必要支出确认其初始价值。中润公司从镇江圣优机械制造有限责任公司购进不需要安装的包缝机4台，以转账支票付款，取得或填制的原始凭证如图2-25、图2-26和表2-7所示。

(a) 第二联抵扣联

图 2-25 增值税专用发票

(b) 第三联发票联

图 2-25 增值税专用发票（续）

图 2-26 转账支票存根

数字化与数据处理的诚信原则

表 2-7 新增固定资产登记表

2021 年 03 月 07 日

资产名称	种类	单位	数量	购入日期	投入使用日期	使用部门
包缝机	生产设备	台	4	2021-03-07	2021-03-07	生产设备

制表人：杨同用　　　　　　　　　　　　复核人：底苗须

2.2.4　供应过程的原始凭证

企业在采购材料过程中，一方面，要根据供应计划和采购合同的规定及时采购，并将材料验收入库；另一方面，要按照采购合同和结算制度的要求支付货款，并支付由此产生的材料运输费、装卸费等。所以相关原始凭证包括证明购货和运费的增值税专用发票（发票联）、证明付款的支票或网银转账的银行客户回单、证明材料验收入库的收料单以及证明产生商业信用的银行承兑汇票或商业承兑汇票等。

1. 支票的填写方法

银行、单位和个人填写的各种票据和结算凭证是办理支付结算和现金收付的重要依据，直接关系到支付结算的准确、及时和安全。因此，填写票据和结算凭证，必须做到标准化、规范化，要素齐全、数字正确、字迹清晰、不错漏、不潦草，防止涂改。支票是银行结算凭证的一种，常见的有转账支票和现金支票。

1）转账支票的填制

支票上印有"转账"字样的为转账支票，一般分为两个部分，即存根部分和正联部分。转账支票由出纳员用碳素笔正楷填写，字迹工整。填写时，先填写存根部分，再填写正联部分，如图2-27所示。

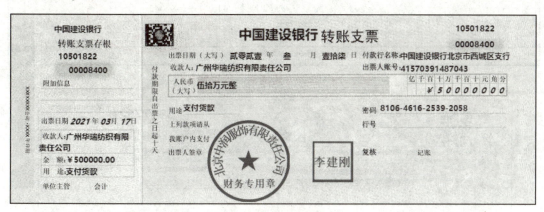

图 2-27　转账支票

正联部分的出票日期必须使用中文大写。为防止变造票据的出票日期，在填写月、日时，月为壹、贰和壹拾的，日为壹至玖和壹拾、贰拾和叁拾的，应在其前加"零"；日为拾壹至拾玖的，应在其前加"壹"。如1月15日，应写成零壹月壹拾伍日。再如10月20日，应写成零壹拾月零贰拾日。收款人处应填写无误。出票人账号有账号章的，可以加盖账号章。结算金额分为大写和小写，大写金额数字用中文正楷或行书填写，且紧接"人民币"字样填写，不得留有空白。阿拉伯小写金额数字前面，均应填写人民币符号"￥"。阿拉伯小写金额数字要认真填写，不得连写分辨不清。填写用途应实事求是，如××货款。支票填写完成，审核无误后，在出票人签章处加盖预留银行的印鉴，即单位财务专用章和法人名章，然后在支票左边与存根的衔接处加盖财务专用章，最后从骑缝线处剪开，正联交给收款人办理转账，存根联留下作为记账依据。

2）现金支票的填制

支票上印有"现金"字样的为现金支票。其填制方法与转账支票基本相同，所不同的是："用途"处一般要填写"备用金""工资""差旅费"等。

微课：现金支票的填制

2. 收料单的填制方法

收料单是记录外购材料验收入库的一种原始凭证。收料单一般一式三联：第一联为存根，由采购员带回供应部门备查；第二联为会计记账联，交财会部门据以记账；第三联为仓库记账联，由仓库留下作为登记原材料明细账数量的依据。材料运到企业，材料保管员验收后，在收料单上填写收料日期、材料名称、计量单位、应收实收数量等项目，会计员填写材料单价、金额、运杂费等项目。

中润公司采购纽扣，以网银转账支付货款，取得或填制的原始凭证如图2-28～图2-30所示。

中国建设银行客户专用回单

币别：人民币　　　　　2021年03月08日　　　　流水号 110120027J0500810044

付款人	全称	北京中润服饰有限责任公司	收款人	全称	吉安雅图有限责任公司	第一联借方（回单）
	账号	41570391487043		账号	41787992410376	
	开户行	中国建设银行北京市西城区支行		开户行	中国建设银行吉安市青原区支行	
金额		（大写）人民币伍仟伍佰伍拾贰元捌角贰分			（小写）￥5552.82	
凭证种类		网银		凭证号码		
结算方式		转账		用途	贷款	

打印柜员：110125584257
打印机构：中国建设银行北京市西城区支行
打印卡号：41570391487043

打印时间：2021-03-08　　交易柜员：110125584257　　交易机构：110110505

图 2-28　客户专用回单（网银转账）

（a）第二联抵扣联

（b）第三联发票联

图 2-29　增值税专用发票

收 料 单

供应单位：吉安雅图有限责任公司　　　2021年03月08日　　　编号 SL5753

材料编号	名称	单位	规格	数量		实际成本			
				应收	实收	单价	发票价格	运杂费	总价
001	纽扣	颗		3510	3510				
备注									
	收料人：张虎山						交料人：王晨		

第一联记账联

图 2-30　收料单

2.2.5　生产过程的原始凭证

企业在生产过程中，必然要产生各种耗费，如为生产产品所消耗的材料费、生产工人的工资及福利费、厂房和机器设备等固定资产的折旧费，以及管理和组织生产、为生产服务而发生的各种费用。

1. 领用材料

1) 领料单的填制方法

微课：领料单的填制

领料单又称发料单，是一种一次有效的发料凭证。它适用于临时性需要和没有消耗定额的各种材料。领料单由领料部门根据生产或其他需要填制，经部门主管批准并签名或盖章后据以领用。领料单通常以一料一单为宜，仓库发料时，填写实发数量，同时，由领发料双方签章，以示负责。领料单应填制一式多联：第一联由仓库留存据以登记材料明细账；第二联由领料部门带回，作为领用部门核算的依据；第三联交财会部门据以记账。

中润公司生产车间生产产品领用化纤布、纺织布的领料单如图 2-31 所示。

领 料 单

领料部门：生产车间
用　　途：生产产品　　　2021年03月16日　　　编号LL1615

材料编号	名称	规格	计量单位	请领数量	实发数量	备注
001	化纤布		米	207	207	
002	纺织布		米	615	615	
	领料人：陈静				发料人：张虎山	

第一联存根联

(a)　第一联存根联

图 2-31　领料单

领 料 单

领料部门：生产车间
用　　途：生产产品　　　　　　　2021年03月16日　　　　　　　编号LL1615

材料编号	名　称	规　格	计量单位	请领数量	实发数量	备注
001	化纤布		米	207	207	
002	纺织布		米	615	615	

领料人：陈静　　　　　　　　　　　　　　　　　　发料人：张虎山

第二联领料人留存联

(b) 第二联领料人留存联

领 料 单

领料部门：生产车间
用　　途：生产产品　　　　　　　2021年03月16日　　　　　　　编号LL1615

材料编号	名　称	规　格	计量单位	请领数量	实发数量	备注
001	化纤布		米	207	207	
002	纺织布		米	615	615	

领料人：陈静　　　　　　　　　　　　　　　　　　发料人：张虎山

第三联记账联

(c) 第三联记账联

图 2-31　领料单（续）

2）限额领料单的填制方法

限额领料单是一种在规定的领用限额之内多次使用的累计发料凭证。它适用于经常需用并规定有消耗定额的各种材料。在其有效期间（一般以一个月为限），只要不超过领用限额，就可以继续使用。它是由材料供应部门会同生产计划部门，根据各单位的生产任务和开展业务的需要以及材料消耗定额核定领用限额来填制的。限额领料单一般按照每种材料、每一用途分别编制。限额领料单应填制一式两联：一联交仓库作为备料发料依据；一联交领用部门作为领料的凭证。每次领料发料时，仓库应认真审查清理数量，如未超过限额，应予发料。发料后在两联同时填写实发数，计算出限额结余数，并由发料人和领料人同时签章。月末结出实发数量和金额交财会部门据以记账，如图 2-32 所示。

2. 完工入库

入库单是产品完工验收入库的有效凭证，产品生产完工后，从车间转至仓库作为库存商品。入库单由仓库填制，并由交库人和仓管员同时签字确认，一式四联。

中润公司成品车间入库男士西装的原始凭证标准入库单如图 2-33 所示。

限额领料单

领料单位：生产车间　　　　　　　　　　　　　　　　　　　　　　　编号：049
用　　途：加工男士西装　　　　　　　2021年3月31日　　　　　　　发料仓库：1号

材料类别	材料编号	材料名称及规格	计量单位	领用限额	实际领用	计划单价	金额	备注
原材料	001	纺织布	米	1200	1049			

日期	领料				退回			限额结余
	请领数量	实发数量	发料人	领料人	退料数量	收料人	退料人	
3月2日	415	415	李四	张三				785
3月8日	334	334	李四	张三				451
3月12日	300	300	李四	张三				151

生产计划部门负责人：王而立　　　供应部门负责人：徐冉　　　仓库负责人：张虎山

图 2-32　限额领料单

标准入库单

2020年03月08日　　　　　　　　　　　　　　　　　　　　　　　单号：RK6009

交来单位及部门	生产车间	发票号码或生产单号码		18430405		验收仓库	成品库		入库日期	2020-03-08	
编号	名称规格		单位	数量		实际价格		计划价格			价格差异
				交库	验收	单价	金额	单价	金额		
001	男士西装		套	17	17						
合　　计				—							

　　　　　　　　部门经理：　　会计：　　仓库：张虎山　　交库人：王彦伟

（a）业务联

标准入库单

2020年03月08日　　　　　　　　　　　　　　　　　　　　　　　单号：RK6009

交来单位及部门	生产车间	发票号码或生产单号码		18430405		验收仓库	成品库		入库日期	2020-03-08	
编号	名称规格		单位	数量		实际价格		计划价格			价格差异
				交库	验收	单价	金额	单价	金额		
001	男士西装		套	17	17						
合　　计				—	—				—		

　　　　　　　　部门经理：　　会计：　　仓库：张虎山　　交库人：王彦伟

（b）会计联

图 2-33　标准入库单

标准入库单

2020年03月08日　　　　　　　　　　　单号：RK6009

| 交来单位及部门 | 生产车间 | 发票号码或生产单号码 | 18430405 | 验收仓库 | 成品库 | 入库日期 | 2020-03-08 |

编号	名称规格	单位	数量		实际价格		计划价格		价格差异
			交库	验收	单价	金额	单价	金额	
001	男士西装	套	17	17					

合计　　　　—　　　　　—

部门经理：　　会计：　　仓库：张虎山　　交库人：王彦伟

（仓库联）

（c）仓库联

标准入库单

2020年03月08日　　　　　　　　　　　单号：RK6009

| 交来单位及部门 | 生产车间 | 发票号码或生产单号码 | 18430405 | 验收仓库 | 成品库 | 入库日期 | 2020-03-08 |

编号	名称规格	单位	数量		实际价格		计划价格		价格差异
			交库	验收	单价	金额	单价	金额	
001	男士西装	套	17	17					

合计　　　　—　　　　　—

部门经理：　　会计：　　仓库：张虎山　　交库人：王彦伟

（存根联）

（d）存根联

图 2-33　标准入库单（续）

2.2.6　销售过程的原始凭证

企业在销售过程中，通过产品销售所收回的销售货款，形成产品销售收入，企业取得的产品销售收入是以付出产品为代价的。为了销售产品，还会发生各种费用支出，如包装费、运输费、装卸费、广告费、展览费以及为销售本企业的产品而专设的销售机构的职工工资、业务费等经常性费用。同时，企业在销售过程中，还应按照国家的有关税法规定，计算并交纳税金及附加。

1. 收到货款

1）增值税发票的填制方法

增值税一般纳税人因销售货物或提供应税劳务，按规定应向付款人开具增值税专用发票。增值税专用发票为机打发票，由企业会计人员填写，全部联次一次性打印完成。该发票基本联次为三联：第一联为记账联，作为销货方扣税凭证；第二联为抵扣联，作为购货方扣税凭证；第三联为发票联，作为购货方付款记账凭证。中润公司向温州宏远服饰有限责任公司销售男士西装和女士西装，开具的增值税专用发票如图2-34所示。

微课：增值税专用发票的领用和填制

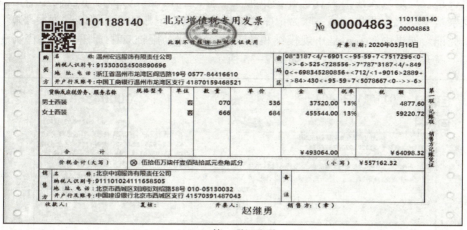

（a）第一联记账联

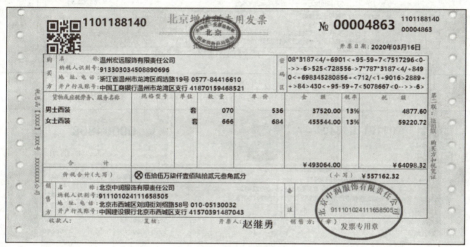

（b）第二联抵扣联

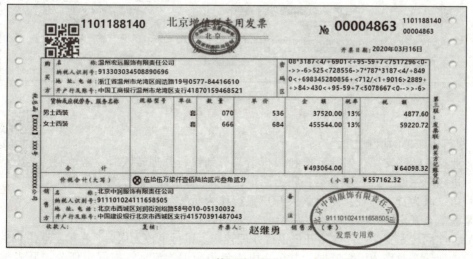

（c）第三联发票联

图 2-34　增值税专用发票

增值税小规模纳税人在销售货物和提供加工、修理、修配等劳务时可以使用增值税普通发票。该发票基本联次为两联：第一联为记账联，作为销货方记账凭证；第二联为发票联，作为购货方记账凭证。如果中润公司是小规模纳税人，向无锡邦劲服饰有限责任公司销售男士西装和女士西装，就开具增值税普通发票，如图2-35所示。

(a) 第一联记账联

(b) 第二联发票联

图2-35 增值税普通发票

2）银行进账单的填制方法

当企业持有转账支票、银行汇票和银行本票等到银行办理转账时，需填制进账单。进账单一般一式三联：第一联为回单，是出票人开户银行交给出票人的回单；第二联为贷方凭证，由收款人开户银行作为贷方凭证；第三联为收账通知，是收款人开户银行在款项收妥后给收款人的收账通知。进账单填完并审核无误后，连同转账支票一起交给开户银行办理转账。银行审核无误后，在第三联上加盖银行印章，然后传递给企业作为记账依据。中润公司持台州顺丰物流运输有限责任公司开来的转账支票办理入账，进账单如图2-36所示。

微课：进账单的填制

中国建设银行进账单（回单）　1

2021年03月17日

出票人	全　称	台州顺丰物流运输有限责任公司	收款人	全　称	北京中润服饰有限责任公司
	账　号	41931998921335		账　号	41570391487043
	开户银行	中国建设银行台州市椒江区支行		开户银行	中国建设银行北京市西城区支行
金额	人民币（大写）叁万伍仟元整				
票据种类	转账支票	票据张数	1		
票据号码	1050182200644386				
	复核　记账			开户银行签章	

亿	千	百	十	万	千	百	十	元	角	分
			¥	3	5	0	0	0	0	0

此联是开户银行交给持（出）票人的回单

（a）第一联回单

中国建设银行进账单（贷方凭证）　2

2021年03月17日

出票人	全　称	台州顺丰物流运输有限责任公司	收款人	全　称	北京中润服饰有限责任公司
	账　号	41931998921335		账　号	41570391487043
	开户银行	中国建设银行台州市椒江区支行		开户银行	中国建设银行北京市西城区支行
金额	人民币（大写）叁万伍仟元整				
票据种类	转账支票	票据张数	1		
票据号码	1050182200644386				
	复核　记账			开户银行签章	

亿	千	百	十	万	千	百	十	元	角	分
			¥	3	5	0	0	0	0	0

此联由收款人开户银行作贷方凭证

（b）第二联贷方凭证

中国建设银行进账单（收账通知）　3

2021年03月17日

出票人	全　称	台州顺丰物流运输有限责任公司	收款人	全　称	北京中润服饰有限责任公司
	账　号	41931998921335		账　号	41570391487043
	开户银行	中国建设银行台州市椒江区支行		开户银行	中国建设银行北京市西城区支行
金额	人民币（大写）叁万伍仟元整				
票据种类	转账支票	票据张数	1		
票据号码	1050182200644386				
	复核　记账			开户银行签章	

亿	千	百	十	万	千	百	十	元	角	分
			¥	3	5	0	0	0	0	0

此联是收款人开户银行交给收款人的收账通知

（c）第三联收账通知

图 2-36　进账单

3）收据的填制方法

企业因相关业务而向个人收取现金时，应开具收据。收据由企业出纳人员负责填写，应按照编号顺序使用。收据一般为一式三联：第一联为存根联，第二联为收据联，第三联为记账联。出纳员在填写收据时，应采用双面复写纸一次套写完成，并在各联加盖出纳个人名章，在第二联加盖财务专用章，至此收据开具完毕。审核无误后，将收据联交给交款单位或个人，存根联保存在收据本上以备查询，记账联留作记账依据。中润公司收到职工王永赔偿款 300 元，收款收据如图 2-37所示。

收款收据

NO.554622

2021年03月25日

今 收 到王永

交 来：赔偿款

金额（大写） 零佰 零拾 零万 零仟 叁佰 零拾 零元 零角 零分

¥300.00 ☑ 现金 □ 转账支票 □ 其他 收款单位（盖章）

核准： 会计： 记账： 出纳：赵继勇 经手人：王永

第一联存根联

（a）第一联存根联

收款收据

NO.554622

2021年03月25日

今 收 到王永

交 来：赔偿款

金额（大写） 零佰 零拾 零万 零仟 叁佰 零拾 零元 零角 零分

¥300.00 ☑ 现金 □ 转账支票 □ 其他 收款单位（盖章）

北京中润服饰有限责任公司 财务专用章

核准： 会计： 记账： 出纳：赵继勇 经手人：王永

第二联交对方

（b）第二联交对方

收款收据

NO.554622

2021年03月25日

现金收讫

今 收 到王永

交 来：赔偿款

金额（大写） 零佰 零拾 零万 零仟 叁佰 零拾 零元 零角 零分

¥300.00 ☑ 现金 □ 转账支票 □ 其他 收款单位（盖章）

核准： 会计： 记账： 出纳：赵继勇 经手人：王永

第三联交财务

（c）第三联交财务

图 2-37 收款收据

2. 产品出库

销售产品发出货物时，应由仓库依据销售单填制出库单。出库单一式四联，应注意出库日期、应发、实发的准确填写。中润公司销售男士西装、女士套装的销售单、出库单如图 2-38 和图 2-39 所示。

销售单

购货单位：无锡美安商贸有限公司		地址和电话：江苏省无锡市崇安区陈聪路96号 0510-77738859				单据编号：49947		
纳税识别号：91320205563543812		开户行及账号：中国建设银行无锡市崇安区支行41370651027111				制单日期：2021-03-16		
编码	产品名称	规格	单位	单价	数量	金额	备注	
001	男士西装		套	605.68	650	393692.00	含税价	仓库联
002	女士套装		套	772.92	500	386460.00	含税价	
合计	人民币（大写）：柒拾捌万零壹佰伍拾贰元整				—	¥780152.00		
	销售经理：杨广河	经手人：魏志平		会计：杨同用		签收人：刘占平		

图 2-38　销售单

出 库 单

出货单位：北京中润服饰有限责任公司				2021年03月16日		单号：CK1771		
提货单位或领货部门	无锡美安商贸有限公司		销售单号	49947	发出仓库	成品库	出库日期	2021-03-16
编号	名称及规格		单位	数量		单价	金额	业务联
				应发	实发			
001	男士西装		套	650	650			
002	女士套装		套	500	500			
	合　计			—	—	—		
部门经理：		会计：		仓库：张虎山		提货人：刘占平		

（a）业务联

出货单位：北京中润服饰有限责任公司				2021年03月16日		单号：CK1771		
提货单位或领货部门	无锡美安商贸有限公司		销售单号	49947	发出仓库	成品库	出库日期	2021-03-16
编号	名称及规格		单位	数量		单价	金额	会计联
				应发	实发			
001	男士西装		套	650	650			
002	女士套装		套	500	500			
	合　计			—	—	—		
部门经理：		会计：		仓库：张虎山		提货人：刘占平		

（b）会计联

出货单位：北京中润服饰有限责任公司				2021年03月16日		单号：CK1771		
提货单位或领货部门	无锡美安商贸有限公司		销售单号	49947	发出仓库	成品库	出库日期	2021-03-16
编号	名称及规格		单位	数量		单价	金额	仓库联
				应发	实发			
001	男士西装		套	650	650			
002	女士套装		套	500	500			
	合　计			—	—	—		
部门经理：		会计：		仓库：张虎山		提货人：刘占平		

（c）仓库联

图 2-39　出库单

				出库单					
出货单位：北京中润服饰有限责任公司				2021年03月16日			单号：CK1771		
提货单位或领货部门	无锡美安商贸有限公司		销售单号	49947	发出仓库	成品库	出库日期	2021-03-16	
编号	名称及规格		单位	数　　　量		单价	金额		存根联
				应发	实发				
001	男士西装		套	650	650				
002	女士套装		套	500	500				
	合　　计			—	—	—	—		
部门经理：		会计：			仓库：张虎山		提货人：刘占平		

(d) 存根联

图 2-39　出库单（续）

2.2.7　其他经济业务的原始凭证

1. 借款单的填制方法

企业职工因工出差或其他原因向企业借款，需填制借款单，借款单一式三联。借款单可作为职工的借据、企业与职工之间结算的依据及会计人员记账的依据。借款单中的借款日期、借款单位、借款理由、借款金额由借款人填好后，在借款人处签字，再由本单位负责人审批，同意后签字；然后交财务主管审核并签字；最后交出纳员支取现金。中润公司财务部员工杨同用预借差旅费2 000元，借款单如图2-40所示。

微课：借款单的填制

	借款单		
	2021年03月08日		NO 54787
借款人：杨同用		所属部门：财务部	
借款用途：预借差旅费			
借款金额：人民币（大写）贰仟元整			¥2000.00
部门负责人审批：底苗须		借款人（签章）：杨同用	
财务部门审核：底苗须			
单位负责人批示：同意		签字：张斌	
核销记录：			

（a）第一联付款联（付款人记账）

	借款单		
	2021年03月08日		NO 54787
借款人：杨同用		所属部门：财务部	
借款用途：预借差旅费			
借款金额：人民币（大写）贰仟元整			¥2000.00
部门负责人审批：底苗须		借款人（签章）：杨同用	
财务部门审核：底苗须			
单位负责人批示：同意		签字：张斌	
核销记录：			

（b）第二联结算联（结算后记账）

图 2-40　借款单

借款单

2021年03月08日　　　　　　　　NO 54787

借款人：杨同用　　　　所属部门：财务部

借款用途：预借差旅费

借款金额：人民币（大写）贰仟元整　　　　￥2000.00

部门负责人审批：底苗须　　　借款人（签章）：杨同用

财务部门审核：底苗须

单位负责人批示：同意　　　　签字：张斌

核销记录：

第三联回执联（结算后交接款人留存）

（c）第三联回执联

图 2-40　借款单（续）

2. 差旅费报销单的填制方法

差旅费报销单是特殊形式的原始凭证报销单，是为了更好地反映差旅费的支出情况，企业自制的原始凭证。填写内容包括报销日期、报销人基本情况、公出日期、地点及费用发生情况、各项费用的汇总情况、报销金额（小写）、报销金额（大写）、预支金额、退回金额、超支补付金额等。职务是确定报销人享受报销各项费用标准的重要依据，必须如实、准确填写。中润公司杨同用出差回来报销，差旅费报销单如图 2-41 所示。

微课：差旅费报销单的填制与附件的整理粘贴

差旅费报销单

2021年03月21日　　　　　　　　附原始单据3张

姓名	杨同用			工作部门	财务部			出差事由	洽谈公务			
日期		地点		车船费		深夜补贴	途中补贴	住勤费			旅馆费	公交费	金额合计
起	讫	起	讫	车或船名次	时间	金额			地区	天数	补贴			
03-16	03-16	北京市	白山市	飞机SH4857		1150.00				5	550.00	1200.00		4050.00
03-20	03-20	白山市	北京市	飞机KN6988		1150.00								

报销金额（大写）人民币 肆仟零伍拾元整　　　　合计（小写）￥4050.00

补付金额：　　　　退回金额：

领导批准　　　会计主管　　　部门负责人　　　审核　　　报销人：杨同用

图 2-41　差旅费报销单

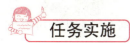

任务实施

（1）根据任务布置（1）的原始凭证，请按要求填写图 2-42 转账支票。

第一步：通过图 2-14 增值税专用发票的发票联可以判定 3 月 5 日中润公司向永信广告服务有限责任公司购买了 6 360 元的广告服务，现在需要填开转账支票支付货款。

第二步：填支票存根联，其中"收款人"填写公司全称，与图 2-14 增值税专用发票销售方名称保持一致；"金额"小写，前面加"￥"，写到小数点后两位。

第三步：填支票正联，"出票日期"要大写，"5 日"要写为"零伍日"；"收款人"要与存根联保持一致；"付款行名称"和"出票人账号"对应图 2-14 增值税专用发票购买方信息中"开户行及账号"即可；"人民币（大写）"要顶格，小写金额要在前面加封"￥"，并且注意数位的对应。

"用途"与存根联保持一致;"密码"填入密码器生成的密码。检查无误后在"出票人签章"右侧加盖银行预留印鉴财务专用章和法人章。

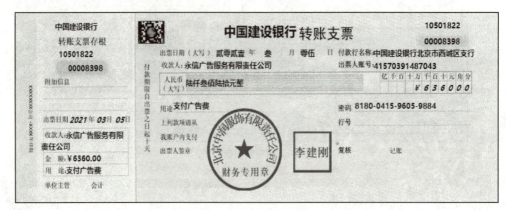

图 2-42 转账支票

（2）根据任务布置（2）的业务资料，请按要求填写图 2-43 增值税专用发票（记账联）（抵扣联、发票联略）

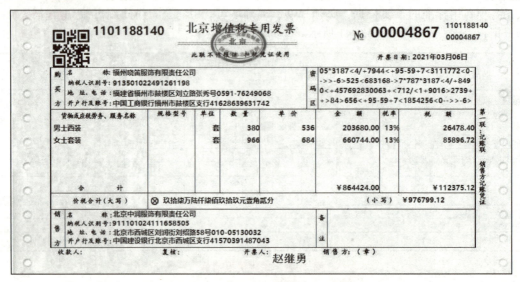

图 2-43 增值税专用发票（记账联）

第一步：通过图 2-15 销售单可以判定 3 月 6 日中润公司向福州晓笛服饰有限责任公司销售男士西装 380 套和女士套装 966 套，需要为对方开具增值税专用发票。

第二步：填制发票，"开票日期"小写即可；"购买方"信息在图 2-15 销售单表头位置；"货物或应税劳务、服务名称""单位""数量""单价""金额""税额"按照图 2-15 销售产品信息填列即可，销售服装税率为 13%，金额=销售单中的含税价/（1+13%），注意销售的各类产品要逐行填列，不得跳行；"合计"行要正确计算金额与税额的合计数；"价税合计（大写）"要顶格；"小写"金额前加封"￥"，小数点后保留 2 位小数；"销售方"信息填写中润公司相关信息。

第三步：开票人签字，并在抵扣联、发票联"销售方（章）"处加盖发票专用章。

（3）根据任务布置（3）的业务资料，请按要求填写图 2-44 借款单。

第一步：通过任务布置（3）可知，3 月 8 日财务部杨同用预借差旅费 2 000 元，并且已经过部门负责人底苗须审批，单位负责人张斌批示同意并签字，需要填制借款单。

第二步：填制借款单，需要注意"借款金额：人民币（大写）"要顶格，小写要加封"￥"并保留2位小数；"借款人（签章）"需签字。

借款单

2021年03月08日　　　　　　　　NO 54796

借款人：杨同用	所属部门：财务部
借款用途：预借差旅费	
借款金额：人民币（大写）贰仟元整　　￥2000.00	
部门负责人审批：底苗须	借款人（签章）：杨同用
财务部门审核：底苗须	
单位负责人批示：同意	签字：张斌
核销记录：	

第一联付款联（付款人记账）

图 2-44　借款单

（4）根据任务布置（4）的业务资料，请按要求填写图 2-45 进账单。

第一步：依据图 2-16 转账支票，可以判定 3 月 8 日中润公司收到北京华大百货有限公司以转账支票支付的货款 35 000 元，现需到银行填进账单办理支票转账。

第二步：填制进账单，按从上到下的顺序，注意填写"日期"；"出票人"信息与转账支票"出票人签章""付款行名称""出票人账号"对应填写；"收款人"信息即中润公司信息；"金额""人民币（大写）"要顶格，小写要前面加封"￥"并注意对齐数位；"票据种类"为"转账支票"，"票据张数"为"1"；"票据号码"在图 2-16 转账支票的右上角。

中国建设银行进账单（回单）　　1

2021年03月09日

出票人	全称	北京华大百货有限公司	收款人	全称	北京中润服饰有限责任公司
	账号	41205996245714		账号	41570391487043
	开户银行	中国建设银行北京市东城区支行		开户银行	中国建设银行北京市西城区支行
金额	人民币（大写）叁万伍仟元整		亿千百十万千百十元角分　￥3 5 0 0 0 0 0		
票据种类	转账支票	票据张数 1			
票据号码	1050182200644386				
	复核　　记账			开户银行签章	

此联是开户银行交给持（出）票人的回单

图 2-45　进账单

（5）根据任务布置（5）的业务资料，请按要求填写图 2-46 收料单。

第一步：依据取得的图 2-17 增值税专用发票（第二联抵扣联），可以判定 3 月 10 日中润公司向潍坊林瑞纺织有限责任公司采购化纤布和纺织布，收料时需填制收料单。

第二步：填制收料单，"供应单位"要写清楚，"名称"与图 2-17 增值税专用发票"货物或应税劳务、服务名称"栏对应；入库环节重点在质量的验收和数量的核对，"应收"对应图2-17中的数量，"实收"则为实际验收合格存入仓库的数量。

第三步："交料人""收料人"处要签字。

收 料 单

供应单位：潍坊林瑞纺织有限责任公司　　2021年03月10日　　编号 SL5755

材料编号	名称	单位	规格	数量		实际成本			
				应收	实收	单价	发票价格	运杂费	总价
001	化纤布	米		4000	4000				
002	纺织布	米		3000	3000				

备注：

收料人：张虎山　　　　　　　　　　　　　交料人：邱书林

第一联 存根联

图 2-46　收料单

（6）根据任务布置（6）的业务资料，请按要求填写图 2-47 领料单。

第一步：依据任务布置（6）可以判定 3 月 11 日生产车间陈静从仓库领取用于生产服装的原材料，需要填制领料单。

第二步：填制领料单，要重视"领料部门"和"用途"，这决定了领用的材料应计入成本还是费用；要注意"请领数量"和"实发数量"。

第三步："发料人""领料人"处要确认签字。

领 料 单

领料部门：生产车间
用　　途：生产产品　　　　2021年03月11日　　编号 LL1620

材料编号	名称	规格	计量单位	请领数量	实发数量	备注
001	化纤布		米	135	135	
002	纺织布		米	270	270	
003	纽扣		颗	200	200	
004	拉链		条	78	78	

领料人：陈静　　　　　　　　　　　　　发料人：张虎山

第一联 存根联

图 2-47　领料单

（7）根据任务布置（7）的业务资料，请按要求填写图 2-48 收款收据。

第一步：依据图 2-18 差旅费报销单，可以判定 3 月 12 日销售部魏志平因洽谈公务出差回来报销 1 858 元；依据图 2-19 借款单，可以判定出差前魏志平预借了 2 000 元差旅费，报销后要退回 142 元现金，需要开具收款收据。

第二步：填制收款收据，注意"金额（大写）"中数位上无数的要填"零"字；小写金额要在前面加封"￥"，并勾选以何种方式退回款项。

第三步："经手人""出纳"处要签字。

（8）根据任务布置（8）的业务资料，请按要求填写表 2-8 制造费用分配表。

第一步：依据资料可知，截至 3 月 31 日发生制造费用 99 780 元，从表 2-4 生产工时明细表能够判定，生产男士西装耗用 8 000 工时，生产女士套装耗用 12 000 工时，需要按工时比例将制造费用分配到两种产品的生产成本中。

收 款 收 据

NO.554626

2021年03月12日

今 收 到 魏志平

交 来：预借差旅费

金额（大写）　零佰　零拾　零万　零仟　壹佰　肆拾　贰元　零角　零分

¥ 142.00　　☑现金　□转账支票　□其他

收款单位（盖章）

核准：　　会计：　　记账：　　出纳：赵继男　　经手人：魏志平

第一联 存根联

图 2-48　收款收据

第二步：填制制造费用分配表，计算分配率＝制造费用/各种产品总工时＝99 780÷20 000＝4.989；计算分配金额＝生产工时×分配率；男士西装分配金额＝8 000×4.989＝39 912（元）；女士套装分配金额＝12 000×4.989＝59 868（元）。

第三步："制表""审核"处要签字。

表 2-8　制造费用分配表

2021-03-31　　　　　　　　　　　　　　　　　　　　　　　　　　　　元

应借科目	产品名称	生产工时	分配率	分配金额
生产成本-基本生产成本	男士西装	8 000	4.989	39 912
生产成本-基本生产成本	女士套装	12 000	4.989	59 868
合计		20 000		99 780

制表：杨同用　　　　　　　　　　　　　　　　　　　　　　　　审核：底苗须

（9）根据任务布置（9）的业务资料，请按要求填写图 2-49 入库单。

第一步：依据业务资料，可判定 3 月 31 日完工的男士西装和女士套装入库，需要结转入库成本。

第二步：填制入库单，注意"交库""验收"数量即可，"单价""金额"等成本数据此处不需核算。

第三步："交库人""仓库"处要签字。

标准入库单

2021年01月31日　　　　　　　　　　　　　　　单号：RK6011

交来单位及部门	生产车间	发票号码或生产单号码	50993009	验收仓库	成品库	入库日期	2021-01-31			
编号	名称规格	单位	数量		实际价格		计划价格		价格差异	
			交库	验收	单价	金额	单价	金额		
001	男士西装	套	794	794						
002	女士套装	套	335	335						
	合计		—	—						

部门经理：　　会计：　　仓库：张虎山　　交库人：孟悦

业务联

图 2-49　入库单

(10) 根据任务布置（10）的业务资料，请按要求填写表2-9销售产品成本结转表。

第一步：依据表2-5库存商品单位成本计算表，可以判定3月31日本期发出男士西装和女士套装的单位成本，需按销售数量计算填制销售产品成本结转表。

第二步：填制销售产品成本结转表，"领用部门"填专"设销售机构"，"用途"填"销售领用"；金额=数量×库存商品单位成本计算表的发出库存商品单位成本。

第三步："制表""审核"处要签字。

表2-9 销售产品成本结转表

2021-03-31 元

领用部门	用途	男士西装		女士套装		合计
		数量	金额	数量	金额	
专设销售机构	销售领用	800	425 576	900	601 119	1 026 695
合计		800	425 576	900	601 119	1 026 695

制表：杨同用　　　　　　　　　　　　　　　　　　　　　　　　　　审核：底苗须

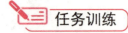

工作实例：

1月31日北京飞鱼皮具有限公司加工车间为加工单肩女包填制限额领料单，向仓库领用002号材料荔纹头层牛皮，领用限额1 200平方尺。本月2日领用300平方尺，单位成本20元，8日领用300平方尺，12日领用500平方尺。领料人：刘玉颖；发料人：刘用生。

工作要求：

根据上述资料填制图2-50限额领料单。

工作步骤：

第一步：判定什么时间发生了什么经济业务，明确重点填制内容。

第二步：填制限额领料单。

限 额 领 料 单

领料单位：　　　　　　　　　　　　　　　　　　　　　　　　　编号：
用　途：　　　　　　　　　年　月　日　　　　　　　　　发料仓库：

材料类别	材料编号	材料名称及规格	计量单位	领用限额	实际领用	计划单价	金额	备注

日期	领料				退回			限额结余
	请领数量	实发数量	发料人	领料人	退料数量	收料人	退料人	

生产计划部门负责人：　　　　供应部门负责人：　　　　仓库负责人：

图2-50 限额领料单

任务 2.3 审核原始凭证

任务布置

请审核中润公司 2021 年 3 月份对发生的下列经济业务所填制的相关原始凭证。

（1）3 月 2 日，生产车间王彦伟将生产单号码为 17449195 中的男士西装（产品编号 001）（396 套）和女士套装（产品编号 002）（200 套）交成品库，仓管员张虎山实收男士西装（396 套）、女士套装（200 套），请审核已填制的产品入库单，如图 2-51 所示。

标准入库单

2021年03月02日　　　　单号：RK6012

| 交来单位及部门 | 生产车间 | 发票号码或生产单号码 | 17449195 | 验收仓库 | 成品库 | 入库日期 | 2020-03-02 |

编号	名称规格	单位	数量		实际价格		计划价格		价格差异
			交库	验收	单价	金额	单价	金额	
001	男士西装	套	396	396					
001	女士套装	套	200	200					
合计			-	-					

部门经理：　　会计：　　仓库：　　交库人：王彦伟

图 2-51　入库单

（2）3 月 15 日，专设销售机构报销广告费，请依据取得的增值税专用发票（发票联略），如图 2-52 所示，审核报销申请单，如图 2-53 所示。

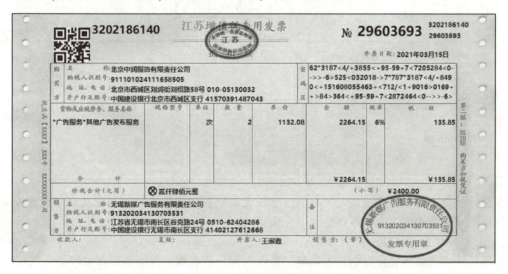

图 2-52　增值税专用发票

（3）3 月 17 日，签发转账支票 500 000 元用于支付货款，请审核转账支票，如图 2-54 所示。（收款人：广州华瑞纺织有限责任公司，支付密码：8106-4616-2539-2058，付款银行：中国建设银行北京市西城区支行，付款账号：41570391487043，银行预留印鉴：北京中润服饰有限责任公司财务专用章和法定代表人李建刚私章）

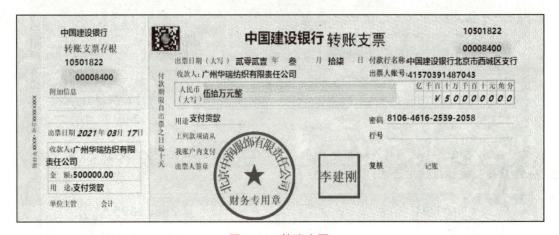

图 2-53 报销申请单

图 2-54 转账支票

知识准备

2.3.1 原始凭证的审核

在会计核算工作中,原始凭证只有经过审核无误后,才能作为填制记账凭证和记账的依据。原始凭证的审核其主要内容包括如下六个方面:

1. 原始凭证的真实性

真实性的审核包括凭证日期是否真实,业务内容是否真实,数据是否真实等。

2. 原始凭证的合法性

审核原始凭证所记录的经济业务是否有违反国家法律法规的情况,是否符合规定的审核权限,是否履行了规定的凭证传递和审核程序,是否有贪污腐化等行为。

3. 原始凭证的合理性

审核原始凭证所记录的经济业务是否符合企业生产经营活动的需要,是否符合有关的计划和预算等。

4. 原始凭证的完整性

审核原始凭证各项基本要素是否齐全,是否有漏项情况,日期是否完整,数字是否清晰,文字是否工整,有关人员签章是否齐全,凭证联次是否正确等。

5. 原始凭证的正确性

审核原始凭证各项金额的计算及填写是否正确。

6. 原始凭证的及时性

审核原始凭证的填制日期是否及时。

2.3.2 错误凭证的处理

提示

经审核的原始凭证应根据不同情况分别进行处理:
(1) 对于完全符合要求的原始凭证,应及时据以编制记账凭证入账。
(2) 对于真实、合法、合理但内容不够完整、填写有错误的原始凭证,应退回给有关经办人员,由其负责将有关凭证补充完整、更正错误或重开后,再办理正式会计手续。
(3) 对于不真实、不合法的原始凭证,会计机构和会计人员有权不予接受,并向单位负责人报告。

提示

为了规范原始凭证的内容,明确相关人员的经济责任,防止利用原始凭证进行舞弊,《会计法》对原始凭证的错误更正做了明确规定:
(1) 内容有更改的原始凭证即为无效凭证,不能作为填制记账凭证或登记会计账簿的依据。
(2) 原始凭证记载的内容有错误的,应当由出具单位重开或更正,更正工作必须由原始凭证出具单位进行,并在更正处加盖出具单位印章。重新开具原始凭证也应当由原始凭证开具单位进行。
(3) 原始凭证金额出现错误的,应当由出具单位重开,不得在原始凭证上更正。

会计职业判断

(1) 原始凭证填错了,你知道什么可以在原来的原始凭证上直接更正?什么不得在原凭证上直接更正吗?
(2) 你知道原始凭证遗失怎么处理吗?

任务实施

第一步:以小组为单位,对各原始凭证进行审核、论证,找出每张原始凭证存在的问题,并提出修改处理意见和方法。具体错误及正确写法如表2-10所示。

表 2-10 审核错误

原错误	正确写法
（1）女士套装编号错误	002
（1）仓库未签字	张虎山
（3）大写金额错误	拾前的"壹"改为"零"
（3）存根联金额错误	￥500 000.00
（3）正联日期错误	贰零贰壹年叁月壹拾柒日

第二步：小组之间进行交流，老师给予评价和总结。

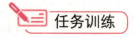 任务训练

工作实例：

北京飞鱼皮具有限责任公司 2021 年 1 月份有下列经济业务的原始凭证：

（1）1 月 3 日，采购部采购员张克勇赴北京昌平区参加订货会，填写借款单一份，并经主管领导批准，如图 2-55 所示。

借款单

2021年01月03日　　　　　　　　　　NO 98420

借款人：张克勇　　　　　所属部门：采购部

借款用途：预借差旅费

借款金额：人民币（大写）叁仟元整　　　　￥3000.00

部门负责人审批：段星月　　　借款人（签章）：张克勇

财务部门审核：张献荣

单位负责人批示：同意　　　　签字：张虎山

核销记录：

第一联付款联（付款人记账）

图 2-55　借款单

（2）1 月 5 日，生产车间刘玉颖领用里布 500 米，计划单价 5 元，领用荔纹头层牛皮 500 平方尺，计划单价 20 元，生产单肩女包。所填制的领料单如图 2-56 所示。

领 料 单

领料部门：生产车间
用　途：　　　　　　　　　2020年01月05日　　　　　编号LL3711

材料编号	名称	规格	计量单位	请领数量	实发数量	备注
001	里布		米	500	500	
002	荔纹头层牛皮		平方尺	500	500	

领料人：刘玉颖　　　　　　　　　　发料人：刘用生

第三联记账联

图 2-56　领料单

（3）1月9日，销售单肩女包500件，单价200元，背包500件，单价100元，开出增值税专用发票一份，并将有关联交给东方有限公司，同时收到北方公司签发的转账支票一张，尚未送存银行。开出的增值税专用发票及收取的转账支票如图2-57和图2-58所示。

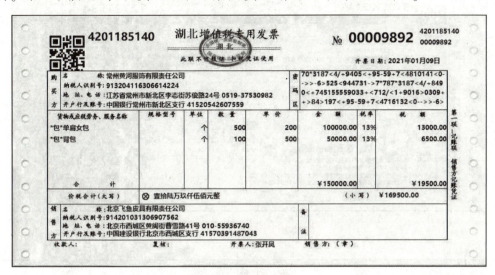

图2-57 增值税专用发票

图2-58 转账支票

（4）1月10日，签发现金支票一张，金额38 000元，从银行提取现金以备发工资。如图2-59所示。

图2-59 现金支票

(5) 1月18日，办公室职员刘用生拿来发票一张，报销购买会议笔记本、钢笔等办公用品费用。如图 2-60 和图 2-61 所示。

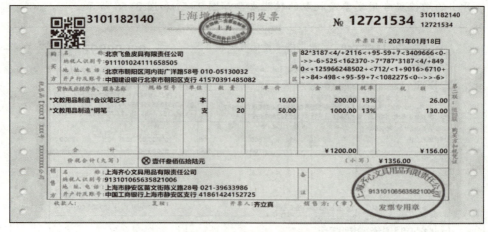

图 2-60　增值税专用发票

报销申请单

填报日期2021年01月18日

姓名	刘用生	所属部门	办公室	
报销项目	摘要		金额	备注
办公用品费	会议笔记本		226.00	
办公用品费	钢笔		1130.00	
合计			￥1356.00	
金额大写： 零拾 零万 壹仟 叁佰 伍拾 陆元 零角 零分				
报销人：刘用生	部门审核：	财务审核：	审批：	

图 2-61　报销申请单

工作要求：

根据所给资料审核以上原始凭证，如图 2-55～图 2-61 所示。

工作步骤：

第一步：判断原始凭证所反映的交易或事项是否合理合法，同时审查原始凭证的内容是否完整，各项目填列是否齐全，数字计算是否正确以及大小写金额是否相符等，认真审核后指出各原始凭证存在的问题。

第二步：在每一笔交易或事项所取得或填写的原始凭证中，至少有一处或多处错误或不完整，提出修改处理意见和方法。

自检知识图谱

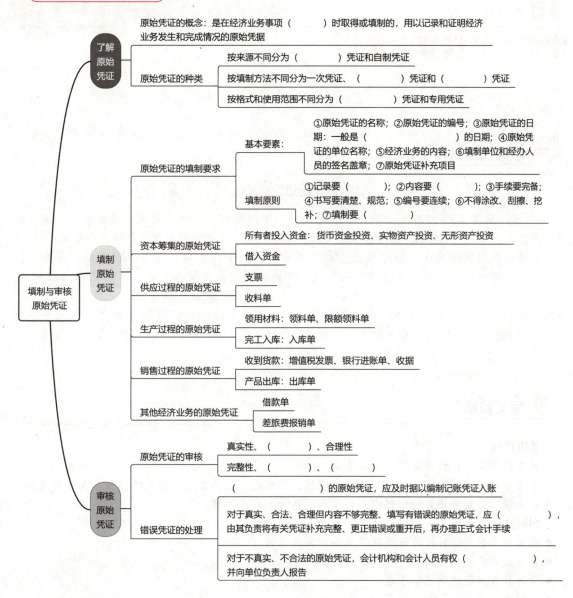

自测题

项目二自测题

项目三
掌握会计核算方法

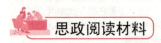
思政阅读材料

会计论道之忠心

《孟子·离娄上》:"离娄之明,公输子之巧,不以规矩,不能成方圆;师旷之聪,不以六律,不能正五音;尧舜之道,不以仁政,不能平治天下。"这里的规矩就是指规范、法则。

会计的规矩就是要建立会计制度,按照规章办事。会计工作不是单纯的记账、算账、报账工作,而是时时、事事、处处涉及执行规矩方面的问题。这就要求会计人员忠于财经法律、法规和国家统一的会计制度,在处理各项经济业务时知法依法、知章循章,依法把关收口,时刻保持清醒的头脑,在各种诱惑面前不为所动,有"不义之财不可取"和"不为五斗米而折腰"的志气,"不唯情、不唯钱、只唯法",保证所提供的会计信息合法、真实、准确、及时、完整。

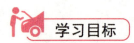
学习目标

素质目标
- 拥有愿意参与社会实践的乐观心态。
- 熟悉会计领域的政策、法律、法规和规范,严格遵守相关法规,切实保护相关人的利益。
- 在处理日常业务核算的过程中,自觉养成良好的职业习惯。

知识目标
- 理解和掌握会计科目的分类及常用会计科目的内容。
- 掌握账户的基本结构。
- 理解复式记账法的基本原理。
- 掌握借贷记账法的基本内容。
- 明确试算平衡的理论依据及内容。
- 掌握工业企业主要经济业务的会计核算方法。

能力目标
- 能对企业简单的经济业务进行职业判断、分析分类,正确选用会计科目(账户)。
- 能运用借贷记账法的基本原理编制会计分录,登记有关账户,正确计算账户余额。
- 能根据借贷记账法的记账规则和会计等式进行试算平衡。
- 能对工业企业所发生的主要经济业务从总体上有较为系统的认识,对不同经营阶段所发生的主要经济业务进行核算。

任务 3.1　开设会计账户

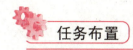

3 月份北京中润服饰有限责任公司可以用货币表现的经济事项如表 3-1 所示。

表 3-1　3 月份北京中润服饰有限责任公司可以用货币表现的经济事项

序号	项目
1	存放在银行的存款 2 241 264 元
2	库存的化纤布、纺织布、纽扣、拉链、蕾丝花边价款 159 480 元
3	库存待售的男士西装、女士套装价款 83 791 元
4	王继峰和张广兴投入的资本金 4 000 000 元
5	购买材料未支付的货款 70 000 元
6	向建设银行借入的期限 3 个月的借款 100 000 元
7	应付而未付给职工的薪酬 119 091.20 元
8	运输用的汽车价值 256 600 元
9	房屋及建筑物价值 3 000 000 元
10	生产用生产设备价值 1 064 000 元

请根据背景资料为北京中润服饰有限责任公司设置相应的会计科目，并设置相应的总分类账户和明细分类账户。

3.1.1　设置会计科目

1. 会计科目的含义和作用

1）会计科目的含义

会计科目，简称科目，是对会计要素的具体内容进行分类核算的项目。

企业在生产经营过程中，经常会发生各种各样的会计业务，这必然引起会计要素的增减变动。但实际工作中，为了全面反映企业的经济业务活动，满足有关方面对会计信息的需要，仅仅设置六项会计要素是不够的。例如，公司发生的"用银行存款购买原材料"和"用银行存款购买固定资产"是两个不同的业务，但是它们在按要素分类的业务类型上都是"资产内部此增彼减"的业务。因此在会计核算上要想反映其不同，我们还需要设置会计科目，如上述例子可以分别设置"固定资产""库存现金""原材料"等会计科目，以反映同一会计要素的不同内容。通俗地讲，会计科目是对经济活动按经济内容和会计核算的需要起的"名字"。会计要反映纷繁复杂的经济活动，必须有项目名称，这就像每个人都必须有名字，然后才能记人载事。

微课：会计科目

2）会计科目的作用

会计科目是进行各项会计记录和提供各项会计信息的基础，在会计核算中具有重要作用。

（1）会计科目是复式记账的基础，复式记账要求每一笔经济业务在两个或两个以上相互联系的账户中进行登记，以反映资金运动的来龙去脉；

（2）会计科目是编制记账凭证的基础，在我国，记账凭证是确定所发生的经济业务应记入何种会计科目以及分门别类登记账簿的凭据；

（3）会计科目为成本计算与财产清查提供了前提条件，通过会计科目的设置，有助于成本核算，使各种成本计算成为可能，而通过账面记录与实际结存核对，又为财产清查、保证账实相符提供了必要的条件；

（4）会计科目为编制财务报表提供了方便，财务报表是提供会计信息的主要手段，为了保证会计信息的质量及其提供的及时性，财务报表中的许多项目与会计科目是一致的，并根据会计科目的本期发生额或余额填列。

 会计职业判断

会计对象、会计要素与会计科目的关系是什么？

2. 会计科目的分类

按照不同的分类标准，会计科目可以分为不同类别。

1）会计科目按经济内容分类

会计科目按照经济内容一般分为资产类、负债类、共同类、所有者权益类、成本类、损益类六大类。具体参照我国《企业会计准则——应用指南》，企业常用的会计科目如表3-2所示。

 提示

（1）资产类科目中，有些是反映资产价值损耗或损失的科目，如"坏账准备""累计折旧""累计摊销"等科目，称为"备抵科目"，即用来准备抵消的科目，是所对应科目的减项。通常是资产类科目才有备抵项目，有了备抵项目，就是所对应科目金额所反映的内容要相应调减；

（2）会计要素有六大类，分别是资产、负债、所有者权益、收入、费用和利润；会计科目按其所反映的经济内容也分为六大类，分别是资产类科目、负债类科目、共同类科目、所有者权益类科目、成本类科目和损益类科目。这两个"六大类"既有不同，又有交叉。例如，成本类科目属于资产要素，损益类科目细分为收入类科目和费用类科目，分别归属于收入要素和费用要素；

（3）会计从业者要熟悉企业常用的会计科目，熟悉该会计科目属于哪一类科目，这是学习借贷记账法及主要经济业务核算非常重要的切入点。

拓 展

我国《企业会计准则——应用指南》对总分类科目规定了四位数编号，第一位数字表示该科目所属科目类别，如1代表资产，第二位数字代表在该类中的小类，后两位数则对应具体科目。在某些小类会计科目编号之间预留一定的空号，以便增补新的科目时进行分类编号。《企业会计准则》统一规定会计科目的编号，以便于人们编制会计凭证、登记账簿、查阅账目和采用会计软件系统时参考，方便确定会计科目类别和位置，满足填制记账凭证、记账工作的要求，提高工作效率。

表 3-2　企业常用的会计科目（一级会计科目）

序号	编号	名称	序号	编号	名称
		一、资产类	40	2203	预收账款
1	1001	库存现金	41	2211	应付职工薪酬
2	1002	银行存款	42	2221	应交税费
3	1012	其他货币资金	43	2231	应付利息
4	1101	交易性金融资产	44	2232	应付股利
5	1121	应收票据	45	2241	其他应付款
6	1122	应收账款	46	2501	长期借款
7	1123	预付账款	47	2502	应付债券
8	1131	应收股利	48	2701	长期应付款
9	1132	应收利息	49	2801	预计负债
10	1221	其他应收款	50	2901	递延所得税负债
11	1231	坏账准备			三、共同类（略）
12	1401	材料采购			四、所有者权益类
13	1402	在途物资	51	4001	实收资本
14	1403	原材料	52	4002	资本公积
15	1404	材料成本差异	53	4101	盈余公积
16	1405	库存商品	54	4103	本年利润
17	1406	发出商品	55	4104	利润分配
18	1408	委托加工物资			五、成本类
19	1471	存货跌价准备	56	5001	生产成本
20	1511	长期股权投资	57	5101	制造费用
21	1512	长期股权投资减值准备	58	5201	劳务成本
22	1521	投资性房地产	59	5301	研发支出
23	1531	长期应收款			六、损益类
24	1601	固定资产	60	6001	主营业务收入
25	1602	累计折旧	61	6051	其他业务收入
26	1603	固定资产减值准备	62	6101	公允价值变动损益
27	1604	在建工程	63	6102	投资收益
28	1605	工程物资	64	6103	资产处置损益
29	1606	固定资产清理	65	6301	营业外收入
30	1701	无形资产	66	6401	主营业务成本
31	1702	累计摊销	67	6402	其他业务成本
32	1703	无形资产减值准备	68	6403	税金及附加
33	1711	商誉	69	6601	销售费用
34	1801	长期待摊费用	70	6602	管理费用
35	1811	递延所得税资产	71	6603	财务费用
36	1901	待处理财产损溢	72	6701	资产减值损失
		二、负债类	73	6711	营业外支出
37	2001	短期借款	74	6801	所得税费用
38	2201	应付票据	75	6901	以前年度损益调整
39	2202	应付账款			

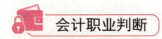

会计职业判断

为什么成本类科目归属于资产要素呢?为什么"长期待摊费用"和"制造费用"科目不归属于费用要素?

2)会计科目按提供信息的详细程度分类

会计科目按提供信息的详细程度,可分为总分类科目和明细分类科目。

总分类科目又称为一级科目或总账科目,它是对会计要素具体内容进行总括分类、提供总括信息的会计科目,如"原材料""应收账款""短期借款"等科目。总分类科目是开设总分类账户的依据。总分类科目原则上由财政部统一制定,《企业会计准则——应用指南》中企业常用的会计科目(如表3-2列示的科目)就是总分类科目。

明细分类科目是对总分类科目做进一步分类,提供更详细、更具体会计信息的科目。如"应收账款"科目按债务人名称设置明细科目,反映应收账款的具体对象;"原材料"科目按原料及材料的类别、品种和规格等设置明细科目,反映各种原材料的具体构成内容。明细分类科目又可分为二级科目和三级科目。二级科目简称子目,它是在一级科目下为提供某些特定的核算指标,并为控制所属三级科目而起中介作用,对一级科目内容进行大类分项而设置的项目。三级科目简称细目,它是在某些二级科目下为提供更加详细的核算指标进一步细分而设置的项目。实际工作中,并不是所有的总账科目都需要开设二级和三级明细科目。会计科目的隶属关系如表3-3所示。

表3-3 会计科目的隶属关系(按提供信息的详细程度分类)

总分类科目	明细分类科目	
(一级科目)	二级科目(子目)	三级科目(细目)
原材料	原料及主要材料	化纤布、纺织布、纽扣、拉链、蕾丝花边
	辅助材料	包装袋

提示

总分类科目和明细分类科目的关系:总分类科目及其所属明细分类科目,总括又详细地共同反映经济业务的情况。总分类科目对其所属的明细分类科目具有统驭和控制的作用,而明细分类科目是对其所属的总分类科目的补充和说明。

会计职业判断

会计科目按提供信息的详细程度,可分为总分类科目和明细分类科目,是否所有的总分类科目都必须设置明细科目?会计科目是否划分得越细越好?

3. 设置会计科目的原则

会计科目作为反映会计要素的构成及其变化情况,为投资者、债权人、企业管理者等提供会计信息的重要手段，在其设置过程中应努力做到科学、合理、实用。因此在设计会计科目时，应遵循下列基本原则：

1）合法性原则

为了保证会计信息的可比性，所设置的会计科目应当符合国家统一会计制度的规定。

2）相关性原则

会计科目的设置，应提供有关各方所需要的会计信息服务，满足对外报告与对内管理的要求。

3）实用性原则

设置会计科目要结合所反映会计要素的特点，具有一定的灵活性。比如，有些企业是制造业企业，根据它的业务特点就必须设置反映和监督其经营情况和生产过程的会计科目，如"主营业务收入""生产成本"科目；而农业企业就可以设置"消耗性生物资产""生产性生物资产"；金融企业则应设置反映和监督吸收和贷出存款的相关业务，可以设置"利息收入""利息支出"等科目。

提示

我国会计实务中，总分类科目的名称和内容一般是由财政部统一规定的，以确保会计核算口径一致，所提供的会计信息具有可比性。在不违背会计准则规定和对外提供统一的财务会计报告的前提下，可以根据实际情况自行增设、减少或合并某些会计科目的明细科目。企业不涉及的交易或事项，可以不设置相关科目。

会计职业判断

下列属于总账科目的是（　　）。

A. 原材料　　　　B. 应付账款　　　　C. 应收账款　　　　D. 乙材料

会计职业判断

成本类科目包括"制造费用""生产成本""主营业务成本"等科目，这句话表述是否正确？

3.1.2　会计对象、会计要素、会计科目三者之间的关系

会计对象、会计要素、会计科目三者的关系极为密切。会计对象抽象概括为企业的资金运动；会计要素则是会计对象的基本内容，也就是对会计对象的基本分类，包括资产、负债、所有者权益、收入、费用和利润；会计科目是对会计要素所做的进一步分类。三者之间的关系如图3-1所示。

微课：会计对象、会计要素与会计科目的关系

会计职业判断

请试着分析你家的经济活动需要涉及哪些会计科目。

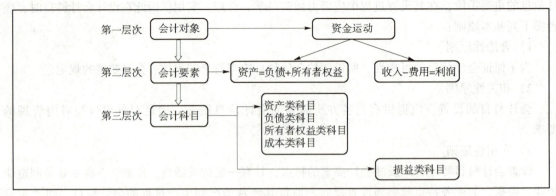

图 3-1 会计对象、会计要素、会计科目三者之间的关系

3.1.3 开设会计账户

1. 账户的含义

会计科目只是对会计对象的具体内容（会计要素）进行分类的项目。为了能够分门别类地对各项经济业务的发生所引起的会计要素的增减变动情况及其结果进行全面、连续、系统、准确地反映和监督，为经营管理提供需要的会计信息，必须设置一种方法或手段，能核算指标的具体数字资料，于是人们根据会计科目开设账户。

所谓账户（即会计账户），是根据会计科目开设的，具有一定格式和结构，用来分类、连续地记录经济业务，反映会计要素增减变动及其结果的一种核算工具。有了账户，会计科目就有了"安身之处"。每个账户都有一个科学而简明的名称，账户的名称就是会计科目。会计账户是根据会计科目设置的，设置账户是会计核算的一种专门方法。通过账户的设置和运用，可以将经济业务分类归集，提供分门别类的经济信息资料，以便提供所需要的各项指标，有利于企业的经济决策。

2. 账户的基本结构和内容

为了核算和监督会计对象具体内容的数量增减变化及其结果，每个账户不但要有明确的核算内容，而且要有一定的结构形式，也就是账户的格式。

任何一项经济业务的发生都会引起会计要素及其项目的变动，但这种变动从数量上来看，不外乎增加和减少两种情况。因此，账户的基本结构上也相应地分为左右两方，一方用于登记增加数，另一方用于登记减少数。各账户左右两方的金额相抵，还可以反映资金增减变动的结果。账户的名称、增加额和减少额就构成了账户的基本结构。账户最基本的结构是 T 形账户，如图 3-2 所示。

视频：账户的分类与账户的基本结构和内容

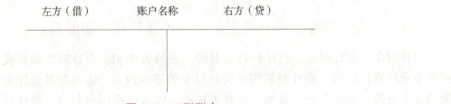

图 3-2 T 形账户

其中，将账户中登记本期增加的金额，称为账户的本期增加发生额；登记本期减少的金额，称为账户的本期减少发生额。本期增加发生额和本期减少发生额相抵后的差额，就是本期期末余额。如果将本期的期末余额转入下一期，就是下一期的期初余额。其基本关系如下：

期末余额＝期初余额＋本期增加发生额－本期减少发生额

提示

账户左右两方,哪一方登记增加金额,哪一方登记减少金额,其余额在哪一方,取决于所采用的记账方法和账户本身的性质。

在实际工作中,为了详细记录经济业务并保证会计信息的真实、完整,账户必须使用正规格式。账户的格式设计一般应包括以下内容:

(1) 账户的名称,即会计科目;
(2) 日期和摘要,即经济业务发生的时间和内容;
(3) 凭证号数,即账户记录的来源和依据;
(4) 金额,即增加和减少的金额;
(5) 余额,即增加和减少后的结果。

下面以借贷记账法下账户的结构为例,说明总分类账户的结构,如表3-4所示。

表3-4 总分类账户

总 分 类 账

第 号

会计科目或编号:

2021		记账凭证		摘要	借方	√	贷方	√	借或贷	余额	√
月	日	字	号		亿千百十万千百十元角分		亿千百十万千百十元角分			亿千百十万千百十元角分	

提示

(1) 在借贷记账法下,以"借"或"贷"来表示增加或减少的方向;
(2) 账户的左右两方是按相反方向来记录增加额和减少额的。也就是说,如果规定在左方记录增加额,就应该在右方记录减少额;反之,如果在右方记录增加额,就应该在左方记录减少额;

(3) 账户的余额一般与记录的增加额在同一方向；
(4) 账户中所记录的主要内容满足下面的恒等关系：

本期期末余额＝期初余额＋本期增加额－本期减少额

 会计职业判断

账户分为左右两方，左方登记增加，右方登记减少，这句话表述是否正确？

3. 账户的分类

账户可根据其核算的经济内容、提供信息的详细程度及其统驭关系进行分类，具体方法如下：

(1) 根据核算的经济内容，账户可分为资产类账户、负债类账户、共同类账户、所有者权益类账户、成本类账户和损益类账户六类。其中，有些资产类账户、负债类账户和所有者权益类账户存在备抵账户。

 提示

备抵账户，又称抵减账户，是指用来抵减被调整账户余额，以确定被调整账户实有数额而设置的独立账户。如"累计折旧"账户是调整"固定资产"账户的备抵账户。

(2) 根据提供信息的详细程度及其统驭关系，账户可分为总分类账户和明细分类账户。

总分类账户是根据总分类科目开设的，如"库存现金"账户、"银行存款"账户、"应收账款"账户、"固定资产"账户、"应付账款"账户、"实收资本"账户、"主营业务收入"账户、"营业外支出"账户等。

明细分类账户是根据明细会计科目开设的，以"原材料"账户为例，应在"原材料"总账户下，按材料类别开设"原料及主要材料""辅助材料"等二级账户，在二级账户下，"原料及主要材料"再按材料规格、型号、品名等开设"化纤布""纺织布""纽扣""拉链""蕾丝花边"等三级明细账户。

 提示

总分类账户和明细分类账户核算的内容相同，登记的原始依据也相同，只是反映内容的详细程度有所不同，两者相互补充、相互制约、相互核对。总分类账户统驭和控制所属明细分类账户，明细分类账户从属于总分类账户。前者是总括反映，后者是详细反映。

3.1.4 会计科目与会计账户的联系和区别

会计科目与账户是既相互联系又有区别的两个不同概念。

1. 会计科目与会计账户的共同点

它们都是对会计对象具体内容科学分类的设置，两者口径一致，性质相同。会计科目是会计账户的名称，也是设置会计账户的依据；会计账户是会计科目的具体运用，会计科目所反映的经济内容，就是会计账户所要记录和反映的经济内容。

2. 会计科目与会计账户的区别

会计科目只是对会计要素具体内容的分类，仅是会计账户的名称，本身没有结构；而会计账户则具有一定的格式和结构，能具体反映资金的运用状况。

在实际工作中，对会计科目和会计账户不加严格区分，而是相互通用。

下列对会计科目与会计账户的关系，说法正确的是（　　）。
A. 账户是设置会计科目的依据
B. 两者口径一致，性质相同
C. 会计账户具有一定的结构，而会计科目不具有格式和结构
D. 没有会计账户，会计科目就无法发挥作用。

第一步：按照经济内容进行会计科目分类。

工业企业会计科目按照经济内容进行分类，划分为资产类、负债类、所有者权益类、成本类、损益类五类。

第二步：将中润公司的背景资料按照经济内容（会计要素）分类。

第三步：按照每一项具体内容设置会计科目。

第四步：说明所涉及的每一个会计科目各属于哪类会计科目，如表3-5所示。

表3-5　3月份部分经济业务涉及的会计科目

序号	项目	会计科目	类别
1	存放在银行的存款 2 241 264 元	银行存款	资产
2	库存的化纤布、纺织布、纽扣、拉链、蕾丝花边价款 159 480 元	原材料	资产
3	库存待售的男士西装、女士套装价款 83 791 元	库存商品	资产
4	王继峰和张广兴投入的资本金 4 000 000 元	实收资本	所有者权益
5	购买材料未支付的货款 70 000 元	应付账款	负债
6	向建设银行借入的期限 3 个月的借款 100 000 元	短期借款	负债
7	应付而未付给职工的薪酬 119 091.20 元	应付职工薪酬	负债
8	运输用的汽车价值 256 600 元	固定资产	资产
9	房屋及建筑物价值 3 000 000 元	固定资产	资产
10	生产用生产设备价值 1 064 000 元	固定资产	资产

第五步：根据涉及的总分类会计科目，开设总分类账户（同会计科目）。

第六步：分析经济业务涉及的明细分类科目，如表3-6所示。

表 3-6　经济业务涉及的明细分类科目

总账账户	明细账户
原材料	化纤布
	纺织布
	纽扣
	拉链
	蕾丝花边
库存商品	男士西装
	女士套装
固定资产	运输工具
	房屋及建筑物
	生产设备

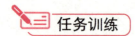
任务训练

1. 会计科目的设置

工作实例：

北京飞鱼皮具有限公司是一家主要从事皮包（袋）制造的企业，企业的基本情况如下：

（1）企业为一般纳税人，注册资本为人民币 12 000 000 元，与投资者投入资本一致。公司管理人员 5 人，合同制生产人员 30 人。开户银行为交通银行北京朝阳支行，基本账户为 110002049052486154477，库存现金限额为 5 000 元。

（2）企业生产单肩女包、背包两种产品，要求单独计算单肩女包、背包产品成本。

（3）企业的购销活动经常有往来账项。

（4）原材料、库存商品分品种按照实际成本核算。

（5）公司拥有若干台机器设备、厂房、办公楼、库房等固定资产；车间里有正在加工生产的单肩女包、挎包、背包；库房存放着生产用的各种材料和已加工完成的产成品；

（6）公司有 8 个月的银行借款 50 000 元和 2 年期的银行借款 120 000 元；

（7）平时会发生销售单肩女包、背包和材料边角料的经济事项，也会有支付工人及管理人员工资、产品广告费等经济事项，还有招待客户、维护公司网站等活动。

工作要求：

将案例中的有关资料内容，按照经济内容的分类方法，为飞鱼公司设置会计科目。

工作步骤：

第一步：按照经济内容进行会计科目分类。

工业企业会计科目按照经济内容进行分类，划分为资产类、负债类、所有者权益类、共同类、成本类、损益类六类。

第二步：将飞鱼公司的案例资料按照经济内容（会计要素）分类。

第三步：按照每一项具体内容设置会计科目。

（1）公司的人民币——设置（　　　　）科目；

（2）银行里的存款——设置（　　　　）科目；

（3）应收的销货款——设置（　　　　）科目；
（4）公司用于生产经营的机器设备、厂房、办公楼、库房——设置（　　　　）科目；
（5）公司的各种材料——设置（　　　　）科目；
（6）完工的产成品——设置（　　　　）科目；
（7）8个月的银行借款——设置（　　　　）科目；
（8）2年期的银行借款——设置（　　　　）科目；
（9）应付的购货款——设置（　　　　）科目；
（10）投资者投入的资本——设置（　　　　）科目；
（11）支付工人的工资费用——设置（　　　　）科目；
（12）存放在车间的在产品——设置（　　　　）科目；
（13）车间管理人员工资——设置（　　　　）科目；
（14）支付管理人员工资费用——设置（　　　　）科目；
（15）招待公司客户、维护公司网站费用——设置（　　　　）科目；
（16）销售单肩女包、背包的款项——设置（　　　　）科目；
（17）销售材料边角料的款项——设置（　　　　）科目。
第四步：请说明上述会计科目各属于哪类会计科目。

2. 账户的基本结构和内容

工作实例：

飞鱼公司将存放在银行或其他金融机构的款项开设"银行存款"科目反映，2021年1月份，飞鱼公司发生以下经济业务：

（1）飞鱼公司从银行提取现金6 000元；
（2）将现金2 500元存入银行；
（3）通过银行转账支付货款5 900元；
（4）接受新世界百货有限公司追加的货币资金投资30 000元，已存入银行；
（5）通过银行收回货款23 000元。

经过这些经济业务后，飞鱼公司存放在银行的存款会发生变化，如何反映飞鱼公司1月份的银行存款？增加了多少？减少了多少？期末结余多少？

工作要求：

根据案例资料的内容为"银行存款"科目开设T形账户，并将1月份的经济业务登记入账，计算飞鱼公司1月份的银行存款增加了多少？减少了多少？期末余额是多少？

工作步骤：

第一步：根据"银行存款"科目开设"银行存款"账户。
第二步：将案例资料中涉及银行存款的五笔业务登记"银行存款"账户。
第三步：计算1月份银行存款的增加额（即借方发生额）、减少额（即贷方发生额）和期末余额。

任务3.2　借贷记账法

任务布置

北京中润服饰有限责任公司2021年3月初资产、负债及所有者权益状况如表3-7所示。

表 3-7 资产、负债及所有者权益状况   元

资产类账户	金额	负债及所有者权益类账户	金额
库存现金	9 450	应付账款	70 000
银行存款	2 241 264	应付职工薪酬	119 091.20
其他货币资金	38 000	应交税费	67 596.57
应收账款	26 000	实收资本	4 000 000
预付账款	11 800	资本公积	300 000
原材料	159 480	盈余公积	133 900.67
库存商品	83 791	本年利润	192 855.17
固定资产	3 123 943	利润分配	2 880 284.39
无形资产	2 070 000		
总计	7 763 728	总计	7 763 728

北京中润服饰有限责任公司 3 月份发生的部分经济业务如下：

（1）收到淮安新宝塑胶有限责任公司投入的货币资金 1 500 000 元，已办好相关手续，并投入使用。（不考虑增值税）

（2）以银行存款 20 000 元偿还前欠潍坊林瑞纺织有限责任公司货款。

（3）从银行提取现金 10 000 元备用。

（4）向银行借入短期借款 50 000 元，直接用于偿还前欠苏州建德纺织有限责任公司货款。

（5）公司购入化纤布一批，价值 50 000 元，其中以银行存款支付 30 000 元，其余货款 20 000 元暂欠。

要求：

（1）逐笔分析北京中润服饰有限责任公司发生的 5 笔经济业务，运用借贷记账法的知识，编制会计分录。

（2）根据北京中润服饰有限责任公司账户期初余额，开设 T 形账户，并根据所编制的会计分录，逐笔登记 T 形账户，结计发生额和期末余额，编制试算平衡表。

知识准备

3.2.1 记账方法概述

视频：会计记账方法

任何经济业务的发生都会使会计要素的某些项目发生增减变动，怎样将这些变动记录下来，便是记账方法的问题。

记账方法就是登记经济业务的方法，即根据一定的记账符号、记账规则，采用一定的计量单位，利用文字和数字把经济业务记到账簿中去的一种专门方法。记账方法按记录方式不同，可分为单式记账法和复式记账法。

1. 单式记账法

单式记账法是对每一项经济业务，都只在一个账户中加以记录。只着重考虑库存现金、银行存款的收支，债权、债务的结算，例如用银行存款购买材料，只反映银行存款的减少，而不记录材料的增加。这种方法记录简单，但无法反映发生的经济业务涉及的账户之间的对应关系，因而不能全面、系统地反映经济业务的来龙去脉，无法进行试算平衡，不便于检查账户记录的正确性，随着会计的发展，这种方法逐渐被复式记账法所代替。

2. 复式记账法

复式记账法是从单式记账法发展而来的。它是对发生的每一项经济业务都以相等的金额，在两个或两个以上相互联系的账户中进行记录的一种记账方法。如以银行存款 5 000 元购买原材料，这项业务在记账时，不仅记"银行存款"减少 5 000 元，同时还要记"原材料"增加 5 000 元。所以，在复式记账法下，有科学的账户体系，通过对应账户的双重等额记录，能反映经济活动的来龙去脉，并能运用账户体系的平衡关系来检查全部会计记录的正确性。所以，复式记账法作为科学的记账方法一直被广泛地运用。

会计职业判断

复式记账法是对发生的每一项经济业务都以相等的金额，在（　　）相互联系的账户中进行记录的一种记账方法。

A. 两个或两个以上　　B. 一个　　C. 三个　　D. 四个

提示

复式记账法以会计等式"资产=负债+所有者权益"为理论依据，每一项经济业务的发生，都会引起会计要素各有关项目的增减变化，由于双重记录所登记的是同一资金运动的两个方面，其金额必然相等，会计等式是复式记账法的基础，复式记账法是会计等式不断实现新的平衡的保证。

复式记账法根据记账符号、记账规则等不同，又可分为借贷记账法、增减记账法和收付记账法等。其中，借贷记账法是世界各国普遍采用的一种记账方法，在我国也是应用最广泛的一种记账方法，1992 年财政部颁布了《企业会计准则》，第 8 条明确规定我国会计记账采用借贷记账法。目前，我国的企业和行政、事业单位都在采用借贷记账法。

拓　　展

我国最早介绍借贷记账法的书籍是蔡锡勇在 1905 年出版的《连环账谱》一书。中华人民共和国成立后，我国在学习苏联的会计理论和方法时，借贷记账法得到了广泛的应用，而且在此基础上还具体结合我国国情，对传统的中式簿记进行了改进，先后创立了收付记账法和增减记账法。增减记账法、收付记账法是我国曾经使用过的复式记账法，增减记账法是以"增""减"作为记账符号，来反映经济业务所引起会计要素增减变动的一种记账方法。这种记账方法被我国商品流通企业长期使用过。收付记账法是以"收""付"作为记账符号，来反映经济业务所引起会计要素增减变动的一种记账方法。这种记账方法被我国行政事业单位会计长期使用过。随着改革开放的深入和与国际往来的增加，借贷记账法已经成为主流。

会计职业判断

借贷记账法是目前国际上通用的记账方法，我国《企业会计准则》明确规定"会计记账采用借贷记账法"，这句话表述是否正确？

3.2.2 借贷记账法的基本内容

1. 借贷记账法的概念及记账符号

借贷记账法是以"借"和"贷"作为记账符号，对每一项经济业务，都要以相等的金额在两个或两个以上相互联系的账户中同时进行登记的一种复式记账法。

"借"和"贷"作为记账符号，用以指明记账的增减方向、账户之间的对应关系和账户余额的性质等，而与这两个文字的字义及其在会计史上的最初含义无关，不可望文生义。

"借"和"贷"作为记账符号，都具有增加和减少的双重含义。"借"和"贷"何时为增加、何时为减少，必须结合账户的具体性质才能准确说明。

视频：借贷记账法与借贷记账法账户结构

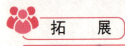

拓 展

"借""贷"并不是"纯粹的""抽象的"，而是具有深刻经济内涵的科学的记账符号。"借""贷"二字表示的内容包括了全部经济活动资金运动变化的来龙去脉，它们逐渐失去了原来字面上的含义，并在原来含义的基础上进一步升华，获得了新的经济含义："贷"字表示资金运动的"起点"（出发点），即表示会计主体所拥有的资金（某一具体财产物资的货币表现）的"来龙"（资金从哪里来）；"借"字表示资金运动的"驻点"（即短暂停留点，因资金运动在理论上没有终点），即表示会计主体所拥有的资金的"去脉"（资金的用途、去向或存在形态）。这是由资金运动的内在本质决定的。会计既然要全面反映与揭示会计主体的资金运动，在记账方法上就必须体现资金运动的本质要求。

2. 账户结构

在借贷记账法下，账户的基本结构分为左右两方，其中左方为借方，右方为贷方，一方用来登记增加的金额，而另一方用来登记减少的金额。那么，究竟哪一方用来登记增加额，哪一方用来登记减少额，这就取决于账户反映的经济内容，即账户的性质。在借贷记账法下，账户分为资产类、负债类、所有者权益类、损益类、成本类和共同类六大类。不同性质的账户，其结构也是不同的。现根据账户的不同性质分述如下：

1) 资产类账户的结构

资产类账户的结构是借方登记资产的增加额，贷方登记资产的减少额。在一定会计期间内（月末、季末、年末），借方登记的增加数额的合计数称为借方发生额，贷方登记的减少数额的合计数称为贷方发生额，在每一会计期末，将借、贷方数额相比较，其差额称为期末余额，本期的期末余额结转下期，即为下期的期初余额。资产类账户的基本结构如图3-3所示。

借方		资产类账户		贷方
期初余额	××××			
本期增加额	××××	本期减少额	××××	
本期发生额	××××	本期发生额	××××	
期末余额	××××			

图3-3 资产类账户的基本结构

资产类账户的期末余额一般在借方，其计算公式如下：

期末余额（借方）= 期初余额（借方）+本期借方发生额－本期贷方发生额

2）负债及所有者权益账户的结构

根据"资产=负债+所有者权益"的平衡原理，资产类账户借方表示增加，贷方表示减少，而负债及所有者权益类账户则应在借方登记减少数，贷方登记增加数，期末余额一般在贷方。负债及所有者权益类账户的基本结构如图3-4所示。

借方		负债及所有者权益类账户		贷方
		期初余额	××××	
本期减少额	××××	本期增加额	××××	
本期发生额	××××	本期发生额	××××	
		期末余额	××××	

图3-4　负债及所有者权益类账户的基本结构

图3-4中的本期借方发生额反映了该账户本期的减少总额，本期贷方发生额反映了该账户本期的增加总额。负债及所有者权益类账户的发生额与余额的关系可用公式表示为：

期末余额（贷方）=期初余额（贷方）+本期贷方发生额-本期借方发生额

会计职业判断

为什么登记负债及所有者权益类账户增加、减少的记账方向与登记资产类账户的记账方向相反？

3）损益类账户的结构

损益类账户由收入类和费用类两类账户组成。

（1）收入类账户的结构。

由于收入会导致利润的增加，所以收入类账户的结构与所有者权益类账户的结构基本相同。即收入类账户的贷方登记其增加额，借方登记其减少或转销数额，期末结转后该类账户一般无余额。收入类账户的基本结构如图3-5所示。

借方		收入类账户		贷方
本期减少或转销额	××××	本期增加额	××××	
本期发生额		本期发生额		

图3-5　收入类账户的基本结构

（2）费用类账户的结构。

费用类账户又称支出类账户，企业在生产经营过程中支付的各项费用，在尚未得到补偿前，相当于占用了企业的资产。因此费用类账户与资产类账户的结构基本相同，即费用类账户的借方登记其增加额，贷方登记其减少或转销额，期末结转后费用类账户一般没有余额。其基本结构如图3-6所示。

借方		费用类账户		贷方
本期增加额	××××	本期减少或转销额	××××	
本期发生额		本期发生额		

图3-6　费用类账户的基本结构

4）成本类账户的结构

成本类账户实质上是有关成本的归集计算账户，是企业资产的一种特殊形态，因此其结构与资产类账户相同。即成本类账户的借方登记其增加额，贷方登记其减少额，如有余额，余额应在借方。其基本结构如图 3-7 所示。

借方		成本类账户		贷方
期初余额	××××			
本期增加额	××××	本期减少额	××××	
本期发生额	××××	本期发生额	××××	
期末余额	××××			

图 3-7　成本类账户的基本结构

成本类账户的余额与发生额之间的关系可用下式表示：

期末余额（借方）= 期初余额（借方）+ 本期借方发生额 − 本期贷方发生额

5）共同类（双重性质）账户的结构

在借贷记账法下，可以设置共同类（双重性质）账户，既可以反映资产，又可以反映负债。当该账户反映资产内容时，就按资产类账户的结构登记；当该账户反映负债内容时，就按负债类账户的结构登记。具体结构以债权、债务类账户为例加以说明，其基本结构如图 3-8 所示。

借方		债权、债务类账户		贷方
本期债权增加额	××××	本期负债增加额	××××	
本期负债减少额	××××	本期债权减少额	××××	
本期发生额	××××	本期发生额	××××	
期末余额（表示债权）	××××	期末余额（表示负债）	××××	

图 3-8　共同类账户的基本结构

在每一个会计期末，双重性质的账户要用借方发生额与贷方发生额相比较，根据账户的余额方向确定其性质。如果余额在借方，则反映企业的资产，即应归入资产项目；若余额在贷方，则反映企业的负债，应归入负债项目。因此，在借贷记账法下设置双重性质的账户，可减少账户设置数量。

提示

除了少数账户可以设置双重性质的账户，其余额方向不固定外，大部分账户的余额方向是固定的。一般来说，各类账户的期末余额与记录增加额的一方都在同一方向，即资产类账户的期末余额一般在借方，负债及所有者权益类账户的期末余额一般在贷方。因此，根据账户余额所在的方向来判定账户性质，成为借贷记账法的一个重要特点。

会计职业判断

根据会计等式"资产+费用=负债+所有者权益+收入"可知，等式左边的要素为借增贷减，等式右边的为贷增借减，这句话表述是否正确？

为便于初学者理解和记忆，根据上述对各类账户结构的分类，将各类账户的借方和贷方所记录的经济内容整理归纳如表 3-8。

表 3-8 账户的借方和贷方所记录的经济内容

账户	借方	贷方	余额方向
资产类账户 如："库存现金"等账户	增加	减少	余额在借方
负债类账户 如："短期借款"等账户	减少	增加	余额在贷方
所有者权益类账户 如："实收资本"等账户	减少	增加	余额在贷方
成本类账户 如："生产成本"等账户	增加	减少	余额在借方
收入类账户 如："主营业务收入"等账户	减少 （转销）	增加	期末结转后无余额
费用类账户 如："管理费用"等账户	增加	减少 （转销）	期末结转后无余额

会计职业判断

下列账户中与资产类账户的结构相反的有（　　）。
A. 所有者权益类账户　　B. 负债类账户　　C. 收入类账户　　D. 费用类账户

提示

通常而言，资产、成本和费用类账户的增加用"借"表示，减少用"贷"表示；负债、所有者权益和收入类账户的增加用"贷"表示，减少用"借"表示。备抵账户的结构与所调整账户的结构正好相反。如"累计折旧"账户，是调整"固定资产"账户的备抵账户。

3. 借贷记账法的记账规则

记账规则是指某种记账方法所应遵循的记账规律和法则。借贷记账法的记账规则是"有借必有贷，借贷必相等"。

"有借必有贷，借贷必相等"是指对任何一项经济业务，一定涉及两个或两个以上的账户，在这些账户中，有登记在借方的账户，同时一定有登记在贷方的账户，并且登记在借方账户的总金额一定等于登记在贷方账户的总金额。

在企业的生产经营过程中，每天发生着大量的经济业务，这些业务虽然千差万别，错综复杂，但归纳起来，不外乎资产类项目之间此增彼减；权益类项目之间此增彼减；资产与权益类项目之间同时增加或同时减少。即

(1) 经济业务的发生引起资产类和权益类两类账户同时增加，增加金额相等，总额增加。
(2) 经济业务的发生引起资产类和权益类两类账户同时减少，减少金额相等，总额减少。
(3) 经济业务的发生只引起资产类账户内部此增彼减，增减金额相等，总额不变。

视频：借贷记账法会计分录的编制和记账规则

(4) 经济业务的发生只引起权益类账户内部此增彼减，增减金额相等，总额不变。

下面根据借贷记账法的账户结构，将这四种类型的经济业务登记入账，说明借贷记账法的记账规则。

北京中润服饰有限责任公司2021年3月1日资产、负债及所有者权益类各账户的期初余额如表3-9所示。

表3-9 资产、负债及所有者权益类各账户的期初余额　　　　　　　　元

资产类账户	金额	负债及所有者权益类账户	金额
库存现金	9 450	应付账款	70 000
银行存款	2 241 264	应付职工薪酬	119 091.20
其他货币资金	38 000	应交税费	67 596.57
应收账款	26 000	实收资本	4 000 000
预付账款	11 800	资本公积	300 000
原材料	159 480	盈余公积	133 900.67
库存商品	83 791	本年利润	192 855.17
固定资产	3 123 943	利润分配	2 880 284.39
无形资产	2 070 000		
总计	7 763 728	总计	7 763 728

从表3-9中，我们可以看到资产7 763 728元=负债256 687.77元+所有者权益7 507 040.23元。

【做中学3-1】北京中润服饰有限责任公司收到淮安新宝塑胶有限责任公司投入的货币资金1 500 000元，已办好相关手续，并投入使用。（不考虑增值税）

分析：该项业务说明，中润公司接受货币资金投资1 500 000元。这样对于中润公司来讲，一方面使公司银行存款增加，另一方面公司实收资本的规模扩大。经过进一步分析，"银行存款"属于资产类账户，"实收资本"属于所有者权益类账户。根据借贷记账法下账户的性质，资产的增加，通过账户的借方反映，所有者权益的增加，通过账户的贷方反映。最后确定，借记"银行存款"1 500 000元，贷记"实收资本"1 500 000元。该业务属于等式两边资产与所有者权益等额增加业务。

资产类账户			所有者权益类账户		
借方	银行存款	贷方	借方	实收资本	贷方
期初余额 2 241 264					期初余额 4 000 000
① 1 500 000					① 1 500 000

【做中学3-2】以银行存款20 000元，偿还前欠潍坊林瑞纺织有限责任公司货款。

分析：该项业务说明，由于归还潍坊林瑞纺织有限责任公司货款，一方面使本公司属于资产要素的银行存款减少20 000元，另一方面使属于负债要素的应付账款减少20 000元。"银行存款"属于资产类账户，"应付账款"属于负债类账户。根据借贷记账法下的账户结构，资产的减少，通过账户的贷方反映，负债的减少，通过账户的借方反映。最后确定，借记"应付账款"20 000元，贷记"银行存款"20 000元。该业务属于等式两边的资产与负债同时等额减少业务。

资产类账户				负债类账户		
借方	银行存款	贷方		借方	应付账款	贷方
期初余额 2 241 264		② 20 000		② 20 000		期初余额 70 000
① 1 500 000						

【做中学 3-3】 从银行提取现金 10 000 元备用。

分析：该项业务说明，由于从银行提取现金，一方面使公司现金增加 10 000 元，另一方面使银行存款减少 10 000 元。"固定资产"和"银行存款"都属于公司的资产类账户。根据借贷记账法下的账户结构，资产的增加通过账户的借方反映，资产的减少通过账户的贷方反映。最后确定，借记"库存现金"10 000 元，贷记"银行存款"10 000 元。该业务属于等式左边的资产内一增一减业务。

资产类账户				资产类账户		
借方	银行存款	贷方		借方	库存现金	贷方
期初余额 2 241 264		② 20 000		期初余额 9 450		
① 1 500 000		③ 10 000		③ 10 000		

【做中学 3-4】 向银行借入短期借款 50 000 元，直接用于偿还前欠苏州建德纺织有限责任公司货款。

该项经济业务说明，由于用短期借款抵偿原欠供应单位货款，一方面使公司的短期借款增加了 50 000 元，另一方面使企业的应付账款减少了 50 000 元。"短期借款"和"应付账款"都属于公司的负债类账户。根据借贷记账法下的账户结构，负债的增加通过账户的贷方反映，负债的减少通过账户的借方反映。最后确定，借记"应付账款"50 000 元，贷记"短期借款"50 000元。该业务属于等式右边的负债内一增一减业务。

负债类账户				所有者权益类账户		
借方	短期借款	贷方		借方	应付账款	贷方
		期初余额 0		② 20 000		期初余额 70 000
		④ 50 000		④ 50 000		

从上述各种类型业务的举例中，不难发现这样的规律，就是每一项经济业务发生后都是以相等的金额记入一个账户的借方，同时记入另一个（或几个）账户的贷方；记入一个账户的贷方，同时记入另一个（或几个）账户的借方。概括起来就是"有借必有贷，借贷必相等。"即借贷记账法的记账规则。

提示

> 从上述几个实例中，可以清楚地看到借贷记账法"有借必有贷，借贷必相等"的记账规则。记账规则体现了记账的规律，它可以帮助检查日常记账中的错误，增强会计工作的准确性。

4. 借贷记账法下的会计分录

1）账户的对应关系与对应账户

在借贷记账法下，根据借贷记账法的记账规则，对每项经济业务进行记录时使有关账户之间形成一种应借应贷的相互关系，账户之间的这种关系称为对应关系。存在对应关系的账户称为对应账户。例如，用银行存款购买材料这项业务，要分别在"原材料"账户的借方和"银行存款"账户的贷方进行登记，"原材料"和"银行存款"之间就发生了相互对应的关系，这两个账户就互为对应账户。通过账户对应关系，可以了解经济业务的内容及其所引起的资金增减变动情况，而且可以起到监督检查经济业务合理性、合法性的作用。

 会计职业判断

账户的对应关系是否不分具体业务，就是指某个账户与某个账户永远是固定的对应账户？

2）会计分录

会计分录是指对每项经济业务标明其应借应贷账户名称及其金额的一种会计记录方式，简称分录。会计分录是由应借应贷方向、对应账户（科目）名称及应记金额三要素构成的。在我国会计实务中，会计分录一般是根据原始凭证按一定的规则在记账凭证上编制的，是记账凭证中最主要的内容。

会计分录按照所涉及账户的多少，分为简单会计分录和复合会计分录。简单会计分录指只涉及一个账户借方和另一个账户贷方的会计分录，即一借一贷的会计分录；复合会计分录指由两个以上（不含两个）对应账户所组成的会计分录，即一借多贷、一贷多借或多借多贷的会计分录。

为了便于教学需要，一般以下面的形式来表示会计分录。书写会计分录的格式要求比较固定，即左借右贷，借贷错开，上借下贷，借贷平衡。表现为先借后贷，贷方的文字和数字都要比借方后退两格书写；在一借多贷或一贷多借和多借多贷的情况下，借方或贷方的文字要对齐，金额也要对齐；需要列示明细账户时，从左向右列示，二级账户前加破折号，三级账户放在一对小圆括号内。

借：×××（账户名称）　　　　　　　　　　　　　　×××（金额）
　　贷：×××（账户名称）　　　　　　　　　　　　×××（金额）

3）会计分录的编制步骤

一笔会计分录主要包括三个要素：会计科目、记账符号、发生金额。而每笔分录至少有两个相互对应的账户，通过这种对应关系，可以反映一项完整的经济业务，看到经济业务的真实面貌。编制会计分录一般经过以下五个步骤：

（1）析账户，也就是分析经济业务内容，确定所涉及的账户名称（包括总账和明细账）；
（2）定方向，根据所涉账户的性质和结构，结合经济业务内容，确定应该记入的借贷方向；
（3）确金额，确定应记入账户的金额；
（4）列分录，以规范格式把会计分录列示出来；
（5）查正误，对会计分录进行正误检查。一方面检查账户运用是否准确，另一方面检查借贷方金额是否相等。

【做中学3-5】承接【做中学3-1】～【做中学3-4】，公司应编制会计分录如下：

① 借：银行存款　　　　　　　　　　　　　　　　　1 500 000
　　贷：实收资本　　　　　　　　　　　　　　　　　1 500 000
② 借：应付账款　　　　　　　　　　　　　　　　　　　20 000
　　贷：银行存款　　　　　　　　　　　　　　　　　　　20 000
③ 借：库存现金　　　　　　　　　　　　　　　　　　　10 000
　　贷：银行存款　　　　　　　　　　　　　　　　　　　10 000
④ 借：应付账款　　　　　　　　　　　　　　　　　　　50 000
　　贷：短期借款　　　　　　　　　　　　　　　　　　　50 000

上述4笔业务所编制的会计分录，都是简单会计分录。

【做中学3-6】中润公司购入化纤布一批,价值50 000元,其中以银行存款支付30 000元,其余货款20 000元暂欠。

该项业务涉及资产类账户的"原材料"账户、"银行存款"账户和负债类账户的"应付账款"账户,编制会计分录如下:

借:原材料　　　　　　　　　　　　　　　　　　　　50 000
　　贷:银行存款　　　　　　　　　　　　　　　　　　30 000
　　　　应付账款　　　　　　　　　　　　　　　　　　20 000

【做中学3-7】中润公司从银行提取100 000元,其中95 000元用来偿付所欠职工薪酬,剩余5 000元备用。

该项业务涉及资产类账户的"银行存款"账户、"库存现金"账户和负债类账户的"应付职工薪酬"账户,编制会计分录如下:

借:应付职工薪酬　　　　　　　　　　　　　　　　　95 000
　　库存现金　　　　　　　　　　　　　　　　　　　 5 000
　　贷:银行存款　　　　　　　　　　　　　　　　　100 000

对上述业务所编制的会计分录就是复合会计分录。分析该笔业务所编制的会计分录不难发现,复合会计分录实际上是由两个以上简单分录合并而成的,编制复合会计分录即可以在一个分录上集中反映某项经济业务的全部内容,又可以简化记账手续。

提示

复合会计分录可以分解为几个简单会计分录。编制复合会计分录,可以简化记账工作,提高记账效率,并能反映一项经济业务的全过程。至于什么时候用简单会计分录,什么时候用复合分录,要视经济业务引起多少账户的变动而定。但一般不编制"多借多贷"复合会计分录,因为这容易使账户之间的对应关系模糊不清,难以据此分析经济业务的实际情况。

会计职业判断

你能将【做中学3-6】和【做中学3-7】中的复合会计分录编制为简单会计分录吗?

5. 借贷记账法的试算平衡

为了检查一定时期内所发生的经济业务在账户中记录得是否正确,在会计期末应进行账户的试算平衡。所谓试算平衡,就是根据"资产=负债+所有者权益"的恒等关系,运用借贷记账法的记账规则,检查所有账户记录是否正确的一种专门方法。

提示

企业一般在月末结出各个账户的本月发生额和月末余额,试算平衡工作就是在期末对所有账户的发生额和(或)余额进行加总,以确定借贷是否相等,从而检查记账、过账过程中是否存在差错的方法。试算平衡主要是为了确保记账工作的准确性,保证会计资料的正确性。

借贷记账法的试算平衡,包括发生额试算平衡和余额试算平衡两种方法。

1) 发生额试算平衡

发生额试算平衡的理论依据是"有借必有贷,借贷必相等"的记账规则。人们知道,借贷记账法的记账规则，要求对每一项业务都应以相等的金额，分别在两个或两个以上相关账户的借方和贷方做双重登记，借贷双方的发生额必然相等。既然每项业务所涉及账户的借方金额等于贷方金额，那么一定时期内所有账户的借方本期发生额，必然等于其贷方发生额。发生额试算平衡就是通过比较一定时期全部账户的借方发生额合计与贷方发生额合计是否平衡，来检查账簿记录正确性的一种方法。公式为：

$$全部账户本期借方发生额合计=全部账户本期贷方发生额合计$$

2）余额试算平衡

余额试算平衡的理论依据是"资产=权益"的会计等式。余额试算平衡是依据本期所有账户期末借方余额合计一定等于所有账户贷方余额合计的恒等关系，来检查账簿记录是否正确的方法。根据余额发生的时间不同，分为期初余额试算平衡和期末余额试算平衡。借贷记账法的账户结构原理表明，资产类账户的期末余额一般在借方，而负债和所有者权益类账户的期末余额一般在贷方，根据"资产=负债+所有者权益"的平衡关系，则有如下公式：

$$全部账户的借方期末余额合计=全部账户的贷方期末余额合计$$
$$全部账户的借方期初余额合计=全部账户的贷方期初余额合计$$

提示

在实际工作中，试算平衡是通过试算平衡表方式进行的。试算平衡表可以分为两种：一种是将本期发生额和期末余额分别编制列表；另一种是将本期发生额和期末余额合并在一张表上进行试算平衡。

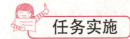

任务实施

以中润公司2021年3月份发生的经济业务为例，说明借贷记账法试算平衡的方法。

第一步：根据表3-4的资料开设账户，并登记期初余额；

第二步：根据【做中学3-1】至【做中学3-6】发生的经济业务编制会计分录；

第三步：根据以上会计分录登记在第一步所开设的T形账户中，并逐个结出各账户的本期借、贷方发生额合计和期末余额；

借方	库存现金	贷方
期初余额 9 450		
③ 10 000		
本期发生额合计 10 000		
期末余额 19 450		

借方	实收资本	贷方
		期初余额 4 000 000
		① 1 500 000
		本期发生额合计 1 500 000
		期末余额 5 500 000

借方	银行存款	贷方
期初余额 2 241 264		② 20 000
① 1 500 000		③ 10 000
		⑤ 30 000
本期发生额合计 1 500 000	本期发生额合计 60 000	
期末余额 3 681 264		

借方	短期借款	贷方
		期初余额 0
		④ 50 000
		本期发生额合计 50 000
		期末余额 50 000

借方	原材料	贷方		借方	应付账款	贷方
期初余额 159 480				② 20 000		期初余额 70 000
⑤ 50 000				④ 50 000		⑤ 20 000
本期发生额合计 50 000				本期发生额合计 70 000		本期发生额合计 20 000
期末余额 209 480						期末余额 20 000

第四步：根据以上 T 形账户的本期发生额栏和期初、期末余额栏中的数据编制试算平衡表，并进行合计，如表 3-10 所示。

表 3-10　试算平衡表

2021 年 3 月　　　　　　　　　　　　　　　　　　　　　　　　　　元

账户名称	期初余额		本期发生额		期末余额	
	借方	贷方	借方	贷方	借方	贷方
库存现金	9 450		10 000		19 450	
银行存款	2 241 264		1 500 000	60 000	3 681 264	
其他货币资金	38 000				38 000	
应收账款	26 000				26 000	
预付账款	11 800				11 800	
原材料	159 480		50 000		209 480	
库存商品	83 791				83 791	
固定资产	3 123 943				3 123 943	
无形资产	2 070 000				2 070 000	
短期借款				50 000		50 000
应付账款		70 000	70 000	20 000		20 000
应付职工薪酬		119 091.20				119 091.20
应交税费		67 596.57				67 596.57
实收资本		4 000 000		1 500 000		5 500 000
资本公积		300 000				300 000
盈余公积		133 900.67				133 900.67
本年利润		192 855.17				192 855.17
利润分配		2 880 284.39				2 880 284.39
合计	7 763 728	7 763 728	160 000	160 000	9 263 728	9 263 728

从表 3-10 可以看出，期初余额、本期发生额、期末余额借贷双方的本期合计都是平衡的，表明各账户的记录基本是正确的。应该看到，试算平衡表只是通过借贷金额是否平衡来检查账户记录是否正确，而有些错误对于借贷双方的平衡并不发生影响。因此，在编制试算平衡表时应注意以下几点：

（1）必须保证所有账户的余额均已记入试算平衡表。因为会计等式是对六项会计要素整体而言的，缺少任何一个账户的余额，都会造成期初或期末借方与贷方余额合计不相等；

（2）如果借贷不平衡，肯定账户记录有错误，应认真查找，直到实现平衡为止；

（3）如果借贷平衡，则并不能说明账户记录绝对正确，因为有些错误对于借贷双方的平衡并不发生影响。主要有以下几种情况：

①漏记某项经济业务，将使本期借贷双方的发生额等额减少，借贷仍然平衡；

②重记某项经济业务，将使本期借贷双方的发生额等额虚增，借贷仍然平衡；

③某项经济业务记错有关账户，借贷仍然平衡；

④某项经济业务颠倒了记账方向，借贷仍然平衡；

⑤借方或贷方发生额中，偶然一多一少并相互抵消，借贷仍然平衡。

提示

试算平衡表通常是在期末结出各账户的本期发生额合计和期末余额后编制的，试算平衡表中一般应设置"期初余额""本期发生额"和"期末余额"三大栏目，其下分设"借方"和"贷方"两个小栏。各大栏中的借方合计与贷方合计应该平衡相等。为了简化表格，试算平衡表也可只根据各个账户的本期发生额填制，不填列各账户的期初余额和期末余额。

会计职业判断

"应收账款"的期初借方余额为300 000元，本期借方发生额为10 000元，本期贷方发生额为100 000元，则期末余额为（　　）元。

A. 借方390 000　　B. 贷方390 000　　C. 借方210 000　　D. 贷方210 000

任务训练

工作实例：

见任务3.2中【任务训练2】飞鱼公司业务。

工作要求：

根据案例资料的内容编制会计分录并进行试算平衡。

工作步骤：

第一步：根据案例资料的经济业务编制会计分录。

第二步：根据会计分录逐笔登记T形账户

第三步：根据T形账户的发生额编制试算平衡表。

任务3.3　核算企业主要经济活动

任务布置

北京中润服饰有限责任公司为增值税一般纳税人，增值税税率为13%，城市维护建设税率为7%、教育费附加率为3%、地方教育费附加率为2%、所得税税率为25%，公司2021年3月发生下列经济业务：

(1) 3月1日，预付北京电力股份有限公司10 000元。

(2) 3月1日，北京中润服饰有限公司向银行借入一笔生产经营用短期借款，共计30 000元，期限为6个月。

(3) 3月2日，收到淮安新宝塑胶有限责任公司投入的货币资金2 000 000元存入银行，相关手续已办妥。

(4) 3月2日，中润公司因进行基建工程需要，向银行取得为期3年的借款220 000元，年利率为6.9%，所借款项已存入银行。

(5) 2021年3月4日，中润公司从银行提取现金10 000元备用。

(6) 中润公司2021年3月4日从常州黄河服饰有限责任公司购入拉链1 300条，每条2元，买价2 600元，支付增值税338元，购入蕾丝花边700米，单价38元，买价26 600元，支付增值税3 458元，上述材料的货款、税款均以通过网银转账支付，材料尚未到达。

(7) 2021年3月5日，采购员刘泽军出差预借差旅费3 000元，以现金支付。

(8) 中润公司2021年3月5日从广州荣顺服饰有限责任公司购入纽扣12 000颗，单价1.40元，增值税专用发票上记载的货款为16 800元，增值税税率为13%，增值税为2 184元，全部款项已用转账支票支付，材料已经验收入库。

(9) 中润公司3月6日向潍坊林瑞纺织有限责任公司购入化纤布2 000米，单价80元，买价160 000元，支付增值税20 800元，购入纺织布3 000米，单价65元，买价195 000元，支付增值税25 350元，购入两种材料共发生运杂费及增值税为490.50元，其中运费450元，增值税为40.50元，上述材料均已验收入库货款、税款及运费尚未支付。

(10) 3月6日，收到福州织机机械制造有限责任公司投入的不需要安装的生产设备一台，合同约定生产设备的价值为200 000元，与公允价值相符，增值税进项税额为26 000元。

(11) 中润公司2021年3月7日购入10台不需要安装的电子设备，增值税专用发票上注明的价款49 000元，增值税6 370元，全部款项通过网银支付。

(12) 2021年3月8日，购入的拉链、蕾丝花边已收到，并验收入库。

(13) 中润公司2021年3月11日购入一台需要安装的生产设备，增值税专用发票上注明的价款200 000元，增值税26 000元；另支付运输费并取得增值税专用发票，注明运输费1 200元，增值税108元，全部款项通过银行转账支付。

(14) 2021年3月11日，开出一张金额为93 540元的转账支票，用以发放职工2月份工资。

(15) 2021年3月12日，中润公司以银行存款交纳2月份增值税36 456.70元，城市维护建设税2 551.97元，应交教育费附加1 093.70元，应交地方教育费附加729.13元。

(16) 中润公司3月14日向潍坊林瑞纺织有限责任公司支付材料的采购货款、税款及运费。

(17) 3月16日，中润公司向苏州蓝淼百货有限责任公司销售男士西装和女士套装各100套，开出的增值税专用发票上注明男士西装的售价为53 600元，女士套装的售价为68 400元，增值税为15 860元，收到一张期限为6个月的银行承兑汇票。

(18) 3月16日，采购员刘泽军报销差旅费，原借款3 000元，报销火车票618元，取得的住宿费发票上注明住宿费用469.81元，增值税为28.19元，出差补助300元，余额退回现金1 584元。

(19) 3月16日，中润公司向徐州进中商贸有限公司销售男士西装和女士套装各100套，开出的增值税专用发票上注明男士西装的售价为53 600元，女士套装的售价为68 400元，增值税为15 860元，销售款项尚未收到。

(20) 2021年3月19日，中润公司通过网上银行向北京市红十字基金会捐赠8 000元，收到红十字基金会开具的收款收据。

(21) 3月24日，中润公司收到无锡美安商贸有限公司预付产品货款60 000元，存入银行。

(22) 3月26日，中润公司销售给北京华大百货有限公司一批纽扣，开出的增值税专用发票上注明的售价为1 660元，增值税为215.80元，款项已由银行收妥。

(23) 2021年3月27日，中润公司为从广州荣顺服饰有限责任公司购入纽扣向该公司预付8 000元货款。

(24) 3月28日，中润公司收到徐州进中商贸有限公司通过网银转来的前欠销售款项137 860元。

(25) 3月28日，中润公司决定对张留文因工作期间违规操作而给公司带来的安全事故，罚款300元，收到现金。

(26) 2021年3月30日，中润公司收到广州荣顺服饰有限责任公司发来的纽扣15 000颗，单价1.40元，已验收入库，有关发票账单记载，该批货物的货款为21 000元，增值为2 730元，冲抵原预付货款。

(27) 2021年3月30日，通过网银归还广州荣顺服饰有限责任公司购入纽扣不足的款项15 730元。

(28) 3月31日，中润公司编制3月份材料发出汇总表。3月份发出材料共计485 280.10元。其中，男士西装耗用259 713.75元，女士套装耗用196 752元，生产车间机料物耗用28 814.35元。

(29) 3月31日，中润公司分配结转本月工资费用，根据工资结算汇总表编制工资费用分配汇总表。

(30) 3月31日，通过网上银行支付本月水费3 725.83元及增值税111.77元。

(31) 3月31日，分配本月电费，依据所取得的发票本月共发生电费2 584.39元及增值税335.97元。

(32) 3月31日，计提本月固定资产折旧。

(33) 3月31日，月末分配并结转本月制造费用。

(34) 3月31日，结转本月生产完工验收入库产品的生产成本。

(35) 3月31日，中润公司向无锡美安商贸有限公司销售男士西装650套，女士套装500套，货款共计690 400元，增值税为89 752元，无锡美安商贸有限公司将剩余货款补齐。

(36) 3月31日，中润公司收到无锡美安商贸有限公司补付的剩余货款。

(37) 3月31日，中润公司向盛百达传媒服务有限公司支付广告费，取得的增值税专用发票上注明广告费1 300元，增值税为78元，款项已通过网银支付。

(38) 3月31日，计算已销售的男士西装、女士套装两种产品的实际成本，分别为348 202.50元、274 267元。

(39) 3月31日，结转已销售给北京华大百货有限公司纽扣成本。

3月31日，该公司按月计提短期借款利息，取得借款的年利率为6%。

(40) 3月31日，根据本月应交增值税，按7%计算本月应交城市维护建设税、按3%计算本月应交教育费附加，按2%计算本月应交地方教育费附加。

(41) 3月31日，结转损益类账户。

仔细分析以上经济业务，发现这些经济业务分别属于筹集资金、供应过程、生产过程、销售过程、其他经济业务、财务成果形成与分配六个环节，请分环节运用借贷记账法进行相应的会计处理。

3.3.1 筹集资金业务核算

1. 筹集资金业务核算的内容

企业为了进行生产经营活动，必须拥有一定数量的经营资金来作为从事生产经营活动的物质基础。目前，我国企业的资金来源渠道主要是向投资者筹集资金和向金融机构或其他单位借入资金等。因此，接受投资者投资业务和借款业务的核算就成了筹集资金业务核算的主要内容。

2. 筹集资金业务核算主要设置的账户

筹集资金业务核算主要设置的账户有"实收资本""资本公积""银行存款""固定资产""无形资产""短期借款""长期借款""应付利息""财务费用"等。

1) "实收资本"账户

"实收资本"账户属于所有者权益类账户。该账户用来核算企业投资者投入资本的增减变动及其结果。其贷方登记企业实际收到投资者投入的资本数，以及按规定用资本公积、盈余公积转增资本的数额；借方登记按法定程序减少的注册资本数，期末余额在贷方，反映企业投入资本的实有数额。该账户应按投资者设置明细分类账户，进行明细分类核算。该账户的结构如图3-9所示。

借方	实收资本	贷方
本期减少额：减少的注册资本数	期初余额：期初投入资本的实有数额 本期增加额：收到投资者投入的资本数	
	期末余额：期末投入资本的实有数额	

图3-9 "实收资本"账户的结构

股份有限公司设置"股本"账户，核算投资者投入的资本。企业收到投资者投入的资本超过其在注册资本所占份额的部分，作为资本溢价，确认为企业的资本公积，而不确认为实收资本或股本。

拓 展

资本是投资者为开展生产经营活动而投入的资金。会计上的资本专指投资者投入的资本。我国有关法律规定，投资者设立企业首先必须投入资本。投资者按照企业章程规定或合同、协议约定投入企业的资本，即为实收资本。股份有限公司称之为股本。实收资本的构成比例或股东的股份比例，是确定所有者在企业所有者权益中份额的基础，也是企业进行利润或股利分配的主要依据。

我国《公司法》规定，股东可以用货币出资，也可以用实物、知识产权、土地使用权等可以进行货币估价并可以依法转让的非货币财产出资。对作为出资的非货币财产应当评估作价，核实财产，不得高估或者低估作价。法律、行政法规对评估作价有规定的，从其规定。全体股东的货币出资额不得低于有限责任公司注册资本的30%。投资者投入的资本在一般情况下无须偿还，并可以长期周转使用。

2）"资本公积"账户

"资本公积"账户属于所有者权益类账户，核算企业收到投资者超出企业注册资本（或股本）中所占份额的投资，以及直接计入所有者权益的利得和损失等。其贷方登记企业资本公积的增加数；借方登记资本公积的减少数，期末余额在贷方，反映企业资本公积实有数。该账户按"资本溢价"和"其他资本公积"两个明细科目进行会计核算。该账户的结构如图3-10所示。

借方	资本公积	贷方
	期初余额：期初资本公积的实有数额	
本期减少额：资本公积减少数	本期增加额：资本公积增加数	
	期末余额：期末资本公积的实有数额	

图3-10 "资本公积"账户的结构

3）"银行存款"账户

"银行存款"账户属于资产类账户，用来核算企业存入银行或其他金融机构的各种款项。借方登记银行存款的增加额；贷方登记银行存款的减少额，期末余额在借方，反映存在银行或其他金融机构的期末实有金额。该账户的结构如图3-11所示。

借方	银行存款	贷方
期初余额：期初银行存款的实有数额		
本期增加额：银行存款增加数	本期减少额：银行存款减少数	
期末余额：期末银行存款的实有数额		

图3-11 "银行存款"账户的结构

按照国家现金管理和结算制度的规定，每个企业都要在银行开立账户，用来办理存款、取款和转账结算。

银行汇票存款、银行本票存款、信用卡存款、信用证保证金存款、存出投资款、外埠存款等，不通过"银行存款"账户核算，而应通过"其他货币资金"账户核算。

4）"固定资产"账户

"固定资产"账户属于资产类账户，用来核算企业固定资产原始价值的增减变动和结存情况。借方登记增加（包括购进、接受投资、盘盈等原因增加）的固定资产原价；贷方登记减少（包括处置、投资转出、盘亏等原因减少）的固定资产原价，期末余额在借方，表示企业期末固定资产的原始价值。企业应当按照固定资产的类别和项目进行明细核算。该账户的结构如图3-12所示。

借方	固定资产	贷方
期初余额：期初固定资产的原价		
本期增加额：固定资产增加数	本期减少额：固定资产减少数	
期末余额：期末固定资产的原价		

图 3-12 "固定资产"账户的结构

5)"无形资产"账户

"无形资产"账户属于资产类账户，用来核算企业持有的无形资产，包括专利权、非专利技术、商标权、著作权、土地使用权等。借方登记无形资产的增加数；贷方登记无形资产的减少数。期末余额在借方，表示企业期末无形资产的价值。企业应当按照固定项目进行明细核算。该账户的结构如图 3-13 所示。

借方	无形资产	贷方
期初余额：期初无形资产的价值		
本期增加额：无形资产增加数	本期减少额：无形资产减少数	
期末余额：期末无形资产的价值		

图 3-13 "无形资产"账户的结构

6)"短期借款"账户

"短期借款"账户属于负债类账户，用来核算业向银行或其他金融机构等借入的期限在 1 年以下（含 1 年）的各种借款。其贷方登记取得的借款本金数额；借方登记归还的借款本金数额，期末余额在贷方，表示期末尚未偿还的短期借款本金。该账户应按照借款种类、贷款人和币种进行明细分类核算。该账户的结构如图 3-14 所示。

借方	短期借款	贷方
	期初余额：期初尚未偿还的短期借款本金	
本期减少额：企业归还的短期借款	本期增加额：企业取得的短期借款	
	期末余额：期末尚未偿还的短期借款本金	

图 3-14 "短期借款"账户的结构

7)"长期借款"账户

"长期借款"账户属于负债类账户，用来核算业向银行或其他金融机构等借入的期限在 1 年以上（不含 1 年）的各种借款。其贷方登记取得的借款本金数额；借方登记归还的借款本金数额，期末余额在贷方，表示期末尚未偿还的长期借款本金。该账户应按照贷款单位和贷款种类进行明细分类核算。该账户的结构如图 3-15 所示。

借方	长期借款	贷方
	期初余额：期初尚未偿还的长期借款本金	
本期减少额：企业归还的长期借款	本期增加额：企业取得的长期借款	
	期末余额：期末尚未偿还的长期借款本金	

图 3-15 "长期借款"账户的结构

8)"应付利息"账户

"应付利息"账户属于负债类账户，用来核算企业按照合同约定应支付的利息，包括短期借款、分期付息到期还本的长期借款、企业债券等应支付的利息，不核算一次还本付息的长期借款利息。贷方登记按合同利率计算确定应付而未付的利息费用；借方登记实际支付的利息费用，期末余额在贷方，表示尚未支付的应付利息。该账户的结构如图3-16所示。

借方	应付利息	贷方
本期减少额：本期实际支付利息	期初余额：期初应付未付的利息 本期增加额：本期发生应付未付的利息	
	期末余额：期末应付未付的利息	

图3-16 "应付利息"账户的结构

9)"财务费用"账户

"财务费用"账户属于损益类账户，用来反映和监督企业为筹集生产经营资金而发生的各项费用，包括利息支出（减利息收入）、相关的手续费等。其借方登记本期发生的利息费用等各项财务费用；贷方登记本期发生的利息收入及期末结转至"本年利润"账户的财务费用，期末一般无余额。该账户按照费用项目设置明细分类账户。该账户的结构如图3-17所示。

借方	财务费用	贷方
本期增加额：本期发生的各项财务费用	本期减少额：利息收入及期末结转至"本年利润"账户的财务费用	

图3-17 "财务费用"账户的结构

3.3.2 投资活动业务核算

1. 投资活动业务核算的内容

工业企业为了进行产品生产，需要购建厂房、建筑物，购置机器设备、运输工具。因此，这类购建业务的核算构成了工业企业投资活动的核算内容。而企业为生产商品、提供劳务、出租或经营管理而持有的房屋、建筑物、机器设备、运输设备以及其他与生产、经营有关的设备、器具、工具等，为企业的固定资产。

固定资产应按其取得时的成本作为入账的价值，取得时的成本包括买价、进口关税、运输和保险等相关费用，以及为使固定资产达到预定可使用状态前所发生的其他必要支出，不包括可以抵扣的固定资产发生的增值税。

2. 投资活动业务核算主要设置的账户

投资活动业务核算主要设置的账户有"固定资产""在建工程"等。

1)"在建工程"账户。

"在建工程"账户属于资产类账户，用于核算企业基建、更新改造等在建工程发生的支出。其借方登记企业各项在建工程的实际支出；贷方登记完工工程转出的成本，期末余额在借方，反映企业尚未达到预定可使用状态的在建工程的成本。该账户的结构如图3-18所示。

借方	在建工程	贷方
期初余额：期初在建工程的各项支出 本期增加额：建造、安装工程的各项支出	本期减少额：结转到固定资产的完工工程成本	
期末余额：期末在建工程的各项支出		

图3-18 "在建工程"账户的结构

2)"固定资产"账户（略）

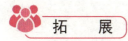 拓 展

企业购入需要安装以及自行建造的固定资产,先通过"在建工程"账户归集其成本,等达到预定可使用状态时,再由"在建工程"账户转入"固定资产"账户。固定资产采购业务流程如图 3-19 所示。

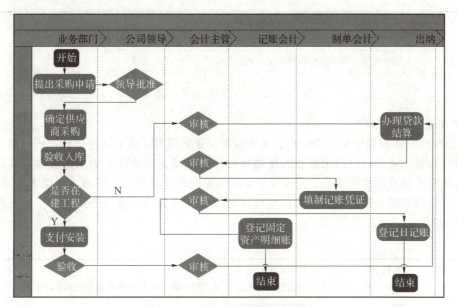

图 3-19　固定资产采购业务流程

3.3.3　供应过程业务核算

1. 供应过程业务核算的内容

在材料采购过程中,企业一方面要根据供应计划和合同的规定,及时采购材料,将材料验收入库,以保证生产的需要;另一方面,要根据结算制度和合同规定,与供应单位进行货款的结算。为了节约采购费用,降低采购成本,检查采购计划的执行情况,在供应过程的核算中,还必须核算材料的采购成本。

微课:采购固定资产

 提示

采购成本一般由以下各项内容组成:
(1)买价,指供应单位的发票价格,即不含税价。
(2)运杂费,指材料从购入至到达企业仓库前所发生的各项费用,包括运输费、装卸费、保险费、包装费和仓储费等。
(3)运输途中的合理损耗。
(4)入库前的整理挑选费用,包括整理挑选中发生的工资、费用支出和必要的损耗。

2. 材料采购业务核算主要设置的账户

材料采购业务核算主要设置的账户有"原材料""在途物资""应交税费""应付账款""预

付账款""应付票据"等。

1)"原材料"账户

"原材料"账户属于资产类账户,用于核算各种库存材料的收发和结存情况。其借方登记入库材料的实际成本;贷方登记发出材料的实际成本,期末余额在借方,反映企业库存材料的实际成本。该账户应按原材料种类、规格等设置明细账。该账户的结构如图 3-20 所示。

借方	原材料	贷方
期初余额:期初库存材料的实际成本 本期增加额:入库材料的实际成本		本期减少额:发出材料的实际成本
期末余额:期末库存材料的实际成本		

图 3-20 "原材料"账户的结构

2)"在途物资"账户

"在途物资"账户属于资产类账户,用于核算企业采用实际成本(进价)进行材料、商品等物资的日常核算,货款已付尚未验收入库的各种物资(即在途物资)的采购成本。其借方登记企业购入的在途物资的实际成本;贷方登记验收入库的在途物资的实际成本,期末余额在借方,反映企业在途物资的采购成本。该账户应按供应单位和物资品种进行明细核算。该账户的结构如图 3-21 所示。

借方	在途物资	贷方
期初余额:期初在途物资的实际成本 本期增加额:购入在途物资的实际成本		本期减少额:验收入库在途物资的实际成本
期末余额:期末在途物资的实际成本		

图 3-21 "在途物资"账户的结构

3)"应交税费"账户

"应交税费"账户属于负债类账户,用来核算企业按照税法规定计算应交纳的各种税费。其贷方登记应交纳的各种税费;借方登记实际交纳的税费,期末余额一般在贷方,反映企业尚未交纳的税费;期末余额如在借方,反映企业多交或尚未抵扣的税额。该账户应当按照应交税费的税种进行明细核算。该账户的结构如图 3-22 所示。

借方	应交税费	贷方
期初余额:期初多交或尚未抵扣的税额 本期减少额:实际交纳的各种税费		期初余额:期初企业尚未交纳的税费 本期增加额:计算出的应交未交各种税费
期末余额:期末多交或尚未抵扣的税额		期末余额:期末企业尚未交纳的税费

图 3-22 "应交税费"账户的结构

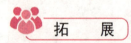
拓 展

我国税法规定应交的各种税费,包括增值税、消费税、城市维护建设税、资源税、环境保护税、企业所得税、土地增值税、房产税、车船税、土地使用税、教育费附加、矿产资源补偿费等。"应交增值税"账户是应交税费所属的明细账之一,用来核算和监督企业应交和实交增值税结算情况的账户,企业购买材料物资时交纳的增值税进项税额记入本账户的借方,企业销售产品时向购买单位代收的增值税销项税额记入本账户的贷方。期末如为贷方余额，表示应交而未交的增值税，如为借方余额，表示尚未抵扣的增值税。

4)"应付账款"账户

"应付账款"账户属于负债类账户，用来核算企业因购买材料、商品或接受劳务供应等经营活动应支付的款项。其贷方登记企业因购入材料、商品和接受劳务等尚未支付的款项；借方登记偿还的应付账款，期末余额一般在贷方，表示企业尚需向供货单位支付的货款。该账户按债权单位设置明细账户进行明细核算。该账户的结构如图3-23所示。

借方	应付账款	贷方
期初余额：期初向供货单位预付的货款		期初余额：期初企业尚需向供货单位支付的货款
本期减少额：本期偿还的应付账款		本期增加额：企业因购入材料、商品和接受劳务等尚未支付的款项
期末余额：期末向供货单位预付的货款		期末余额：期末企业尚需向供货单位支付的货款

图3-23 "应付账款"账户的结构

5)"预付账款"账户

"预付账款"账户属于资产类账户，用来核算企业按照合同规定预付的款项。借方登记企业向供货单位预付的货款；贷方登记企业收到所购物品应结转的预付货款，期末如为借方余额，反映企业向供货单位预付而尚未发出货物的预付货款；如为贷方余额，反映企业尚未补付的款项，此时账户的性质转变为"负债"。该账户应当按照供货单位进行明细核算，该账户的结构如图3-24所示。

借方	预付账款	贷方
期初余额：期初向供货单位预付的货款		期初余额：期初企业尚需向供货单位支付的货款
本期增加额：企业因购货等业务预付的款项		本期减少额：企业收到货物后应支付的款项
期末余额：期末向供货单位预付的货款		期末余额：期末企业尚需向供货单位支付的货款

图3-24 "预付账款"账户的结构

提示

如果企业预付款项的情况不多，可以不设置本账户，将预付的款项直接记入"应付账款"账户的借方，结算时记在"应付账款"账户的贷方。

会计职业判断

仔细观察"预付账款"账户和"应付账款"账户的结构，你会发现有什么共同点？

6)"应付票据"账户

"应付票据"账户属于负债类账户，用来核算企业购买材料、商品和接受劳务供应等而开出、承兑的商业汇票，包括商业承兑汇票和银行承兑汇票。企业应通过"应付票据"账户核算应付票据的发生、偿付等情况。该账户贷方登记开出、承兑汇票的面值及计提的利息；借方登记支付票据的金额，期末余额在贷方，表示尚未到期的商业汇票的票面金额。该账户可按债权单位进行明细核算。该账户的结构如图 3-25 所示。

借方	应付票据	贷方
本期减少额：本期支付票据的金额	期初余额：期初应付票据款 本期增加额：开出、承兑汇票的面值及计提的利息 期末余额：期末应付票据款	

图 3-25　"应付票据"账户的结构

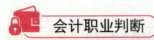

下列项目中，应通过"应付票据"账户核算的有（　　）。
　A. 银行汇票　　　B. 银行承兑汇票　　　C. 商业承兑汇票　　　D. 银行本票

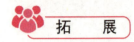

请了解材料已验收入库、款项已经支付的材料采购业务流程，如图 3-26 所示。

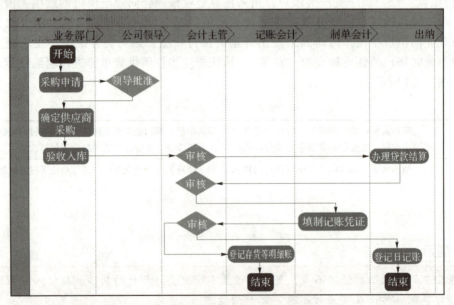

图 3-26　材料采购业务流程

3.3.4　生产过程业务核算

1. 生产过程业务核算的内容

产品生产过程是工业企业主要的生产经营活动。生产过程中，一方面，劳动者借助劳动加工制造出产品；另一方面，为了制造产品，必然要产生各种耗费，如为生产产品所消耗的材料费、生产工人的工资及福利费、厂房和机器设备等固定资产的折旧费，以及管理和组织生产、为生产服务而发生的各种费用。因此，生产费用的产生、归集和分配以及产品成本的计算就是生产过业务核算的主要内容。

2. 生产过程业务核算主要设置的账户

1)"生产成本"账户

"生产成本"账户属于成本类账户,用来核算企业进行工业性生产所发生的各项生产成本,包括生产各种产品(产成品、自制半成品等)、自制材料、自制工具、自制设备等。其借方登记应计入产品生产成本的各项费用(包括直接计入产品成本的直接材料和直接工资,以及分配计入产品生产成本的制造费用);贷方登记完工入库产品的生产成本,期末余额在借方,表示企业尚未加工完成的各项在产品的成本。该账户应当按照产品种类进行明细核算。该账户的结构如图3-27所示。

借方	生产成本	贷方
期初余额:期初在产品的生产成本 本期增加额:为生产产品发生的各项费用		本期减少额:结转、完工入库产品的生产成本
期末余额:期末在产品的生产成本		

图3-27 "生产成本"账户的结构

提示

生产成本是指企业为生产产品或提供劳务而发生的、计入产品成本的费用。产品生产成本的构成项目包括直接材料、直接人工和制造费用。

(1) 直接材料是指企业在生产产品和提供劳务过程中所消耗的,直接用于产品生产,构成产品实体的原料及主要材料、外购半成品及有助于产品形成的辅助材料等。

(2) 直接人工是指企业在生产产品和提供劳务过程中,直接参加生产产品的工人薪酬以及按生产工人工资总额和规定比例计提的职工福利费等。

(3) 制造费用是指应由产品生产成本负担的,不能直接计入各产品成本的各项费用。它主要是指企业各生产单位(分厂、生产车间)为组织和管理生产而发生的各项间接费用,包括生产单位发生的管理人员工资及福利费、折旧费、修理费、水电费、机物料消耗、劳动保护费以及其他费用。

对于各种间接费用,应采用一定的标准进行分配后再计入相关产品生产成本。

会计职业判断

下列分项中,不应该计入企业产品成本的是( )。

A. 销售产品过程中发生的运输费 B. 车间管理人员工资
C. 生产设备折旧费 D. 生产领用的原材料成本

2)"制造费用"账户

"制造费用"账户属于成本类账户,用来核算企业生产车间(部门)为生产产品和提供劳务而发生的各项间接费用。其借方登记生产车间发生的机物料消耗、管理人员的工资等职工薪酬,计提的固定资产折旧,支付的办公费、水电费等,发生季节性的停工损失等;贷方登记已分配计入有关成本核算对象的制造费用,本账户期末应无余额。该账户可按不同的生产车间、部门和费用项目进行明细分类核算。该账户的结构如图3-28所示。

视频:制造费用的核算一

视频:制造费用的核算二

借方	制造费用	贷方
本期增加额：归集生产车间发生的各项间接费用	本期减少额：期末分配转入"生产成本"账户的制造费用	

图 3-28 "制造费用"账户的结构

 会计职业判断

1. 企业发生的制造费用能否直接计入生产成本？
2. 下列各项中应该记入"制造费用"账户中核算的有（　　）。
   A. 生产车间固定资产折旧　　B. 生产车间固定资产修理费
   C. 生产工人职工薪酬　　　　D. 生产车间水电费

3) "应付职工薪酬"账户

"应付职工薪酬"账户属于负债类账户，用来核算企业应付职工薪酬的提取、结算、使用等情况。该账户的贷方反映已分配计入有关成本费用项目的职工薪酬；借方反映实际发放的职工薪酬，余额一般在贷方，表示应付未付的职工薪酬。本账户按照"工资""职工福利""社会保险费""住房公积金""工会经费""职工教育经费""非货币性福利"等应付职工薪酬项目进行明细核算。该账户的结构如图 3-29 所示。

借方	应付职工薪酬	贷方
本期减少额：实际发放职工薪酬的数额	期初余额：期初应付未付的职工薪酬 本期增加额：已分配计入有关成本费用项目的职工薪酬的数额	
	期末余额：期末应付未付的职工薪酬	

图 3-29 "应付职工薪酬"账户的结构

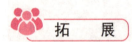 **拓　　展**

企业根据有关规定应付给职工的各种薪酬，包括职工工资、奖金、津贴和补贴，职工福利费，医疗、养老、失业、工伤、生育等社会保险费，住房公积金，工会经费，职工教育经费，非货币性福利等因职工提供服务而产生的支付义务，均属于职工薪酬。

4) "库存现金"账户

"库存现金"账户属于资产类账户，用来核算企业的库存现金。该账户的借方登记企业收到的现金；贷方登记企业支出的现金，期末余额在借方，表示企业持有的库存现金。该账户的结构如图 3-30 所示。

借方	库存现金	贷方
期初余额：期初库存现金实有数 本期增加额：库存现金增加	本期减少额：库存现金减少	
期末余额：期末库存现金实有数		

图 3-30 "库存现金"账户的结构

5)"累计折旧"账户

"累计折旧"账户属于资产类账户,是"固定资产"账户的备抵调整账户,用于核算企业固定资产的累计折旧。该账户贷方登记计提的固定资产折旧;借方登记由于出售、报废、毁损及盘亏固定资产等原因而减少的已计提折旧,期末余额在贷方,表示累计提取的固定资产折旧额。该账户应当按照固定资产的类别或项目进行明细核算。该账户的结构如图 3-31 所示。

微课:固定资产折旧范围

微课:固定资产计提折旧

借方	累计折旧	贷方
本期减少额:固定资产折旧的减少或注销	期初余额:期初累计计提的固定资产折旧 本期增加额:本期计提的固定资产折旧 期末余额:期末累计计提的固定资产折旧	

图 3-31 "累计折旧"账户的结构

6)"库存商品"账户

"库存商品"账户属于资产类账户,用来核算企业库存的各种商品的成本,借方登记验收入库商品的实际成本;贷方登记发出库存商品的实际成本,期末余额在借方,反映各种库存商品的实际成本。该账户应当按照库存商品的种类进行明细分类核算。该账户的结构如图 3-32 所示。

借方	库存商品	贷方
期初余额:期初库存商品的成本 本期增加额:验收入库商品的成本 期末余额:期末库存商品的成本	本期减少额:发出商品的成本	

图 3-32 "库存商品"账户的结构

7)"管理费用"账户

"管理费用"账户属于损益类账户,用来核算企业为组织和管理企业生产经营所发生的管理费用。借方登记企业发生的各项管理费用;贷方登记月末转入"本年利润"科目的管理费用,月末一般应无余额。该账户应当按照费用项目进行明细核算。该账户的结构如图 3-33 所示。

借方	管理费用	贷方
本期增加额:发生的各项管理费用	本期减少额:期末转入"本年利润"的管理费用	

图 3-33 "管理费用"账户的结构

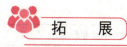
拓 展

企业行政管理部门在经营管理中发生的公司经费(包括行政管理部门职工工资、修理费、物料消耗、低值易耗品摊销、办公费和差旅费等)、工会经费、董事会会费、待业保险费、劳动保险费、聘请中介机构费、咨询费、诉讼费、业务招待费、房产税、车辆使用税、土地使用税、印花税、技术转让费、矿产资源补偿费、研究费用、排污费、筹建期间内发生的开办费,包括人员薪酬、培训费、印刷费、注册登记费以及不计入固定资产成本的借款费用等,均属于管理费用核算范围。

3.3.5 销售过程业务核算

1. 销售过程业务核算的内容

制造业企业的销售过程,就是将已验收入库的合格产品,按照销售合同规定的条件送交订货单位或组织发运,并按照销售价格和结算制度的规定办理结算手续,及时收取价款,取得销售商品收入的过程。

在销售过程中,企业通过产品销售所收回的销售货款,形成产品销售收入,即主营业务收入,企业取得的产品销售收入是以付出产品为代价的,已销售产品的生产成本是产品销售成本,即主营业务成本。在销售过程中,企业为了销售产品,还会发生各种费用支出,如包装费、运输费、装卸费、广告费、展览费以及为销售本企业的产品而专设的销售机构的职工工资、业务费等经常性费用。这些为销售产品而发生的产品销售费用,属于企业的销售费用。同时,企业在销售过程中,还应按照国家的有关税法规定,计算并缴纳税金及附加。因此,销售过程核算的主要内容是核算主营业务收入、主营业务成本和销售费用,核算和监督销售货款的结算情况;准确计算企业销售活动应负担的税金及附加。

2. 销售过程业务核算主要设置的账户

销售过程业务核算主要设置的账户有"主营业务收入""主营业务成本""税金及附加""销售费用""预收账款""应收账款""应收票据""其他业务收入""其他业务成本"。

1)"主营业务收入"账户

"主营业务收入"账户属于损益类账户,用来核算企业日常活动中销售商品、提供劳务等主营业务的收入。贷方登记企业销售商品等取得的收入,借方登记企业发生的销售退回或销售折让等减少的收入以及期末余额结转至"本年利润"账户的金额,期末一般无余额。该账户可按主营业务的种类进行明细核算。"主营业务收入"账户的结构如图 3-34 所示。

借方	主营业务收入	贷方
本期减少额:销售退回或销售折让等减少的收入以及期末余额结转至"本年利润"账户的金额		本期增加额:企业销售商品等取得的收入

图 3-34 "主营业务收入"账户的结构

2)"主营业务成本"账户

"主营业务成本"账户属于损益类账户,用来核算企业因销售商品、提供劳务或让渡资产使用权等日常活动而发生的实际成本。借方登记主营业务发生时的实际成本,贷方登记期末将本账户的余额转入"本年利润"账户的金额。结转后该账户无余额。该账户可按主营业务的种类设置明细账,进行明细核算。"主营业务成本"账户的结构如图 3-35 所示。

借方	主营业务成本	贷方
本期增加额:主营业务发生时的实际成本		本期减少额:期末转入"本年利润"账户的主营业务成本

图 3-35 "主营业务成本"账户的结构

3)"税金及附加"账户

"税金及附加"账户属于损益类账户,用来核算企业经营活动过程中所发生的消费税、城市维护建设税、资源税、教育费附加、房产税、城镇土地使用税、车船税、印花税等相关税费。借方登记企业按规定计算确定的与经营活动相关的税费,贷方登记期末结转至"本年利润"账户的税金及附加的金额,结转后该账户无余额。"税金及附加"账户的结构如图 3-36 所示。

借方	税金及附加	贷方
本期增加额：企业按规定计算确定的与经营活动相关的税费		本期减少额：期末结转至"本年利润"账户的税金及附加的金额

图 3-36　"税金及附加"账户的结构

4)"销售费用"账户

"销售费用"账户属于损益类账户，用来核算企业在销售商品过程中发生的包装费、保险费、展览费、广告费、运输费、装卸费等费用以及为销售本企业商品而专设的销售机构的职工薪酬、业务费等经营费用，借方登记企业发生的各项销售费用，贷方登记期末转入"本年利润"账户的销售费用，月末一般应无余额。该账户可按照费用项目进行明细核算。"销售费用"账户的结构如图 3-37 所示。

借方	销售费用	贷方
本期增加额：发生的各项销售费用		本期减少额：期末结转至"本年利润"账户的销售费用的金额

图 3-37　"销售费用"账户的结构

5)"预收账款"账户

"预收账款"账户属于负债类账户，用来核算企业按照合同规定预收的款项。预收账款情况不多的，也可以不设置该账户，将预收的款项直接记入"应收账款"账户。贷方登记收到的预收账款数额及购货单位补付货款的数额，借方登记企业向购货方发货后冲销的预收账款以及退回购货方多付货款的数额，期末余额一般在贷方，表示已预收货款但尚未向购货方发货的金额。如果期末余额在借方，表示企业尚未转销的款项。该账户可按购货单位进行明细核算。"预收账款"账户的结构如图 3-38 所示。

借方	预收账款	贷方
期初余额：期初需客户补付的款项 本期增加额：冲销预收客户的款项		期初余额：期初预收账款的结余 本期增加额：预收客户的款项
期末余额：期末需客户补付的款项		期末余额：期末预收账款的结余

图 3-38　"预收账款"账户的结构

6)"应收账款"账户

"应收账款"账户属于资产类账户，用来核算企业因销售商品、提供劳务等经营活动，应向购货单位或接受劳务单位收取的款项，借方登记应收账款的增加数，贷方登记应收账款的收回及确认的坏账损失，期末余额一般在借方，表示尚未收回的应收账款数；如果期末余额在贷方，则反映企业预收的款项。"应收账款"账户的结构如图 3-39 所示。

借方	应收账款	贷方
期初余额：期初尚未收回的应收账款 本期增加额：企业发生的应收账款		期初余额：期初多收客户的款项 本期增加额：企业收回的应收账款
期末余额：期末尚未收回的应收账款		期末余额：期末多收客户的款项

图 3-39　"应收账款"账户的结构

7)"应收票据"账户

"应收票据"账户属于资产类账户,用来核算企业因销售商品、提供劳务等而收到的商业汇票,包括商业承兑汇票和银行承兑汇票。借方登记应收票据的增加,贷方登记收回的应收票据,期末余额在借方,反映持有的商业汇票金额。该账户可按照开出、承兑商业汇票的单位进行明细核算。"应收票据"账户的结构如图3-40所示。

借方	应收票据	贷方
期初余额:期初持有的尚未兑现的商业汇票		
本期增加额:企业收到的商业汇票	本期减少额:到期兑付或贴现、转让等减少的商业汇票	
期末余额:期末持有的尚未兑现的商业汇票		

图3-40 "应收票据"账户的结构

8)"其他业务收入"账户

"其他业务收入"账户属于损益类账户,用来核算企业确认的除主营业务活动以外的其他经营活动实现的收入,主要包括对外销售材料、出租固定资产、出租包装物、转让无形资产使用权等实现的收入。贷方登记企业确认的其他业务收入,借方登记月末转入"本年利润"账户的其他业务收入,期末无余额。该账户可按其他业务收入种类进行明细核算。"其他业务收入"账户的结构如图3-41所示。

借方	其他业务收入	贷方
本期减少额:期末转入"本年利润"账户的其他业务收入	本期增加额:企业取得的各项其他业务收入	

图3-41 "其他业务收入"账户的结构

9)"其他业务成本"账户

"其他业务成本"账户属于损益类账户,用来核算企业确认的除主营业务活动以外的其他经营活动所发生的支出,包括销售材料的成本、出租固定资产的折旧额、出租无形资产的摊销额、出租包装物的成本或摊销额等。借方登记企业发生的其他业务成本,贷方登记期末将该账户的余额转入"本年利润"账户的金额。结转后该账户无余额。该账户可按其他业务成本的种类进行明细核算。"其他业务成本"账户的结构如图3-42所示。

借方	其他业务成本	贷方
本期增加额:发生的其他业务成本	本期减少额:期末转入"本年利润"账户的其他业务成本	

图3-42 "其他业务成本"账户的结构

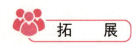

拓 展

请了解一般销售业务流程,如图3-43所示。

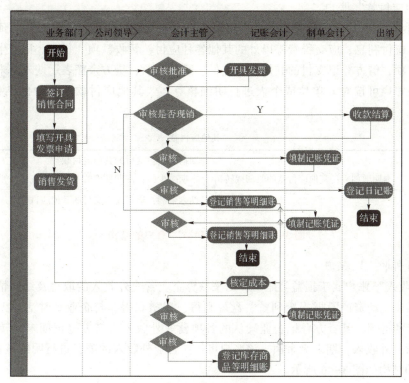

图 3-43 一般销售业务流程

3.3.6 其他经济业务核算

1. 其他经济业务核算的内容

在企业经济业务的核算中,除了上述资金筹集业务、供应过程业务、生产过程业务、销售过程业务等主要经济活动需要会计人员进行账务处理外,还有其他经济业务的核算工作,如个人因公、因私借款,个人还款,报销差旅费,收取押金,归还押金,计算利息,还本付息,发放工资以及代扣款,代职工交纳个人所得税、住房公积金和保险费,交纳罚款,收取罚款,捐赠,摊销无形资产,处理陈旧设备等业务,都需要进行账务处理。

2. 其他经济业务核算主要设置的账户

1)"其他应收款"账户

"其他应收款"账户属于资产类账户,用来核算企业除应收票据、应收账款、预付账款、应收股利、应收利息、长期应收款等以外的其他各种应收、暂付款项。借方登记发生的各种其他应收、暂付款项,贷方登记其他应收款的收回或转销,期末余额在借方,表示期末尚未收回的其他应收款项。该账户可按债务人(单位或个人)进行明细核算,"其他应收款"账户的结构如图 3-44 所示。

借方	其他应收款	贷方
期初余额:尚未收回的其他应收款项		
本期增加额:本期发生的各种其他应收、暂付款项	本期减少额:其他应收款的收回或转销	
期末余额:期末尚未收回的其他应收款项		

图 3-44 "其他应收款"账户的结构

2)"其他应付款"账户

"其他应付款"账户属于负债类账户,用来核算企业除应付票据、应付账款、预收账款、应付职工薪酬、应付利息、应交税费等以外的其他各种应付、暂收款项。贷方登记发生的各种其他应付、暂收款项,借方登记支付的其他各种应付、暂收款项,贷方余额表示期末尚未支付的其他应付款项。该账户可按对方单位或个人进行明细核算,"其他应付款"账户的结构如图3-45所示。

借方	其他应付款	贷方
	期初余额:支付的其他应付款数	
本期增加额:其他应付款的收回或转销	本期减少额:本期发生的各种其他应付、暂收款项	
	期末余额:期末尚未支付的其他应付款数	

图 3-45 "其他应付款"账户的结构

3)"营业外收入"账户

"营业外收入"账户属于损益类账户,用来核算企业营业外收入的取得及结转情况。营业外收入主要包括非流动资产毁损报废利益、盘盈利得、捐赠利得、与企业日常活动无关的政府补助、债务重组利得等。其贷方登记企业确认的各项营业外收入,借方登记期末结转到"本年利润"账户的营业外收入,期末无余额。该账户可按照营业外收入的项目进行明细核算。"营业外收入"账户的结构如图3-46所示。

借方	营业外收入	贷方
本期减少额:期末转入"本年利润"账户的金额		本期增加额:本期发生的各种营业外收入

图 3-46 "营业外收入"账户的结构

4)"营业外支出"账户

"营业外支出"账户属于损益类账户,用来核算企业营业外支出的发生及结转情况。营业外支出主要包括非流动资产毁损报废损失、盘亏损失、捐赠支出、非常损失、罚款支出、债务重组损失等。其借方登记企业发生的各项营业外支出,贷方登记期末结转入"本年利润"账户的营业外支出,期末无余额。该账户可按照营业外支出的项目进行明细核算。"营业外支出"账户的结构如图3-47所示。

借方	营业外支出	贷方
本期增加额:本期发生的各种营业外支出		本期减少额:期末转入"本年利润"账户的金额

图 3-47 "营业外支出"账户的结构

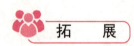 拓　展

请了解费用报销业务流程,如图3-48所示。

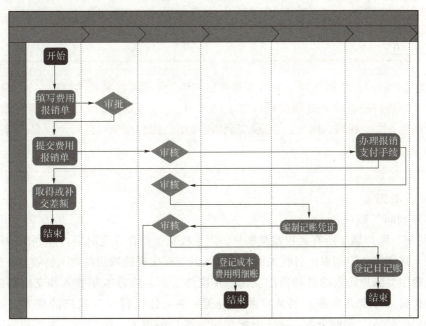

图 3-48　费用报销业务流程

3.3.7　财务成果形成与分配业务核算

财务成果是指企业一定会计期间经营活动的最终财务经营结果，是企业在一定会计期间所实现的各种收入（收益）与相关费用（支出等）的差额。如果收入大于费用，其差额为企业的利润。如果收入小于费用，其差额为企业的亏损。根据《企业会计准则》的规定，利润包括营业利润、利润总额和净利润。

营业利润＝营业收入－营业成本－税金及附加－销售费用－管理费用－研发费用－财务费用－信用减值损失－资产减值损失＋公允价值变动收益＋投资收益＋净敞口套期收益＋其他收益＋资产处置收益

其中：　　　　　　营业收入＝主营业务收入＋其他业务收入
　　　　　　　　　营业成本＝主营业务成本＋其他业务成本
　　　　　利润总额＝营业利润＋营业外收入－营业外支出
　　　　　　　　净利润＝利润总额－所得税费用

> **会计职业判断**
>
> 某公司损益类账户的余额如下：主营业务收入（贷方）1 000 000 元，其他业务收入（贷方）8 000 元，营业外收入（贷方）90 000 元，主营业务成本（借方）600 000 元，其他业务成本（借方）60 000 元，税金及附加（借方）30 000 元，营业外支出（借方）70 000 元，管理费用（借方）40 000 元，销售费用（借方）30 000 元，财务费用（借方）20 000 元，所得税费用（借方）80 000 元，则该企业本月营业利润为（　　　　）元。
>
> A. 300 000　　　　B. 280 000　　　　C. 200 000　　　　D. 320 000

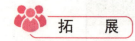 拓　展

《中华人民共和国企业所得税法》第 4 条规定："企业所得税税率为 25%，所得税费用的核算产生于会计处理与税收处理对所得税认定上的差异。"本教材一般假设企业无税前扣除项目，即应纳税所得额＝税前利润，因此，当期"所得税费用"账户金额＝当期"应交税费——应交所得税"账户金额。

1. 财务成果形成

1)"本年利润"账户

"本年利润"账户属于所有者权益类账户，用来核算企业在一定时期内净利润的形成或亏损的发生情况。其贷方登记期末由各收入类账户转入的当期实现或取得的收入、收益；借方登记期末由各成本费用类账户转入的各种费用支出，年度终了后，应将本年收入和支出相抵后结出本年实现的净利润（即贷方余额）转入"利润分配——未分配利润"账户的贷方，如为净亏损（即借方余额），转入"利润分配——未分配利润"账户的借方，结转后，本账户应无余额。该账户的结构如图 3-49 所示。

借方	本年利润	贷方
期初余额：前期累计发生的净亏损	期初余额：前期累计实现的净利润	
本期减少额：从有关费用类账户转入的成本、费用	本期增加额：从有关收入类账户转入的各项收入、收益	
期初余额：累计发生的净亏损	期初余额：累计实现的净利润	

图 3-49　"营业外支出"账户的结构

2)"所得税费用"账户

"所得税费用"账户属于损益类账户，用来核算企业确认的应从当期利润总额中扣除的所得税费用。其借方登记企业按税法规定计算的应纳税所得额；贷方登记期末应转入"本年利润"账户的所得税费用，期末结转后应无余额。该账户的结构如图 3-50 所示。

借方	所得税费用	贷方
本期增加额：从有关费用类账户转入的成本、费用	本期减少额：期末转入"本年利润"账户的所得税费用	

图 3-50　"所得税费用"账户的结构

2. 财务成果分配

利润分配是企业根据国家有关法律、法规以及企业章程的规定，对实现的可供分配的利润在企业和投资者之间进行分配。企业本年实现的净利润加上年初未分配利润和其他转入后的余额，为可供分配的利润。企业的利润按照下列顺序分配：

（1）提取法定盈余公积。法定盈余公积按照全年税后净利润的 10% 提取。法定盈余公积已达注册资本的 50% 时可不再提取。提取的法定盈余公积用于弥补以前年度亏损或转增资本金。但转增资本金后留存的法定盈余公积不得低于注册资本的 25%。

（2）提取任意盈余公积。按照公司章程或股东大会决议可以提取任意盈余公积，其提取比例每年由股东会或股东大会决议确定，用途与法定盈余公积相同。

（3）向投资者分配利润。可供分配的利润减去提取的法定盈余公积，为可供向投资者分配的利润。有限责任公司按固定的出资比例向股东分配利润，股份有限公司按股东持有的股份比例向股东分配股利。

可供分配利润经上述分配后，为未分配利润，未分配利润可留待以后年度进行分配。

提示

按照税法的规定，如果企业当年发生亏损，可用以后年度的利润弥补，但税前连续弥补亏损不得超过5年。

为了反映和监督企业利润的分配情况，应设置"利润分配""盈余公积""应付股利"等账户。

1）"利润分配"账户

"利润分配"账户属于所有者权益类账户，用来核算企业利润分配（或亏损弥补）以及历年结存的未分配利润额。借方登记企业实际分配的利润额或从"本年利润"账户转入的全年亏损额；贷方登记从"本年利润"账户转入的全年实现的净利润额或已弥补的亏损额，期末结转后，若为贷方余额，表示历年累计未分配的利润；若为借方余额，表示累计未弥补的亏损。为了提供企业利润分配的详细情况，应设置"提取法定盈余公积""应付普通股股利""未分配利润"等明细账户，进行明细分类核算。该账户的结构如图3-51所示。

借方	利润分配		贷方
	期初余额：期初累计未弥补亏损	期初余额：期初累计未分配利润	
	本期减少额：转入的本年亏损	本期减少额：转入的本年利润	
	期末余额：期末累计未弥补亏损	期末余额：期末累计未分配利润	

图3-51 "利润分配"账户的结构

2）"盈余公积"账户

"盈余公积"账户属于所有者权益类账户，用来核算企业从净利润中提取的盈余公积和公益金及其使用情况。其贷方登记盈余公积和公益金提取数；借方登记盈余公积转增资本以及弥补亏损数，期末余额在贷方，表示盈余公积的实际结存数。该账户的结构如图3-52所示。

借方	盈余公积		贷方
		期初余额：期初盈余公积的实际结存数	
本期减少额：盈余公积转增资本以及弥补亏损数		本期减少额：盈余公积和公益金提取数	
		期末余额：期末盈余公积的实际结存数	

图3-52 "盈余公积"账户的结构

3）"应付股利"账户

"应付股利"账户属于负债类账户，用来核算企业根据股东大会或类似机构决议应分配的现金股利或利润。贷方登记企业应支付的现金股利或利润数，借方登记实际支付的现金股利或利润数，期末余额在贷方，反映企业尚未支付的现金股利或利润数。该账户的结构如图3-53所示。

借方	应付股利	贷方
本期减少额：实际支付的现金股利或利润数	期初余额：期初尚未支付的现金股利或利润数 本期减少额：企业应付的现金股利或利润数 期末余额：期末尚未支付的现金股利或利润数	

图 3-53 "应付股利"账户的结构

提示

实务当中，当年企业经营实现的净利润当年并不能进行分配，而是要到次年 3—4 月份左右召开股东会或股东大会作出分配决议后才可分配。因此，本案例中的利润分配实际上是 2020 年利润的分配业务核算，与前边经济业务无关。

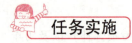

1. 完成筹集资金业务核算

为使教材使用者更加直观具体地掌握产品制造企业会计核算的内容与方法，本教材以北京中润服饰有限公司 2021 年 3 月份的业务为例，说明企业主要经济业务的核算。（为了便于初学者理解和掌握，所有案例均按照经营过程顺序而非时间顺序排列）

【做中学 3-8】3 月 2 日，收到淮安新宝塑胶有限责任公司投入的货币资金 2 000 000 元存入银行，相关手续已办妥。

图片：做中学 3-8 股东会决议　　图片：做中学 3-8 客户专用回单　　视频：所有者权益筹资业务账务处理 1　　视频：所有者权益筹资业务账务处理 2

分析：

第一步：析账户。该交易或者事项发生后，一方面，使投资者投入的资本项目增加，涉及"实收资本"账户；另一方面，公司收到投资使得银行存款增加，涉及"银行存款"账户。

第二步：定方向。"实收资本"属于所有者权益类账户，增加记贷方，"银行存款"属于资产类账户，增加记借方。

第三步：确金额。投资者投入的资本为 2 000 000 元，故"实收资本"账户金额为 2 000 000 元，银行实际收到款项 2 000 000 元，故"银行存款"账户金额为 2 000 000 元。

第四步：列分录。中润公司在进行会计处理时，应作会计分录如下：

借：银行存款　　　　　　　　　　　　　　　　　　　　　　　　2 000 000
　　贷：实收资本——淮安新宝塑胶有限责任公司　　　　　　　　　　　2 000 000

第五步：查正误。对会计分录进行检查。检查账户运用是否准确，检查借贷方金额是否相等。

【做中学 3-9】3 月 2 日，收到福州织机机械制造有限责任公司投入的不需要安装的生产设备一台，合同约定生产设备的价值为 200 000 元，与公允价值相符，增值税进项税额为 26 000 元。

图片：做中学 3-9
股东会决议

图片：做中学 3-9
新增固定资产登记表

图片：做中学 3-9
增值税专用发票

分析：

第一步：析账户。该交易或者事项发生后，一方面，使投资者投入的资本项目增加，涉及"实收资本"账户；另一方面，增值税专用发票的取得使得公司可抵扣的进项税额增加，应交税费减少，涉及"应交税费——应交增值税（进项税额）"账户，另外，公司收到不需要安装的生产设备使得固定资产增加，涉及"固定资产"账户。

第二步：定方向。"实收资本"属于所有者权益类账户，增加记贷方，"应交税费"属于负债类账户，减少记借方，"固定资产"属于资产类账户，增加记借方。

第三步：确金额。投资者投入的资本为 226 000 元，故"实收资本"账户金额为 226 000 元，增值税专用发票上注明的可抵扣进项税额为 26 000 元，故"应交税费——应交增值税（进项税额）"金额为 26 000 元，收到的生产设备价值 200 000 元，故"固定资产"账户金额为 200 000 元。

第四步：列分录。中润公司在进行会计处理时，应作会计分录如下：

借：固定资产　　　　　　　　　　　　　　　　　　　　　200 000
　　应交税费——应交增值税（进项税额）　　　　　　　　 26 000
　　贷：实收资本——福州织机机械制造有限责任公司　　　　 226 000

第五步：查正误。对会计分录进行检查。检查账户运用是否准确，检查借贷方金额是否相等。

提示

企业接受投资者作价投入的房屋、建筑物、机器设备等固定资产，应按投资合同或协议约定价值确定固定资产价值（但投资合同或协议约定价值不公允的除外）和在注册资本中应享有的份额。

会计职业判断

请运用会计分录编制五步法完成以下业务的会计核算：收到南投公司作为投资投入本公司的货币资金 3 000 000 元，其中 200 000 元作为资本公积，公司收到投资后存入银行，相关手续已办妥。

会计职业判断

对于企业收到的投资方投入的实物资产，如果确认的资产价值超过其在注册资本中所占的份额，差额应作为资本溢价，计入资本公积，这句话表述是否正确？

【做中学 3-10】3 月 1 日，北京中润服饰有限公司向银行借入一笔生产经营用短期借款，共计 30 000 元，期限为 6 个月。

分析：

第一步：析账户。该交易或者事项发生后，一方面，使企业的银行存款增加，涉及"银行存款"账户；另一方面，由于借款业务的发生使得公司短期债务增加，涉及"短期借款"账户。

图片：做中学3-10 银行借款借据　　视频：负债筹资业务账务处理

第二步：定方向。"银行存款"属于资产类账户，增加记借方，"短期借款"属于负债类账户，增加记贷方。

第三步：确金额。银行实际收到款项30 000元，故"银行存款"账户金额为30 000元，向银行借入一笔金额为30 000元的债务，故"短期借款"金额为30 000元。

第四步：列分录。中润公司在进行会计处理时，应作会计分录如下：

借：银行存款　　　　　　　　　　　　　　　　　　　　30 000
　　贷：短期借款　　　　　　　　　　　　　　　　　　　　30 000

第五步：查正误。对会计分录进行检查。检查账户运用是否准确，检查借贷方金额是否相等。

【做中学3-11】承【做中学3-10】，该公司按月计提利息，取得借款的年利率为6%。

分析：

　　　　　　　　每月应付利息＝30 000×6%÷12＝150（元）

第一步：析账户。该交易或者事项发生后，一方面，使企业当月的利息费用增加，涉及"财务费用"账户；另一方面，使得公司当月应付未付的利息债务增加，涉及"应付利息"账户。

图片：做中学3-11 银行借款计算单

第二步：定方向。"财务费用"属于费用类账户，增加记借方，"应付利息"属于负债类账户，增加记贷方。

第三步：确金额。本月所发生的利息费用为150元，故"财务费用"账户金额为150元，应付给银行而尚未支付的利息费用为150元，故"应付利息"金额为150元。

第四步：列分录。中润公司在进行会计处理时，应作会计分录如下：

借：财务费用　　　　　　　　　　　　　　　　　　　　　150
　　贷：应付利息　　　　　　　　　　　　　　　　　　　　　150

第五步：查正误。对会计分录进行检查。检查账户运用是否准确，检查借贷方金额是否相等。

提示

在实际工作中，银行一般于每季度末收取短期借款利息，为此，企业的短期借款利息一般采用月末预提的方式进行核算。

【做中学3-12】承【做中学3-10】和【做中学3-11】，实际支付本月利息。

分析：

第一步：析账户。该交易或者事项发生后，一方面，使企业当月应付未付的利息减少，涉及"应付利息"账户；另一方面，由于支付利息费用使得企业的银行存款减少，涉及"银行存款"账户。

图片：做中学3-12 增值税普通发票　　图片：做中学3-12 贷款还息凭证

第二步：定方向。"应付利息"属于负债类账户，减少记借方，"银行存款"属于资产类账户，减少记贷方。

第三步：确金额。本月应付未付的利息费用减少 150 元，故"应付利息"账户金额为 150 元，由于支付利息使得银行存款减少 150 元，故"银行存款"金额为 150 元。

第四步：列分录。中润公司在进行会计处理时，应作会计分录如下：

借：应付利息　　　　　　　　　　　　　　　　　　　　　　　　150
　　贷：银行存款　　　　　　　　　　　　　　　　　　　　　　　　　150

第五步：查正误。对会计分录进行检查。检查账户运用是否准确，检查借贷方金额是否相等。

 会计职业判断

请完成【做中学 3-10】中的北京中润服饰有限公司 4 月份、5 月份、6 月份的利息核算。

【做中学 3-13】3 月 2 日，中润公司因进行基建工程需要，向银行取得为期 3 年的借款 220 000 元，年利率为 6.9%，所借款项已存入银行。

分析：

第一步：析账户。该交易或者事项发生后，一方面，使企业的银行存款增加，涉及"银行存款"账户；另一方面，由于借款业务的发生使得公司 3 年期的长期债务增加，涉及"长期借款"账户。

图片：做中学 3-13
长期借款借据

第二步：定方向。"银行存款"属于资产类账户，增加记借方，"长期借款"属于负债类账户，增加记贷方。

第三步：确金额。银行实际收到款项 220 000 元，故"银行存款"账户金额为 220 000 元，向银行借入一笔金额为 220 000 元的债务，故"长期借款"金额为 220 000 元。

第四步：列分录。中润公司在进行会计处理时，应作会计分录如下：

借：银行存款　　　　　　　　　　　　　　　　　　　　　　220 000
　　贷：长期借款　　　　　　　　　　　　　　　　　　　　　　　220 000

第五步：查正误。对会计分录进行检查。检查账户运用是否准确，检查借贷方金额是否相等。

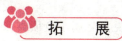 拓　展

关于长期借款业务，包括借入、计息、付息和还本四个环节。企业借入长期借款，应按实际收到的金额借记"银行存款"账户，按借款本金贷记"长期借款——本金"账户。长期借款本息的处理通过到期偿还本息（计提利息通过"长期借款——应计利息"账户核算）、到期还本按年付息和按年支付本息（计提利息通过"应付利息"账户核算）三种支付方式。

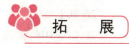 拓　展

资产负债表日，应按确定的长期借款的利息费用，根据借款用途作不同处理。借记"在建工程"（用于购建固定资产方面，在固定资产尚未达到预定可使用状态前发生的应当计入固定资产成本的利息费用）、"管理费用"（用于企业筹建期间发生的利息费用）、"研发支出"（用于无

形资产研发方面应当计入无形资产成本的利息费用)、"制造费用"(用于产品生产符合条件计入产品成本的利息费用)、"财务费用"(用于企业生产经营需要以及固定资产和无形资产达到预定可使用状态后发生的利息费用)等账户,按确定的应付未付利息,如属于分期付息的,贷记"应付利息"账户(如属于到期一次还本付息的,贷记"长期借款——应计利息"账户),按其差额,贷记"长期借款——利息调整"等账户。

2. 完成投资活动业务核算

【做中学3-14】中润公司2021年3月11日购入一台需要安装的生产设备,增值税专用发票上注明的价款为200 000元,增值税为26 000元;另支付运输费并取得增值税专用发票,注明运输费为1 200元,增值税为108元,全部款项通过银行转账支付。

图片:做中学3-14
带安装设备入库单

图片:做中学3-14
生产设备支票

图片:做中学3-14
生产设备专用发票

图片:做中学3-14
运输费发票

图片:做中学3-14
运输费支票

图片:做中学3-14
待安装设备出库单

分析:

第一步:析账户。该交易或者事项发生后,一方面,使得企业在建工程项目增加,涉及"在建工程"账户;另一方面,增值税专用发票的取得使得公司可抵扣的进项税额增加,应交税费减少,涉及"应交税费——应交增值税(进项税额)"账户,另外,因为支付款项使得企业银行存款减少,涉及"银行存款"账户。

第二步:定方向。"在建工程"属于资产类账户,增加记借方,"应交税费"属于负债类账户,减少记借方,"银行存款"属于资产类账户,减少记贷方。

第三步:确金额。取得的在建工程的成本为200 000元,故"在建工程"账户金额为200 000元,因购进固定资产发生可抵扣进项税额26 000元和运输费可抵扣进项税额108元,故"应交税费——应交增值税(进项税额)"为26 108元,因支付款项使得银行存款减少226 108元,故"银行存款"账户金额为226 108元。

第四步:列分录。中润公司在进行会计处理时,应作会计分录如下:

借:在建工程　　　　　　　　　　　　　　　　　　　　　　　　　200 000
　　应交税费——应交增值税(进项税额)　　　　　　　　　　　　26 108
　　贷:银行存款　　　　　　　　　　　　　　　　　　　　　　　　226 108

第五步:查正误。对会计分录进行检查。检查账户运用是否准确,检查借贷方金额是否相等。

【做中学3-15】中润公司2021年3月7日购入10台不需要安装的电子设备,增值税专用发票上注明的价款为49 000元,增值税为6 370元,全部款项通过网银支付。

图片：做中学 3-15
固定资产登记表

图片：做中学 3-15
客户专用回单

图片：做中学 3-15
增值税专用发票

分析：

第一步：析账户。该交易或者事项发生后，一方面，使得企业电子设备项目增加，涉及"固定资产"账户；另一方面，增值税专用发票的取得使得公司可抵扣进项税额增加，应交税费减少，涉及"应交税费——应交增值税（进项税额）"账户，另外，因为支付款项使得企业银行存款减少，涉及"银行存款"账户。

第二步：定方向。"固定资产"属于资产类账户，增加记借方，"应交税费"属于负债类账户，减少记借方，"银行存款"属于资产类账户，减少记贷方。

第三步：确金额。取得电子设备的成本为 49 000 元，故"固定资产"账户金额为 49 000 元，因购进固定资产发生可抵扣进项税额 6 370 元，故"应交税费——应交增值税（进项税额）"为 6 370 元，因支付款项使得银行存款减少 55 370 元，故"银行存款"账户金额为 55 370 元。

第四步：列分录。中润公司在进行会计处理时，应作会计分录如下：

借：固定资产　　　　　　　　　　　　　　　　　　　　　　　　49 000
　　应交税费——应交增值税（进项税额）　　　　　　　　　　　　6 370
　　贷：银行存款　　　　　　　　　　　　　　　　　　　　　　　　55 370

第五步：查正误。对会计分录进行检查。检查账户运用是否准确，检查借贷方金额是否相等。

会计职业判断

请思考【做中学 3-14】中生产设备达到预定可使用状态时应如何进行会计核算。

3. 完成供应过程业务核算

【做中学 3-16】中润公司 2021 年 3 月 4 日从常州黄河服饰有限责任公司购入拉链 1 300 条，每条 2 元，买价 2 600 元，支付增值税 338 元，购入蕾丝花边 700 米，单价 38 元，买价 26 600 元，支付增值税 3 458 元，上述材料的货款、税款均已通过网银转账支付，材料尚未到达。

图片：做中学 3-16
客户专用回单

图片：做中学 3-16
增值税专用发票

视频：采购原
材料业务

分析：

第一步：析账户。该交易或者事项发生后，一方面，因无收料单等凭证，材料未验收入库尚在运输途中，涉及"在途物资"账户，增值税专用发票的取得使得公司可抵进项税额增加，应交税费减少，涉及"应交税费——应交增值税（进项税额）"账户；另一方面，因为支付货款使得银行存款减少，涉及"银行存款"账户。

第二步：定方向。"在途物资"属于资产类账户，增加记借方，"应交税费"属于负债类账户，减少记借方，"银行存款"属于资产类账户，减少记贷方。

第三步：确金额。在途拉链的采购成本为其向供货单位支付的买价2 600元，在途蕾丝花边的采购成本为其向供货单位支付的买价26 600元，故"在途物资——拉链"账户金额为2 600元，"在途物资——蕾丝花边"账户金额为26 600元，增值税专用发票上注明的可抵扣进项税额为338+3 458＝3 796（元），故"应交税费——应交增值税（进项税额）"金额为3 796元，银行实际支付款项32 996元，故"银行存款"账户金额为32 996元。

第四步：列分录。中润公司在进行会计处理时，应作会计分录如下：

借：在途物资——拉链　　　　　　　　　　　　　　　　　2 600
　　在途物资——蕾丝花边　　　　　　　　　　　　　　　26 600
　　应交税费——应交增值税（进项税额）　　　　　　　　3 796
　　贷：银行存款　　　　　　　　　　　　　　　　　　　　　32 996

第五步：查正误。对会计分录进行检查。检查账户运用是否准确，检查借贷方金额是否相等。

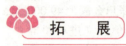

拓　展

增值税专用发票通常为三联：第一联是记账联，作为销售方确认收入的记账联；第二联为抵扣联，作为抵扣增值税的依据，平时单独保管，不得作为原始凭证附在记账凭证后面；第三联是发票联，是一般纳税人采购材料、支付水费、电费等业务的书面证明，其作为购买方的记账专用联，作为原始凭证附在记账凭证后面。

拓　展

《增值税专用发票使用规定》第11条规定："发票联和抵扣联加盖财务专用章或者发票专用章"。

【做中学3-17】中润公司2021年3月5日从广州荣顺服饰有限责任公司购入纽扣12 000颗，单价1.40元，增值税专用发票上记载的货款为16 800元，增值税税率为13%，增值税为2 184元，全部款项已用转账支票支付，材料已经验收入库。

图片：做中学3-17
收料单

图片：做中学3-17
增值税专用发票

图片：做中学3-17
转账支票

企业采购材料，如果结算凭证、发票等单据和材料同时到达，在业务发生后即可根据结算凭证、发票账单和收料单等凭证，直接记入"原材料"账户，不通过"在途物资"账户核算。

分析：

第一步：析账户。该交易或者事项发生后，一方面，材料验收入库使企业仓库的材料增加，涉及"原材料"账户，增值税专用发票的取得使得公司可抵扣的进项税额增加，应交税费减少，涉及"应交税费——应交增值税（进项税额）"账户；另一方面，因为支付货款使得银行存款减少，涉及"银行存款"账户。

第二步：定方向。"原材料"属于资产类账户，增加记借方，"应交税费"属于负债类账户，减少记借方，"银行存款"属于资产类账户，减少记贷方。

第三步：确金额。入库材料的采购成本为 12 000×1.40＝16 800（元），故"原材料"账户金额为 16 800 元，增值税专用发票上注明的可抵扣进项税额为 2 184 元，故"应交税费——应交增值税（进项税额）"金额为 2 184 元，银行实际支付款项 18 984 元，故"银行存款"账户金额为 18 984 元。

第四步：列分录。中润公司在进行会计处理时，应作会计分录如下：

借：原材料——纽扣　　　　　　　　　　　　　　　　　　12 000
　　应交税费——应交增值税（进项税额）　　　　　　　　 2 184
　　贷：银行存款　　　　　　　　　　　　　　　　　　　　　18 984

第五步：查正误。对会计分录进行检查。检查账户运用是否准确，检查借贷方金额是否相等。

【做中学 3-18】2021 年 3 月 5 日，购入的拉链、蕾丝花边已收到，并验收入库。

提示

在业务发生后可根据收料单凭证，记入"原材料"账户。

图片：做中学 3-18
收料单

分析：

第一步：析账户。该交易或者事项发生后，一方面，材料验收入库使企业仓库的材料增加，涉及"原材料"账户；另一方面，运输途中材料减少，涉及"在途物资"账户。

第二步：定方向。"原材料"属于资产类账户，增加记借方，"在途物资"属于资产类账户，减少记贷方。

第三步：确金额。入库拉链的采购成本为 2 600 元，故"原材料——拉链"账户金额为 2 600元，入库蕾丝花边的采购成本为 26 600 元，故"原材料——蕾丝花边"账户金额为 26 600 元，相应减少的在途物资成本一样。

第四步：列分录，中润公司在进行会计处理时，应作会计分录如下：

借：原材料——拉链　　　　　　　　　　　　　　　　　　 2 600
　　原材料——蕾丝花边　　　　　　　　　　　　　　　　　26 600
　　贷：在途物资——拉链　　　　　　　　　　　　　　　　　 2 600
　　　　在途物资——蕾丝花边　　　　　　　　　　　　　　　26 600

第五步：查正误。对会计分录进行检查。检查账户运用是否准确，检查借贷方金额是否相等。

【做中学 3-19】中润公司 3 月 6 日向潍坊林瑞纺织有限责任公司购入化纤布 2 000 米，单价

80元，买价160 000元，支付增值税20 800元，购入纺织布3 000米，单价65元，买价195 000元，支付增值税25 350元，购入两种材料共发生运杂费及增值税490.50元，其中运费450元，增值税为40.50元，上述材料均已验收入库，货款、税款及运费尚未支付。

图片：做中学3-19
采购材料发票

图片：做中学3-19
采购费用分配表

图片：做中学3-19
收料单

图片：做中学3-19
运输发票

分析：

这笔经济业务的发生，使材料采购成本增加，包括买价和运杂费，假定化纤布、纺织布两种材料应负担的运杂费按数量比例分摊，则：

$$采购费用分配率 = \frac{应分配的采购费用总额}{各种材料的数量之和} = \frac{450}{3\ 000 + 2\ 000} = 0.09$$

化纤布应负担的采购费用 = 0.09×2 000 = 180（元）
纺织布应负担的采购费用 = 0.09×3 000 = 270（元）
化纤布的采购成本 = 160 000+180 = 160 180（元）
纺织布的采购成本 = 195 000+270 = 195 270（元）

 提示

一般情况下，材料的买价因直接计入各种材料的采购成本。材料的采购费用有的是专为采购某种材料而发生的，有的则是采购几种材料而共同发生的。对于能分清属于哪一种材料负担的，应直接计入该材料的采购成本；对于不能分清具体归属于哪一种材料的，应采用适当的分配标准（如按材料的重量或买价等比例）分配计入各种材料的采购成本。

分析：

第一步：析账户。该交易或者事项发生后，一方面，材料验收入库使企业仓库的材料增加，涉及"原材料"账户，增值税专用发票的取得使得公司可抵扣的进项税额增加，应交税费减少，涉及"应交税费——应交增值税（进项税额）"账户；另一方面，因为采购尚未支付货款使得企业债务增加，涉及"应付账款"账户。

第二步：定方向。"原材料"属于资产类账户，增加记借方，"应交税费"属于负债类账户，减少记借方，"应付账款"属于负债类账户，增加记贷方。

第三步：确金额。入库化纤布的采购成本为160 180元，故"原材料——化纤布"账户金额为160 180元，入库纺织布的采购成本为195 270元，故"原材料——纺织布"账户金额为195 270元，两张增值税专用发票上注明的可抵扣进项税额分别为46 150元、40.50元，故"应交税费——应交增值税（进项税额）"金额为46 190.50元，尚未支付的货款、税款及运费401 640.50元，故"应付账款"账户金额为401 640.50元。

第四步：列分录。中润公司在进行会计处理时，应作会计分录如下：

借：原材料——化纤布　　　　　　　　　　　　　　　　　160 180
　　原材料——纺织布　　　　　　　　　　　　　　　　　195 270
　　应交税费——应交增值税（进项税额）　　　　　　　46 190.50
　　贷：应付账款——潍坊林瑞纺织有限责任公司　　　　401 640.50

第五步：查正误。对会计分录进行检查。检查账户运用是否准确，检查借贷方金额是否相等。

> **提示**
>
> 购买材料所应该支付的增值税由卖方代收代交，如果买方暂时未付款，那么卖方有义务代交，此时，因为卖方已代交，不欠国家税款，买方依据取得的增值税专用发票上可抵扣的进项税额借记"应交税费——应交增值税"账户，依据所欠卖方的全部款项（价税合计），贷记"应付账款"。

【做中学 3-20】中润公司 3 月 14 日向潍坊林瑞纺织有限责任公司支付材料的采购款、税款及运费。

分析：

第一步：析账户。该交易或者事项发生后，一方面，支付所欠货款使得企业债务减少，涉及"应付账款"账户；另一方面，因为支付货款使得企业银行存款减少，涉及"银行存款"账户。

图片：做中学 3-20 转账支票

第二步：定方向。"应付账款"属于负债类账户，减少记借方，"银行存款"属于资产类账户，减少记贷方。

第三步：确金额。应付账款减少了 401 640.50 元，故"应付账款"账户金额为 401 640.50 元，因支付的货款、税款及运费使得银行存款减少 401 640.50 元，故"银行存款"账户金额为 401 640.50 元。

第四步：列分录。中润公司在进行会计处理时，应作会计分录如下：

借：应付账款——潍坊林瑞纺织有限责任公司　　　　401 640.50
　　贷：银行存款　　　　　　　　　　　　　　　　　　　　401 640.50

第五步：查正误。对会计分录进行检查。检查账户运用是否准确，检查借贷方金额是否相等。

【做中学 3-21】2021 年 3 月 27 日，中润公司为从广州荣顺服饰有限责任公司购入纽扣向该公司预付 8 000 元货款。

分析：

第一步：析账户。该交易或者事项发生后，一方面，使得企业预付给企业的货款增加，涉及"预付账款"账户；另一方面，因为支付款项使得企业银行存款减少，涉及"银行存款"账户。

图片：做中学 3-21 客户回单

第二步：定方向。"预付账款"属于资产类账户，增加记借方，"银行存款"属于资产类账户，减少记贷方。

第三步：确金额。预付账款增加了 8 000 元，故"预付账款"账户金额为 8 000 元，因支付款项使得银行存款减少 8 000 元，故"银行存款"账户金额为 8 000 元。

第四步：列分录。中润公司在进行会计处理时，应作会计分录如下：

借：预付账款——广州荣顺服饰有限责任公司　　　　　8 000
　　贷：银行存款　　　　　　　　　　　　　　　　　　　　8 000

第五步：查正误。对会计分录进行检查。检查账户运用是否准确，检查借贷方金额是否相等。

【做中学3-22】2021年3月30日，中润公司收到广州荣顺服饰有限责任公司发来的纽扣15 000颗，单价1.40元，已验收入库，有关发票账单记载，该批货物的货款为21 000元，增值税为2 730元，冲抵原预付货款。

图片：做中学3-22
收料单

图片：做中学3-22
增值税专用发票

分析：

第一步：析账户。该交易或者事项发生后，一方面，材料验收入库使企业仓库的材料增加，涉及"原材料"账户，增值税专用发票的取得使得公司可抵扣的进项税额增加，应交税费减少，涉及"应交税费——应交增值税（进项税额）"账户；另一方面，因为采购业务的发生使得企业原预付账款减少，涉及"预付账款"账户。

第二步：定方向。"原材料"属于资产类账户，增加记借方，"应交税费"属于负债类账户，减少记借方，"预付账款"属于资产类账户，减少记贷方。

第三步：确金额。入库材料的采购成本为15 000×1.40=21 000（元），故"原材料"账户金额为21 000元，增值税专用发票上注明的可抵扣进项税额为2 730元，故"应交税费——应交增值税（进项税额）"金额为2 730元，采购业务的发生冲抵企业原预付账款减少了23 730元，故"预付账款"账户金额为23 730元。

第四步：列分录。中润公司在进行会计处理时，应作会计分录如下：

借：原材料——纽扣　　　　　　　　　　　　　　　　　　　21 000
　　应交税费——应交增值税（进项税额）　　　　　　　　　　2 730
　　贷：预付账款——广州荣顺服饰有限责任公司　　　　　　　　23 730

第五步：查正误。对会计分录进行检查。检查账户运用是否准确，检查借贷方金额是否相等。

【做中学3-23】2021年3月30日，通过网银归还广州荣顺服饰有限责任公司购入纽扣不足的款项15 730元。

图片：做中学3-23
客户回单

分析：

第一步：析账户。该交易或者事项发生后，一方面，使得企业预付账款增加，涉及"预付账款"账户；另一方面，因为支付款项使得企业银行存款减少，涉及"银行存款"账户。

第二步：定方向。"预付账款"属于资产类账户，增加记借方，"银行存款"属于资产类账户，减少记贷方。

第三步：确金额。预付账款的金额为15 730，故"预付账款"账户金额为15 730元，因支付款项使得银行存款减少15 730元，故"银行存款"账户金额为15 730元。

第四步：列分录。中润公司在进行会计处理时，应作会计分录如下：

借：预付账款——广州荣顺服饰有限责任公司　　　　　　　　15 730
　　贷：银行存款　　　　　　　　　　　　　　　　　　　　　15 730

第五步：查正误。对会计分录进行检查。检查账户运用是否准确，检查借贷方金额是否相等。

会计职业判断

请完成以下经济业务的会计核算。

中润公司2021年3月4日从常州黄河服饰有限责任公司购入拉链1 300条，每条2元，买价2 600元，支付增值税338元，购入蕾丝花边700米，单价38元，买价26 600元，支付增值税3 458元，中润公司开出一张面值为66 218元，期限为6个月的银行承兑汇票支付材料货款及税款。

图片：会计职业判断
业务原始凭证

4. 完成生产过程业务核算

（以下的分析过程需要同学们自己动手填制完成，要加油哇。）

【做中学3-24】中润公司根据领料单进行汇总，编制3月份材料发出汇总表，如表3-11所示。3月份发出材料共计485 280.10元。其中，男士西装耗用259 713.75元，女士套装耗用196 752元，生产车间机料物耗用28 814.35元。

图片：做中学3-24
机料物消耗

图片：做中学3-24
男士西装领料单

图片：做中学3-24
女士套装领料单

视频：材料费用
的核算

表3-11 材料发出汇总表

2021年3月31日

领用部门		生产车间		
领料用途		生产产品直接领用	生产产品直接领用	机物料消耗
产品		男士西装	女士套装	
化纤布	数量/批	1 875	1 200	135
	金额/元	150 093.75	96 060	10 806.75
纺织布	数量/批	1 500	900	270
	金额/元	97 620	58 572	17 571.60
纽扣	数量/颗	7 500	4 800	200
	金额/元	10 500	6 720	280
拉链	数量/个	750	600	78
	金额/元	1 500	1 200	156
蕾丝花边	数量/米	0	900	0
	金额/元	0	34 200	0
合计		259 713.75	196 752	28 814.35

制表：杨同用　　　　　　　　　　　　　　　　　　　　　　　　审核：底苗须

分析：

第一步：析账户。该交易或者事项发生后，一方面，使得企业原材料减少，涉及_____账户；另一方面，使得企业所消耗的各项材料费用增加，涉及_____账户。

第二步：定方向。_____属于_____类账户，减少记_____方，_____属于_____类账户，增加记_____方。

第三步：确金额。所耗用的材料成本为485 280.10元，故_____，因生产产品耗用材料费用456 465.75元，车间机物料耗用材料费用28 814.35元，故_____。

第四步：列分录。中润公司在进行会计处理时，应作会计分录如下：

借：生产成本——男士西装　　　　　　　　　　　　　　　259 713.75
　　生产成本——女士套装　　　　　　　　　　　　　　　196 752
　　制造费用　　　　　　　　　　　　　　　　　　　　　28 814.35
　　贷：原材料　　　　　　　　　　　　　　　　　　　　　　485 280.10

第五步：查正误。对会计分录进行检查。检查账户运用是否准确，检查借贷方金额是否相等。

> **提示**
>
> 企业在实际工作中，领用材料业务并不是每次领用都要进行账务处理，通常做法是月末先根据材料领料单汇总编制发出材料汇总表，再根据发出材料汇总表进行账务处理。
>
> 企业在生产经营过程中领用的各种材料，应根据领料凭证区分车间、部门和不同用途，将发出材料的成本分别记入有关账户。
>
> （1）直接用于某种产品生产的各种材料费用，应借记"生产成本"账户；
>
> （2）各生产部门（车间）为维护生产设备和管理生产等间接耗用的各种材料费用，借记"制造费用"账户；
>
> （3）行政管理部门为组织管理企业经营活动而耗用的各种材料费用，借记"管理费用"账户；
>
> （4）专设销售机构耗用的各种材料费用，应借记"销售费用"账户。

【做中学3-25】2021年3月31日，中润公司分配结转本月工资费用，根据工资结算汇总表编制工资费用分配汇总表，如表3-12所示。

图片：做中学3-25
工资明细表1

图片：做中学3-25
工资明细表2

图片：做中学3-25
生产工时明细表

视频：人工费用的核算

表3-12　工资费用分配汇总表

2021年3月31日　　　　　　　　　　　　　　　　　　　　　　　　　　元

内容	工资
生产男士西装工人工资	15 555.56
生产女士套装工人工资	12 444.44
车间管理人员工资	9 500
行政管理人员工资	43 600
销售人员工资	10 800
合计	91 900

制表：杨同用　　　　　　　　　　　　　　　　　　　　　　　　　　审核：底苗须

分析：

第一步：析账户。该交易或者事项发生后，一方面，使得本月应付职工工资增加，涉及_____账户；另一方面，企业消耗的各项工资费用增加，涉及_____账户。

第二步：定方向。_____属于_____类账户，增加记_____方，_____属于_____类账户，增加记_____方。

第三步：确金额。本月应付职工工资为 91 900 元，故_____，因生产男士西装工人工资为 15 555.56 元，生产女士套装工人工资为 12 444.44 元，车间管理人员工资为 9 500 元，行政管理人员工资为 43 600 元，销售人员工资为 10 800 元，故_____。

第四步：列分录。中润公司在进行会计处理时，应作会计分录如下：

借：生产成本——男士西装　　　　　　　　　　　　　　　15 555.56
　　生产成本——女士套装　　　　　　　　　　　　　　　12 444.44
　　制造费用　　　　　　　　　　　　　　　　　　　　　 9 500
　　管理费用　　　　　　　　　　　　　　　　　　　　　43 600
　　销售费用　　　　　　　　　　　　　　　　　　　　　10 800
　　贷：应付职工薪酬　　　　　　　　　　　　　　　　　　　　91 900

第五步：查正误。对会计分录进行检查。检查账户运用是否准确，检查借贷方金额是否相等。

提示

企业应根据职工提供服务的受益对象，分别以下情况处理：
（1）直接从事产品生产的生产工人的职工薪酬，借记"生产成本"账户；
（2）各生产部门（车间）管理人员、技术人员、服务人员的职工薪酬，借记"制造费用"账户；
（3）行政管理部门人员的职工薪酬，借记"管理费用"账户；
（4）专设销售机构人员的职工薪酬，应借记"销售费用"账户。

藏富于民，
增强百姓获得感

会计职业判断

怎样计提处理福利费？

【做中学 3-26】2021 年 3 月 31 日，中润公司通过网上银行支付本月水费 3 725.83 元及增值税 111.77 元，根据各部门用水情况编制水费分配表，如表 3-13 所示。

图片：做中学 3-26 客户专用回单　　　　图片：做中学 3-26 水费发票

表 3-13 水费分配表
2021 年 3 月 31 日

部门	实际用量/吨	水费分摊金额/元
办公室	100	238.83
财务部	30	71.65
采购部	30	71.65
生产车间	1 370	3 272.05
专设销售机构	30	71.65
合计	1 560	3 725.83

制表：杨同用　　　　　　　　　　　　　　　　　　　　　　　　审核：底苗须

分析：

第一步：析账户。该交易或者事项发生后，一方面，因生产车间、行政管理部门等用水，水费增加，涉及_____账户；另一方面，因通过网银支付水费，银行存款减少，涉及_____账户。

第二步：定方向。_____属于_____类账户，增加记_____方，_____属于_____类账户，减少记_____方。

第三步：确金额。本月通过网银转账支付 3 837.60 元，故_____，根据水费分配表，办公室、财务部、采购部三个部门的水费为 382.13 元，专设销售机构水费为 71.65 元，生产车间水费为 3 272.05 元，故_____。

第四步：列分录。中润公司在进行会计处理时，应作会计分录如下：

借：制造费用　　　　　　　　　　　　　　　　　　　　　　　3 272.05
　　管理费用　　　　　　　　　　　　　　　　　　　　　　　　382.13
　　销售费用　　　　　　　　　　　　　　　　　　　　　　　　71.65
　　应交税费——应交增值税（进项税额）　　　　　　　　　　111.77
　贷：银行存款　　　　　　　　　　　　　　　　　　　　　　3 837.60

第五步：查正误。对会计分录进行检查。检查账户运用是否准确，检查借贷方金额是否相等。

【做中学 3-27】2021 年 3 月 31 日，中润公司分配本月电费，依据所取得的发票，本月共发生电费 2 584.39 元及增值税 335.97 元，根据各部门用水情况编制电费分配表，如表 3-14 所示。

图片：做中学 3-27 电费发票

表 3-14 电费分配表
2021 年 3 月 31 日

部门	实际用量/度	电费分摊金额/元
办公室	100	86
财务部	400	344
采购部	100	86
生产车间	2 000	1 720
专设销售机构	400	348.39（倒挤）
合计	3 000	2 584.39

制表：杨同用　　　　　　　　　　　　　　　　　　　　　　　　审核：底苗须

提示

电费与水费的会计处理类似，唯一不同的是在实际生活中，电费往往先支付。

分析：

第一步：析账户。该交易或者事项发生后，一方面，因生产车间、行政管理部门等用电，电费增加，涉及_____账户；另一方面，因用电使得企业先行预付的电费款减少，涉及_____账户。

第二步：定方向。_____属于_____类账户，增加记_____方，_____属于_____类账户，减少记_____方。

第三步：确金额。本月用电使得企业先行预付款项减少了 2 920.36 元，故_____，根据电费分配表，办公室、财务部的电费为 516 元，专设销售机构电费为 348.39 元，生产车间电费为 1 720 元，故_____。

第四步：列分录。中润公司在进行会计处理时，应作会计分录如下：

借：制造费用　　　　　　　　　　　　　　　　　　　　　1 720
　　管理费用　　　　　　　　　　　　　　　　　　　　　　516
　　销售费用　　　　　　　　　　　　　　　　　　　　　348.39
　　应交税费——应交增值税（进项税额）　　　　　　　335.97
　　贷：银行存款　　　　　　　　　　　　　　　　　　2 920.36

第五步：查正误。对会计分录进行检查。检查账户运用是否准确，检查借贷方金额是否相等。

【做中学 3-28】2021 年 3 月 31 日，中润公司计提本月固定资产折旧，财会人员应编制固定资产折旧计算表，如表 3-15 所示。

表 3-15　固定资产折旧计算表

2021 年 3 月 31 日　　　　　　　　　　　　　　　　　　元

固定资产类别	使用部门	本月折旧额
房屋及建筑物	办公室	12 000
生产设备	生产车间	8 512
运输工具	办公室	5 132
电子设备	办公室	407
合计		26 051

制表：杨同用　　　　　　　　　　　　　　　　　　审核：底苗须

分析：

第一步：析账户。该交易或者事项发生后，一方面，生产车间、办公室的折旧费增加，按照固定资产使用部门不同，涉及_____账户；另一方面，使得固定资产价值减少，本应记入"固定资产"账户的贷方，但为了反映固定资产的原始价值指标，而专门设置了一个调整账户来反映固定资产磨损的价值，涉及"累计折旧"账户。

第二步：定方向。_____属于_____类账户，增加记_____方，累计折旧属于资产类账户，为"固定资产"的调整账户，增加记贷方。

第三步：确金额。本月生产车间发生的折旧费为 8 512 元，办公室发生的折旧费为 17 539 元，故_____，资产磨损的价值为 26 051 元，故_____。

第四步：列分录。中润公司在进行会计处理时，应作会计分录如下：

借：制造费用　　　　　　　　　　　　　　　　　　　　　　8 512
　　管理费用　　　　　　　　　　　　　　　　　　　　　　17 539
　　贷：累计折旧　　　　　　　　　　　　　　　　　　　　　　26 051

第五步：查正误。对会计分录进行检查。检查账户运用是否准确，检查借贷方金额是否相等。

【做中学 3-29】3 月 31 日，中润公司月末分配并结转本月制造费用，从【做中学 3-24】至【做中学 3-28】可知，本月生产车间共发生制造费用 51 818.40 元，按生产工时比例分配，男士西装生产工时 1 500 工时，女士套装生产工时 1 200 工时。

图片：做中学 3-29 生产工时

提示

制造费用是指企业的生产部门（车间或分厂）为组织和管理生产活动所发生的间接费用。制造费用是产品生产成本的组成部分，平时发生的制造费用无法分清应由哪一种产品负担，因此在发生各项间接费用时，记在"制造费用"账户的借方，月末根据本月"制造费用"账户借方所记录的制造费用总额，按照一定的标准（如生产工时、机器工时等），采用一定的分配方法，在各种产品之间进行分配，计算出每一种产品应负担的制造费用，再从"制造费用"账户的贷方转入"生产成本"账户的借方。具体分配公式如下：

$$制造费用分配率 = \frac{制造费用总额}{各种产品生产工时（生产工人工资）总和}$$

某产品应分配的制造费用额 = 该产品的生产工时（生产工人工资）× 分配率

分析：

第一步：析账户。该交易或者事项发生后，一方面，分配制造费用，涉及_____账户；另一方面，制造费用转入生产成本，涉及_____账户。

第二步：定方向。_____属于_____类账户，增加记_____方，_____属于_____类账户，减少记_____方。

第三步：确金额。本月共发生制造费用总额为 51 818.40 元，故_____，依据制造费用分配率的计算公式，完成制造费用分配。

$$制造费用分配率 = \frac{51\ 818.40}{1\ 500 + 1\ 200} = 19.192$$

男士西装应分配的制造费用额 = 1 500 × 19.192 = 28 788（元）

女士套装应分配的制造费用额 = 1 200 × 19.192 = 23 030.40（元）

根据上述计算过程可编制制造费用分配表，如表 3-16 所示。

表 3-16　制造费用分配表

2021 年 3 月 31 日

生产车间	产品	分配标准/工时	分配率	分配金额/元
生产车间	男士西装	1 500	19.192	28 788
生产车间	女士套装	1 200	19.192	23 030.40
合计		2 700		51 818.40

制表：杨同用　　　　　　　　　　　　　　　　　　　　　　　　　　　审核：底苗须

因分配制造费用使男士西装的生产成本增加了 28 788 元，女士套装的生产成本增加了 23 030.40 元，故_____。

第四步：列分录。中润公司在进行会计处理时，应作会计分录如下：

借：生产成本——男士西装　　　　　　　　　　　　　　28 788
　　　生产成本——女士套装　　　　　　　　　　　　　23 030.40
　　贷：制造费用　　　　　　　　　　　　　　　　　　51 818.40

第五步：查正误。对会计分录进行检查。检查账户运用是否准确，检查借贷方金额是否相等。

【做中学 3-30】 3 月 31 日，中润公司结转本月生产完工验收入库产品的生产成本，如表 3-17 所示。

视频：产成品入库

表 3-17　完工产品成本计算表

2021 年 3 月 31 日　　　　　　　　　　　　　　　　　　　　　　　　　元

	项目	月初在产品成本	本月发生费用	合计	产品产量	单位成本	完工产品成本
男士西装	直接材料		259 713.75	259 713.75	750	346.29	259 713.75
	直接人工		15 555.56	15 555.56		20.74	15 555.56
	制造费用		45 834.20	45 834.20		61.11	45 834.20
	合计		321 103.51	321 103.51		428.14	321 103.51
女士套装	直接材料		196 752	196 752	600	327.92	196 752
	直接人工		12 444.44	12 444.44		20.74	12 444.44
	制造费用		36 667.35	36 667.35		61.11	36 667.35
	合计		245 863.79	245 863.79		409.77	245 863.79

制表：杨同用　　　　　　　　　　　　　　　　　　　　　　　　　　　审核：底苗须

分析：

第一步：析账户。该交易或者事项发生后，一方面，仓库里的男士西装、女士套装增加，涉及_____账户；另一方面，生产车间加工的男士西装、女士套装减少，涉及_____账户。

第二步：定方向。_____属于_____类账户，增加记_____方，_____属于_____类账户，减少记_____方。

第三步：确金额。仓库里的男士西装、女士套装成本分别为 321 103.51 元、245 863.79 元，故_____，生产车间加工的男士西装、女士套装减少了 321 103.51 元、245 863.79 元，故_____。

第四步：列分录。中润公司在进行会计处理时，应作会计分录如下：

借：库存商品——男士西装　　　　　　　　　　　　　321 103.51
　　库存商品——女士套装　　　　　　　　　　　　　245 863.79
　贷：生产成本——男士西装　　　　　　　　　　　　　321 103.51
　　　生产成本——女士套装　　　　　　　　　　　　　245 863.79

第五步：查正误。对会计分录进行检查。检查账户运用是否准确，检查借贷方金额是否相等。

5. 完成销售过程业务核算

【做中学 3-31】2021 年 3 月 16 日，中润公司向徐州进中商贸有限公司销售男士西装和女士套装各 100 套，开出的增值税专用发票上注明男士西装的售价为 53 600 元，女士套装的售价为 68 400 元，增值税为 15 860 元，销售款项尚未收到。

图片：做中学 3-31 购销合同 1　　图片：做中学 3-31 购销合同 2　　图片：做中学 3-31 客户专用回单　　图片：做中学 3-31 销售单　　图片：做中学 3-31 销售发票

分析：

第一步：析账户。该交易或者事项发生后，一方面，使得企业销售产品实现了销售收入，涉及_____账户；另一方面，向购买方收取的代为缴纳的增值税增加，涉及_____账户，另外使得企业应收账款增加，涉及_____账户。

第二步：定方向。_____属于_____类账户，增加记_____方，_____属于_____类账户，增加记_____方，_____属于_____类账户，增加记_____方。

第三步：确金额。两种产品销售收入即产品的销售价格分别为 53 600 元、68 400 元，故_____，因增值税销项税额为 15 860 元，故_____，企业的应收账款增加了 137 860 元，故_____。

第四步：列分录。中润公司在进行会计处理时，应作会计分录如下：

借：应收账款——徐州进中商贸有限公司　　　　　　　137 860
　贷：主营业务收入——男士西装　　　　　　　　　　　 53 600
　　　主营业务收入——女士套装　　　　　　　　　　　 68 400
　　　应交税费——应交增值税（销项税额）　　　　　　 15 860

第五步：查正误。对会计分录进行检查。检查账户运用是否准确，检查借贷方金额是否相等。

【做中学 3-32】2021 年 3 月 28 日，中润公司收到徐州进中商贸有限公司通过网银转来的前欠销售款项 137 860 元。

分析：

第一步：析账户。该交易或者事项发生后，一方面，使得企业银行存款增加，涉及_____账户；另一方面，使得企业应收账款减少，涉及_____账户。

第二步：定方向。_____属于_____类账户，增加记_____方，_____属于_____类账户，减少记_____方。

第三步：确金额。本次银行存款增加了137 860元，故_____，应收账款减少了137 860元，故_____。

第四步：列分录。中润公司在进行会计处理时，应作会计分录如下：

借：银行存款　　　　　　　　　　　　　　　　　　　137 860
　　贷：应收账款——徐州进中商贸有限公司　　　　　　137 860

第五步：查正误。对会计分录进行检查。检查账户运用是否准确，检查借贷方金额是否相等。

图片：做中学 3-32
客户专用回单

会计职业判断

【做中学3-32】的销售业务直接收到款项，应如何进行会计核算？

【做中学3-33】2021年3月24日，中润公司收到无锡美安商贸有限公司预付产品货款60 000元，存入银行。

分析：

第一步：析账户。该交易或者事项发生后，一方面，使得企业银行存款增加，涉及_____账户；另一方面，使得预收账款增加，涉及_____账户。

第二步：定方向。_____属于_____类账户，增加记_____方，_____属于_____类账户，增加记_____方。

第三步：确金额。本次银行存款增加了60 000元，故_____，预收账款增加了60 000元，故_____。

第四步：列分录。中润公司在进行会计处理时，应作会计分录如下：

借：银行存款　　　　　　　　　　　　　　　　　　　60 000
　　贷：预收账款——无锡美安商贸有限公司　　　　　　60 000

第五步：查正误。对会计分录进行检查。检查账户运用是否准确，检查借贷方金额是否相等。

图片：做中学 3-33
进账单

【做中学3-34】2021年3月31日，中润公司向无锡美安商贸有限公司销售男士西装650套，女士套装500套，货款共计692 400元，增值税为89 752元，无锡美安商贸有限公司将剩余货款补齐。

图片：做中学 3-34
购销合同1

图片：做中学 3-34
购销合同2

图片：做中学 3-34
销售单

图片：做中学 3-34
专用发票

分析：

第一步：析账户。该交易或者事项发生后，一方面，使得企业销售产品实现了销售收入，涉及_____账户；另一方面，向购买方收取的代为交纳的增值税增加，涉及_____账户，另外，使得企业预收账款减少，涉及_____账户。

第二步：定方向。_____属于_____类账户，增加记_____方，_____属于_____类账户，增加记_____方，_____属于_____类账户，减少记_____方。

第三步：确金额。两种产品销售收入即产品的销售价格分别为 348 400 元、342 000 元，故_____，因增值税销项税额为 89 752 元，故_____企业的预收账款减少了 780 152 元，故_____。

第四步：列分录。中润公司在进行会计处理时，应作会计分录如下：

借：预收账款——无锡美安商贸有限公司　　　　　　　780 152
　　贷：主营业务收入——男士西装　　　　　　　　　348 400
　　　　主营业务收入——女士套装　　　　　　　　　342 000
　　　　应交税费——应交增值税（销项税额）　　　　89 752

第五步：查正误。对会计分录进行检查。检查账户运用是否准确，检查借贷方金额是否相等。

【做中学 3-35】 2021 年 3 月 31 日，中润公司收到无锡美安商贸有限公司补付的剩余货款。

分析：

第一步：析账户。该交易或者事项发生后，一方面，使得企业银行存款增加，涉及_____账户；另一方面，购货单位补付的货款增加，涉及_____账户。

第二步：定方向。_____属于_____类账户，增加记_____方，_____属于_____类账户，增加记_____方。

第三步：确金额。本次银行存款增加了 720 152 元，故_____，预收账款增加了 720 152 元，故_____。

第四步：列分录。中润公司在进行会计处理时，应作会计分录如下：

借：银行存款　　　　　　　　　　　　　　　　　　　720 152
　　贷：预收账款——无锡美安商贸有限公司　　　　　720 152

第五步：查正误。对会计分录进行检查。检查账户运用是否准确，检查借贷方金额是否相等。

【做中学 3-36】 2021 年 3 月 31 日，中润公司向盛百达传媒服务有限公司支付广告费，取得的增值税专用发票上注明广告费 1 300 元，增值税为 78 元，款项已通过网银支付。

分析：

第一步：析账户。该交易或者事项发生后，一方面，使得企业广告费增加，涉及_____账户，增值税专用发票的取得使得公司可抵扣的进项税额增加，应交税费减少，涉及_____账户，另一方面，因为支付款项使得企业银行存款减少，涉及_____账户。

第二步：定方向。_____属于_____类账户，增加记_____方，_____属于_____类账户，_____记_____方，_____属于_____类账户，_____记_____方。

第三步：确金额。支付的广告费为 1 300 元，故＿＿＿＿＿＿，发生可抵扣的进项税额为 78 元，故＿＿＿＿＿＿，因支付款项使得银行存款减少 1 378 元，故＿＿＿＿＿＿。

第四步：列分录。中润公司在进行会计处理时，应作会计分录如下：

借：销售费用　　　　　　　　　　　　　　　　　　　　　　　　1 300
　　应交税费——应交增值税（进项税额）　　　　　　　　　　　　 78
　　贷：银行存款　　　　　　　　　　　　　　　　　　　　　　　1 378

第五步：查正误。对会计分录进行检查。检查账户运用是否准确，检查借贷方金额是否相等。

【做中学 3-37】 2021 年 3 月 16 日，中润公司向苏州蓝淼百货有限责任公司销售男士西装和女士套装各 100 套，开出的增值税专用发票上注明男士西装的售价为 53 600 元，女士套装的售价为 68 400 元，增值税为 15 860 元，收到一张期限为 6 个月的银行承兑汇票。

图片：做中学 3-37
销售单

图片：做中学 3-37
销售发票

图片：做中学 3-37
银行承兑汇票复印件

分析：

第一步：析账户。该交易或者事项发生后，一方面，使得企业销售产品实现了销售收入，涉及＿＿＿＿＿＿账户，一方面向购买方收取的代为交纳的增值税增加，涉及＿＿＿＿＿＿账户；另一方面，使得企业银行承兑汇票增加，涉及＿＿＿＿＿＿账户。

第二步：定方向。＿＿＿＿＿＿属于＿＿＿＿＿＿类账户，增加记＿＿＿＿方，＿＿＿＿＿＿属于＿＿＿＿＿＿类账户，增加记＿＿＿＿方，＿＿＿＿＿＿属于＿＿＿＿＿＿类账户，增加记＿＿＿＿方。

第三步：确金额。两种产品销售收入即产品的销售价格分别为 53 600 元、68 400 元，故＿＿＿＿＿＿，因增值税销项税额为 15 860 元，故＿＿＿＿＿＿，企业增加一张面值 137 860 元的银行承兑汇票，故＿＿＿＿＿＿。

第四步：列分录。中润公司在进行会计处理时，应作会计分录如下：

借：应收票据——苏州蓝淼百货有限责任公司　　　　　　　　　　137 860
　　贷：主营业务收入——男士西装　　　　　　　　　　　　　　 53 600
　　　　主营业务收入——女士套装　　　　　　　　　　　　　　 68 400
　　　　应交税费——应交增值税（销项税额）　　　　　　　　　　15 860

第五步：查正误。对会计分录进行检查。检查账户运用是否准确，检查借贷方金额是否相等。

【做中学 3-38】 中润公司 2021 年 3 月 31 日，计算已销售的男士西装、女士套装两种产品的实际成本，分别为 348 202.50 元、274 267 元，销售产品成本结转表如表 3-18 所示。

表 3-18　销售产品成本结转表

2021 年 3 月 31 日

领用部门	用途	男士西装		女士套装		合计/元
		数量/套	金额/元	数量/套	金额/元	
专设销售机构	销售领用	850	348 202.50	700	274 267	622 469.50
合计		850	348 202.50	700	274 267	622 469.50

制表：杨同用　　　　　　　　　　　　　　　　　　　　　　　　　审核：底苗须

分析：

第一步：析账户。该交易或者事项发生后，一方面，使得已销产品的主营业务增加，涉及_____账户，另一方面，因为出售库存商品减少，涉及_____账户。

第二步：定方向。_____属于_____类账户，_____记_____方，_____属于_____类账户，_____记_____方。

第三步：确金额。两种产品的成本分别为 348 202.50 元、274 267 元，故_____，因销售使得库存两种产品减少 348 202.50 元、274 267 元，故_____。

第四步：列分录。中润公司在进行会计处理时，应作会计分录如下：

借：主营业务成本——男士西装　　　　　　　　　　　　348 202.50
　　主营业务成本——女士套装　　　　　　　　　　　　274 267
　贷：库存商品——男士西装　　　　　　　　　　　　　348 202.50
　　　库存商品——女士套装　　　　　　　　　　　　　274 267

第五步：查正误。对会计分录进行检查。检查账户运用是否准确，检查借贷方金额是否相等。

【做中学 3-39】2021 年 3 月 27 日，中润公司销售给北京华大百货有限公司一批纽扣，开出的增值税专用发票上注明的售价为 1 660 元，增值税为 215.80 元，款项已由银行收妥。

图片：做中学 3-39
客户专用回单

图片：做中学 3-39
销售单

图片：做中学 3-39
销售发票

分析：

第一步：析账户。该交易或者事项发生后，一方面，使得企业销售材料实现了销售收入，涉及_____账户，另一方面，向购买方收取的代为交纳的增值税增加，涉及_____账户；另外，使得企业银行存款增加，涉及_____账户。

第二步：定方向。_____属于_____类账户，增加记_____方，_____属于_____类账户，增加记_____方，_____属于_____类账户，增加记_____方。

第三步：确金额。纽扣的销售收入即产品的销售价格为 1 660 元，故_____，因增值税销项税额为 215.80 元，故_____，企业的银行存款增加了 1 875.80 元，故_____。

第四步：列分录。中润公司在进行会计处理时，应作会计分录如下：

借：银行存款　　　　　　　　　　　　　　　　　　　1 875.80
　贷：其他业务收入——纽扣　　　　　　　　　　　　1 660
　　　应交税费——应交增值税（销项税额）　　　　　215.80

第五步：查正误。对会计分录进行检查。检查账户运用是否准确，检查借贷方金额是否相等。

【做中学 3-40】2021 年 3 月 31 日，结转已销售给北京华大百货有限公司纽扣成本，销售材料成本结转表如表 3-19 所示。

表 3-19　销售材料成本结转表

2021 年 3 月 31 日

领用部门	用途	纽扣		合计/元
		数量/颗	金额/元	
专设销售机构	销售领用	830	1 162	1 162
合计		830	1 162	1 162

制表：杨同用　　　　　　　　　　　　　　　　　　　　　　　　审核：底苗须

分析：

第一步：析账户。该交易或者事项发生后，一方面，使得已销材料的业务成本增加，涉及_____账户，另一方面，因为出售库存材料减少，涉及_____账户。

第二步：定方向。_____属于_____类账户，_____记_____方，_____属于_____类账户，_____记_____方。

第三步：确金额。已销材料的成本分别为 1 162 元，故_____，因销售使得库存材料减少 1 162 元，故_____。

第四步：列分录。中润公司在进行会计处理时，应作会计分录如下：

　　借：其他业务成本——纽扣　　　　　　　　　　　　　　　　　1 162
　　　　贷：原材料——纽扣　　　　　　　　　　　　　　　　　　　　1 162

第五步：查正误。对会计分录进行检查。检查账户运用是否准确，检查借贷方金额是否相等。

6. 完成其他经济业务的核算

【做中学 3-41】2021 年 3 月 4 日，中润公司从银行提取现金 10 000 元备用。

分析：

第一步：析账户。该交易或者事项发生后，一方面，使得企业现金增加，涉及_____账户；另一方面，使得企业银行存款减少，涉及_____账户。

第二步：定方向。_____属于_____类账户，增加记_____方，_____属于_____类账户，减少记_____方。

第三步：确金额。库存现金增加了 10 000 元，故_____，银行存款减少了 10 000 元，故_____。

第四步：列分录。中润公司在进行会计处理时，应作会计分录如下：

　　借：库存现金　　　　　　　　　　　　　　　　　　　　　　　10 000
　　　　贷：银行存款　　　　　　　　　　　　　　　　　　　　　　　10 000

第五步：查正误。对会计分录进行检查。检查账户运用是否准确，检查借贷方金额是否相等。

【做中学 3-42】2021 年 3 月 5 日，采购员刘泽军出差预借差旅费 3 000 元，以现金支付。

分析：

第一步：析账户。该交易或者事项发生后，一方面，职工借款增加，将来要收回，涉及_____账户；另一方面，现金减少，涉及_____账户。

第二步：定方向。_____属于_____类账户，增加记_____方，_____属于_____类账户，减少记_____方。

第三步：确金额。职工借款增加了 3 000 元，故_____，现金减少了 3 000 元，故_____。

第四步：列分录。中润公司在进行会计处理时，应作会计分录如下：

借：其他应收款——刘泽军　　　　　　　　　　　　　　　　3 000
　　贷：库存现金　　　　　　　　　　　　　　　　　　　　　　3 000

第五步：查正误。对会计分录进行检查。检查账户运用是否准确，检查借贷方金额是否相等。

【做中学 3-43】 2021 年 3 月 16 日，采购员刘泽军报销差旅费，原借款 3 000 元，报销火车票 618 元，取得的住宿费发票上注明住宿费 469.81 元，增值税为 28.19 元，出差补助 300 元，余额退回现金 1 584 元。

图片：做中学 3-43 差旅报销单

图片：做中学 3-43 火车票（郑州—北京）

图片：做中学 3-43 火车票（北京—郑州）

图片：做中学 3-43 借款单

图片：做中学 3-43 收款收据

图片：做中学 3-43 住宿发票

分析：

第一步：析账户。该交易或者事项发生后，一方面，差旅费增加，涉及_____账户，另一方面，可以抵扣的进项税额增加，应交税费减少，涉及_____账户，同时企业收到退回的现金，涉及_____账户；另外，原采购员借支的差旅费应予以核销，应收采购员刘泽军的款项减少，涉及_____账户。

第二步：定方向。_____属于_____类账户，增加记_____方，_____属于_____类账户，增加记_____方，_____属于_____类账户，增加记_____方，_____属于_____类账户，减少记_____方。

第三步：确金额。差旅费为 618+469.81+300 = 1 336.79（元），故_____，可以抵扣的进项税额为 28.19 元，故_____，现金增加了 1 584 元，故_____，原采购员借支的差旅费为 3 000 元，现予以核销，故_____。

第四步：列分录。中润公司在进行会计处理时，应作会计分录如下：

借：管理费用　　　　　　　　　　　　　　　　　　　　　　1 336.79
　　应交税费——应交增值税（进项税额）　　　　　　　　　　28.19
　　库存现金　　　　　　　　　　　　　　　　　　　　　　　1 584
　　贷：其他应收款——刘泽军　　　　　　　　　　　　　　　3 000

第五步：查正误。对会计分录进行检查。检查账户运用是否准确，检查借贷方金额是否相等。

会计职业判断

如果经审核，采购员刘泽军可报销差旅费 3 200 元，公司应如何作账务处理？

【做中学 3-44】 2021 年 3 月 11 日，中润公司开出一张金额为 93 540 元的转账支票，用以发放职工 2 月份工资。

分析：

第一步：析账户。该交易或者事项发生后，一方面，银行存款减少，涉及_____账户；另一方面，2 月份应付而未付的职工薪酬减少，涉及_____账户。

第二步：定方向。_____属于_____类账户，减少记_____方，_____属于_____类账户，减少记_____方。

第三步：确金额。银行存款减少 93 540 元，故_____，2 月份应付而未付的职工薪酬减少 93 540 元，故_____。

第四步：列分录。中润公司在进行会计处理时，应作会计分录如下：

借：应付职工薪酬——工资　　　　　　　　　　　　　93 540
　　贷：银行存款　　　　　　　　　　　　　　　　　93 540

图片：做中学 3-44 转账支票存根

第五步：查正误。对会计分录进行检查。检查账户运用是否准确，检查借贷方金额是否相等。

【做中学 3-45】 2021 年 3 月 19 日，中润公司通过网上银行向北京市红十字基金会捐赠 8 000 元，收到红十字基金会开具的收款收据。

分析：

第一步：析账户。该交易或者事项发生后，一方面，企业营业外支出项目增加，涉及_____账户；另一方面，企业的银行存款减少，涉及_____账户。

第二步：定方向。_____属于_____类账户，增加记_____方，_____属于_____类账户，减少记_____方。

第三步：确金额。营业外支出费用增加了 8 000 元，故_____，银行存款减少了 8 000 元，故_____。

第四步：列分录。中润公司在进行会计处理时，应作会计分录如下：

借：营业外支出　　　　　　　　　　　　　　　　　8 000
　　贷：银行存款　　　　　　　　　　　　　　　　8 000

图片：做中学 3-45 捐款收据　　图片：做中学 3-45 客户专用回单

第五步：查正误。对会计分录进行检查。检查账户运用是否准确，检查借贷方金额是否相等。

【做中学 3-46】 2021 年 3 月 28 日，中润公司决定对张留文因工作期间违规操作而给企业带来安全事故罚款 300 元，收到现金。

分析：

第一步：析账户。该交易或者事项发生后，一方面，企业营业外收入项目增加，涉及_____账户；另一方面，企业的现金增加，涉及_____账户。

图片：做中学 3-46 收据

第二步：定方向。_____属于_____类账户，增加记_____方，_____属于_____类账户，增加记_____方。

第三步：确金额。营业外收入增加了300元，故_____，现金增加了300元，故_____。

第四步：列分录。中润公司在进行会计处理时，应作会计分录如下：

  借：库存现金   300

    贷：营业外收入   300

第五步：查正误。对会计分录进行检查。检查账户运用是否准确，检查借贷方金额是否相等。

【做中学3-47】 2021年3月12日，中润公司以银行存款交纳2月份增值税36 456.70元，城市维护建设税2 551.97元，应交教育费附加1 093.70元，应交地方教育费附加729.13元。

分析：

第一步：析账户。该交易或者事项发生后，一方面，企业银行存款减少，涉及_____账户；另一方面，应交而未交的税费减少，涉及_____账户。

图片：做中学3-47 城市维护建税、应交教育费附加、应交地方教育费附加专用回单

图片：做中学3-47 增值税缴纳专用回单

第二步：定方向。_____属于_____类账户，减少记_____方，_____属于_____类账户，减少记_____方。

第三步：确金额。银行存款减少了40 831.50元，故_____，应交税费减少了40 831.50元，故_____。

第四步：列分录。中润公司在进行会计处理时，应作会计分录如下：

  借：应交税费——应交增值税   36 456.70

    应交税费——应交城市维护建设税   2 551.97

    应交税费——应交教育费附加   1093.70

    应交税费——应交地方教育费附加   729.13

    贷：银行存款   40 831.50

第五步：查正误。对会计分录进行检查。检查账户运用是否准确，检查借贷方金额是否相等。

【做中学3-48】 中润公司预付北京电力股份有限公司10 000元。

分析：

第一步：析账户。该交易或者事项发生后，一方面，企业银行存款减少，涉及_____账户；另一方面，企业预付的款项增加，涉及_____账户。

图片：做中学3-48 客户专用回单

图片：做中学3-48 供电公司收款凭证

第二步：定方向。_____属于_____类账户，减少记_____方，_____属于_____类账户，增加记_____方。

第三步：确金额。银行存款减少了10 000元，故_____，预付款项增加了10 000元，故_____。

第四步：列分录。中润公司在进行会计处理时，应作会计分录如下：

  借：预付账款   10 000

    贷：银行存款   10 000

第五步：查正误。对会计分录进行检查。检查账户运用是否准确，检查借贷方金额是否相等。

【做中学 3-49】计算中润公司本月应交增值税，如表 3-20 所示。

表 3-20　应交增值税计算表

2021 年 3 月 31 日　　　　　　　　　　　　　　　　　　　　　元

项目	金额
销项税额	121 687.80
进项税额	113 983.45
应纳税额	7 704.35

制表：杨同用　　　　　　　　　　　　　　　　　　　　　　　审核：底苗须

分析：

本月应交增值税＝增值税销项税额－增值税进项税额＝121 687.80－113 983.45＝7 704.35（元）

【做中学 3-50】中润公司计提本月应交城市维护建设税、应交教育费附加、应交地方教育费附加，如表 3-21 所示。

表 3-21　税金及附加表

2021 年 3 月 31 日

税（费）种	计税依据（增值税）/元	税率（征收率）/%	本期应交税费/元
应交城市维护建设税	7 704.35	7	539.30
应交教育费附加	7 704.35	3	231.13
应交地方教育费附加	7 704.35	2	154.09
合计			924.52

制表：杨同用　　　　　　　　　　　　　　　　　　　　　　　审核：底苗须

分析：

第一步：析账户。该交易或者事项发生后，一方面，企业应上交的城市维护建设税、教育费附加、地方教育费附加税费增加，涉及_____账户；另一方面，企业已提取尚未缴纳的税费增加，涉及_____账户。

第二步：定方向。_____属于_____账户，增加记_____方，_____属于_____账户，增加记_____方。

第三步：确金额。城市维护建设税、教育费附加、地方教育费附加税费增加了 924.52 元，故_____，尚未缴纳的税费增加了 924.52 元，故_____。

第四步：列分录。中润公司在进行会计处理时，应作会计分录如下：

借：应交税费——应交城市维护建设税　　　　　　　　　539.30
　　应交税费——应交教育费附加　　　　　　　　　　　231.13
　　应交税费——应交地方教育费附加　　　　　　　　　154.09
　　贷：银行存款　　　　　　　　　　　　　　　　　　924.52

第五步：查正误。对会计分录进行检查。检查账户运用是否准确，检查借贷方金额是否相等。

7. 完成财务成果形成业务核算

【做中学 3-51】 中润公司 2021 年 3 月份有关损益类账户发生额如表 3-22 所示。

视频：借贷记账法的应用——利润形成的核算

表 3-22 中润公司 2021 年 3 月有关损益类账户发生额   元

科目名称	本期发生额	
	借方	贷方
主营业务收入		934 400
其他业务收入		1 660
营业外收入		300
主营业务成本	622 469.50	
其他业务成本	1 162	
税金及附加	924.52	
销售费用	12 520.04	
管理费用	63 373.92	
财务费用	150	
营业外支出	8 000	

要求：年末将上述各损益类账户发生额转入"本年利润"账户。

这是一项期末结账业务，企业各项收益的实现，会增加企业的本年利润，应记入"本年利润"账户的贷方；企业各项费用支出的发生，会减少企业的本年利润，应记入"本年利润"账户的借方。

（1）结转各项收益类账户：

分析：

第一步：析账户。该交易或者事项发生后，一方面，企业的各项收入转销，涉及_____ _____账户；另一方面，导致本年利润增加，涉及_____账户。

第二步：定方向。_____属于_____账户，转销记_____方，_____属于_____账户，增加记_____方。

第三步：确金额。主营业务收入转销 934 400 元，其他业务收入转销 1 660 元，营业外收入转销 300 元，故_____，各项收入的结转导致本年利润增加了 936 360 元，故_____。

第四步：列分录。中润公司在进行会计处理时，应作会计分录如下：

借：主营业务收入　　　　　　　　　　　　　　　　　　　　　　　　934 400
　　其他业务收入　　　　　　　　　　　　　　　　　　　　　　　　　1 660
　　营业外收入　　　　　　　　　　　　　　　　　　　　　　　　　　　300
　　贷：本年利润　　　　　　　　　　　　　　　　　　　　　　　　936 360

第五步：查正误。对会计分录进行检查。检查账户运用是否准确，检查借贷方金额是否相等。

(2) 结转各项费用、损失类账户：

分析：

第一步：析账户。该交易或者事项发生后，一方面，企业各项费用转销，涉及_____账户；另一方面，导致本年利润减少，涉及_____账户。

第二步：定方向。_____属于_____账户，转销记_____方，_____属于_____账户，减少记_____方。

第三步：确金额。主营业务成本转销 622 469.50 元，其他业务成本转销 1 162 元，税金及附加转销 924.52 元，销售费用转销 12 520.04 元，管理费用转销 63 373.92 元，财务费用转销 150 元，营业外支出转销 8 000 元，故_____，各项费用的结转导致本年利润减少了 708 599.98 元，故_____。

第四步：列分录。中润公司在进行会计处理时，应作会计分录如下：

```
借：本年利润                           708 599.98
    贷：主营业务成本                    622 469.50
        其他业务成本                      1 162
        税金及附加                         924.52
        销售费用                        12 520.04
        管理费用                        63 373.92
        财务费用                           150
        营业外支出                        8 000
```

第五步：查正误。对会计分录进行检查。检查账户运用是否准确，检查借贷方金额是否相等。

> **提示**
>
> 结转后，"本年利润"账户的贷方发生额与借方发生额相比较，可计算出该公司本月实现的利润总额为 227 760.02（936 360—708 599.98）元。

【做中学 3-52】 依据【做中学 3-51】资料，中润公司本月实现利润总额为 227 760.02 元，适用税率为 25%，计算应交所得税额。（假定税前会计利润与按税法规定计算的应纳税所得额没有差异）

应交所得税额＝应纳税所得额×所得税税率＝227 760.02×25%＝56 940.01（元）

分析：

第一步：析账户。该交易或者事项发生后，一方面，企业所得税费用增加，涉及_____账户；另一方面，企业应交的税费增加，涉及_____账户。

第二步：定方向。_____属于_____账户，增加记_____方，_____属于_____账户，增加记_____方。

第三步：确金额，通过计算本期所得税额为 56 940.01 元，故_____，应交而未交的所得税为 56 940.01 元，故_____。

第四步：列分录，中润公司在进行会计处理时，应作会计分录如下：

```
借：所得税费用                          56 940.01
    贷：应交税费——应交所得税              56 940.01
```

【做中学3-53】3月31日，中润公司将所得税费用转入"本年利润"账户。

分析：

第一步：析账户。该交易或者事项发生后，一方面，企业所得税费用转销，涉及_____账户；另一方面，导致本年利润减少，涉及_____账户。

第二步：定方向。_____属于_____账户，转销记_____方，_____属于_____账户，减少记_____方。

第三步：确金额。本期结转的所得税费用为56 940.01元，故_____，费用的结转导致本年利润减少了56 940.01元，故_____。

第四步：列分录。中润公司在进行会计处理时，应作会计分录如下：

借：本年利润　　　　　　　　　　　　　　　　　　　　　56 940.01
　　贷：所得税费用　　　　　　　　　　　　　　　　　　　56 940.01

第五步：查正误。对会计分录进行检查。检查账户运用是否准确，检查借贷方金额是否相等。

会计职业判断

请判断中润公司2021年3月份实现的净利润为多少？

8. 完成财务分配业务核算

【做中学3-54】2020年12月31日，中润公司年终将全年实现的净利润3 187 500元转入"利润分配——未分配利润"账户。

分析：

第一步：析账户。该交易或者事项发生后，实现的净利润结转到利润分配，一方面，使本年利润减少，涉及_____账户；另一方面，待分配利润增加，涉及_____账户。

第二步：定方向。_____属于_____账户，减少记_____方，_____属于_____账户，增加记_____方。

第三步：确金额。本期结转的所得税费用为3 187 500元，故_____，费用的结转导致本年利润减少了3 187 500元，故_____。

第四步：列分录。中润公司在进行会计处理时，应作会计分录如下：

借：本年利润　　　　　　　　　　　　　　　　　　　　　3 187 500
　　贷：利润分配——未分配利润　　　　　　　　　　　　　3 187 500

视频：借贷记账法的应用——利润分配的核算

第五步：查正误。对会计分录进行检查。检查账户运用是否准确，检查借贷方金额是否相等。

【做中学3-55】2021年3月31日，中润公司经股东会决议，按2020年净利润的10%提取法定盈余公积，按净利润的50%分配给投资者。

提取的法定盈余公积＝3 187 500×10%＝318 750（元）

分配的现金股利＝3 187 500×50%＝1 593 750（元）

分析：

第一步：析账户。该交易或者事项发生后，一方面，因提取法定盈余公积、向投资者分配利润使得利润被分配掉，涉及_____账户；另一方面，盈余公积、应付投资者利润增加，涉及_____账户。

第二步：定方向。_____属于_____账户，减少记_____方，_____属于_____账户，增加记_____方。

第三步：确金额。本年提取法定盈余公积、向投资者分配利润分别为 318 750 元、1 593 750 元，故_____，盈余公积、应付投资者利润增加了 318 750 元、1 593 750 元，故_____。

第四步：列分录。中润公司在进行会计处理时，应作会计分录如下：

　　借：利润分配——提取法定盈余公积　　　　　　　　　　　318 750
　　　　利润分配——应付普通股股利　　　　　　　　　　　1 593 750
　　　贷：盈余公积——法定盈余公积　　　　　　　　　　　　318 750
　　　　　应付股利　　　　　　　　　　　　　　　　　　　1 593 750

第五步：查正误。对会计分录进行检查。检查账户运用是否准确，检查借贷方金额是否相等。

【做中学 3-56】中润公司将"利润分配"账户的其他明细账户的余额转入"利润分配——未分配利润"账户。

分析：

第一步：析账户。该交易或者事项发生后，一方面，"利润分配"账户的其他明细账户转出，涉及_____账户；另一方面，"利润分配——未分配利润"账户转入，涉及_____账户。

第二步：定方向。_____属于_____账户，转出记_____方，_____属于_____账户，转入记_____方。

第三步：确金额。（略）

第四步：列分录。中润公司在进行会计处理时，应作会计分录如下：

　　借：利润分配——未分配利润　　　　　　　　　　　　　1 912 500
　　　贷：利润分配——提取法定盈余公积　　　　　　　　　　318 750
　　　　　利润分配——应付普通股股利　　　　　　　　　　1 593 750

第五步：查正误。对会计分录进行检查。检查账户运用是否准确，检查借贷方金额是否相等。

提示

年度终了，企业首先将当年实现的净利润或亏损，转入"利润分配——未分配利润"账户。结转净利润时，按实现的净利润额，借记"本年利润"账户，贷记"利润分配——未分配利润"账户；结转亏损时，按实际产生的亏损额，借记"利润分配——未分配利润"账户，贷记"本年利润"账户。其次，将"利润分配"账户的其他明细账户的余额转入"利润分配——未分配利润"账户。结转时，借记"利润分配——未分配利润"账户，贷记"利润分配——提取法定盈余公积、提取任意盈余公积、应付普通股股利"等账户。结转后，"利润分配"账户中除"未分配利润"明细科目外，其他明细科目应无余额。

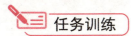

借贷记账法的应用

工作实例：

北京飞鱼皮具有限公司 2021 年 1 月份发生下列经济业务：

1. 1 月 2 日，从汉森皮革贸易有限公司赊购荔纹头层牛皮 1 000 平方尺，单价 20 元，计

20 000元，增值税进项税额2 600元，对方代垫运杂费200元。材料已验收入库，款项尚未支付。

2. 1月3日，开出支票支付北京海阳箱包材料有限公司货款23 000元。

3. 1月5日，车间为制造单肩女包领用荔纹头层牛皮500平方尺，单价20元，共计10 000元。

4. 1月6日，向工商银行借入半年期借款50 000元，存入银行存款户。

5. 1月7日，现销单肩女包20件，每件售价220元，销售额4 400元，增值税销项税额572元，款已存入银行存款户。

6. 1月9日，从银行存款户中支付本月2日的购料款及代垫运杂费。

7. 1月12日，赊销给北京市王府井百货有限公司背包100件，每件售价150元，销售额15 000元，增值税销项税额1 950元，为对方垫付运杂费1 000元。

8. 1月13日，车间制造单肩女包领用里布500米，单价5元，计5 000元。

9. 1月13日，张明报销差旅费1 800元，交回现金200元，结清欠款。

10. 1月15日，从北京海阳箱包材料有限公司赊购里布500米，单价5元，共计2 500元，增值税进项税额325元，材料已验收入库。

11. 1月17日，职工报销市内交通费270元，以现金支付。

12. 1月19日，以现金购买办公用品320元，直接交付管理部门使用。

13. 1月20日，开出现金支票向银行提取现金1 800元，备用。

14. 1月22日，开出支票支付本月电话费2 560元。

15. 1月23日，通过银行收回北京市王府井百货有限公司所欠货款及代垫运输费17 950元。

16. 1月25日，开出转账支票支付水费1 200元，其中生产车间1 000元，厂部管理部门200元。

17. 1月27日，领用荔纹头层牛皮600平方尺，单价20元，其中产品耗用400千克，管理部门耗用200千克。

18. 1月30日，计提固定资产折旧费5 000元，其中生产车间3 500元，行政管理部门1 500元。

19. 1月30日，收回华胜商厦所欠货款50 000元，存入银行。

20. 1月30日，采购员江海去济南预借差旅费2 000元，以现金支付。

工作要求：

1. 请你根据上述资料为中润公司编制会计分录；
2. 对所编制的会计分录编制试算平衡表进行试算平衡。

工作步骤：

第一步：根据账户的性质和结构分析每一笔经济业务所涉及的会计科目及借贷记账方向；

第二步：根据借贷记账法的记账规则编制会计分录；

第三步：编制试算平衡表进行试算平衡。

自检知识图谱

- **开设会计账户**
  - 会计科目
    - 概念：会计科目是（　　　　）的具体内容
    - 分类：①按反映的经济内容分为资产类、（　　　　）、所有者权益类、（　　　　）、共同类和（　　　　）
            ②按提供信息的详细程度及统御关系分为（　　　　）和明细分类科目
    - 设置原则：（　　　）、（　　　）和（　　　）原则
  - 会计账户
    - 概念：会计账户依据（　　　）开设的，具有一定的格式和结构
    - 分类：同（　　　）
    - 四项金额关系：（　　　　　　　　　　　　　　）

- **借贷记账法**
  - 记账符号：（　　　　）
  - 账户结构：资产类、费用类：借（　）贷（　）；其他：贷（　）借（　）
  - 记账规则：（　　　　　　　　　）
  - 会计分录三要素：（　　　　　　　）
  - 试算平衡
    - 发生额试算平衡：（　　　　　　　　　　　　　）
    - 余额试算平衡：（　　　　　　　　　　　　　）
    - 试算不平衡，表示记账一定（　　　），但试算平衡时，不能表明记账一定正确

- **核算企业主要经济活动**
  - 筹集资金业务核算
    - 接受投资者投资　借：银行存款/固定资产/无形资产（按合同或约定价值入账）
                      贷：（　　　　　　　　）
    - 借入资金　借：（　　　　）（短期）/（　　　　）（长期）
                贷：银行存款
  - 供应过程业务核算
    - 材料采购业务核算　借：（　　　）（未入库）/（　　　）（已入库）
                        （　　　　）
                        贷：银行存款（现购）/预付账款（预付）/应付账款（赊购）/应付票据（商业汇票）
    - 固定资产购建业务核算　借：固定资产（无须安装）/在建工程（须安装）
                            应交税费——应交增值税（进项税额）
                            贷：（　　　）（已付款）/（　　　）（已付款）
  - 生产过程业务核算
    - 费用发生　借：生产成本/制造费用/管理费用/销售费用
                贷：原材料/应付职工薪酬/累计折旧
    - 制造费用结转　借：生产成本
                    贷：（　　　）
    - 产品完工验收入库　借：（　　　）
                        贷：生产成本
  - 销售过程业务核算
    - 确认收入　借：银行存款/应收账款/预收账款
                贷：（　　　）（主营）/（　　　）（兼营）
                    （　　　）
    - 税金及附加　借：（　　　　　　）
                  贷：应交税费
    - 结转已销产品成本　借：（　　　）（主营）/（　　　）（兼营）
                        贷：库存商品
  - 利润形成及分配业务核算
    - 利润形成　借：收入类账户
                贷：本年利润
                借：本年利润
                贷：费用类账户
    - 利润分配　借：利润分配——提取法定盈余公积/任意盈余公积
                    利润分配——向投资者分配利润
                贷：盈余公积
                    应付股利

自测题

项目三自测题

项目四
填制与审核记账凭证

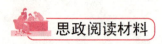

会计论道之细心

老子《道德经》说："天下大事，必做于细；天下难事，必做于易。"也就是说，要想成就一番事业，必须从简单的事情做起，从细微之处入手。汪中求先生在他的《细节决定成败》一书写道："在中国，想做大事的人很多，但愿意把小事做细的人很少；我们不缺少雄韬伟略的战略家，缺少的是精益求精的执行者；绝不缺少各类管理规章制度，缺少的是对规章条款不折不扣地执行。我们必须改变心浮气躁、浅尝辄止的毛病，提倡注重细节，把小事做细。"

填制（即编制）与审核会计凭证是会计人员的工作日常，是会计核算工作的起点和基础，是登记账簿的前提和依据，在整个会计核算过程中起着至关重要的作用。作为财务人员，对于每一个数据、每一张凭证都要细心认真，要确保准确，很多时候是没有机会修改的，也不能给自己犯错的机会。所以必须做到细心、细致，不能有丝毫的马虎。任何一个小错误都可能会使财务工作成果功亏一篑，更严重的是会对企业管理层作出科学决策产生不利影响。

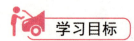

素质目标
- 了解会计工作的客观性与严谨性，培养学生细致、严谨、规范的职业素养。
- 自觉按照财经法规的要求处理会计凭证，细心精确，独立公正。
- 自觉养成责任担当、爱岗敬业、诚实守信的职业责任和敬业精神。

知识目标
- 掌握记账凭证的种类、内容及填制要求。
- 了解会计凭证的传递程序与方法。
- 掌握会计凭证的整理与装订要求。
- 熟悉会计凭证的保管规定。

能力目标
- 能根据企业基本经济业务的原始凭证，运用借贷记账法熟练编制记账凭证。
- 能对记账凭证进行汇总，熟练编制记账凭证汇总表。
- 能规范地整理和装订会计凭证。
- 能根据工作任务要求查阅相关资料。

任务 4.1　了解记账凭证

北京中润服饰有限责任公司所使用的记账凭证如图4-1所示。

				记 账 凭 证				
			20　年　月　日				字第　号	
摘　要	总账科目	明细科目	借　方 千百十万千百十元角分	记账符号	贷　方 千百十万千百十元角分	记账符号		附单据
								张
合计金额								
会计主管：	记账：	稽核：		出纳：		制单：		

图 4-1　记账凭证

请判断此凭证的类型，并指出凭证的基本内容。

4.1.1　记账凭证的概念

微课：认识记账凭证

记账凭证又称记账凭单，是会计人员根据审核无误的原始凭证，按照经济业务事项的内容加以归类，并据以确定会计分录后所填制的、直接作为登记账簿依据的一种会计凭证。

原始凭证是记账的原始依据，记账凭证是记账的直接依据，他们都是会计核算的凭据，所以，会计凭证是指用以记载会计交易或事项的发生和完成情况，明确经济责任并据以登记账簿的书面证明。会计凭证可以有很多种分类，但主要是按照编制的程序与用途进行分类的，据此可分为原始凭证和记账凭证两大类。原始凭证与记账凭证的关系如图4-2所示。

有了原始凭证，为什么还要编制记账凭证呢？因为一个会计单位的经济业务是多种多样的，反映经济业务原始凭证的格式和内容也各不相同，加之原始凭证一般都不能具体表明经济业务应记入的账户及其方向，直接根据原始凭证登记会计账簿容易产生差错。因此，为了便于登记账簿，需要根据原始凭证反映的不同经济业务加以归类和整理，填制具有统一格式的记账凭证，并

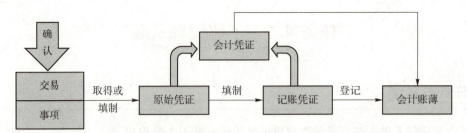

图 4-2 原始凭证与记账凭证的关系

将相关的原始凭证附在后面。这样,不仅可以简化记账工作,减少差错,而且有利于原始凭证的保管,便于对账和查账,提高会计工作质量。

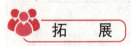 拓 展

在欧美及我国港台地区,会计分录的载体为日记账体系。

4.1.2 记账凭证的分类

会计实务中使用的记账凭证有多种,其分类也可以有多种标准,但最基本的分类如下:

1. 按所反映的经济内容不同分类

记账凭证按其所反映的经济内容不同,分为专用记账凭证和通用记账凭证。

1) 专用记账凭证

专用记账凭证是用来专门记录某一类经济业务的记账凭证。专用记账凭证按其所记录的经济业务与现金和银行存款的收付有无关系,又分为收款凭证、付款凭证和转账凭证三种。规模较大、业务量较多的单位一般采用专用记账凭证。

(1) 收款凭证。

收款凭证是指用以记录库存现金或银行存款增加业务的记账凭证。其格式如图 4-3 所示。

收 款 凭 证					
借方科目:	20 年 月 日				字第 号
摘 要	贷方科目		金额		记账√
	总账科目	明细科目	亿千百十万千百十元角分		
附件 张		合 计			
会计主管	记账	出纳	审核		制表

图 4-3 收款凭证

(2) 付款凭证。

付款凭证是指用以记录库存现金或银行存款减少业务的记账凭证。其格式如图 4-4 所示。

图 4-4 付款凭证

(3) 转账凭证。

转账凭证是指用来记录不涉及库存现金和银行存款收付业务的其他经济业务的记账凭证。其格式如图 4-5 所示。

图 4-5 转账凭证

提示

在会计实务中，为了便于区别这三种专业记账凭证，一般采用不同颜色印制。

2）通用记账凭证

通用记账凭证是指用来记录所有经济业务（不分收款、付款和转账业务）的记账凭证。

对于经济业务较简单、规模较小、收付业务较少的单位，为了简化核算，可采用通用记账凭证来记录所有经济业务。通用记账凭证的格式与转账凭证基本相同，如图 4-6 所示。

图 4-6 通用记账凭证

2. 记账凭证按其填制方式分类

记账凭证按其填制方式不同,分为复式记账凭证和单式记账凭证。

1) 复式记账凭证

复式记账凭证是指将每一笔经济业务事项所涉及的全部会计科目及其发生额均在同一张记账凭证中反映的一种凭证。前述收款凭证、付款凭证和转账凭证、通用记账凭证都是复式记账凭证,它们是在会计实务中应用最普遍的记账凭证。复式记账凭证可集中反映一项经济业务的科目对应关系,便于分析对照,了解有关经济业务的全貌,减少了凭证数量,但不利于会计人员分工记账。

2) 单式记账凭证

单式记账凭证是指每一张记账凭证只填列经济业务事项所涉及的一个会计科目及其金额的记账凭证。填列借方科目的称为借项记账凭证,填列贷方科目的称为贷项记账凭证。单式记账凭证反映的内容单一,便于分工记账,但一张凭证不能反映每一笔经济业务的全貌。其格式如图 4-7、图 4-8 所示。

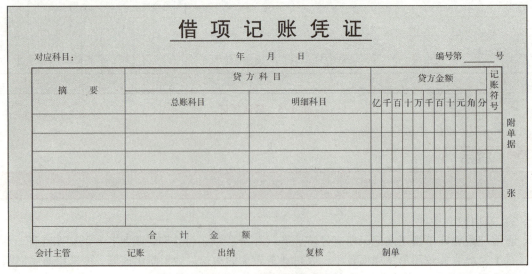

图 4-7 借项记账凭证

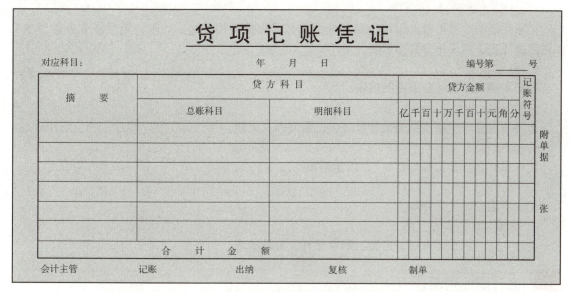

图 4-8　贷项记账凭证

4.1.3　记账凭证的基本内容

记账凭证作为登记账簿的直接依据，如图 4-9 所示，必须具备以下基本内容：

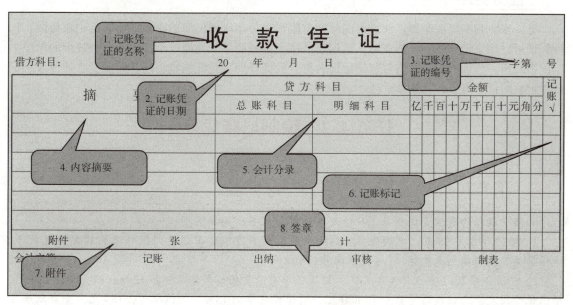

图 4-9　记账凭证的基本内容

1. 记账凭证的名称

记账凭证的名称即收款凭证、付款凭证、转账凭证或记账凭证。

2. 记账凭证的日期

记账凭证的日期是指填制记账凭证的日期，与原始凭证的填制日期可能相同，也可能不同。记账凭证应及时填制，但一般稍后于原始凭证的填制。

3. 记账凭证的编号

记账凭证的编号可以采用统一编号法，也可采用分类编号法。如果一笔经济业务需要填列多张记账凭证，可采用分数编号法。

4. 内容摘要

即简要描述经济业务事项的内容。

5. 会计分录

即经济业务事项所涉及的会计科目、记账方向及金额。

6. 记账标记

记账后在记账标记栏划"√"，以示记账。

7. 附件

记录所附原始凭证张数。

8. 签章

会计主管、记账、审核、出纳、制单等有关人员签章。

会计职业判断

你能找出记账凭证与原始凭证有哪些异同吗？

任务实施

第一步：判断凭证类型。北京中润服饰有限责任公司所使用的记账凭证为通用记账凭证，这种凭证可以用来记录所有经济业务，适用于经济业务较简单、规模较小、收付业务较少的单位。

第二步：凭证所包含的内容包括凭证名称、凭证日期、凭证编号、内容摘要、会计分录、记账标记、附件和有关人员签章。

任务 4.2 编制记账凭证

任务布置

北京中润服饰有限责任公司3月份发生的部分经济业务如下：

1. 2021年3月28日，中润公司收到徐州进中商贸有限公司通过网银转来的前欠销售款项。请根据原始凭证编制收款凭证。（凭证编号：收8号）

2. 中润公司2021年3月5日从广州荣顺服饰有限责任公司购入纽扣12 000颗，单价1.4元，增值税专用发票上记载的货款为16 800元，增值税税率为13%，增值税为2 184元，全部款项已用转账支票支付，材料已经验收入库。请根据原始凭证编制付款凭证。（凭证编号：付4号）

3. 2021年3月5日，购入的拉链、蕾丝花边已收到，并验收入库。请根据原始凭证编制转账凭证。（凭证编号：转4号）

4. 2021年3月2日，收到淮安新宝塑胶有限责任公司投入的货币资金2 000 000元存入银行，相关手续已办妥。请根据原始凭证编制通用记账凭证。（凭证编号：总3号）

请以北京中润服饰有限责任公司财务人员身份，根据以上经济业务的原始凭证分别完成收款凭证、付款凭证、转账凭证、通用记账凭证的填制工作。

4.2.1 编制记账凭证的基本要求

各种记账凭证必须按规定及时、准确、完整地编制（填制）。

1. 审核无误
2. 内容完整
3. 分类正确
4. 连续编号

4.2.2 编制记账凭证的具体要求

1. 以审核无误的原始凭证为依据

编制记账凭证的依据必须是经审核无误的原始凭证或汇总原始凭证。

记账凭证可以根据每一张原始凭证编制，也可以根据同类原始凭证汇总编制或根据原始凭证汇总表编制。

不得将不同内容和类别的原始凭证汇总填制在一张记账凭证上，否则，摘要无法填写，会计科目失去对应关系，记账时审核困难，容易造成记账错误。

2. 填写记账凭证的日期

记账凭证的日期一般为编制记账凭证当天的日期，但不同的会计事项，其编制日期也有区别。收付款业务的日期应填写货币资金收付的实际日期，它与原始凭证所记的日期不一定一致；转账凭证的填制日期为收到原始凭证的日期，但在摘要栏要注明经济业务发生的实际日期；月末计提、分配费用、成本计算、收入及费用的结转等，所填日期应当为当月最后一日的日期。

3. 填写摘要栏

摘要是对经济业务的简要说明，填写时应与原始凭证内容一致，能正确反映经济业务和主要内容，表达简短精练，书写工整。

4. 按照会计制度的规定，正确填制会计科目

会计科目应填写会计科目的全称，不得简化或以代号代替。需填明细科目的，应在明细科目栏填写明细科目的名称。

5. 填写金额

记账凭证不论是一笔业务还是多笔业务，均应在合计行填写合计数，并在合计数前书写人民币符号"￥"，以起"封票"作用。不是合计数字前不应填写货币符号。一笔经济业务因涉及会计科目较多，需填写多张记账凭证的，只在最末一张记账凭证的合计行填写合计金额。

6. 计算和填写附件张数

除结账和更正错误的记账凭证可以不附原始凭证之外，其他记账凭证必须附有原始凭证并注明所附原始凭证的张数。所附原始凭证张数的计算，一般以原始凭证的自然张数为准。如果记账凭证中附有原始凭证汇总表，则应该把所附原始凭证和原始凭证汇总表的张数一起计入附件的张数之内。但报销差旅费的零散票券，可以粘贴在一张纸上，作为一张原始凭证。

如果一张原始凭证涉及几张记账凭证的，可将该原始凭证附在一张主要的记账凭证后面，在其他记账凭证上注明附在××字×号记账凭证上。如果原始凭证需要另行保管，则应在记账凭证上注明"附件另订"和原始凭证名称、编号，要相互关联。附件张数应用阿拉伯数字填写。

7. 记账凭证编号

记账凭证的编号每月从"第1号"开始，按经济业务的先后顺序编号，不得跳号、重号。使用通用记账凭证的，可按经济业务发生的顺序编号。采用收款凭证、付款凭证和转账凭证的，可采用"字号编号法"，即按凭证类别三类顺序编号，如收字第×号、付字第×号、转字第×号，或按现收字第×号、银收字第×号、现付字第×号、银付字第×号、转字第×号五类顺序编号法；也可采用"双重编号法"，即按总字顺序编号与按类别顺序编号相结合，如某收款凭证为"总字第×号，收字第×号"。如一笔经济业务，需要编制多张记账凭证时，应按顺序采用"分数编号法"，如第3笔业务需要填制两张记账凭证，则这两张记账凭证的编号分别为 $3\frac{1}{2}$ 和 $3\frac{2}{2}$，又如收字第50号凭证需要填制3张记账凭证，就可以编成收字 $50\frac{1}{3}$、$50\frac{2}{3}$、$50\frac{3}{3}$。在每月最后一张记账凭证的编号旁边可加注"全"字，以防凭证散失。

8. 签名或盖章

记账凭证上规定有关人员的签名或盖章，应全部签章齐全，以明确经济责任。

9. 对空行的要求

记账凭证不准跳行或留有余行。填制完毕的记账凭证如有空行的，应在金额栏划一斜线或"S"形线注销。划线应从金额栏最后一笔金额数字下面的空行划到合计数行的上面一行，并注意斜线或"S"形线两端都不能划到有金额数字的行次上。

10. 记账标记的填写

记账凭证的内容登记入账后，应在凭证上的记账栏内注明账户页码或作"√"标记，以避免重复记账。

11. 复核与检查

记账凭证填写完毕，应进行复核与检查，并按所使用的记账方法进行试算平衡。如果发生错误，应重新填制，不得在凭证上更正。已经入账的记账凭证发现错误，应按正确的方法更正。经审核无误的记账凭证，有关人员均要签章。

会计职业判断

在同一项经济业务中，如果既有现金或银行存款的收付业务，又有转账业务，应怎样填制专用记账凭证？如李强出差回来，报销差旅费500元，走前已预借700元，剩余款项交回现金。

任务实施

1. 编制收款凭证

【做中学 4-1】2021 年 3 月 28 日,中润公司收到徐州进中商贸有限公司通过网银转来的前欠销售款项。请根据原始凭证(图 4-10)编制收款凭证。(凭证编号:收 8 号)

微课:收款凭证的编制

具体工作步骤如下:

第一步:根据原始凭证,判断该笔业务所涉及的账户及账户之间的对应关系,确定会计分录。

中国建设银行客户专用回单

币别:人民币　　　　2021 年 03 月 28 日　　　流水号 110120027J0500810092

付款人	全称	徐州进中商贸有限公司	收款人	全称	北京中润服饰有限责任公司
	账号	41924003423718		账号	41570391487043
	开户行	中国建设银行徐州市鼓楼区支行		开户行	中国建行银行北京市西城区支行
金额		(大写)人民币壹拾叁万柒仟捌佰陆拾元整		(小写)¥137860.00	
凭证种类		网银	凭证号码		
结算方式		转账	用途		货款

汇划日期:2021-03-28　　汇划款项编号:26458995
报文顺序号:66677540　　汇划行行号:
汇出行行名:
业务类型:0060　　　　原始凭证金额:137860.00
原始凭证种类:0703　　原始凭证号码:
附言:
打印时间:2021-03-28　交易柜员:110125584268　交易机构:110110526

打印柜员:110125584257
打印机构:中国建设银行北京市西城区支行
打印卡号:41570891487048

第二联贷方(回单)

图 4-10　客户专用回单

借:银行存款　　　　　　　　　　　　　　　　　　　　　137 860
　　贷:应收账款——徐州进中商贸有限公司　　　　　　　　137 860

第二步:确定经济业务的类型,选择要编制的记账凭证种类。
此笔业务为一笔收到银行存款的业务,故采用收款凭证。
第三步:编制收款凭证。
(1) 借方科目:按照收款的性质填写"库存现金"或"银行存款",此笔业务为"银行存款"。
(2) 年月日:按银行存款收到的日期填写。此笔业务为 2021 年 3 月 28 日。
(3) 凭证字号:按本月收款交易或事项连续编号。资料当中提到此笔凭证为收 8 号。
(4) 摘要:对经济业务的简要说明,表达要简明扼要,不可不填或错填。此笔业务可概括为"收回应收账款"。
(5) 贷方科目:填写贷记的总分类科目全称,不能只填写科目代码。此笔业务为"应收账款"。
(6) 明细科目:填写贷记的明细分类科目全称,不能只填写科目代码。应收账款明细可以按照往来单位设置明细账，此笔业务为"徐州进中商贸有限公司"。

（7）记账符号：在记账后划"√"，避免重记或漏记。

（8）金额：填写每个对应会计科目的金额，注意金额前不加"¥"符号。

（9）合计金额：填写贷方金额的合计数，并在金额前加"¥"符号。

（10）附单据张数：填写所附原始凭证的张数。此笔业务为1张。

参考工作成果如图4-11所示。

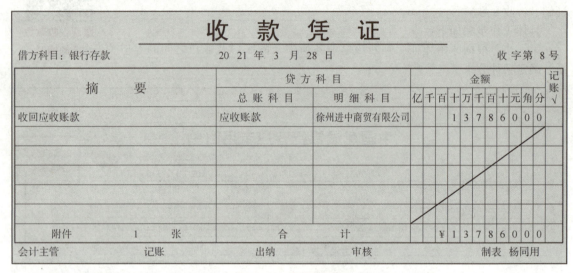

图4-11 收款凭证

会计职业判断

记账凭证是否一定附有原始凭证？为什么？

2. 编制付款凭证

【做中学4-2】 中润公司2021年3月5日从广州荣顺服饰有限责任公司购入纽扣12 000颗，单价1.4元，增值税专用发票上记载的货款为16 800元，增值税税率为13%，增值税为2 184元，全部款项已用转账支票支付，材料已经验收入库。请根据原始凭证（图4-12～图4-14）编制付款凭证。（凭证编号：付4号）

微课：付款凭证的编制

收料单

供应单位：广州荣顺服饰有限责任公司　　2021年03月05日　　编号 SL5743

材料编号	名称	单位	规格	数量		实际成本			
				应收	实收	单价	发票价格	运杂费	总价
001	纽扣	颗		12000	12000				
备注：									

收料人：张虎山　　　　　　　　　　　　　　交料人：杨战国

第二联记账联

图4-12 收料单

图 4-13 转账支票存根

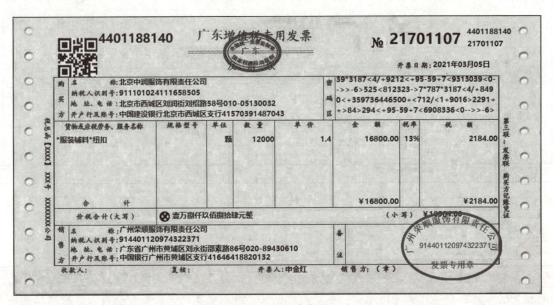

图 4-14 采购发票

具体工作步骤如下：

第一步：根据原始凭证，判断该笔业务所涉及的账户及账户之间的对应关系，确定会计分录。

  借：原材料——纽扣   16 800
    应交税费——应交增值税（进项税额）   2 184
    贷：银行存款   18 984

第二步：确定经济业务的类型，选择要填制的记账凭证种类。

此笔业务为一笔支付银行存款的业务，故采用付款凭证。

第三步：编制付款凭证。

（1）贷方科目：按照付款的性质填写"库存现金"或"银行存款"，此笔业务为"银行存款"。

（2）年月日：按银行存款支付的日期填写。此笔业务为 2021 年 3 月 5 日。

（3）凭证字号：按本月收款交易或事项连续编号。资料当中提到此笔凭证为付 4 号。

（4）摘要：对经济业务的简要说明，表达要简明扼要，不可不填或错填。此笔业务可概括为"采购材料并入库"。

（5）借方科目：填写借记的总分类科目全称，不能只填写科目代码。此笔业务依次为"原材料""应交税费"。

（6）明细科目：填写借记的明细分类科目全称，不能只填写科目代码。此笔业务依次为"纽扣""应交增值税（进项税额）"。

（7）附单据张数：填写所附原始凭证的张数。此笔业务为3张。

其他项目的填写方法同收款凭证。

参考工作成果如图4-15所示。

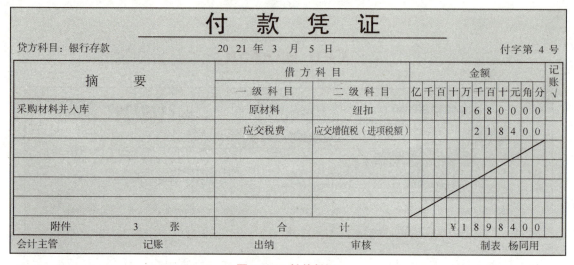

图4-15 付款凭证

 提示

在采用收款凭证、付款凭证和转账凭证等专用凭证的情况下，如果涉及现金和银行存款之间相互划转的业务，只填付款凭证，不填收款凭证，以免重复记账。如现金存入银行只填制一张库存现金付款凭证。

 提示

出纳人员根据收款凭证收款或根据付款凭证付款时，要在凭证上加盖"收讫"或"付讫"的戳记，以免重收重付，防止差错。

 提示

收款凭证和付款凭证是分别根据有关现金、银行存款收付业务的原始凭证填制的，是登记库存现金日记账、银行存款日记账、有关明细分类账及总分类账的依据，也是出纳人员收付款项的依据。

3. 编制转账凭证

【做中学4-3】2021年3月5日，购入的拉链、蕾丝花边已收到，并验收入库。请根据原始凭证（图4-16）编制转账凭证。（凭证编号：转4号）

收料单

供应单位：常州黄河服饰有限责任公司　　2021年03月05日　　编号SL5740

材料编号	名　称	单　位	规　格	数量		实际成本			
				应　收	实　收	单　价	发票价格	运杂费	总　价
001	拉链	条		1300	1300				
001	蕾丝花边	米		700	700				
备注：									

收料人：张虎山　　　　　　　　　　　　　　　交料人：贾丰斌

第二联　记账联

图4-16　收料单

具体工作步骤如下：

第一步：根据原始凭证，判断该笔业务所涉及的账户及账户之间的对应关系，确定会计分录。

借：原材料——拉链　　　　　　　　　　　　　　　　2 600
　　原材料——蕾丝花边　　　　　　　　　　　　　　26 600
　贷：在途物资——拉链　　　　　　　　　　　　　　　2 600
　　　在途物资——蕾丝花边　　　　　　　　　　　　26 600

第二步：确定经济业务的类型，选择要填制的记账凭证种类。

此笔业务为一笔不涉及现金银行存款收付的业务，故采用转账凭证。

第三步：编制转账凭证。

（1）年月日：按转账业务发生的日期填写，此笔业务为2021年3月5日。如果是期末结账业务，则应填写期末日期。

（2）总账科目：填写借记和贷记的会计科目全称，先写借方科目，后写贷方科目。

其他项目的填写方法同付款凭证。

参考工作成果如图4-17所示。

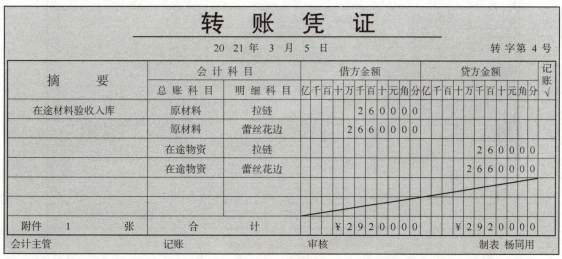

图4-17　转账凭证

提示

不设主体科目栏，填制凭证时，将经济业务所涉及的会计科目全部填列在凭证内，借方科目在先，贷方科目在后，将各会计科目应借应贷的金额填列在借方金额或贷方金额栏内。

提示

合计行中的借方金额合计数与贷方金额合计数应相等。

4. 编制通用记账凭证

【做中学 4-4】3月2日，收到淮安新宝塑胶有限责任公司投入的货币资金 2 000 000 元存入银行，相关手续已办妥。请根据原始凭证（图 4-18 和图 4-19）编制通用记账凭证。（凭证编号：总 3 号）

微课：通用记账凭证的编制

股东会决议（增资）

经全体股东审议，将本公司注册资本由 4000000.00 元增加至 6000000.00 元，一致通过如下决议：

一、增资股东身份情况

（略）

二、增资股东出资情况

股东名称	认缴新增注册资本	认缴比例（%）	实际出资金额	实际出资额占全体股东出资（%）	出资到位日期	出资方式
淮安新宝塑胶有限责任公司	2000000.00	33.34%	2000000.00	31.75%	2021-03-02	货币资金

三、增资后各股东持股比例

股东名称	实际出资情况			
	变更前		变更后	
	金额	所占份额	金额	所占份额
王继峰	2000000.00	50.00%	2000000.00	33.33%
张广兴	2000000.00	50.00%	2000000.00	33.33%
淮安新宝塑胶有限责任公司	0.00	0%	2000000.00	33.34%

股东代表签字：王继峰　　　　张广兴　　　张克勇

图 4-18　股东会决议

中国建设银行客户专用回单

币别：人民币　　　　2021 年 03 月 02 日　　　流水号 320820027J0500810066

付款人	全称	淮安新宝塑胶有限责任公司	收款人	全称	北京中润服饰有限责任公司
	账号	41612511310359		账号	41570391487043
	开户行	中国建行银行淮安市淮阴区支行		开户行	中国建行银行北京市西城区支行
金额		（大写）人民币贰佰万元整			（小写）¥2000000.00
凭证种类		电汇凭证	凭证号码		
结算方式		电汇	用途		投资款

打印柜员：320825584257
打印机构：中国建设银行淮安市淮阴区支行
打印卡号：41612511310359

打印时间：2021-03-02　　交易柜员：320825584257　　交易机构：320810556

图 4-19　客户专用回单

其工作步骤如下：

第一步：根据原始凭证，判断该笔业务所涉及的账户及账户之间的对应关系，确定会计分录。

借：银行存款　　　　　　　　　　　　　　　　　　　　　　2 000 000
　　贷：实收资本——淮安新宝塑胶有限责任公司　　　　　　　2 000 000

第二步：编制通用记账凭证。

项目的填写方法同转账凭证。

参考工作成果如图 4-20 所示。

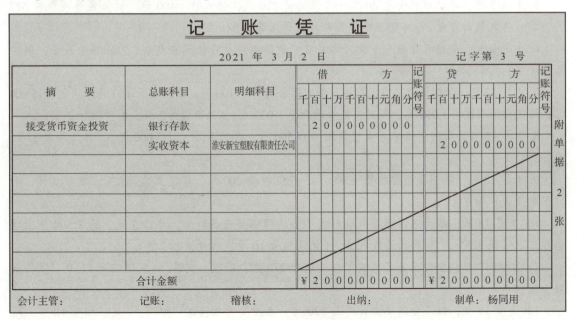

图 4-20　通用记账凭证

拓 展

与专用记账凭证相比,通用记账凭证的优点在于:①凭证种类单一,格式简化,编制方法易于掌握;②记账凭证无须再细分为收、付、转三种,可降低其印刷成本;③通用记账凭证的适用范围广泛,尤其是在当今使用电子计算机会计处理系统的形势下,通用记账凭证具有不可比拟的优势。

任务训练

工作实例:

北京飞鱼皮具有限公司2021年1月份发生下列经济业务:

1. 1月2日,从汉森皮革贸易有限公司赊购荔纹头层牛皮1 000平方尺,单价20元,计20 000元,增值税进项税额2 600元,对方代垫运杂费200元。材料已验收入库,款项尚未支付。(凭证编号1号,附件张数3张)

2. 1月3日,开出支票支付北京海阳箱包材料有限公司货款23 000元。(凭证编号2号,附件张数1张)

3. 1月5日,车间为制造单肩女包领用荔纹头层牛皮500平方尺,单价20元,计10 000元。(凭证编号3号,附件张数1张)

4. 1月6日,向工商银行借入半年期借款50 000元,存入银行存款户。(凭证编号4号,附件张数1张)

5. 1月7日,现销单肩女包20件,每件售价220元,销售额4 400元,增值税销项税额572元,款已存入银行存款户。(凭证编号5号,附件张数2张)

6. 1月9日,从银行存款户中支付本月2日的购料款及代垫运杂费。(凭证编号6号,附件张数1张)

7. 1月12日,赊销给北京市王府井百货有限公司背包100件,每件售价150元,销售额15 000元,增值税销项税额1 950元,为对方垫付运杂费1 000元。(凭证编号7号,附件张数2张)

8. 1月13日,车间制造单肩女包领用里布500米,单价5元,计5 000元。(凭证编号8号,附件张数1张)

9. 1月13日,张明报销差旅费1 800元,交回现金200元,结清欠款。(凭证编号9号,附件张数3张)

10. 1月15日,从北京海阳箱包材料有限公司赊购里布500米,单价5元,计2 500元,增值税进项税额325元,材料已验收入库。(凭证编号10号,附件张数2张)

11. 1月17日,职工王某某报销市内交通费270元,以现金支付。(凭证编号11号,附件张数1张)

12. 1月19日,以现金购买办公用品320元,直接交付管理部门使用。(凭证编号12号,附件张数1张)

13. 1月20日，开出现金支票向银行提取现金1 800元，备用。(凭证编号13号，附件张数1张)

14. 1月22日，开出支票支付本月电话费2 560元。(凭证编号14号，附件张数2张)

15. 1月23日，通过银行收回北京市王府井百货有限公司所欠货款及代垫运输费17 950元。(凭证编号15号，附件张数1张)

16. 1月25日，开出转账支票支付水费1 200元，其中生产车间1 000元，厂部管理部门200元。(凭证编号16号，附件张数2张)

17. 1月27日，领用荔纹头层牛皮600平方尺，单价20元，其中产品耗用400千克，管理部门耗用200千克。(凭证编号17号，附件张数1张)

18. 1月30日，计提固定资产折旧费5 000元，其中生产车间3 500元，行政管理部门1 500元。(凭证编号18号，附件张数1张)

19. 1月30日，收回华胜商厦所欠货款50 000元，存入银行。(凭证编号19号，附件张数1张)

20. 1月30日，采购员江海去济南预借差旅费2 000元，以现金支付。(凭证编号20号，附件张数1张)

工作要求：

请你根据以上业务编制通用记账凭证。

工作步骤：

第一步：判断每一笔业务所涉及的账户及账户之间的对应关系，确定会计分录。

第二步：编制通用记账凭证。

任务4.3　审核记账凭证

任务布置

2021年3月4日，北京中润服饰有限责任公司从银行提取现金10 000元，以备零星开支，原始凭证如图4-21所示，制单人员编制的记账凭证如图4-22，请按照记账凭证审核要求进行审核。

图4-21　现金支票存根

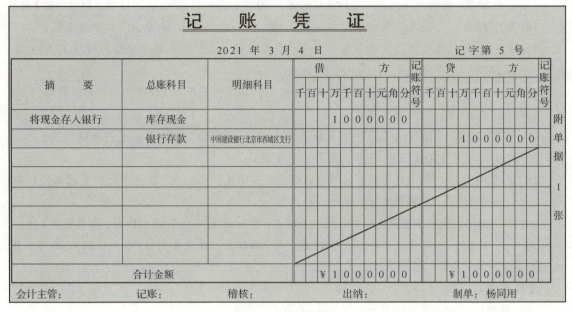

图 4-22 记账凭证

4.3.1 审核记账凭证的意义

为了正确登记账簿和对经济业务实施监督，记账凭证填制完毕以后，必须认真审核，只有审核无误的记账凭证才能作为记账的依据。对记账凭证的审核，除了编制记账凭证的人员应当加强自审以外，同时还应建立专人审核制度。

4.3.2 记账凭证的审核内容

记账凭证的审核内容包括以下几个方面：

1. 内容是否真实

记账凭证是否附有原始凭证，记账凭证所附的原始凭证是否齐全，内容是否与记账凭证内容一致，二者金额合计是否相等，对一些需要单独保管的原始凭证是否在凭证上加以说明。

2. 项目是否齐全

审核记账凭证所填写的项目是否完备，日期、摘要、凭证编号、总账科目及明细科目、附件张数及有关人员的签章是否完备。

3. 科目是否正确

审核应借、应贷的会计科目和金额是否正确，账户的对应关系是否清晰、完整，核算内容及所使用的会计科目名称是否符合会计制度的要求。

4. 金额是否正确

根据借贷记账法的基本原理，审核记账凭证上列示的总分类科目金额、明细分类科目金额，检查填列的金额是否正确。

5. 书写是否正确

审核记账凭证书写的文字和数字是否工整、清晰，是否按规定更正改错。

6. 手续是否完备

主要审核审批手续是否齐全，相关人员是否签字或者盖章。

在登账之前，如果发现记账凭证有错误，要交由有关人员进行更正，原错误的记账凭证作废，再根据正确的会计分录重新填制记账凭证。

记账凭证经过审核，如果发现差错，应查明原因，按规定办法及时处理和更正，并在更正处由更正人员盖章以示负责。只有经过审核无误的记账凭证，才能据以登记账簿。

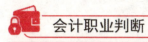

在登记账簿之前发现记账凭证填制错误能否撕掉重新填写？

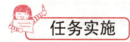

第一步：按照记账凭证审核的要求，对记账凭证进行审核，发现此笔业务为"从银行提取备用金"，会计人员编制的记账凭证将该笔业务描述为"将现金存入银行"，存在错误。

第二步：由会计人员重新编制一张正确的记账凭证，如图4-23所示，并经复核人员再次复核。

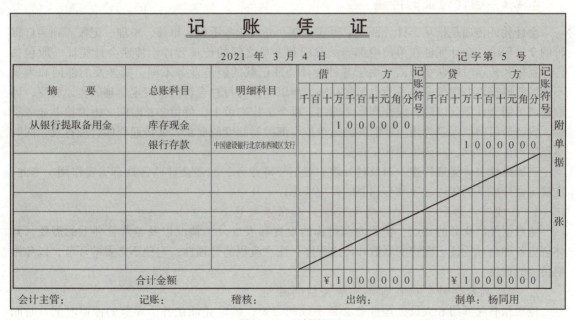

图4-23 记账凭证

任务训练

工作实例：
见任务4.2任务训练所编制的记账凭证。

工作要求：
按照记账凭证审核的要求审核已经编制完成的记账凭证，并对审核结果提出处理意见。

工作步骤：
第一步：分小组组织教学，在组内成员之间进行交换审核，并在复核处签字。
第二步：对存在问题的原始凭证交由原制单人员按规定方法予以更正或重新编制。
第三步：审核人员再次审核，并在复核处签字。
第四步：经老师审阅后在班内进行总结、评价。

任务 4.4　传递与保管会计凭证

请以北京中润服饰有限公司财务人员的身份，为企业材料收入业务活动的凭证传递设计合理的流程，并完成任务4.2和任务4.3记账凭证的整理与装订工作。

4.4.1　会计凭证的传递

会计凭证传递是指从会计凭证的取得或编制、办理业务手续、审核、整理、记账，到装订保管的全过程中，会计凭证在单位内部有关部门和人员之间的传递程序。传递会计凭证一般包括传递程序和传递时间两个方面。由于各种会计凭证记载的经济业务不同，所涉及的部门和人员不同，所要据以办理的业务手续也不尽相同，所以应当为每种会计凭证规定合理的传递程序，即取得或填制会计凭证以后，应交到哪个部门、哪个工作岗位上，停留多长时间、由谁接办业务手续，直到最后归档保管为止。要能够满足单位内部控制制度的要求，使传递程序合理有效，同时尽量节约传递时间，减少传递的工作量。

正确组织会计凭证传递，对及时处理和登记经济业务，加强会计监督具有重要作用。为此，在确定会计凭证的传递程序和传递时间时应考虑以下几点：

1. 合理确定各种会计凭证的配置联数和传递程序

应根据经济业务的特点、企业内部机构的设置和人员分工情况以及经营管理上的需要，具体规定各种会计凭证应配置的联数和传递程序，注意流程的合理性，避免不必要的环节，以免影响传递的速度。

2. 合理确定会计凭证在各个环节停留的时间

应根据有关部门和人员办理业务必要手续的需要，确定凭证在各个环节的停留时间。时间过紧或过松都会带来不利的影响。

提示

　　为保证会计核算的及时性，一切会计凭证的传递和处理，必须在报告期内完成，不允许跨期。

　　3. 通过调查研究，协商确定会计凭证的传递程序和传递时间

　　会计部门要在调查研究的基础上，会同有关部门和人员共同协商确定其传递程序和传递时间。会计凭证的传递程序和传递时间确定后，可分别为若干主要业务绘成流程图或流程表，供有关人员遵照执行。在执行中遇到不协调和不合理的地方，可随时根据实际情况加以修改。

4.4.2　会计凭证的装订

　　会计凭证是记录和监督经济业务，明确经济责任，并作为登记账簿依据的书面文件，是重要的经济档案和历史记录。所有企业单位都要按规定建立会计档案归档制度，都要把会计凭证、账簿等保存完善，以备日后核查。

微课：装订会计凭证

1. 日常保管

　　会计凭证审核无误登记账簿后，应按照分类和编号顺序保管，不能散乱、丢失。记账凭证应连同所附全部原始凭证一起，按顺序折叠整齐，以备按期装订成册。

　　原始凭证不能外借，如特殊原因确需外借时，必须经会计主管、单位领导批准后复制。对外单位提供复制原始凭证，要设专门登记簿记录，并由提供人员和收取人员共同签名盖章。从外单位取得的原始凭证如有遗失，应取得原开具单位盖有公章的证明，并注明原来凭证的号码、金额和内容等，由经办单位负责人、会计主管人员和单位负责人批准后，才能代作原始凭证。如确实无法取得证明的，如火车票、飞机票等，由当事人写出详细情况，由单位负责人批准后代作原始凭证。

2. 定期装订

　　会计凭证装订是指将整理完毕的会计凭证加上封面和封底，装订成册，并在装订线上加贴封签的一系列工作。科目汇总表的工作底稿也可以装订在内，作为科目汇总表的附件。使用计算机的企业，还应将转账凭证清单等装订在内。

提示

　　会计凭证不得跨月装订。记账凭证少的单位，可以一个月装订一本；记账凭证较多的单位，一个月内可装订成若干册。采用科目汇总表会计核算形式的企业，原则上以一张科目汇总表及所附的记账凭证、原始凭证装订成一册。但凭证较少的单位，也可将若干张科目汇总表及相关记账凭证、原始凭证合并装订成一册，序号每月一编。装订好的会计凭证厚度通常在2～3厘米。

　　装订成册的会计凭证必须加盖封面，封面上应注明单位名称、年度、月份和起讫日期、凭证种类、起讫号码，由装订人在装订线封签外签名或者盖章。会计凭证封面如图4-24所示。

　　会计凭证的装订程序如下：

　　（1）整理记账凭证，摘掉凭证上的大头针等，并将记账凭证按编号顺序码放。

　　（2）将记账凭证汇总表、银行存款余额调节表放在最前面，并放上封面、封底。

　　（3）在码放整齐的记账凭证左上角放一张8厘米×8厘米大小的包角纸。包角纸要厚一点，其左边和上边与记账凭证对齐。

装订 盖人章

单位名称：________

记 账 凭 证 封 面

程序号

自　年　月　日起至　年　月　日止　本期共　册第　册

记账凭证	自第　号至　号	共　张
记账凭证汇总表或科目汇总表		共　张
原始凭证及总表		共　张

年　月　日装订

会计主管　　装订人

(a)

抽 出 凭 证 登 记 表

抽出日起	抽出凭证、名称及金额	抽出理由	接取人盖章	会计主管盖章	回迁日起	备注
年 月 日					年 月 日	
年 月 日					年 月 日	
年 月 日					年 月 日	
年 月 日					年 月 日	
年 月 日					年 月 日	
年 月 日					年 月 日	
年 月 日					年 月 日	

(b)

图 4-24　会计凭证封面

（4）过包角纸上沿距左边 5 厘米处和左沿距上边 4 厘米处包角纸上划一条直线，并用两点将此直线等分，再分别等分直线的两点处，将包角纸和记账凭证打上两个装订孔。如图 4-25 所示。

（5）用绳沿虚线方向穿绕扎紧（结扎在背面）。

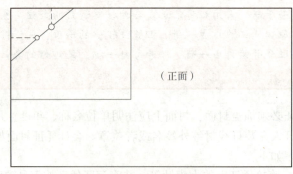

图 4-25　会计凭证装订（正面 1）

（6）从正面折叠包角纸粘贴成如图 4-26 所示的形状，并将划斜线部分剪掉。

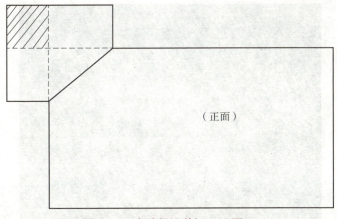

图 4-26 会计凭证装订(正面 2)

(7)将包角纸向后折叠粘贴成如图 4-27 所示的形状。

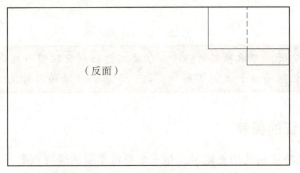

图 4-27 会计凭证装订(反面)

(8)将装订线印章盖于骑缝处,并注明年、月、日和册数的编号。

将上述案例资料编制的会计凭证进行整理后装订成册,并填写好凭证封皮。如图 4-28 和图 4-29 所示。

图 4-28 装订成册的会计凭证 1

图 4-29 装订成册的会计凭证 2

原始凭证数量较多时,可单独装订保管,但要在凭证封面注明所属记账凭证的日期、编号和种类,同时在所属记账凭证上注明"附件另订"和原始凭证的名称及编号。

4.4.3 会计凭证的保管

会计凭证是各项经济活动的历史记录,是一个单位重要的经济档案,必须妥善保管,防止丢失毁损,以备日后随时查阅。会计部门根据会计凭证登记账簿后,应将各种记账凭证按照编号顺序连同所附原始凭证定期装订成册,严格完整保管,在年度终了时可暂由单位会计机构保管一年,期满后应移交单位档案机构统一保管。

会计凭证的保管期限和销毁手续,必须根据《会计档案管理办法》的有关规定执行,任何人都无权自行随意销毁。对保管期满需要销毁的会计凭证,必须开列清单,按规定手续报经批准后才能销毁。

我国《会计档案管理办法》详细规定了各类单位会计档案的最低保管期限。其中,企业和其他组织会计档案保管期限如表 4-1 所示。

表 4-1 企业和其他组织会计档案保管期限

序号	档案名称	保管期限	备注
一	会计凭证类		
1	原始凭证	30 年	
2	记账凭证	30 年	
二	会计账簿类		
3	总账	30 年	包括日记总账
4	明细账	30 年	
5	日记账	30 年	
6	固定资产卡片		固定资产清理报废后 5 年
7	辅助账簿	30 年	

续表

序号	档案名称	保管期限	备注
三	财务报告类		包括各级主管部门汇总财务报告
8	月、季度财务报告	10年	包括文字分析
9	年度财务报告（决算）	永久	包括文字分析
四	其他类		
10	会计移交清册	30年	
11	会计档案保管清册	永久	
12	会计档案销毁清册	永久	
13	银行存款调节表	10年	
14	银行对账单	10年	

工作实例：

见任务4.2任务训练的原始凭证以及根据该原始凭证所编制的通用记账凭证。

工作要求：

将案例中的原始凭证以及根据该原始凭证所编制的通用记账凭证进行整理并装订成册。

工作步骤：

第一步：整理上述案例中的会计凭证。

按照会计凭证整理的要求，将上述引入工作案例中的原始凭证附在相应的记账凭证后面（原始凭证纸张尺寸大于记账凭证的，按要求进行折叠，与记账凭证的大小要一致）。

第二步：加具封面、封底，并在凭证封面上填写好凭证种类、起讫号码、凭证张数，有关人员在封面上签章。

第三步：装订成册。

第四步：将装订后的会计凭证交由专人保管，期满后移交单位档案机构。

自检知识图谱

了解记账凭证
- 分类
  - 专门反映某类经济业务的（　　　）、（　　　）和（　　　）
  - 记录所有经济业务的（　　　）
- 基本内容
  - ①（　　　）；②（　　　）；③（　　　）
  - ④会计科目；⑤金额；⑥所附（　　　）张数；⑦签名或盖章
  - 特殊：收款和付款记账凭证还需要（　　　）签名或盖章

填制与审核记账凭证
- 编制记账凭证
  - 以（　　　）的原始凭证为依据
  - 不得将不同内容和类别的原始凭证汇总填制在一张记账凭证上
  - 记账凭证应连续编号，编号方法包括（　　　）和（　　　）
  - 填制记账凭证时若发生错误，应当重新填制
  - 记账凭证填制完成后，如有空行，应将空行处（　　　）
  - 收款凭证左上角的"借方科目"按收款性质填写（　　　）和（　　　）
  - 付款凭证左上角的"贷方科目"按付款性质填写（　　　）和（　　　）
  - 除结账和更正错账不附原始凭证外，其他记账凭证必须附
- 审核记账凭证
  - ①内容是否真实；②项目是否齐全；③科目是否正确
  - ④金额是否正确；⑤书写是否正确；⑥手续是否完备

传递与保管会计凭证
- 传递
- 保管
  - 装订成册
  - 查询：专人保管，不得外借，经批准后可（　　　）
  - 一般保管期限为（　　　）年，重要的永久保管，未到保管期，不得（　　　）

项目四自测题

项目五
设置与登记会计账簿

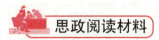

会计论道之耐心

荀子在《劝学》中说道:"故不积跬步,无以至千里;不积小流,无以成江海。骐骥一跃,不能十步;驽马十驾,功在不舍。锲而舍之,朽木不折;锲而不舍,金石可镂。"这句话的意思是志当存高远,行当积跬步,做任何事情都要有耐心,否则将半途而废。

会计的耐心就是要认真对待每一件小事,老子说:"天下大事,必做于细。"会计工作要严格按照财务和内控制度,耐心地对待每一笔业务,反复审核凭证,及时、准确、完整地登记账簿,按时做好各项资料的归档保管。财务人员要塑造宝贵的人格品质,强化敬业精神,脚踏实地地工作,用耐心树立良好的职业形象。

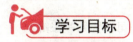

素质目标
- 热爱财务,实事求是,运用所学知识服务社会。
- 树立严谨的职业道德观,讲诚信、守道德,遵守职业规范。
- 具备细心踏实的职业精神和较强的人际沟通能力。

知识目标
- 明确会计账簿的作用和种类。
- 掌握账簿的设置、启用、格式和登记规则。
- 掌握对账的内容和要求。
- 掌握错账更正方法及适用范围。
- 掌握结账的要求和方法。

能力目标
- 能正确设置各种账簿,即会建账,并熟练地启用账簿。
- 能正确登记现金和银行存款日记账。
- 能正确登记总账和各种明细账。
- 能发现账簿中的错误记录,并能正确进行更正。
- 能正确对账、结账和更换新账,并对通过对账发现的问题熟练地进行账务处理。

任务 5.1　初识会计账簿

任务布置

北京中润服饰有限责任公司 2021 年 3 月初全部账户余额如表 5-1 所示。

表 5-1　2021 年 3 月初全部账户余额　　　　　　　　　　　　元

资产类账户	金额	负债及所有者权益类账户	金额
库存现金	9 450	应付账款	70 000
银行存款	2 241 264	应付职工薪酬	119 091.20
其他货币资金	38 000	应交税费	67 596.57
应收账款	26 000	实收资本	4 000 000
预付账款	11 800	资本公积	300 000
原材料	159 480	盈余公积	133 900.67
库存商品	83 791	本年利润	192 855.17
固定资产	3 123 943	利润分配	2 880 284.39
无形资产	2 070 000		
总计	7 763 728	总计	7 763 728

假如你是中润服饰公司新入职的会计杨同用，针对上述账户，应该为公司设置哪些账簿？

知识准备

5.1.1　会计账簿的概念

会计账簿（简称账簿）是指由具有一定格式、相互联系的账页组成，以审核无误的会计凭证为依据，全面、系统、连续地记录各项经济业务的簿籍。设置和登记会计账簿是会计工作的一个重要环节，为了全面、系统、连续地核算和监督单位的经济活动及其财务收支情况，各单位都应该根据我国《会计法》的规定，结合本单位会计业务的需要，科学、合理地设置和正确登记会计账簿。

微课：认识会计账簿

提示

会计账簿是账户的表现形式，两者既有区别又有联系。账簿是由若干张账页组成的一个整体，而开设于账页上的账户则是这个整体上的个别部分。因此，账簿和账户的关系，是形式和内容的关系。

会计职业判断

某高职毕业生小赵和小王毕业后自主创业，与一个体户老板张某共同出资组建了一个小型酱菜厂，主要生产各种食用小酱菜。由于生产规模很小，过程简单，组织机构也很不健全，管理人员很少。所以，该企业一直都没有设置凭证、账簿，其他财务资料也严重缺失。税务机关去查账时根本无账可查，结果被罚款5 000元。他们三人都感觉很委屈，认为他们这么小的企业，只要不偷漏国家税款，没必要设置账簿核算。

请思考他们的观点正确吗？应如何改正？

拓　展

我国《会计法》第3条明确规定："各单位必须依法设置会计账簿，并保证其真实完整。"第16条规定："各单位发生的各项经济业务事项应当在依法设置的会计账簿上统一登记核算，不得违反本法和国家统一的会计制度规定私设会计账簿登记、核算。"我国《税收征收管理法》第23条规定："从事生产、经营的纳税人应当自领取营业执照或者发生纳税义务之日起15日内，按照国家规定设置账簿。""生产规模小又确无建账能力的纳税人，可以聘请经批准从事会计代理记账业务的专业机构或者经税务机关认可的财会人员代为建账和办理账务；聘请上述机构或者人员有实际困难的，经县以上税务机关批准，可以按照税务机关的规定，建立收支凭证粘贴簿、进货销货登记簿或者使用税控装置。"

5.1.2　会计账簿的种类

账簿可以按其用途、外表形式和账页格式等不同标准进行分类。

1. 按照账簿用途分类

账簿按照用途的不同可以分为序时账簿、分类账簿和备查账簿。

（1）序时账簿（简称序时账）又称日记账，它是按照经济业务的发生或完成时间的先后顺序，逐日逐笔登记的账簿。日记账按所核算和监督经济业务的范围，可分为普通日记账和特种日记账两种。普通日记账是把全部经济业务的会计分录按照时间顺序记录在账簿中；特种日记账是把性质相同的经济业务分别登记在一种账簿中，如现金日记账、银行存款日记账，如图5-1和图5-2所示。通常大多数企业只对现金和银行存款的收付业务使用日记账。

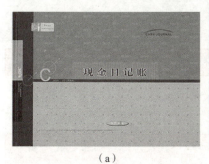

(a)　　　　　　　　　　　　　　　(b)

图5-1　现金日记账

图 5-2 银行存款日记账

目前在我国，大多数单位一般只设库存现金日记账和银行存款日记账，它们又称为特种日记账。

（2）分类账簿（简称分类账）是通过对全部经济业务按照会计要素的具体类别而设置的分类账户进行登记的账簿。分类账簿按记账内容详细程度不同，又分为总分类账和明细分类账。总分类账简称总账，是根据总分类科目开设账户，用来登记全部经济业务，进行总分类核算，提供总括核算资料的分类账簿，如图 5-3 所示。明细分类账简称明细账，是根据明细分类科目开设账户，用来登记某一类经济业务，进行明细分类核算，提供明细核算资料的分类账簿，如图 5-4 所示。

图 5-3 总分类账

图 5-4 明细分类账

总账对所属明细账起统驭作用，明细账是对总账的补充和说明。

现金、银行存款账户由于已设置了日记账，不必再设明细账，其日记账实质上也是一种明细账。

（3）备查账簿（简称备查账）又称辅助登记簿，是指对某些在序时账簿和分类账簿等主要账簿中都不予登记或登记不够详细的经济业务进行补充登记时使用的账簿。如设置租入固定资产登记簿、代销商品登记簿等。

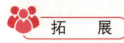

备查账簿与序时账簿、分类账簿相比存在以下三点不同之处：
（1）登记依据可能不需要记账凭证，甚至不需要一般意义上的原始凭证；
（2）账簿没有固定的格式，可根据实际需要加以设计；
（3）登记的内容和方法不同，备查账簿的主要栏目不记录金额，更注重用文字来表述某项交易或事项的发生情况。

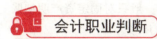

备查账簿是一种非正式账簿，不是企业必须设置的，因此企业可以自行决定是否设置。这种说法正确吗？

2. 按照账簿外表形式分类

账簿按外表形式的不同可以分为订本账、活页账、卡片账。

（1）订本账是启用之前就已将账页装订在一起，并对账页进行连续编号的账簿。其优点是能够避免账页散失和防止抽换账页；其缺点是不能准确地为各账户预留账页。这种账簿一般适用于总分类账、现金日记账和银行存款日记账。订本账如图5-5所示。

图5-5 订本账

（2）活页账是在账簿登记完毕之前并不固定装订在一起，而是装在活页账夹中的账簿。当账簿登记完毕后（通常是一个会计年度），才将账页予以装订，加具封面，并给各账页连续编号。这类账簿的优点是记账时可以根据实际需要，随时将空白账页装入账簿，或抽出不需用的账页，也便于分工记账；其缺点是如果管理不善，可能会造成账页散失或故意抽换账页。这种账簿主要用于一般的明细分类账，如图5-6所示。

图 5-6 活页账

（3）卡片账是一种将账户所需格式印刷在硬卡上的账簿。严格地说，卡片账也是一种活页账，只不过它不是装在活页账夹中，而是装在卡片箱内。在我国，企业一般只对固定资产明细账核算采用卡片账，如图 5-7 所示。少数企业在材料核算中也使用材料卡片账。

固定财产卡片						第 号	
类别			年 月 日				
编号		名称		新旧程度		财产来源	
牌号		规格		财产原值		保管地点	
数量		特征		来源时间		已使年限	
所属设备							
折旧价格		折旧年限		年折旧额		清理残值	
备注							

图 5-7 卡片账

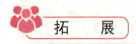拓 展

采用订本式账簿，可以防止账页的散失或抽换。但由于已经编定账页序号，账页数量是固定的，不能根据需要进行增减，所以，如果分类账簿也采用订本式账簿，就必须为每一个账户预留空白账页。这样，在使用中可能出现某些账户预留账页少了，而有些账户预留账页过多了，结果可能会影响账簿记录的连续性或者是造成浪费。另外，这种账簿在同一时间只能由一个人登账，不便于分工记账。订本式账簿主要适用于日记账，总分类账簿也可以采用。

3. 按照账页格式分类

账簿按账页格式的不同可以分为三栏式账簿、多栏式账簿、数量金额式账簿和横线登记式账簿。

(1) 三栏式账簿是设有借方、贷方和余额三个基本栏目的账簿。总分类账、日记账以及资本、债权、债务明细账一般采用三栏式。

(2) 多栏式账簿是在账簿的借方和贷方两个基本栏目内按需要分设若干专栏的账簿。如多栏式日记账、多栏式明细账。收入、费用明细账一般采用这种账簿格式。

(3) 数量金额式账簿是在账簿的借方、贷方和余额三个栏目内,都分设数量、单价、金额三小栏,借以反映财产物资的实物数量和价值量。如原材料、库存商品等明细账一般都采用数量金额式账簿。

(4) 横线登记式账簿也称平行式明细账,实际上也是一种多栏式明细账,其账页结构特点是将前后密切相关的经济业务在同一横行内进行详细登记,以检查每笔业务的完成及变动情况。这种明细账一般用于材料采购、应收票据和一次性备用金业务。

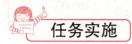

第一步:准备总账 1 本、现金日记账 1 本、银行存款日记账 1 本,均为订本式;再分别购买甲、乙式账页若干张,管理费用、生产成本、制造费用、本年利润以及增值税等多栏式明细账账页若干张,横线登记式账页若干张,账夹若干套;

第二步:开设所有账户总账账户,并记入期初余额;

第三步:开设库存现金日记账、银行存款日记账,并记入期初余额;

第四步:开设原材料、库存商品数量金额式明细账,开设管理费用、生产成本、制造费用、本年利润以及增值税等多栏式明细账,开设其他货币资金、应收账款、预付账款、固定资产、无形资产、应付账款、应付职工薪酬、实收资本、资本公积、盈余公积等三栏式明细账,并记入期初余额。

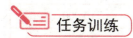

工作实例:

北京飞鱼皮具有限公司 2021 年 1 月初全部账户期初余额如表 5-2~表 5-4 所示。

表 5-2　2021 年 1 月初全部账户期初余额　　　　　　　　　　元

总账账户	明细账户	借方余额	贷方余额
库存现金		5 000	
银行存款		763 400	
应收账款		68 600	
	——红星工厂	12 600	
	——华胜商厦	56 000	
其他应收款		2 000	
	——张明	2 000	

续表

总账账户	明细账户	借方余额	贷方余额
原材料		40 000	
	——甲材料	30 000	
	——乙材料	10 000	
库存商品		54 000	
	——A产品	12 800	
	——B产品	42 000	
固定资产		220 000	
	——生产用固定资产	200 000	
	——非生产用固定资产	20 000	
累计折旧			30 000
	——累计折旧		30 000
短期借款			100 000
	——建行		100 000
应付账款			23 000
	——兴华公司		23 000
实收资本			1 000 000
	——源发公司		600 000
	——宏达公司		400 000
合　　计		1 153 000	1 153 000

表5-3　原材料明细账账户期初余额

名称	数量/千克	单位成本/元	金额
甲材料	1 500	20	30 000
乙材料	2 000	5	10 000
合计			40 000

表5-4　库存商品明细账户期初余额

名称	数量/件	单位成本/元	金额/元
A产品	100	128	12 800
B产品	400	105	42 000
合计			54 800

工作要求：
假如你是飞鱼公司的会计，针对上述账户，应该为公司设置哪些账簿？

工作步骤：
第一步：依据企业经济业务所涉及的会计科目设置账户；
第二步：开设总账账户，并记入期初余额；

第三步：开设库存现金日记账、银行存款日记账，并记入期初余额；

第四步：开设明细账，并记入期初余额。

任务 5.2　设置与启用会计账簿

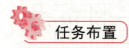

假设你是北京中润服饰有限责任公司的接管会计人员杨同用，请你将账簿启用及经管人员一览表（表5-5）填写完整。（本账簿为第二册，共三册；起记页数：1～100页；启用日期：2021年3月1日；停用日期：2021年12月31日；移交人员：张三；财务负责人：底苗须）

表5-5　账簿启用及经管人员一览表

	单位名称					
本账簿	名　　称					单位盖章
	册　　次		第　　册　共　　册			
	起记页数	第　　号至第　　号共计　　页				
	启用日期		年　　月　　日			
	停用日期		年　　月　　日			
经管人员	负责人		主办会计		记账	备注
	姓名	盖章	姓名	盖章	姓名　盖章	
移交人员姓名	接管日期		移交日期		接管人员盖章	会计主管盖章
	年　月　日		年　月　日			

5.2.1　会计账簿的设置方法

为了给经济管理提供系统的会计核算资料，各单位必须依法设置会计账簿，并保证其真实、完整。会计账簿包括总分类账、明细分类账、日记账和其他辅助性账簿。

1. 总账的设置

总账的设置方法一般是按照总账会计科目的编码顺序分别开设账户，由于总账一般都采用订本式账簿，因此，应事先为每一个账户预留若干账页。

总账常用的格式为三栏式，在账页中设有借方、贷方和余额三个金额栏，如表5-6所示。

表 5-6　总分类账

总 分 类 账

第　号

会计科目或编号：＿＿＿＿＿

年		记账凭证		摘要	借方 亿千百十万千百十元角分	√	贷方 亿千百十万千百十元角分	√	借或贷	余额 亿千百十万千百十元角分	√
月	日	字	号								

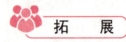

多栏式总账

总账的格式因采用的会计核算组织形式不同而各异，常用的有三栏式和多栏式两种。多栏式总分类账，是在一张账页上，把一个会计主体所涉及的会计科目都设置专栏，并在各专栏内再分借方和贷方栏次，同时根据"有借必有贷，借贷必相等"的原理，在各专栏前，设置发生额栏，起合计作用。这种格式是把序时账簿和总分类账簿结合在一起，变成了一种联合账簿，通常称为日记总账。这种总账具有序时账簿和总分类账簿的双重作用，可以不再设置现金和银行存款日记账，减少了记账的工作量，提高了会计工作的效率，并能较全面地反映经济业务的来龙去脉。

2. 明细账的设置

明细账应根据各单位的实际需要，按照总分类科目的二级科目或三级科目分类设置。

明细账一般采用活页式账簿，个别的采用卡片式账簿。根据各单位经济管理的需要和各明细分类账记录内容的不同，其账页的格式可采用三栏式、多栏式、数量金额式和横线登记式（或称平行式）等。

1) 三栏式明细账

三栏式明细账的金额栏主要由借方、贷方和余额三栏组成。它主要用来反映某项资金增加、减少和结余的情况及结果。这种账簿适用范围较广,它适用于需要进行金额核算的所有经济业务,如资本、债权、债务等账户。为区别总分类账中的三栏式,在实际工作中,将明细账中的三栏式,称为甲式账,如表5-7所示。

表5-7 三栏式明细账

年		凭证	摘要	借方	√	贷方	√	借或贷	余额	√
月	日	字号		亿千百十万千百十元角分		亿千百十万千百十元角分			亿千百十万千百十元角分	

总第　　　　页
分第　　　　页
会计科目或编号　　　　
子母、户名或编号　　　　

  会计职业判断

哪些总账科目下应采用三栏式账页建立明细账户?

2)多栏式明细账

多栏式明细账是为了提供多项管理信息,而根据各类经济业务的内容和管理需要来设置多个栏目进行反映的账簿。这类账簿首先将账户分为借方、贷方和余额三栏,再在借(或贷)方分别按明细科目设置多个栏目,用于提供管理所需要的信息。它主要用于因借方(或贷方)的经济业务较多,而另一方反映的经济业务较少或基本不发生的账户,如管理费用明细账、生产成本明细账、制造费用明细账、本年利润明细账和增值税明细账等。多栏式明细账的具体格式如表5-8所示。

  会计职业判断

哪些账户应采用多栏式明细账?

3)数量金额式明细账

数量金额式明细账的主体结构是由收入、发出和结存三栏组成的,并在每个栏目下再分设数量、单价和金额三个小栏。这种账簿一般适用于既要进行金额核算又要进行数量核算的财产物资账户,如原材料明细账、库存商品明细账等账户。在实际工作中,将数量金额式明细账称为乙式账,如表5-9所示。

表5-8 多栏式明细账

表5-9 数量金额式明细账

> **提示**
>
> 数量金额式账簿能够反映财产物资的实际数量和价值量。

4) 横线登记式明细账

横线登记式明细账的基本结构是账户从借方到贷方的同一行内,记录某一经济业务从发生到结束的所有事项,这一行登记完成,这一业务也就结束了。这种账页一般适用于需要逐笔进行结算的经济业务,便于监督此项经济业务的完成情况,对应关系清楚明了,如材料采购明细账、其他应收款明细账等可以采用这种格式。横线登记式明细账如表5-10所示。

表5-10 横线登记式明细账

明细分类账

总第　　页
分第　　页

年		凭证		摘要	借方		合计	年		凭证		摘要	贷方		合计	金额
月	日	字	号		原借	补付	亿千百十万千百十元角分	月	日	字	号		报销	退	亿千百十万千百十元角分	亿千百十万千百十元角分

> **会计职业判断**
>
> 哪些账户应采用横线登记式明细账?

3. 日记账的设置

按国家会计制度的规定,企业必须设置现金日记账和银行存款日记账,有外币业务的单位还需要按币种不同分别设置外币现金日记账和外币银行存款日记账。

1) 现金日记账的设置

现金日记账一般采用订本账,账页的格式有三栏式和多栏式两种,但在实际工作中大多采用三栏式,即在同一张账页上设借方、贷方和余额三个基本的金额栏目,并在金额栏与摘要栏之间插入对方科目,以便记账时标明现金增加的来源科目和现金减小的用途科目。现金日记账如表5-11所示。

表 5-11 现金日记账

现 金 日 记 账

年		凭证字号	摘要	借方 亿千百十万千百十元角分	贷方 亿千百十万千百十元角分	借或贷	余额 亿千百十万千百十元角分
月	日						

2）银行存款日记账的设置

银行存款日记账应按企业在银行开立的账户和币种分别设置，每个银行账户设置一本日记账。银行存款日记账的格式与现金日记账基本相同，银行存款日记账如表 5-12 所示。

表 5-12 银行存款日记账

银 行 存 款 日 记 账

年		凭证字号	支票号码	摘要	对方科目	借方 亿千百十万千百十元角分	贷方 亿千百十万千百十元角分	借或贷	余额 亿千百十万千百十元角分
月	日								

提示

设置和登记账簿，是编制会计报表的基础，是连接会计凭证和会计报表的中间环节。通过会计账簿的设置和登记，可以记载、储存会计信息；可以分类、汇总会计信息；可以检查、校正会计信息；可以编报、输出会计信息。

5.2.2 会计账簿的启用

1. 会计账簿的基本内容

在实际工作中,账簿的格式是多种多样的,不同格式的账簿所包括的具体内容也不尽相同,但各种账簿应具有以下几个方面的基本内容:

1)封面

封面主要表明账簿的名称,如总分类账、各种明细分类账、现金日记账、银行存款日记账等。

微课:会计账簿的启用

2)扉页

扉页主要列明科目索引、账簿启用及经管人员一览表(简称账簿启用表),其格式如表5-13所示。

表5-13 账簿启用及经管人员一览表

	单位名称			
本账簿	名　　称			单位盖章
	册　　次	第　册　共　册		
	起讫页数	第　号至第　号共计　页		
	启用日期	年　月　日		
	停用日期	年　月　日		
经管人员	负责人	主办会计	记账	备注
	姓名　盖章	姓名　盖章	姓名　盖章	
移交人员姓名	接管日期 年 月 日	移交日期 年 月 日	接管人员盖章	会计主管盖章

3)账页

账页是账簿用来记录经济业务的载体,其格式因记录经济业务的内容不同而有所不同,但基本内容包括以下几个方面:

(1)账户的名称,包括一级会计科目、二级会计科目、三级会计科目名称。

(2)登记账户的日期栏,包括年、月、日。

(3)凭证种类和号数栏,记录记账凭证的种类和号数。

(4)摘要栏,登记所记录的经济业务内容的简要说明。

(5)金额栏,记录本账户发生增、减变化的金额及余额。

(6)总页次和分户页次等。

4)封底

封底一般没有具体内容,但它与封面共同起着保护整个账簿记录完整的作用。

2. 会计账簿的启用

为了保证账簿记录的合法性和账簿资料的完整性，明确记账责任，会计人员启用新账簿时应坚持以下启用规则：

（1）应在账簿封面上写明单位名称和账簿名称。

（2）在账簿的扉页上填写账簿启用日期及经管人员一览表。会计人员如有变动，应办理交接手续，注明接管日期和移交人、接管人姓名，并由双方签名盖章。

（3）启用订本式账簿应当从第一页到最后一页按顺序编定页数，不得跳页、缺号。

使用活页式账簿应当按账户的顺序编号，并须定期装订成册，装订后再按实际使用的账页顺序编定页码，在第一页前面加账户目录，记明每个账户的名称和页次，如表5-14所示。

表5-14　账户目录

目录表

科目	编号	起讫页数	科目	编号	起讫页数	科目	编号	起讫页数

任务实施

第一步：启用会计账簿时，应当在账簿封面上写明单位名称、账簿名称、账簿册次、起讫日期、财务负责人、记账人员等项目，并加盖公章。

第二步：涉及会计人员发生变更时，应办理交接手续并填写账簿启用及经管人员一览表中的交接记录。

第三步：启用订本式账簿应当从第一页到最后一页按顺序编定页数，不得跳页、缺号。

第四步：按照会计科目的编号顺序填写目录表中的科目名称及启用页码，这样进行查找时就可以快速定位。

账簿启用及经管人员一览表填写完成，如表 5-15 所示。

表 5-15　账簿启用及经管人员一览表

账簿启用及经管人员一览表

	单位名称	北京中润服饰有限责任公司					单位盖章
本账簿	名　称	库存现金日记账					
	册　次	第 贰 册 共 叁 册					
	起讫页数	第 1 号至第 100 号共计 100 页					
	启用日期	2021 年 3 月 1 日					
	停用日期	2021 年 12 月 31 日					
经营人员	负责人		主办会计		记账		备注
	姓名	盖章	姓名	盖章	姓名	盖章	
	底苗须	底苗须	张三	张三	张三	张三	
移交人员姓名	接管日期		移管日期		接管人员盖章		会计主管盖章
	年	月 日	年	月 日			
张三	2021	1 1	2021	3 1	杨同用		底苗须

任务训练

工作实例：

北京飞鱼皮具有限公司银行存款日记账启用及交接表如表 5-16 所示。

表 5-16　账簿启用及经管人员一览表

	单位名称						单位盖章
本账簿	名　称						
	册　次	第 册 共 册					
	起讫页数	第 号至第 号共计 页					
	启用日期	年 月 日					
	停用日期	年 月 日					
经管人员	负责人		主办会计		记账		备注
	姓名	盖章	姓名	盖章	姓名	盖章	
移交人员姓名	接管日期		移交日期		接管人员盖章		会计主管盖章
	年	月 日	年	月 日			

工作要求：

假设你是北京飞鱼皮具有限公司的会计人员王志宁，请你将银行存款日记账启用及交接表填写完整。（本账簿为第一册，共三册；起讫页数：1~100页；启用日期：2021年1月1日；停用日期：2021年12月31日；财务经理：张献荣，无交接记录）

工作步骤：

第一步：启用会计账簿时，应当在账簿封面上写明单位名称；

第二步：填写账簿名称；

第三步：填写账簿册次；

第四步：填写起讫页数；

第五步：按要求依次填写启用日期、停用日期、财务负责人、记账人员等项目，并加盖公章；

第六步：涉及会计人员发生变更时，应办理交接手续并填写账簿启用及经管人员一览表中的交接记录，本题不涉及人员交接，所以交接记录不填。

任务 5.3　登记会计账簿

任务布置

北京中润服饰有限责任公司3月份发生的部分经济业务如下，请你将以下经济业务登记在对应的日记账和明细账中。

1. 2021年3月2日，收到淮安新宝塑胶有限责任公司投入的货币资金2 000 000元存入银行，相关手续已办妥。

　　借：银行存款　　　　　　　　　　　　　　　　　　　　　　　2 000 000
　　　　贷：实收资本——淮安新宝塑胶有限责任公司　　　　　　　　　　　2 000 000

2. 2021年3月5日，采购员刘泽军出差预借差旅费3 000元，以现金支付。

　　借：其他应收款——刘泽军　　　　　　　　　　　　　　　　　　3 000
　　　　贷：库存现金　　　　　　　　　　　　　　　　　　　　　　　3 000

3. 2021年3月5日，购入的拉链、蕾丝花边已收到，并验收入库。

　　借：原材料——拉链　　　　　　　　　　　　　　　　　　　　　2 600
　　　　原材料——蕾丝花边　　　　　　　　　　　　　　　　　　　26 600
　　　　贷：在途物资——拉链　　　　　　　　　　　　　　　　　　　2 600
　　　　　　在途物资——蕾丝花边　　　　　　　　　　　　　　　　26 600

4. 2021年3月16日，采购员刘泽军报销差旅费，原借款3 000元，报销火车票618元，取得的住宿费发票上注明住宿费用469.81元，增值税28.19元，出差补助300元，余额退回现金1 584元。

　　借：管理费用　　　　　　　　　　　　　　　　　　　　　　　　1 336.79
　　　　应交税费——应交增值税（进项税额）　　　　　　　　　　　　79.21
　　　　库存现金　　　　　　　　　　　　　　　　　　　　　　　　1 584
　　　　贷：其他应收款——刘泽军　　　　　　　　　　　　　　　　　3 000

5. 2021年3月27日，中润公司为从广州荣顺服饰有限责任公司购入纽扣向该公司预付8 000元货款。

借：预付账款——广州荣顺服饰有限责任公司　　　　　　　　8 000
　　贷：银行存款　　　　　　　　　　　　　　　　　　　　　　8 000

知识准备

5.3.1 会计账簿的登记要求

会计账簿的登记必须以经过审核无误的会计凭证（原始凭证、记账凭证）为依据，并符合有关法律和新会计准则的规定。

微课：会计账簿的登记要求

1. 登记账簿的时间要求

现金日记账和银行存款日记账，应当根据办理完毕的收付款凭证，随时逐笔顺序进行登记，最少每天登记一次；各种明细分类账，可根据记账凭证、原始凭证或者凭证汇总表逐笔登记或定期汇总登记；总分类账按照单位所采用的会计核算形式及时登账。

2. 记账规则

记账规则是指登记账簿时应遵守的规定和要求。为保证账簿记录的正确性，必须根据审核无误的会计凭证及时登记账簿，并符合下列要求：

1) 准确完整

登记会计账簿时，应将会计凭证日期、编号、业务内容摘要、金额和其他有关资料逐项记入账内，做到数字准确、摘要清楚、登记及时、字迹工整。账簿登记完毕，应在记账凭证上签名或盖章，并在记账凭证的过账栏内注明账簿页数，或划"√"符号，表明记账完毕，避免重记、漏记。登记完毕后，记账人员要在记账凭证上签名或者盖章，以明确责任。

2) 书写规范

摘要文字紧靠左线；数字要写在金额栏内，不得越格错位、参差不齐；文字、数字字体大小适中，紧靠下线书写，上面要留有适当的空距，不要写满格，一般应占格距的二分之一，以备按照规定方法改错。记录金额时，如为没有角分的整数，应分别在角分栏内写上"0"，不得省略不写。阿拉伯数字一般可自左向右适当倾斜，以使账簿记录整齐、清晰。

3) 用笔规范

为了保证账簿记录的永久性，防止涂改，记账时必须使用碳素墨水或蓝黑墨水书写（银行的复写账簿除外），不得使用铅笔、圆珠笔书写登账。下列情况可以使用红墨水记账：

(1) 按照红字冲账的记账凭证，冲销错误记录；

(2) 在不设借贷的多栏式账页中，登记减少数；

(3) 在三栏式账户的余额栏前，如未印明余额方向的，在余额栏内登记负数余额；

(4) 根据国家统一的会计制度规定可以用红字登记的其他会计记录。

4) 连续登记

记账时，必须按账户的页次逐页、逐行登记，不得隔页、跳行。如发生隔页、跳行现象，应在空页、空行处用红色墨水画对角线注销，或者注明"此页空白"或"此行空白"字样，并由登记人员和会计机构负责人（会计主管人员）签章。

5) 结计余额

凡需要结出余额的账户，结出余额后，应当在借或贷栏目内注明"借"或"贷"字样，以示余额的方向；对于没有余额的账户，应在借或贷栏内写"平"字，并在余额栏内用"θ"表示，应当放在"元"位。

6）过次承前

每一账页登记完毕时，应当结出本页发生额合计及余额，在该账页最末一行摘要栏注明"转次页"或"过次页"，并将这一金额记入下一页第一行有关金额栏内，在该行摘要栏注明"承前页"，以保持账簿记录的连续性，便于对账和结账。

7）正确更正

会计人员在登记账簿过程中发生错误时，必须按规定的方法予以更正，严禁刮、擦、挖、补或使用化学药物清除字迹。一旦发现差错，必须根据差错的具体情况采用划线更正、红字更正和补充登记等方法进行更正。

在实际工作中应严格按照《企业会计准则——基本准则》关于会计信息质量的及时性要求，进行账簿的登记。

5.3.2 日记账的登记

1. 现金日记账

它是由出纳人员根据审核后的现金收款凭证和现金付款凭证，按经济业务发生的时间先后顺序逐日逐笔进行登记。具体登记方法如下：

（1）日期栏，填写与现金实际收、付日期一致的记账凭证的日期。

（2）凭证栏，填写所入账的收、付款凭证的"字"和"号"。

（3）摘要栏，填写经济业务的简要内容。

（4）对方科目栏，填写与"现金"账户发生对应关系的账户的名称。

（5）借方栏、贷方栏，填写每笔业务的现金实际收、付的金额。

（6）现金日记账应进行日清。

每日应在本日所记最后一笔经济业务行的下一行（本日合计行）进行本日合计，并在本日合计行内的摘要栏填写"本日合计"字样，分别合计本日的收入和支出并计算出余额，填写在该行内的借方栏、贷方栏和余额栏。

微课：日记账的格式与登记方法

如果一个单位的现金收付业务不多，可不填写本日合计行，但需在结出每日的余额并填写在每日所记最后一笔经济业务行的余额栏内；每日应将现金日记账的余额与库存现金核对，以检查每日现金收付是否有误。

登记现金日记账如图5-8所示。

2. 银行存款日记账

它应由出纳员根据与银行收付业务有关的记账凭证，按时间先后顺序逐日逐笔进行登记。现以三栏式日记账为例说明其登记方法。

（1）日期栏，填写与银行存款实际收、付日期一致的记账凭证的日期。

（2）凭证栏，填写所入账的收、付款凭证的"字"和"号"。

（3）摘要栏，填写经济业务的简要内容。

（4）结算凭证种类、编号栏，填写银行存款收支的凭据名称和编号。

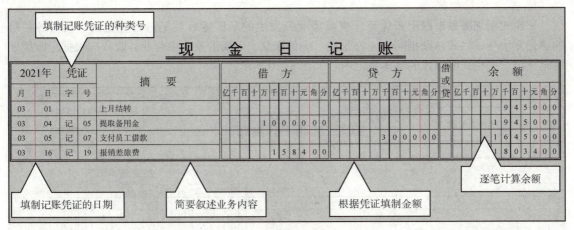

图 5-8 登记库存现金日记账

(5) 对方科目栏,填写与"银行存款"账户发生对应关系的账户的名称。
(6) 借方栏、贷方栏,填写银行存款实际收、付的金额。
(7) 银行存款日记账应定期与对账单进行核对。

 提示

如果一个单位的银行存款收付业务不多,可不填写本日合计行,但需结出每日的余额并填写在每日所记最后一笔经济业务行的余额栏内。

 会计职业判断

多长时间应将银行存款日记账的余额与银行送达的银行对账单核对?

登记银行存款日记账如图 5-9 所示。

图 5-9 登记银行存款日记账

5.3.3 明细账的登记

不同类型的经济业务的明细账,可以根据管理的需要,依据记账凭证、原始凭证或汇总原始凭证逐日逐笔或定期汇总登记。

微课:明细账的格式与登记方法

1. 三栏式明细账

三栏式明细账是根据记账凭证，按经济业务发生的顺序逐日逐笔进行登记的。其他各栏目的登记方法与三栏式总账相同。应收账款、应付账款、短期借款、主营业务收入应根据记账凭证逐笔登记。三栏式明细账的具体登记内容如图5-10所示。

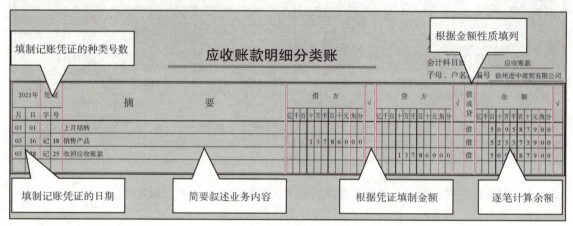

图5-10　登记三栏式明细账

2. 多栏式明细分类账

多栏式明细账是依据记账凭证顺序逐日逐笔登记的。管理费用应根据记账凭证逐笔登记。多栏式明细账的具体登记内容如图5-11和图5-12所示。

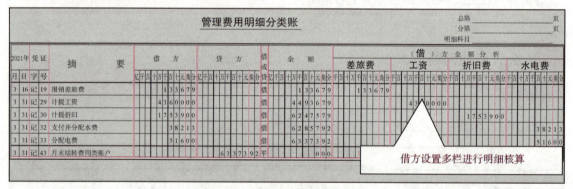

图5-11　登记借方多栏式明细账

对于借方多栏式明细账，各明细项目的贷方发生额因其未设置贷方专栏，如果出现贷方发生额，则用红字登记在借方栏及明细项目专栏内，以表示对该项目金额的冲销或转出。

3. 数量金额式明细账

数量金额式明细账一般是由会计人员和业务人员（如仓库保管员），根据原始凭证按照经济业务发生时间的先后顺序逐日逐笔进行登记。

数量金额式明细账的具体登记方法如下：

（1）凭证字、号栏，填写按所依据的原始凭证的字和号。如收料单的"收"字、领料单的"领"字、产成品入库单的"入"字和出库单的"出"字。

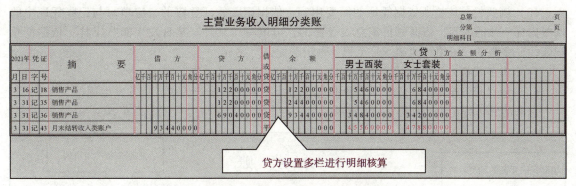

图 5-12 登记贷方多栏式明细账

（2）三个数量栏，填写实际入、出库和结存的财产物资的数量。

（3）入库单价栏和金额栏，按照所入库材料的单位成本登记。

（4）出库栏和结存栏中的单价栏和金额栏，登记时间及登记金额取决于企业所采用的期末存货计价方法。在采用月末一次加权平均法下，出库和结存的单价栏和金额栏一个月只在月末登记一次。

数量金额式明细账的具体登记内容如图 5-13 所示。

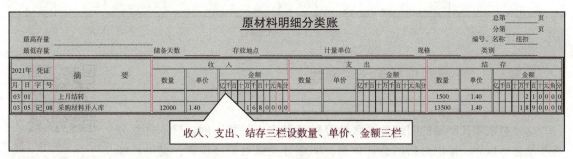

图 5-13 登记数量金额式明细账

案例中原材料明细账和库存商品明细账采用月末一次加权法进行登记。

4. 横线登记式明细账

这种明细账实际上也是一种多栏式明细账，其登记方法是采用横线登记，即将每一相关的业务登记在一行，从而可以依据每一行各个栏目的登记是否齐全来判断该项业务的进展情况。

5.3.4 总账的登记

总账的记账依据和登记方法取决于企业采用的账务处理程序。既可以根据记账凭证逐笔登记，也可以根据经过汇总的科目汇总表或汇总记账凭证等登记。

总账账页中各基本栏目的登记方法如下：

（1）日期栏，该栏填写登记总账所依据的记账凭证上的日期。

（2）凭证字、号栏，该栏填写登记总账所依据的记账凭证的字（如收、付、转字、科汇字、汇收字、现收字等）和编号。

微课：总账的
格式与登记方法

（3）摘要栏，该栏所依据凭证的简要内容。依据记账凭证登账的，应填写与记账凭证中的摘要内容一致的内容；依据科目汇总表登账的，可填写"某日至某日发生额"字样；依据汇总记账凭证登账的，可填写"第×号至第×号记账凭证"字样。

（4）借或贷栏，该栏表示余额的方向，填写"借"字或"贷"字。

（5）借、贷方金额栏，该栏填写所依据凭证上记载的各账户的借、贷方发生额。

总账的具体登记内容如图 5-14 所示。

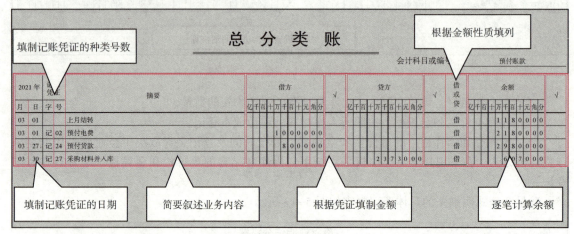

图 5-14 登记总账

5.3.5 总账与明细账的平行登记

1. 平行登记的含义

总分类账和其所属的明细分类账核算的经济内容是相同的，只不过总分类账是总括核算，提供总括的会计信息，明细分类账是明细核算，提供详细的会计信息。一笔经济业务，既要在总分类账户中进行登记，又要在该总分类账户所属的相关明细账户中进行登记，即总分类账与明细分类账是平行登记的。

微课：总账与明细账的平行登记

平行登记是指对一项经济业务，根据会计凭证一方面要在有关总分类账中进行登记，另一方面又要在该总分类账所属的有关明细账中进行登记。

2. 平行登记的要点

平行登记包括四个方面的要点：

1）登记的依据相同

登记总分类账及其所属的明细分类账依据的是同一记账凭证及其所附的原始凭证。

2）登记的期间一致

一笔经济业务，总分类账记在哪个会计期间，所属的明细账也记在哪个会计期间。

3）登记的方向一致

一笔经济业务，总分类账记在哪方，所属的明细账也记在哪方。

4）登记的金额相等

一笔经济业务，记入总分类账的金额与记入所属明细账的金额之和相等。通过平行登记，使总分类账和其所属的明细账之间具有以下等量关系：

（1）总分类账期末（期初）余额等于所属明细账期末（期初）余额之和；

（2）总分类账本期借方（贷方）发生额等于所属明细账本期借方（贷方）发生额之和。

拓展

在会计实务中，可以利用上述等量关系检验账簿记录的正确性。检验时，一般方法是根据各总分类账户所属明细账户的记录，编制明细账户本期发生额及余额表，与各该总分类账的记录进行核对。如果核对不相符，表明账簿登记有差错，必须查明原因，及时更正。明细账户本期发生额及余额表通常是一个总分类账户编制一张，每月编制一次。该格式适用于进行金额的总、细核对，对原材料等财产物资账户进行总、细核对时，如有必要，可在表中借、贷方下再分为数量和金额两个小栏。

任务实施

1. 2021 年 3 月 2 日，收到淮安新宝塑胶有限责任公司投入的货币资金 2 000 000 元存入银行，相关手续已办妥，如表 5-17 所示。

表 5-17 记账凭证

记 账 凭 证

2021 年 3 月 2 日　　　　　　　　　　记字第 3 号

摘　　要	总账科目	明细科目	借方 千百十万千百十元角分	记账符号	贷方 千百十万千百十元角分	记账符号
接受货币资金投资	银行存款		2 0 0 0 0 0 0 0 0			
	实收资本	淮安新宝塑胶有限责任公司			2 0 0 0 0 0 0 0 0	
	合计金额		¥ 2 0 0 0 0 0 0 0 0		¥ 2 0 0 0 0 0 0 0 0	

附单据 2 张

会计主管：　　　　记账：　　　　稽核：　　　　出纳：　　　　制单：杨同用

第一步：明科目。分析记账凭证中含有的会计科目为银行存款和实收资本。

第二步：定类型。选择账簿类型，银行存款登记银行存款日记账，实收资本登记实收资本三栏式明细账。

第三步：登账簿。根据业务凭证登记银行存款日记账和实收资本三栏式明细账。具体填制方法以银行存款日记账为例，以下案例不再赘述。

（1）凭证上日期为 2021 年 03 月 02 日，所以账簿上的日期栏填写 "2021 年 03 月 02 日"。

（2）凭证上记字第 003 号，所以账簿上的凭证种类填 "记"，号数填 "3"。

（3）凭证上摘要栏为接受货币资金投资，所以账簿上摘要栏填写 "接受货币资金投资"。

（4）凭证上对方科目实收资本，所以账簿上对方科目栏填 "实收资本"。

（5）凭证上借方金额 2 000 000，所以账簿上借方金额填写 "2 000 000"。

（6）最后根据期末余额＝期初余额＋本期增加额－本期减少额，求出期末余额为 4 231 264 元。登记结果如表 5-18 和表 5-19 所示。

表 5-18　银行存款日记账

银 行 存 款 日 记 账

2021年		凭证		支票号码	摘要	对方科目	借方											贷方											借或贷	余额									
月	日	字	号				亿	千	百	十	万	千	百	十	元	角	分	亿	千	百	十	万	千	百	十	元	角	分		亿	千	百	十	万	千	百	十	元	角	分
03	01				上月结转																											2	2	4	1	2	6	4	0	0
03	01	记	02		预付电费	预付账款																	1	0	0	0	0	0				2	3	1	2	6	4	0	0
03	02	记	03		接受货币资金投资	实收资本				2	0	0	0	0	0	0	0														4	2	3	1	2	6	4	0	0

表 5-19　实收资本三栏式明细账

实收资本明细分类账

总第　　　页
分第　　　页
会计科目或编号　实收资本
子母、户名或编号　淮安新宝塑胶有限责任公司

2021年		凭证		摘要	借方										√	贷方										√	借或贷	余额										√
月	日	字	号		亿	千	百	十	万	千	百	十	元	角	分	亿	千	百	十	万	千	百	十	元	角	分		亿	千	百	十	万	千	百	十	元	角	分
03	02	记	03	接受货币资金投资															2	0	0	0	0	0	0	0		贷				2	0	0	0	0	0	0	0

2. 2021 年 3 月 5 日，采购员刘泽军出差预借差旅费 3 000 元，以现金支付，如表 5-20 所示。

表 5-20　记账凭证

记　账　凭　证

2021 年 3 月 5 日　　　　　　　　　　　　　记字第 7 号

摘要	总账科目	明细科目	借方									记账符号	贷方									记账符号
			千	百	十	万	千	百	十	元	角	分		千	百	十	万	千	百	十	元	角	分	
支付员工借款	其他应收款	刘泽军				3	0	0	0	0	0												
	库存现金																3	0	0	0	0	0	
合计金额			¥			3	0	0	0	0	0		¥			3	0	0	0	0	0	

附单据 1 张

会计主管：　　　　记账：　　　　稽核：　　　　出纳：　　　　制单：杨同用

第一步：明科目。分析记账凭证中含有的会计科目为其他应收款——刘泽军和库存现金。

第二步：定类型。选择账簿类型，其他应收款登记其他应收款三栏式明细账，库存现金登记库存现金日记账。

第三步：登账簿。根据业务凭证登记其他应收款三栏式明细账和库存现金日记账。登记结果

如表 5-21 和表 5-22 所示。

表 5-21　其他应收款三栏式明细账

其他应收款明细分类账

总第　　　　页
分第　　　　页
会计科目或编号　其他应收款
子母、户名或编号　刘泽军

2021年		凭证		摘要	借方										√	贷方										√	借或贷	余额										√
月	日	字	号		亿	千	百	十	万	千	百	十	元	角	分		亿	千	百	十	万	千	百	十	元	角	分			亿	千	百	十	万	千	百	十	元	角	分	
03	05	记	07	支付员工借款						3	0	0	0	0	0													借						3	0	0	0	0	0	

表 5-22　库存现金日记账

现　金　日　记　账

2021年		凭证		摘要	借方										贷方										借或贷	余额									
月	日	字	号		亿	千	百	十	万	千	百	十	元	角	分	亿	千	百	十	万	千	百	十	元	角	分		亿	千	百	十	万	千	百	十	元	角	分
03	01			上月结转																											9	4	5	0	0	0
03	04	记	05	提取备用金					1	0	0	0	0	0	0																1	9	4	5	0	0	0
03	05	记	07	支付员工借款																	3	0	0	0	0	0						1	6	4	5	0	0	0

3. 2021 年 3 月 8 日，购入的拉链、蕾丝花边已收到，并验收入库，如表 5-23 和表 5-24 所示。

表 5-23　记账凭证

记　账　凭　证

2021 年 3 月 8 日　　　　　　　　　　　记字第 12 号

摘要	总账科目	明细科目	借方									记账符号	贷方									记账符号
			千	百	十	万	千	百	十	元	角	分		千	百	十	万	千	百	十	元	角	分	
本月在途物资入库	原材料	拉链				2	6	0	0	0	0												
	原材料	蕾丝花边				2	6	6	0	0	0												
	在途物资	拉链														2	6	0	0	0	0	
	在途物资	蕾丝花边														2	6	6	0	0	0	
合计金额			¥			2	9	2	0	0	0	0		¥			2	9	2	0	0	0	0

附单据 1 张

会计主管：　　　　记账：　　　　稽核：　　　　出纳：　　　　制单：杨同用

第一步：明科目。分析记账凭证中含有的会计科目为原材料——拉链、原材料——蕾丝花边、在途物资——拉链、在途物资——蕾丝花边。

第二步：定类型。选择账簿类型，原材料登记数量金额式明细账，在途物资登记数量金额式明细账。

表 5-24 收料单

收 料 单

供应单位：常州黄河服饰有限责任公司　　2021年03月08日　　　　　　编号 SL5740

材料编号	名称	单位	规格	规格 应收	规格 实收	实际成本 单价	实际成本 发票价格	实际成本 运杂费	实际成本 总价
001	拉链	条		1300	1300				
001	蕾丝花边	米		700	700				
备注：									

收料人：张虎山　　　　　　　　　　　　　　　　　交料人：贾丰斌

第二联 记账联

第三步：登账簿。由于原材料和在途物资科目登记的是数量金额式明细账，因此除了需要记账凭证外，还需要对应的原始凭证——收料单来体现数量指标，根据数量，可以计算出拉链单价＝总价÷数量＝2 600÷1 300＝2（元），蕾丝花边单价＝总价÷数量＝26 600÷700＝38（元）。根据业务凭证登记相应账簿。

登记结果如表5-25～表5-28所示。

表 5-25　原材料数量金额式明细账

表 5-26　原材料数量金额式明细账

表 5-27　原材料数量金额式明细账

在途物资明细分类账

2021年 月 日	凭证 字 号	摘要	收入 数量	收入 单价	收入 金额	支出 数量	支出 单价	支出 金额	结存 数量	结存 单价	结存 金额
03 04	记 06	采购材料未入库	1300	2.00	2 600 00				1300	2.00	2 600 00
03 08	记 12	本月在途物资入库				1300	2.00	2 600 00	0	0.00	0 00

表 5-28 在途物资数量金额式明细账

在途物资明细分类账

最高存量_____ 储备天数_____ 存放地点_____ 计量单位_____ 规格_____ 类别_____
最低存量_____   编号、名称：蕾丝花边
总第____页 分第____页

2021年		凭证字号	摘要	收入			支出			结存		
月	日			数量	单价	金额(亿千百十万千百十元角分)	数量	单价	金额(亿千百十万千百十元角分)	数量	单价	金额(亿千百十万千百十元角分)
03	04	记06	采购材料未入库	700	38.00	2660000				700	38.00	2660000
03	08	记12	本月在途物资入库				700	38.00	2660000	0	0.00	000

4. 2021 年 3 月 16 日，采购员刘泽军报销差旅费，原借款 3 000 元，报销火车票 618 元，取得的住宿费发票上注明住宿费用 469.81 元，增值税为 28.19 元，出差补助 300 元，余额退回现金 1 584 元，如表 5-29 所示。

表 5-29 记账凭证

记 账 凭 证

2021 年 3 月 16 日   记字第 19 号

摘要	总账科目	明细科目	借方(千百十万千百十元角分)	记账符号	贷方(千百十万千百十元角分)	记账符号
报销差旅费	管理费用	差旅费	13367 9			
	应交税费	应交增值税（进项税额）	792 1			
	库存现金	拉链	158400			
	其他应收款	刘泽军			300000 0	
合计金额			¥300000 0		¥300000 0	

附单据 3 张

会计主管：   记账：   稽核：   出纳：   制单：杨同用

第一步：明科目。分析记账凭证中含有的会计科目为管理费用、应交税费——应交增值税（进项税额）、库存现金、其他应收款——刘泽军。

第二步：定类型。选择账簿类型，管理费用登记多栏式明细账，应交税费——应交增值税（进项税额）登记多栏式明细账，其他应收款登记其他应收款三栏式明细账，库存现金登记库存现金日记账。

第三步：登账簿。根据业务凭证登记相应账簿。登记结果如表 5-30～表 5-33 所示。

表 5-30 管理费用多栏式明细账

管理费用明细分类账

总第____页 分第____页 明细科目_____

2021年		凭证字号	摘要	借方	贷方	借或贷	余额	（借）方金额分析			
月	日							差旅费	工资	折旧费	水电费
3	16	记19	报销差旅费	13367 9			13367 9	13367 9			

表 5-31 应交税费——应交增值税多栏式明细账

应交增值税明细账

2021年		凭证		摘要	借方 合计	进项税额	已交税金	减免税款	出口抵减内销产品应纳税额	转出未交增值税	贷方 合计
月	日	种类	号数								
08		记	049	采购材料并入库	22902	22902					
12	31			本年累计及余额		45804					
02	28			承前页							
02	28			本月合计及余额							
03	16	记	019	报销差旅费	7921	7921					

表 5-32 库存现金日记账

现 金 日 记 账

2021年		凭证		摘要	借方	贷方	借或贷	余额
月	日	字	号					
03	01			上月结转				945000
03	04	记	05	提取备用金	1000000			1945000
03	05	记	07	支付员工借款		300000		1645000
03	16	记	19	报销差旅费		158400		1803400

表 5-33 其他应收款三栏式明细账

其他应收款明细分类账

总第　　　页
分第　　　页
会计科目或编号　其他应收款
子母、户名或编号　刘泽军

2021年		凭证		摘要	借方	√	贷方	√	借或贷	余额	√
月	日	字	号								
03	05	记	07	支付员工借款	300000				借	300000	
03	16	记	19	报销差旅费			300000		平	000	

5. 2021年3月27日，中润公司为从广州荣顺服饰有限责任公司购入纽扣向该公司预付8 000元货款，如表5-34所示。

表 5-34 记账凭证

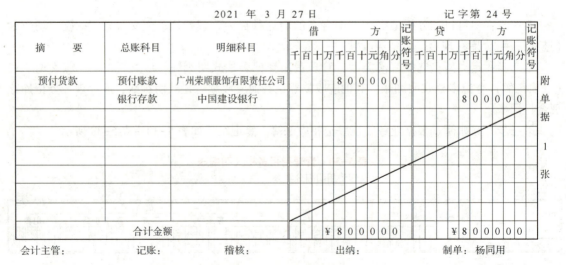

操作步骤：

第一步：明科目。分析记账凭证中含有的会计科目为预付账款——广州荣顺服饰有限责任公司、银行存款。

第二步：定类型。选择账簿类型，预付账款登记三栏式明细账，银行存款登记银行存款日记账。

第三步：登账簿。根据业务凭证登记相应账簿。登记结果如表5-35和表5-36所示。

表5-35　预付账款三栏式明细账

预付账款明细分类账

总第　　　页
分第　　　页
会计科目或编号　预付账款
子母、户名或编号　广州荣顺服饰有限责任公司

2021年		凭证字号	摘要	借方	√	贷方	√	借或贷	余额	√
月	日			亿千百十万千百十元角分		亿千百十万千百十元角分			亿千百十万千百十元角分	
03	27	记24	预付货款	8 0 0 0 0 0				借	8 0 0 0 0 0	

表5-36　银行存款日记账

银行存款日记账

2021年		凭证字号	支票号码	摘要	对方科目	借方	贷方	借或贷	余额
月	日					亿千百十万千百十元角分	亿千百十万千百十元角分		亿千百十万千百十元角分
03	01			上月结转					2 2 4 1 2 6 4 0 0
03	01	记02		预付电费	预付账款		1 0 0 0 0 0	借	2 2 3 1 2 6 4 0 0
03	02	记03		接受货币资金投资	实收资本	2 0 0 0 0 0 0 0 0		借	4 2 3 1 2 6 4 0 0
03	04	记05	00006762	提取备用金	库存现金		1 0 0 0 0 0 0	借	4 2 2 1 2 6 4 0 0
03	05	记08	00008386	采购材料并入库	原材料等		1 8 9 8 4 0 0	借	4 2 0 2 2 8 0 0 0
03	07	记11	00008377	购买固定资产	固定资产等		5 5 3 7 0 0 0	借	4 1 4 6 9 1 0 0 0
03	11	记13	00008379	支付上月工资	应付职工薪酬等		9 3 5 4 0 0 0	借	4 0 5 3 3 7 0 0 0
03	11	记14	00008394	购买固定资产	在建工程等		2 2 7 3 0 8 0 0	借	3 8 2 6 0 6 2 0 0
03	12	记15		扣缴上月税费	应交税费等		4 3 7 4 8 0	借	3 8 2 1 6 8 7 2 0
03	12	记16		扣缴上月税费	应交税费		3 6 4 5 6 7 0	借	3 7 8 5 2 3 0 5 0
03	14	记17	00008389	支付本月前欠货款	应付账款		4 0 1 6 4 0 5 0	借	3 3 8 3 5 9 0 0 0
03	19	记20		以银行存款支付公益捐赠款	营业外支出		8 0 0 0 0 0	借	3 3 7 5 5 9 0 0 0
03	24	记21		预收货款	预收账款	6 0 0 0 0 0		借	3 4 3 5 5 9 0 0 0
03	26	记22		销售材料	其他业务收入等	1 8 7 5 8 0		借	3 4 3 7 4 6 5 8 0
03	27	记23		支付广告费	销售费用等		1 3 7 8 0 0	借	3 4 3 6 0 8 7 8 0
03	27	记24		预付货款	预付账款		8 0 0 0 0 0	借	3 4 2 8 0 8 7 8 0

任务训练

工作实例：

北京飞鱼皮具有限公司2021年1月份发生部分经济业务（见本教材项目三中任务3.3的"任务训练——借贷记账法的应用"所列示的21笔经济业务）。

工作要求：

请你根据北京飞鱼皮具有限公司2021年1月份审核无误的记账凭证，在你为飞鱼公司建立了总分类账、明细分类账、现金和银行存款日记账的基础上，对这些账簿予以启用和登记。

工作步骤：

第一步：明科目。分析记账凭证中含有的会计科目。

第二步：定类型。选择账簿类型。

第三步：登账簿。根据业务凭证依次登记日记账、明细账和总账。

任务 5.4　查找与更正错账

北京中润服饰有限责任公司 3 月份将账簿记录与记账凭证进行核对时，发现下列经济业务的凭证内容或账簿记录有误：

1. 3 月 1 日，北京中润服饰有限公司向银行借入一笔生产经营用短期借款，共计 30 000 元，期限为 6 个月。原编制的会计分录为：

　　借：银行存款　　　　　　　　　　　　　　　　　　　　　　　20 000
　　　　贷：短期借款　　　　　　　　　　　　　　　　　　　　　　20 000

2. 3 月 31 日，中润公司向盛百达传媒服务有限公司支付广告费，取得的增值税专用发票上注明广告费 1 300 元，增值税为 78 元，款项已通过网银支付。

原编制的会计分录为：

　　借：销售费用——广告费　　　　　　　　　　　　　　　　　　130
　　　　应交税费——应交增值税（进项税额）　　　　　　　　　　7.80
　　　　贷：银行存款　　　　　　　　　　　　　　　　　　　　　137.80

3. 3 月 1 日，北京中润服饰有限公司向银行借入一笔生产经营用短期借款，共计 30 000 元，期限为 6 个月。该公司按月计提利息，取得借款的年利率为 6%。原编制的会计分录为：

　　借：财务费用　　　　　　　　　　　　　　　　　　　　　　　1 500
　　　　贷：应付利息　　　　　　　　　　　　　　　　　　　　　1 500

4. 3 月 31 日，预付北京电力股份有限公司 10 000 元。原编制的会计分录为：

　　借：预付账款　　　　　　　　　　　　　　　　　　　　　　　10 000
　　　　贷：库存现金　　　　　　　　　　　　　　　　　　　　　10 000

5. 3 月 28 日，中润公司收到徐州进中商贸有限公司通过网银转来的前欠的销售款项 137 860 元。原编制的会计分录为：

　　借：银行存款　　　　　　　　　　　　　　　　　　　　　　　137 680
　　　　贷：应收账款——徐州进中商贸有限公司　　　　　　　　　137 680

6. 3 月 31 日，结转已销售给北京华大百货有限公司纽扣成本。原编制的会计分录为：

　　借：主营业务成本　　　　　　　　　　　　　　　　　　　　　1 162
　　　　贷：原材料——纽扣　　　　　　　　　　　　　　　　　　1 162

7. 3 月 28 日，中润公司决定对张留文因工作期间违规操作而给公司带来安全事故罚款 300 元，收到现金。原编制的会计分录为：

　　借：库存现金　　　　　　　　　　　　　　　　　　　　　　　300
　　　　贷：营业外收入　　　　　　　　　　　　　　　　　　　　300

在登记总账时，营业外收入误记 400 元。

请将上列各项经济业务的错误记录，分别以适当的错账更正方法予以更正。

登记会计账簿是一项很细致的工作，在记账工作中，尽管财会人员对各种会计凭证进行过

多次复核，登记账簿又力求认真细致，但由于会计人员每日要处理大量数据，手续又很繁杂，因此账簿记录仍难免发生差错，有的是填写凭证和记账时发生的单纯笔误，有的是写错了会计科目、金额等，有的是合计时计算错误，有的是过账错误，等等。出现差错以后，首先要查出来，其次应该立即更正。查找和更正错账是会计实务中经常出现的特殊业务，是财会人员必须掌握的一项会计基本技能。

微课：错账的查找与更正

5.4.1 错账的查找方法

如果重记、漏记、数字颠倒、数字错位、数字记错、科目记错或借贷方向记反等可以采用以下方法查找。

1. 差数法

差数法是按照错账的差数查找错误的方法。例如，在记账过程中只登记了会计分录的借方或贷方，漏记了另一方，从而形成试算平衡中借方合计与贷方合计不等。其表现形式是，借方金额漏记，会使贷方超出该漏记的金额；若贷方金额漏记，会使借方超出该漏记的金额。对于这样的差错，可由会计人员通过回忆和与相关金额的记账核对来查找。

2. 尾数法

对于发生的角、分的差错可以只查找小数部分，以提高查找差错的效率。

3. 除 2 法

除 2 法是以差数除以 2 来查找错账的方法。当某个借方金额错记入贷方（或相反）时，出现错账的差数表现为错误的 2 倍，将此差数用 2 去除，得出的商数既是反向的金额。例如，应记入原材料——甲材料账户借方 4 000 元误记入贷方，则该明细账户的期末余额将小于其总分类科目期末余额 8 000 元，被 2 整除的商数是 4 000 元，即为借贷方向反向的金额。

4. 除 9 法

除 9 法是指以差数除以 9 来查找错误的方法。

分别适用于以下三种情况：

1）将数字写小

如将 500 写成 50，错误数字小于正确数字 9 倍。查找的方法是以差数除以 9 后得出的商即为写错的数字，商数乘以 10 即为正确数字。上例差数 450（即 500-50）除以 9，商 50 即为错数，扩大 10 倍后即可得出正确数字 500。

2）将数字写大

如将 80 写成 800，错误数字大于正确数字 9 倍。查找的方法是以差数除以 9 后得出的商为正确的数字，商乘以 10 后所得的积为错误数字。上例差数 720（即 800-80）除以 9 后，所得的商 80 为正确数字，80 乘以 10（即 800）为错误数字。

3）邻数颠倒

邻数颠倒是指在过账时，把相邻的两个数互换了位置。例如，将 48 错记成 84，或将 84 错记成 48。两个数字颠倒后，个位数变成了十位数，十位数变成了个位数，这就造成了差数为 9 的倍数。如果前大后小颠倒为前小后大，正确数与错误数的差额就是一个正数，这个差数除以 9 所得的商数的有效数字便是相邻颠倒两数的差值。例如，将 84 错写成 48，差数 36 除以 9 商数为 4，这就是相邻颠倒两数的差值（8-4）。如果前小后大颠倒为前大后小，正确数与错误数的差额则是一个负数。这个差额除以 9 所得商数的有效数字就是相邻颠倒两数的差值。例如，将 46 错记成 64，差额数-18 除以 9，商数为-2，这就是相邻颠倒两数的差值（4-6）。我们可以在差值相同的两个相邻数范围内去查找。

 **提示**

采用上述方法时，要注意：一是正确选择作为对比标准的基数；二是保证对比指标口径的可比性；三是同时分析相对数和绝对数的变化，并计算其对总量的影响。

 提示

出纳人员在日常填制会计凭证和登记账簿过程中，可能出现一些差错，切忌生搬硬套，要从具体的实际工作出发，灵活运用查找的方法，有时还要几种方法结合起来并用，通过反复核实，一定会得出正确的结果。

5.4.2 错账的更正方法

在账簿的登记过程中发生差错，一经查出就应立即更正。对于账簿记录错误，不准涂改、挖补、刮擦或者用药水消除字迹，不准重新抄写，而必须根据错误的具体情况和性质，采用规范的方法予以更正。错账更正的具体方法主要有划线更正法、红字更正法和补充登记法。

1. 划线更正法

在结账前发现账簿记录有文字或数字错误，而记账凭证没有错误，可以采用划线更正法。更正时，可在错误的文字或数字上划一条红线，在红线的上方填写正确的文字或数字，并由记账及相关人员在更正处盖章，以明确责任。但应注意的是，更正时不得只划销错误数字，应将全部数字划销，并保持原有数字清晰可辨，以便审查。

会计职业判断

北京中润服饰有限责任公司底苗须对该企业的账簿与记账凭证审计时发现一笔用银行存款支付所欠供货单位货款 17 600 元的业务，原编会计分录为：

借：应付账款　　　　　　　　　　　　　　　　　　　　　　17 600
　　贷：银行存款　　　　　　　　　　　　　　　　　　　　　　　17 600

会计人员在登记应付账款账户时，将 17 600 元误记为 16 700 元，科目、方向无误，应该选择何种方法？如何更正？

2. 红字更正法

红字更正法有两种情况：

（1）记账后发现记账凭证中的应借、应贷会计科目有错误，而引起的记账错误。更正的方法是用红字填写一张与原错误记账凭证完全相同的记账凭证，以示注销原错误记账凭证，然后用蓝字填写一张正确的记账凭证。并据以记账。

会计职业判断

北京中润服饰有限责任公司 2 月 5 日开出现金支票 600 元，支付企业管理部门日常零星开支。会计人员编制了如下会计分录：

借：管理费用　　　　　　　　　　　　　　　　　　　　　　　　600
　　贷：库存现金　　　　　　　　　　　　　　　　　　　　　　　　600

2月10日，底苗须在查账时，发现错用了会计科目，将银行存款误用为库存现金。应该选择何种方法？如何更正？

（2）记账后发现记账凭证和账簿记录中应借、应贷会计科目无误，只是所记金额大于应记金额。更正的方法是按多记金额用红字编制一张与原记账凭证应借、应贷科目完全相同的记账凭证，以冲销多记金额，并据以记账。

 会计职业判断

北京中润服饰有限责任公司在2月末结转本月实际完工产品成本49 000元。原编记账凭证的会计分录为：
  借：库存商品   94 000
    贷：生产成本   94 000
底苗须在查账时发现该错账属于科目无误，只是将49 000元误记为94 000元，多计45 000元。应该选择何种方法？如何更正？

3. 补充登记法

补充登记法又称补充更正法。若记账时发现记账凭证和账簿记录中应借、应贷会计科目无误，只是所记金额小于应记金额，则采用补充更正法进行更正。更正的方法是：按少记的金额用蓝字编制一张与原记账凭证应借、应贷科目完全相同的记账凭证，以补充少记的金额，并据以记账。

 会计职业判断

北京中润服饰有限责任公司2月20日收到购货单位偿还上月所欠货款7 600元。原编记账凭证的会计分录为：
  借：银行存款   6 700
    贷：应收账款——某单位   6 700
底苗须在查账时发现该错账属于科目无误，只是将7 600元误记为6 700元，少计900元。应该选择何种方法？如何更正？

 会计职业判断

北京中润服饰有限责任公司2月末结转本期主营业务收入480 000元。原编记账凭证的会计分录为：
  借：本年利润   450 000
    贷：主营业务收入   450 000
应该选择何种方法？如何更正？

 任务实施

以中润公司2021年3月份发生的部分经济业务为例说明错账的更正方法。

第一步：分析判断以上业务的错误类型和性质，选择确定应采用的正确的更正方法。

上述业务中，业务1、2、5属于科目无误，只是凭证、账簿少记了金额，应采用补充登记法予以更正；业务3属于科目无误，只是凭证和账簿多记了金额，应采用红字冲销法予以更正；业务4、6属于科目用错，应采用红字更正法予以更正；业务7属于凭证无误，只是登账时的笔误，故应采用划线登记法。

第二步：按照上述分析，分别采用不同的方法对错误进行更正如下：

【业务1】（补充登记法）

编制会计分录如下：

借：银行存款	10 000
贷：短期借款	10 000

根据上述会计分录分别登记"银行存款""短期借款"明细账和总账账户。

【业务2】（补充登记法）

编制会计分录如下：

借：销售费用——广告费	1 170
应交税费——应交增值税（进项税额）	70.2
贷：银行存款	1 240.20

根据上述会计分录分别登记"销售费用""应交税费——应交增值税（进项税额）""银行存款"明细账和总账账户。

【业务3】（红字更正法）

编制会计分录如下：

借：财务费用	1 350
贷：应付利息	1 350

根据上述会计分录分别用红字登记"财务费用"和"应付利息"明细账和总账账户。

【业务4】（红字更正法）

编制会计分录如下：

借：预付账款	10 000
贷：库存现金	10 000
借：预付账款	10 000
贷：银行存款	10 000

根据上述会计分录分别用红字、蓝字登记"预付账款"、红字登记"库存现金"、蓝字登记"银行存款"明细账和总账账户。

【业务5】（补充登记法）

编制会计分录如下：

借：银行存款	180
贷：应收账款——徐州进中商贸有限公司	180

根据上述会计分录分别登记"应收账款"和"银行存款"明细账和总账账户。

【业务6】（科目用错，采用红字更正法）

借：主营业务成本	1 162
贷：原材料——纽扣	1 162

借：其他业务成本　　　　　　　　　　　　　　　　　　　　　　　　1 162
　　　贷：原材料——纽扣　　　　　　　　　　　　　　　　　　　　　　1 162

根据上述会计分录分别用红字、蓝字登记"原材料"、红字登记"主营业务成本"、蓝字登记"其他业务成本"明细账和总账账户。

【业务7】（划线更正法）

更正结果如图5-15所示。

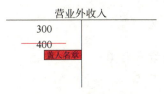

图5-15　错账更正示意图

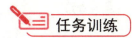

工作实例：

北京飞鱼皮具有限公司2021年1月份发生部分经济业务如下：

（1）1月17日，职工报销市内交通费270元，以现金支付。会计人员编制了下列会计分录并已登记入账：

借：管理费用　　　　　　　　　　　　　　　　　　　　　　　　　　270
　　　贷：银行存款　　　　　　　　　　　　　　　　　　　　　　　　　270

（2）1月19日，以现金购买办公用品320元，直接交付管理部门使用。会计人员编制了下列会计分录并已登记入账：

借：管理费用　　　　　　　　　　　　　　　　　　　　　　　　　　230
　　　贷：库存现金　　　　　　　　　　　　　　　　　　　　　　　　　230

（3）1月20日，开出现金支票向银行提取现金1 800元，备用。会计人员编制了下列会计分录并已登记入账：

借：银行存款　　　　　　　　　　　　　　　　　　　　　　　　　1 800
　　　贷：库存现金　　　　　　　　　　　　　　　　　　　　　　　　1 800

（4）1月22日，开出支票支付本月电话费2 560元。会计人员编制了下列会计分录并已登记入账：

借：管理费用　　　　　　　　　　　　　　　　　　　　　　　　　2 650
　　　贷：银行存款　　　　　　　　　　　　　　　　　　　　　　　　2 650

工作要求：

根据上述业务分析北京飞鱼皮具有限公司应采用哪种更正错账的方法来进行更正？

工作步骤：

（1）第一笔业务。

第一步：分析分录中的错误类型属于用错会计科目，应该是"库存现金"，写成了"银行存款"。

第二步：明确更正错账的方法为红字更正法。

第三步：根据上述会计分录分别用红字、蓝字登记"管理费用"，用红字登记"银行存款"，用蓝字登记"库存现金"明细账和总账账户。

(2) 第二笔业务。

第一步：分析分录中的错误类型属于（　　　　　　　　　　　　　　）。

第二步：明确更正错账的方法为（　　　　　　　　　　　　　　）。

第三步：如何更正？（　　　　　　　　　　　　　　）。

(3) 第三笔业务。

第一步：分析分录中的错误类型属于（　　　　　　　　　　　　　　）。

第二步：明确更正错账的方法为（　　　　　　　　　　　　　　）。

第三步：如何更正？（　　　　　　　　　　　　　　）。

(4) 第四笔业务。

第一步：分析分录中的错误类型属于（　　　　　　　　　　　　　　）。

第二步：明确更正错账的方法为（　　　　　　　　　　　　　　）。

第三步：如何更正？（　　　　　　　　　　　　　　）。

(5) 第五笔业务。

第一步：分析分录中的错误类型属于（　　　　　　　　　　　　　　）。

第二步：明确更正错账的方法为（　　　　　　　　　　　　　　）。

第三步：如何更正？（　　　　　　　　　　　　　　）。

任务 5.5　对账与结账

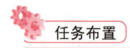

任务布置

北京中润服饰有限责任公司有关账簿资料如表 5-37～表 5-39 所示。请你对下述账户进行月结。

表 5-37　银行存款日记账

银 行 存 款 日 记 账

2021年		凭证字号		支票号码	摘要	对方科目	借方	贷方	借或贷	余额
月	日	字	号				亿千百十万千百十元角分	亿千百十万千百十元角分		亿千百十万千百十元角分
03	01				上月结转				借	2 2 4 1 2 6 4 00
03	01	记	02		预付电费	预付账款		1 0 0 0 0 00	借	2 2 3 1 2 6 4 00
03	02	记	03		接受货币资金投资	实收资本	2 0 0 0 0 0 0 00		借	4 2 3 1 2 6 4 00
03	04	记	05	00006762	提取备用金	库存现金		1 0 0 0 0 00	借	4 2 2 1 2 6 4 00
03	05	记	08	00008386	采购材料并入库	原材料等		1 8 9 8 4 00	借	4 2 0 2 2 8 0 00
03	07	记	11	00008377	购买固定资产	固定资产等		5 5 3 7 0 00	借	4 1 4 6 9 1 0 00
03	11	记	13	00008379	支付上月工资	应付职工薪酬等		9 3 5 4 0 00	借	4 0 5 3 3 7 0 00
03	14	记	14	00008394	购买固定资产	在建工程等		2 2 7 3 0 8 00	借	3 8 2 6 0 6 2 00
03	12	记	15		扣缴上月税费	应交税费等		4 0 7 4 8 0	借	3 8 2 1 6 8 7 20
03	12	记	16		扣缴上月税费	应交税费		3 6 4 5 6 70	借	3 7 8 5 2 3 0 50
03	14	记	17	00008389	支付本月前欠货款	应付账款		4 0 1 6 4 0 50	借	3 3 8 3 5 9 0 00
03	19	记	20		以银行存款支付公益捐赠费	营业外支出		8 0 0 0 00	借	3 3 7 5 5 9 0 00
03	24	记	21		预收货款	预收账款	6 0 0 0 0 00		借	3 4 3 5 5 9 0 00
03	26	记	22		销售材料	其他业务收入等	1 8 7 5 80		借	3 4 3 7 4 6 5 80
03	27	记	23		支付广告费	销售费用等		1 3 7 8 00	借	3 4 3 6 0 8 7 80
03	27	记	24		预付货款	预付账款		8 0 0 0 00	借	3 4 2 8 0 8 7 80
03	28	记	25		收回应收账款	应收账款	1 3 7 8 6 0 00		借	3 5 6 5 9 4 7 80
03	31	记	32		支付并分配水费	管理费用等		3 8 3 7 60	借	3 3 6 1 7 5 0 20
03	31	记	36		销售产品	预收账款等	7 2 0 1 5 2 00		借	4 0 8 1 9 0 2 20
03	31	记	40		补付货款	预付账款		1 5 7 3 0 00	借	4 0 6 6 1 7 2 20

表5-38 预付账款总账

总分类账 第　号

会计科目或编号：预付账款

2021年		记账凭证字号	摘要	借方	√	贷方	√	借或贷	余额	√
月	日			亿千百十万千百十元角分		亿千百十万千百十元角分			亿千百十万千百十元角分	
03	01		上月结转					借	1 1 8 0 0 0 0	
03	31	科汇 01	1—31日汇总	3 3 7 3 0 0 0		2 6 6 5 0 3 6		借	1 8 8 7 9 6 4	

表5-39 营业外收入明细账

营业外收入明细分类账

总第　　　页
分第　　　页
会计科目或编号
子母、户名或编号

2021年		凭证字号	摘要	借方	√	贷方	√	借或贷	余额	√
月	日			亿千百十万千百十元角分		亿千百十万千百十元角分			亿千百十万千百十元角分	
02	28		本年累计	8 5 5 0 0		8 5 5 0 0		平	0 0 0	
03	28	记 26	罚款收入			3 0 0 0 0		贷	3 0 0 0 0	

知识准备

5.5.1 对账的方法及内容

对账就是核对账簿记录，即在经济业务入账以后，于平时或月末、季末、年末结账之前，对各种账簿记录所进行的核对。通过对账，可以及时发现和纠正记账及计算的差错，保证各种账簿记录的完整和正确，以便如实反映经济活动情况，并为会计报表的编制提供真实可靠的资料。然而，账簿记录的真实可靠并不完全取决于账簿本身，还要涉及账簿与会计凭证的关系，以及账簿记录与实际情况是否一致等问题。因此，记完账后，还应定期做好对账工作，做到账证相符、账账相符、账实相符。会计对账工作的主要内容包括以下几个方面：

1. 账证核对

账簿是根据审核后的记账凭证登记的，但在实际工作中仍然可能发生账证不符的情况。因此，记完账后，要将账簿记录与有关会计凭证进行核对。其核对的主要内容包括以下几个方面。

（1）核对账簿记录与原始凭证、记账凭证的时间、凭证字号、内容、金额等是否一致。

（2）借贷方向是否一致。

账证相符是保证账账相符、账实相符的基础。

2. 账账核对

各个会计账簿是一个有机整体,既有分工,又有衔接,总的目的就是为了全面、系统、综合地反映企事业单位的经济活动与财务收支情况。各种账簿之间的这种衔接依存关系就是常说的勾稽关系。利用这种关系,可以通过账簿的相互核对发现记账工作是否有误。一旦发现错误,就应立即更正,做到账账相符。

账簿之间的核对包括以下几个方面的内容:

1) 总分类账簿有关账户的余额核对

按照"资产=负债+所有者权益"这一会计等式和"有借必有贷,借贷必相等"的记账规律,总分类账户的期初余额、本期发生额和期末余额之间存在对应的平衡关系,各账户的期末借方余额合计和贷方余额合计也存在平衡关系。通过这种等式和平衡关系,可以检查总账记录是否正确、完整。这项核对工作通常采用编制总分类账户本期发生额和余额对照表(简称试算平衡表)来完成。其格式如表5-40所示。

表 5-40 试算平衡表

年　　月　　日

账户名称	期初余额		本期发生额		期末余额	
	借方	贷方	借方	贷方	借方	贷方
现金						
银行存款						
应收账款						
库存商品						
…						
…						
合计						

2) 总分类账簿与所属明细分类账簿核对

总分类账各账户的期末余额应与所属各部门明细分类账的期末余额之和核对相符。

3) 总分类账簿与序时账簿核对

如前所述,我国企业、事业等单位必须设置现金日记账和银行存款日记账。现金日记账必须每天与库存现金核对相符,银行存款日记账也必须定期与银行对账。在此基础上,还应检查现金总账期末余额与现金日记账期末余额是否相符;银行存款总账期末余额与银行存款日记账期末余额是否相符。

4) 明细分类账簿之间的核对

会计部门有关实物资产的明细账与财产物资保管部门或使用部门的明细账定期核对,以检查其余额是否相符。核对的方法一般由财产物资保管部门或使用部门定期编制收发结存汇总表报会计部门核对。

3. 账实核对

账实核对是通过对货币资金、实物资产和往来款项的盘点或核对,确定其实存数,查明账存数与实存数是否相符,并据以调整会计账簿,保证账实相符的一种专门方法。通常称之为财产清查。它既是会计核算方法的重要组成部分,又是会计工作的重要环节。其具体核对的内容包括以下几个方面:

(1) 库存现金日记账的余额应与实际库存现金核对相符。

(2) 银行存款日记账的收、付记录及余额应与银行的对账单记录及余额核对。

(3) 各种应收、应付款账户的余额，应与有关债权、债务人核对。
(4) 各种税金、应交款账户的余额，应与监交机关核对相符。
(5) 财产物资明细账的结存数，应与清查盘点的实存数核对相符。

5.5.2 结账的程序与方法

微课：会计
账簿结账

所谓结账，就是在把一定时期（月份、季度、半年度、年度）内所发生的经济业务全部登记入账的基础上，结计出所有账户的本期发生额和期末余额，并作出结账标记，表示本期账簿登记已经结束，根据账簿记录编制会计报表，并将期末余额转入下期的一项会计工作。结账的内容通常包括两个方面：一是结清各种损益类账户，并据以计算确定本期利润；二是结清各资产、负债和所有者权益账户，分别结出本期发生额合计和余额。

1. 结账的程序

1）检查账簿记录的完整性和正确性

结账前应检查本期内发生的所有经济业务是否均已填制或取得了会计凭证，并据以全部登记入账；有无错记和漏记，若发现有漏记、错记，应及时补记、更正。

2）检查本期应当计入的收入和应调整的费用是否进行登记和调整

按照权责发生制的要求，本期实现的收入应当记入本期，本期应负担的费用也应记入本期，以便正确计算本期收入、成本费用，真实反映企业财务成果。

3）将损益类账户转入"本年利润"账户，结平所有损益类账户，编制结账分录

(1) 期末将损益收入（损益支出）类账户的贷方（借方）发生额反方向结转到"本年利润"账户的贷方（借方），以结平损益类账户。

(2) 年末将"本年利润"账户的贷方（或借方）差额反方向转入"利润分配——未分配利润"账户的贷方（或借方），以结平"本年利润"账户。

(3) 年末将"利润分配"账户的借方发生额反方向转入"未分配利润"账户的借方，以结平"利润分配"账户。

(4) 年末通过"利润分配——未分配利润"账户来确定是本年度的未分配利润（贷方余额），还是留待用以后年度利润弥补的亏损（借方余额）。

4）结算出资产、负债和所有者权益科目的本期发生额和余额，并结转下期

2. 结账的种类和方法

结账按其结算时期不同，主要有月结、季结和年结三种。

1）对不需按月结计本期发生额的账户

对不需按月结计本期发生额的账户，如各项债权、债务明细账和各种财产物资明细账等，每次记账以后，都要随时结出余额，每月最后一笔余额即为月末余额。月末结账时，只需要在最后一笔经济业务记录之下通栏划单红线，不需要再结计一次余额。如表 5-41 所示。

表 5-41 应收账款明细账

应收账款明细分类账

总第　　　页
分第　　　页
会计科目或编号　应收账款
子母、户名或编号　徐州进中商贸有限公司

2021年		凭证		摘要	借方									√	贷方									借或贷	余额									√
月	日	字	号		亿	千	百	十	万	千	百	十	元	角	分	亿	千	百	十	万	千	百	十	元	角	分		亿	千	百	十	万	千	百	十	元	角	分
03	01			上月结转																							借			5	0	9	5	8	7	9	0	0
03	16	记	18	销售产品				1	3	7	8	6	0	0	0												借			5	2	3	3	7	3	9	0	0
03	28	记	25	收回应收账款															1	3	7	8	6	0	0	0	借			5	0	9	5	8	7	9	0	0

提示

结账的标志就是划线,目的是突出有关数字,表示本期的会计记录已经截止或结束,并将本期与下期的记录明显区分。

2)现金、银行存款日记账和需要按月结计发生额的收入、费用等明细账

现金、银行存款日记账和需要按月结计发生额的收入、费用等明细账每月结账时,要在最后一笔经济业务记录下面通栏划单红线,结出本月发生额和余额在摘要栏内注明"本月合计"字样,在下面通栏划单红线。如表5-42所示。

表5-42 银行存款日记账

银行存款日记账

2021年		凭证		支票号码	摘要	对方科目	借方 亿千百十万千百十元角分	贷方 亿千百十万千百十元角分	借或贷	余额 亿千百十万千百十元角分
月	日	字	号							
03	01				上月结转				借	2 2 4 1 2 6 4 0 0
03	01	记	02		预付电费	预付账款		1 0 0 0 0 0 0	借	2 2 3 1 2 6 4 0 0
03	02	记	03		接受货币资金投资	实收资本	2 0 0 0 0 0 0 0		借	4 2 3 1 2 6 4 0 0
03	04	记	05	00006762	提取备用金	库存现金		1 0 0 0 0 0 0	借	4 2 2 1 2 6 4 0 0
03	05	记	08	00008386	采购材料并入库	原材料等		1 8 9 8 4 0 0	借	4 2 0 2 2 8 0 0 0
03	07	记	11	00008377	购买固定资产	固定资产等		5 5 3 7 0 0 0	借	4 1 4 6 9 1 0 0 0
03	11	记	13	00008379	支付上月工资	应付职工薪酬等		9 3 5 4 0 0 0	借	4 0 5 3 3 7 0 0 0
03	11	记	14	00008394	购买固定资产	在建工程等		2 2 7 3 0 8 0 0	借	3 8 2 6 0 6 2 0 0
03	12	记	15		扣缴上月税费	应交税费等		4 3 7 4 8 0	借	3 8 2 1 6 8 7 2 0
03	12	记	16		扣缴上月税费	应交税费		3 6 4 5 6 7 0	借	3 7 8 5 2 3 0 5 0
03	14	记	17	00008389	支付本月前欠货款	应付账款		4 0 1 6 4 0 5 0	借	3 3 8 3 5 9 0 0 0
03	19	记	20		以银行存款支付公益捐赠款	营业外支出		8 0 0 0 0 0	借	3 3 7 5 5 9 0 0 0
03	24	记	21		预收货款	预收账款	6 0 0 0 0 0 0		借	3 4 3 5 5 9 0 0 0
03	26	记	22		销售材料	其他业务收入等	1 8 7 5 8 0		借	3 4 3 7 4 6 5 8 0
03	27	记	23		支付广告费	销售费用等		1 3 7 8 0 0	借	3 4 3 6 0 8 7 8 0
03	27	记	24		预付货款	预付账款		8 0 0 0 0 0	借	3 4 2 8 0 8 7 8 0
03	28	记	25		收回应收账款	应收账款	1 3 7 8 6 0 0 0		借	3 3 6 5 5 8 7 8 0
03	31	记	32		支付并分配水费	管理费用等		3 8 3 7 6 0	借	3 3 6 1 7 5 0 2 0
03	31	记	36		销售产品	预收账款等	7 2 0 1 5 2 0 0		借	4 0 8 1 9 0 2 2 0
03	31	记	40		补付货款	预付账款		1 5 7 3 0 0 0	借	4 0 6 6 1 7 2 2 0
03	31	记			本月合计		2 9 1 9 8 8 7 8 0	8 9 4 6 1 9 6 0	借	4 0 6 6 1 7 2 2 0

3)需要结计本年累计发生额的账户

既要进行本月发生额的月结,又要进行年度累计发生额的月结。如"本年利润""利润分配"总账及所属明细账、采用表结法下的损益类账户等。

每月结账时,先在该月最后一笔经济业务记录的下一行(月结行)并紧靠上线通栏划单红线,进行月结;然后再在月结行的下一行(本年累计行),结出自年初始至本月末止的累计发生额和月末余额,在摘要栏内注明"本年累计"字样,并在本年累计行的下一行紧靠上线通栏划单红线。年度1—11月份本年累计下通栏划单红线,12月份本年累计下通栏划双红线。如表5-43所示。

4)总账账户

总账账户平时只需结出月末余额。年终结账时要将所有的总账账户结出全年发生额和年末余额。在摘要栏内注明"本年合计"字样,并在合计数下通栏划双红线。

5）结转下年

年度终了结账时，有余额的账户，要将其余额结转下年，并在摘要栏内注明"结转下年"字样；在下一会计年度新建有关会计账户的第一行余额栏内，填写上年结转的余额，即将有余额的账户的余额直接计入新账余额栏内，并在摘要栏注明"上年结转"字样。结转时不需要编制记账凭证。如表 5-44 所示。

表 5-43　本年利润明细账

本年利润明细分类账

总第＿＿＿＿页　分第＿＿＿＿页
会计科目或编号＿＿＿＿
子母、户名或编号＿＿＿＿

2021年		凭证		摘要	借方										√	贷方										√	借或贷	余额										√
月	日	字	号		亿	千	百	十	万	千	百	十	元	角	分		亿	千	百	十	万	千	百	十	元	角	分			亿	千	百	十	万	千	百	十	元	角	分	
03	01			上月结转			2	1	8	1	7	8	8	9	7				2	6	6	8	6	2	6	0	0		贷			1	9	2	8	5	5	1	7	
03	31	记	43	月末结转收入类账户																9	3	6	3	6	0	0	0		贷			1	1	2	9	2	1	5	1	7	
03	31	记	43	月末结转费用类账户				7	0	8	5	9	9	9	8													贷				4	2	0	6	1	5	1	9	
03	31	记	45	月末结转费用类账户					5	6	9	4	0	0	1													贷				3	6	3	6	7	5	1	8	
03	31			本月合计				7	6	5	5	3	9	9	9					9	3	6	3	6	0	0	0		贷				3	6	3	6	7	5	1	8	
03	31			本年累计			2	9	4	7	3	2	8	9	6					3	6	0	4	9	8	6	0	0	贷				3	6	3	6	7	5	1	8	

表 5-44　实收资本总账

总　分　类　账

第＿＿号
会计科目或编号：＿＿实收资本＿＿

2021年		记账凭证		摘要	借方										√	贷方										√	借或贷	余额										√
月	日	字	号		亿	千	百	十	万	千	百	十	元	角	分	亿	千	百	十	万	千	百	十	元	角	分		亿	千	百	十	万	千	百	十	元	角	分	
03	01			上月结转				4	0	0	0	0	0	0	0												贷				4	0	0	0	0	0	0	0	
03	31	科汇	01	1-31日汇总															2	2	2	6	0	0	0	0		贷				6	2	2	6	0	0	0	0	
03	31			本月合计															2	2	2	6	0	0	0	0		贷				6	2	2	6	0	0	0	0	
12	31			本年累计															6	2	2	6	0	0	0	0		贷				6	2	2	6	0	0	0	0	
12	31			结转下年															6	2	2	6	0	0	0	0		贷				6	2	2	6	0	0	0	0	

5.5.3　新账的更换方法

在每一会计年度结束，新的会计年度开始时，为了保持会计账簿资料的连续性，按照《企业会计制度》规定，进行账簿的更换，使用新的会计账簿。其方法如下：

1. 总账、日记账和大部分的明细账

这些会计账簿一般需要每年更换一次。年初，将旧账簿中的各账户的余额直接计入新账簿中有关账户新账页的第一行余额栏内；同时，在摘要栏内注明"上年结转"字样，并将旧账页最后一行数字下的空格划一条斜红线注销，在旧账页最后一行摘要栏内注明"结转下年"字样。

2. 部分明细账

部分明细账，如固定资产明细账，因年度内变动不多，年初可不必更换账簿；又如材料明细账和债权债务明细账，由于材料品种、规格和往来单位较多，更换新账重抄一遍工作量较大，因此，可以跨年度使用，不必每年更换新账。但需在摘要栏内注明"结转下年"字样，以划分新旧年度之间的记录。

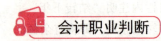

单位所设置的备查账簿是否需要每年更换一次呢？可以跨年度使用吗？

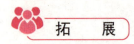

账簿保管知识

账簿是企业中很重要的历史资料，它在清理贪污盗窃、保护社会主义财产安全完整和加强经济管理中有着极为重要的作用。因此，企业要加强对账簿的保管。

在平时，账簿的保管同会计凭证一样，由会计人员负责保管。由于活页账和卡片账容易散失，因此，每天下班时，应加锁保存，保证它们的安全完整。

年终装订成册的账簿，应造册归档保管，并由专人负责。造册归档时，要在各种账簿封面上注明单位名称、账簿名称、会计年度、账簿册数、第几册、页数并由会计主管、经办人员签章，并编制会计账簿归档登记表。

会计账簿归档登记表一式两联：一联由管理人员凭以接收入库，并签章后交会计人员（填表人）自存备查；另一联由档案管理人员留存保管。

年度终了，各账簿在结转下年、建立新账后，一般旧账可暂由本单位财会部门保管一年，期满后应由财会部门移交单位档案管理部门保管。移交时需要编制移交清册、填写交接清单，交接人员按移交清册和交接清单项目核查无误后签章，并在账簿使用日期栏填写移交日期。

已归档的会计账簿作为会计档案应妥善保管，存放有序，原件不得借出。如有特殊需要，须经上级主管单位或本单位领导、会计主管人员批准，在不拆散原卷册的前提下，可以提供查阅或者复印，并要办理登记手续。

会计账簿是重要的会计档案之一，必须严格按《会计档案管理办法》规定的保管年限妥善保管，不得丢失和任意销毁。通常总账、明细账和辅助账保管 30 年；现金和银行存款日记账保管 30 年；固定资产卡片账在固定资产报废清理后保管 5 年。

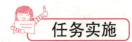

以中润公司 2021 年 3 月份发生的经济业务为例说明结账的方法。（以银行存款日记账为例进行结账）

第一步：写上账簿日期"2021 年 3 月 31 日"；

第二步：摘要中写"本月合计"；

第三步：计算借方发生额，贷方发生额，期末余额；

第四步：在最后一行上下通栏划单红线。

结账结果如表 5-45～表 5-47 所示。

表 5-45 银行存款日记账

银 行 存 款 日 记 账

2021年		凭证		支票号码	摘要	对方科目	借方 亿千百十万千百十元角分	贷方 亿千百十万千百十元角分	借或贷	余额 亿千百十万千百十元角分
月	日	字	号							
03	01				上月结转				借	2 2 4 1 2 6 4 0 0
03	01	记	02		预付电费	预付账款		1 0 0 0 0 0 0	借	2 2 3 1 2 6 4 0 0
03	02	记	03		接受货币资金投资	实收资本	2 0 0 0 0 0 0 0 0		借	4 2 3 1 2 6 4 0 0
03	04	记	05	00006762	提取备用金	库存现金		1 0 0 0 0 0 0	借	4 2 2 1 2 6 4 0 0
03	05	记	08	00008386	采购材料并入库	原材料等		1 8 9 8 4 0 0	借	4 2 0 2 2 8 0 0 0
03	07	记	11	00008377	购买固定资产	固定资产等		5 5 3 7 0 0 0	借	4 1 4 6 9 1 0 0 0
03	11	记	13	00008379	支付上月工资	应付职工薪酬等		9 3 5 4 0 0 0	借	4 0 5 3 3 7 0 0 0
03	11	记	14	00008394	购买固定资产	在建工程等		2 2 7 3 0 8 0 0	借	3 8 2 6 0 6 2 0 0
03	12	记	15		扣缴上月税费	应交税费等		4 3 7 4 8 0	借	3 8 2 1 6 8 7 2 0
03	12	记	16		扣缴上月税费	应交税费		3 6 4 5 6 7 0	借	3 7 8 5 2 3 0 5 0
03	14	记	17	00008389	支付本月前欠货款	应付账款		4 0 1 6 4 0 5 0	借	3 3 8 3 5 9 0 0 0
03	19	记	20		以银行存款支付公益捐赠款	营业外支出		8 0 0 0 0 0	借	3 3 7 5 5 9 0 0 0
03	24	记	21		预收货款	预收账款	6 0 0 0 0 0 0		借	3 4 3 5 5 9 0 0 0
03	26	记	22		销售材料	其他业务收入等	1 8 7 5 8 0		借	3 4 3 7 4 6 5 8 0
03	27	记	23		支付广告费	销售费用等		1 3 7 8 0 0	借	3 4 3 6 0 8 7 8 0
03	27	记	24		预付货款	预付账款		8 0 0 0 0 0	借	3 4 2 8 0 8 7 8 0
03	28	记	25		收回应收账款	应收账款	1 3 7 8 6 0 0 0		借	3 3 6 5 5 8 7 8 0
03	31	记	32		支付并分配水费	管理费用等		3 8 3 7 6 0	借	3 3 6 1 7 5 0 2 0
03	31	记	36		销售产品	预收账款等	7 2 0 1 5 2 0 0		借	4 0 8 1 9 0 2 2 0
03	31	记	40		补付货款	预付账款		1 5 7 3 0 0 0	借	4 0 6 6 1 7 2 2 0
03	31	记			本月合计		2 9 1 9 8 8 7 8 0	8 9 4 6 1 9 6 0	借	4 0 6 6 1 7 2 2 0

表 5-46 预付账款总账

总 分 类 账

第　　　号

会计科目或编号：　预付账款

2021年		记账凭证		摘要	借方 亿千百十万千百十元角分	√	贷方 亿千百十万千百十元角分	√	借或贷	余额 亿千百十万千百十元角分	√
月	日	字	号								
03	01			上月结转					借	1 1 8 0 0 0 0	
03	31	科汇	01	1-31日汇总	3 3 7 3 0 0 0		2 6 6 5 0 3 6		借	1 8 8 7 9 6 4	
03	31			本月总结	3 3 7 3 0 0 0		2 6 6 5 0 3 6		借	1 8 8 7 9 6 4	

表 5-47 营业外收入明细账

营业外收入明细分类账

总第　　　页
分第　　　页
会计科目或编号　　　　
子母、户名或编号　　　　

2021年		凭证		摘要	借方 亿千百十万千百十元角分	√	贷方 亿千百十万千百十元角分	√	借或贷	余额 亿千百十万千百十元角分	√
月	日	字	号								
02	28			本年累计	8 5 5 0 0		8 5 5 0 0		平	0 0 0	
03	28	记	26	罚款收入			3 0 0 0 0		贷	3 0 0 0 0	
03	31	记	43	月末结转收入类账户	3 0 0 0 0				平	0 0 0	
03	31			本月累计	3 0 0 0 0		3 0 0 0 0		平		
03	31			本年累计	1 1 5 5 0 0		1 1 5 5 0 0			1 1 5 5 0 0	

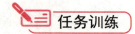 **任务训练**

工作实例：

见任务 5.3 中的任务训练案例资料。

工作要求：

根据北京飞鱼皮具有限公司 2021 年 1 月 11 日至 1 月 31 日业务的账簿资料，请你对银行存款进行月度结账。

工作步骤：

第一步：写上账簿日期"2021 年 1 月 31 日"；

第二步：摘要中写"本月合计"；

第三步：计算借方发生额，贷方发生额，期末余额；

第四步：在最后一行上下通栏划单红线。

项目五 设置与登记会计账簿 | 237

自检知识图谱

设置与登记会计账簿

- **初识会计账簿**
  - 概念：会计账簿是连接（　　　）和（　　　）的中间环节
  - 种类
    - 按用途分类
      - 序时账：（　　　）和（　　　）
      - 分类账簿：按详略程度分为（　　　）和（　　　）
      - 备查账簿
    - 按账页格式分类
      - 三栏式：设有（　　　）（　　　）和（　　　）三栏
      - 多栏式：借方多栏适用于成本、费用明细账，贷方多栏适用于收入明细账，借贷方多栏式适用于应交增值税明细账
      - 数量金额式：借方、贷方和余额每个栏目再分设（　　　）（　　　）和（　　　）三小栏，适用于原材料、库存商品明细账
    - 按外形特征分类
      - 订本式账簿：优点：防止账页散失和被抽换；缺点：不能准确为各账户预留账页，不便于记账人员分工协作；适用范围：日记账、总账
      - 活页式账簿：优点：随时将空白页装入账簿或抽去不需要的账页，便于分工；缺点：管理不善，可能会造成账页散失或故意被抽换；适用范围：各种明细分类账
      - 卡片式账簿：优点：可以跨年度使用，无须更换；缺点：容易散失和被抽换；适用范围：固定资产明细账

- **设置与启用会计账簿**
  - 基本内容：封面、扉页、账页和封底
  - 封面上写明单位名称和账簿名称，并在扉页上附启用表
  - 按顺序编订页数，不得跳页、缺号
  - 保证账簿记录的正确性，必须根据（　　　）登记会计账簿

- **登记会计账簿**
  - 将会计凭证的信息逐项记入
  - 使用蓝黑墨水或碳素墨水，不得使用（　　　）和（　　　）
  - 红墨水记账：①按照红字冲账的记账凭证冲销错误记录；②在不设借、贷等栏的多栏式账页中，登记减少数；③在三栏式账户中未印明余额方向，登记（　　　）余额
  - 空页、空行、错误记账：①用红色墨水划对角线注销，或者注明此页空白、此行空白；②记账人员和会计机构负责人在更正处签章
  - 结出余额后：①有余额账户，标明余额方向；②没余额账户，借或贷栏内写"平"，余额栏内"元"位处写"0"；③日记账必须逐日结出余额
  - 每一账页结出本页发生额合计及余额："过次页""承前页"
  - 严禁刮、擦、挖、补或使用化学药水清楚字迹
  - 平行登记：依据相同、期间一致、方向相同、金额相等

- **查找与更正错帐**
  - 查找：差数法、尾数法、除2法、除9法
  - 错账更正：划线更正法、红字更正法、补充登记法

- **对账与结账**
  - 月末进行
  - ①账证核对；②账账核对；③账实核对
  - 结出损益类账户发生额，结出资产类、负债类和所有者权益类账户余额

自测题

项目五自测题

项目六
组织和开展财产清查

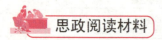
思政阅读材料

会计论道之清心

北宋爱国宰相范仲淹在《诫诸子书》中说："汝守官处小心,不得欺事,与同官和睦多礼……莫纵乡亲来部下兴贩,自家且一向清心做官,莫营私利。当看老叔自来如何,还曾营私否?自家好,家门各为好事,以光祖宗。"其大意是"你们做官后要处处小心,不能对人家傲慢轻侮,与同僚要和睦相处……不要让乡亲来你的管辖范围内做生意,自己做官也要清心寡欲,不要想着为自己谋取私利。你们看看叔叔我一向是怎么做的?有过为自己谋私利的事情吗?我们自家要培养良好的家风,家族中所有人都要做好事,为祖宗增光添彩。"

北宋名臣包拯所作的《书端州郡斋壁》诗文中写道:"清心为治本,直道是身谋。秀干终成栋,精钢不作钩。仓充鼠雀喜,草尽兔狐愁。史册有遗训,毋贻来者羞。"如图6-1所示。其大意是讲清心是治事的根本,讲直道是立身的宗旨。好木料终成栋梁,好钢材坚强不屈。仓多存粮偷吃公粮的鼠雀高兴,野无杂草常啃青草的兔狐发愁。牢记先贤留下的立身处事的教导,决不能让后人想到我而觉得羞耻。

图6-1 《书端州郡斋壁》诗文

两位北宋要员的执政理念告诫我们今人做事的原则,清除私心私利,正所谓心底无私天地宽,作为会计人,应以大局为重,以国家利益、人民利益为重,切勿谋取一己之私利,要保障国家和人民生命财产安全完整。

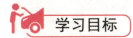
学习目标

素质目标
- 树立如实记录是责任的观念。
- 严格遵守企业内部管理制度,保障财产物资安全完整,善于运用科学合理的方法开展财产清查。
- 坚持原则、不犯威仪,以诚信和客观为准绳,准确计量、记录财产物资,做到账账相符、账实相符,维护会计行业尊严,增强职业敬畏感。

知识目标
- 了解财产清查的意义、种类和范围。
- 熟悉财产清查的一般程序。
- 掌握财产清查的方法及清查结果的账务处理规定。

能力目标
- 能运用正确的方法进行货币资金、实物资产和往来款项的清查。
- 能正确编制银行存款余额调节表。
- 能正确进行财产清查结果的账务处理。

任务 6.1　认知财产清查

请认真学习财产清查的相关规定,熟悉北京中润服饰有限责任公司的资产状况,并查看各资产账户余额,做好清查前的准备。

6.1.1　财产清查的意义

微课:账实核对
——财产清查

1. 财产清查的含义

财产清查是指根据账簿记录,对企业的各项财产进行实地盘点和核对,查明各项财产的实存数,确定其实存数与账存数是否相符的一种专门方法。

2. 造成账实不符的原因

财产清查的关键是要解决账实不符的问题。在实际工作中,造成账实不符的原因是多方面的,但归纳起来一般有以下几种情况:

(1) 财产物资在保管过程中发生的自然损益;

(2) 在收、发财产物资时,由于计量、计算、检验不准确而发生的品种、数量、质量上的差错;

(3) 在财产物资发生增减变动时,由于没有及时办理手续或在计算、登记上发生了差错;

(4) 由于管理不善、制度不严造成财产物资的损坏、丢失、被盗;

(5) 在账簿记录中发生的重记、漏记、错记;

(6) 由于自然灾害造成的非常损失；

(7) 未达账项引起的账账、账实不符等。

造成账实不符的原因不同，其会计处理也不同。

3. 财产清查的意义

财产清查作为会计核算的一种专门方法，其特殊意义在于保证会计核算资料的真实可靠；确保财产的安全与完整；挖掘财产物资的潜力，提高经济效益；促使企业自觉遵守财经纪律，维护财经秩序。

> **会计职业判断**
>
> 造成财产物资账实不符的原因有哪些属于非主观原因带来的？（　　）
> A. 自然损益　　　　B. 计量差错　　　　C. 账簿记录的重记、漏记、错记
> D. 自然灾害造成的财产损失　　　　　　E. 未达账项

6.1.2 财产清查的种类

财产清查可按下列不同的标准进行分类。

1. 按清查范围分

财产清查按其清查范围的不同，分为全面清查和局部清查。

1) 全面清查

全面清查是对本单位所有的财产物资进行全面的盘点与核对。全面清查范围大、内容多、时间长、参与人员多，需要进行全面清查的情况通常主要有：年终决算之前；单位撤销、合并或改变隶属关系前；中外合资、国内合资前；企业股份制改制前；开展全面的资产评估、清产核资前；单位主要领导调离工作前。

2) 局部清查

局部清查是根据需要对部分财产物资进行盘点与核对。主要是对货币资金，存货等流动性较大的财产的清查。局部清查范围小、内容少、时间短、参与人员少，但专业性较强。局部清查一般包括下列清查内容：现金应每日清点一次；银行存款每月至少同银行核对一次；债权债务每年至少核对一至两次；各项存货应有计划、有重点地抽查；贵重物品每月清查一次等。通过局部清查，可以做到对重要物资、货币资金进行重点管理，对流动性大的物资进行经常管理，以确保企业财产的安全完整。

2. 按清查的时间分

财产清查按其清查的时间的不同，分为定期清查和不定期清查。

1) 定期清查

定期清查是根据管理制度的规定或预先计划安排的时间对财产物资进行的清查。这种清查的对象不定，可以是全面清查，也可以是局部清查。其清查的目的在于保证会计核算资料的真实正确，定期清查一般是在年末、季末或月末结账时进行。

2) 不定期清查

不定期清查是根据实际需要对财产物资所进行的临时性清查。不定期清查多数情况下是局部清查，如改换财产物资保管人员进行的有关财产物资的清查、发生意外灾害等非常损失进行的损失情况的清查、有关部门进行的临时性检查等，也可以是全面清查，如单位撤销、合并或改变隶属关系而进行的资产、债权债务的清查。

 **提示**

企业在编制年度财务会计报告前，应当全面清查财产，核实债务。各单位应当定期将会计账簿记录与实物、款项及有关资料互相核对，保证会计账簿记录与实物及款项的实有数额相符。

 会计职业判断

下列（　　）情况下，需要开展全面财产清查。
A. 企业股份制改制前　　B. 库存现金日清月结　　C. 主要领导调离工作前
D. 银行存款每月对账　　E. 年终决算前

 会计职业判断

局部清查为不定期清查，全面清查为定期清查。这句话表述是否正确？（　　）

6.1.3 财产清查的一般程序

财产清查既是会计核算的一种专门方法，又是财产物资管理的一项重要制度。各单位必须有计划、有组织地开展财产清查工作。实践中财产清查一般包括下列程序：

（1）成立财产清查小组，负责组织和管理财产清查工作；
（2）组织清查人员学习有关政策规定，把握有关法律、法规和相关业务知识，以确保财产清查工作的质量；
（3）确定清查对象、范围，明确清查任务；
（4）制定清查方案，详细安排清查内容、时间、步骤、方法，以及必要的清查前准备工作；
（5）清查时本着先清查财产物资的数目、核对有关账簿记录等事项，后认定财产物资质量的原则进行；
（6）填制盘存清单；
（7）根据盘存清单，填制货币资金、实物资产、往来账项清查结果报告表。

 **提示**

在财产清查过程中需编制盘存单、账存实存对比表等相关原始凭证，分析其原因并进行账务处理。

 任务实施

第一步：建立财产清查小组，小组要有分管领导、财务负责人、实务保管人员及群众代表参加。如出纳员赵继勇、仓管员张虎山、固定资产各使用部门等人员必须参加。

第二步：确定清查对象、范围，明确清查任务；

第三步：制定清查方案，确定清查的具体内容、时间、步骤、方法等。

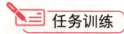

结合北京飞鱼皮具有限公司 2021 年 1 月份资产状况，分析企业财产清查前应做的准备工作有哪些？

工作步骤：

第一步：熟悉飞鱼公司内部控制制度及企业财产物资清查盘点规定，确定需要清查盘点物资的范围、种类；

第二步：核对、整理财产物资账簿资料，做好财产清查盘点前的准备工作；

第三步：明确财产物资清查盘点范围，选派参与盘点人员，熟悉财产物资清查盘点程序。

任务 6.2　清查库存现金

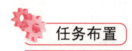

请整理北京中润服饰有限责任公司 2021 年 6 月库存现金的相关业务资料和账簿资料，做好库存现金日常账务处理工作，确保库存现金相关业务全部登记入账，做好北京中润服饰有限责任公司 2021 年 6 月库存现金的清查盘点，并根据盘点结果开展相应账务处理。

6.2.1　库存现金清查的方法与种类

1. 库存现金清查的方法

库存现金的清查通常采用实地盘点法，即通过点票数来确定现金的实存数，然后以实存数与现金日记账的账面余额进行核对，以查明账实是否相符及盈亏情况。

微课：库存现金清查与账务处理

2. 库存现金清查的种类

库存现金的清查包括日常自查和专门清查两种。

1）日常自查

日常自查是每日营业终了，由出纳人员清点库存现金实有数，并与现金日记账余额核对，做到账款相符。

2）专门清查

专门清查是在出纳人员对库存现金进行日常清查的基础上，由清查小组对库存现金进行定期与不定期清查。

清查盘点时，为了明确责任，出纳人员必须在场，现钞应逐张查点。还应注意有无违反现金管理制度的现象，如用不具备法律效力的借条、收据抵充库存现金等。

现金清查后应填写由盘点人员和出纳人员签章的库存现金盘点报告表，简称库存现金盘点表或现金盘点表，如表 6-1 所示。库存现金盘点表兼有盘存单和实存账存对比表的作用，是反映现金实有数和调整账簿记录的重要原始凭证。

表 6-1　库存现金盘点表

单位名称：　　　　　　　　　　　　年　　月　　日　　　　　　　　　　　　单位：

实存金额	账存金额	对比结果		备注
		盘盈	盘亏	
现金使用情况	(1) 库存现金限额； (2) 白条抵库情况； (3) 违反规定的现金支出； (4) 其他违规行为：			
处理决定：				
				年　月　日 总经理：

会计机构负责人：　　　　　　　盘点人：　　　　　　　出纳员：

国库券、其他金融债券、公司债券、股票等有价证券的清查方法和现金相同。

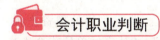

（判断）开展库存现金盘点时，出纳人员应该回避。（　　）

6.2.2　库存现金清查盘点结果的账务处理

1. 开设账户

　　财产清查的重要任务之一就是为了保证账实相符，财会部门对于财产清查中所发现的差异，即发生了财产的盘盈、盘亏或毁损，必须以国家有关政策、法令和制度为依据，严肃认真地做好清查结果的处理，及时进行账簿记录的调整。

　　由于财产清查结果的处理要报请审批，所以，在账务处理上除固定资产盘盈外的其他财产清查事项通常分两步进行。

　　（1）将财产清查中发现的盘盈、盘亏或毁损数，通过"待处理财产损溢"账户，登记有关账簿，以调整有关账面记录，使账存数和实存数相一致。

　　（2）在审批后，应根据批准的处理意见，再从"待处理财产损溢"账户转入有关账户。

　　"待处理财产损溢"账户一个暂记账户，它是专门用来核算企业在财产清查过程中查明的各种财产物资的盘盈、盘亏和毁损的账户。该账户的借方登记各种财产物资的盘亏、毁损数以及按照规定程序批准的盘盈转销数，贷方登记各种财产物资的盘盈数及按照规定程序批准的盘亏、毁损转销数。借方余额表示尚未处理的各种物资的净损失数，贷方余额表示尚未处理的各种财产物资的净溢余数。在每期末，应将未处理完毕的"待处理财产损溢"账户按最有可能的结果进行结转处理，待下月初再转回。等正式的处理结果出来后重新进行会计处理。因此，该科目期末无余额。"待处理财产损溢"账户的结构如图6-2所示。

图6-2 "待处理财产损溢"账户的结构

为满足对固定资产和流动资产损溢明细核算要求，应在该科目下设"待处理流动资产损溢"和"待处理固定资产损溢"两个明细账户。

2. 库存现金清查结果的账务处理

库存现金是指单位库存的准备随时支付的货币性资产，包括人民币和外币。

（1）库存现金盘盈时，应及时办理库存现金入账的手续，调整库存现金账簿记录。查明原因前，根据库存现金盘点表，借记"库存现金"账户，贷记"待处理财产损溢——待处理流动资产损溢"账户。查明原因后，区别下列情况分别处理：

①属于应支付给有关人员或单位的现金，并经有关部门批准后，借记"待处理资产损溢——待处理流动资产损溢"，贷记"其他应付款——应付现金溢余"（某应付单位或个人）账户；

②属于无法查明原因的现金溢余，经批准后，借记"待处理资产损溢——待处理流动资产损溢"，贷记"营业外收入——现金溢余"账户。

（2）库存现金盘亏时，也应及时调整现金账簿记录。查明原因前，根据"现金盘点报告表"，借记"待处理资产损溢——待处理流动资产损溢"账户，贷记"库存现金"账户。查明原因以后，区别下列情况分别处理：

①属于责任人赔偿的部分，或应由保险公司赔偿的部分，或能确定具体缴款单位少交款的，借记"其他应收款——应收现金短缺款"（某个人、保险公司或具体少交款单位），贷记"待处理资产损溢——待处理流动资产损溢"账户；

②属于无法查明的其他原因，应根据管理权限，经批准后，借记"管理费用——现金短缺"账户，贷记"待处理资产损溢——待处理流动资产损溢"账户；

③属于自然灾害造成的现金毁损，借记"营业外支出——现金毁损"账户，贷记"待处理资产损溢——待处理流动资产损溢"账户。

【做中学6-1】2021年6月30日，信达公司在现金清查中发现溢余600元，如库存现金盘点表6-2所示。经查上述现金溢余有550元属于企业在与星源公司结算零星货款时，在发票以外多收的现金，另50元原因不明。

表 6-2　库存现金盘点表

单位名称：信达有限公司　　　　2021 年 6 月 30 日　　　　　　　　　单位：元

实存金额	账存金额	对比结果		备注
		盘盈	盘亏	
2 600	2 000	600		550 元为多收星源公司款；50 元无法查明原因
现金使用情况	（1）库存现金限额 3 000 元。 （2）白条抵库情况： （3）违反规定的现金支出： （4）其他违规行为：			
处理决定：上述现金长款，多收星源公司的请予支付，无法查清原因的记入"营业外收入"账户。 　　　　同意 　　　　　　　　　　　　　　　　　　　　　　　　　　　　2021 年 6 月 30 日 　　　　　　　　　　　　　　　　　　　　　　　　　　　　总经理：王光明				

会计机构负责人：张志江　　　　　盘点人：王涛　　　　　出纳员：李刚

工作过程：

第一步：6 月 30 日。会计人员根据库存现金盘点表编制分录如下：

借：库存现金　　　　　　　　　　　　　　　　　　　　　　　　600
　　贷：待处理资产损溢——待处理流动资产损溢　　　　　　　　　　600

第二步：根据上述会计分录，登记库存现金日记账及总账，达到账实相符。

第三步：按照领导批复意见记入"营业外收入"账户，进行账务处理如下：

借：待处理资产损溢——待处理流动资产损溢　　　　　　　　　　600
　　贷：其他应付款——应付现金溢余（星源公司）　　　　　　　　　550
　　　　营业外收入——现金溢余　　　　　　　　　　　　　　　　　50

第四步：根据上述分录，分别登记有关明细账和总账账户。

【做中学 6-2】 2021 年 8 月 30 日，信达公司在现金清查中发现短缺 200 元，另有白条抵库 500 元。如库存现金盘点表 6-3 所示。8 月 30 日，经批准，出纳员无法说明原因的 120 元由出纳员赔偿，80 元属于无法查明的其他原因，由企业负担。白条抵库的 500 元由财务处处长尹芳自掏腰包垫付，并责成财务部门认真组织学习现金管理条例，自查现金管理中存在的问题，杜绝违规违纪行为的发生。

工作过程：

第一步：8 月 30 日，会计人员根据库存现金盘点表编制分录如下：

借：待处理资产损溢——待处理流动资产损溢　　　　　　　　　　700
　　贷：库存现金　　　　　　　　　　　　　　　　　　　　　　　700

第二步：根据上述会计分录登记库存现金日记账及总账，达到账实相符。

第三步：查清原因后，根据领导批示，编制如下会计分录：

借：库存现金　　　　　　　　　　　　　　　　　　　　　　　　500
　　其他应收款——现金短款（李刚）　　　　　　　　　　　　　　120
　　管理费用——现金短款　　　　　　　　　　　　　　　　　　　80
　　贷：待处理资产损溢——待处理流动资产损溢　　　　　　　　　700

第四步：根据上述分录，分别登记有关明细账和总账账户。

表 6-3　库存现金盘点表

单位名称：信达有限公司　　　　　　2021 年 8 月 30 日　　　　　　单位：元

实存金额	账存金额	对比结果		备注
		盘盈	盘亏	
2 600	3 300		700	120 元出纳员的责任；80 元无法查明的其他原因；500 元白条抵库。
现金使用情况	（1）库存现金限额 3 000 元。 （2）白条抵库情况：出纳员私自借给同事张某 500 元，白条抵库。 （3）违反规定的现金支出： （4）其他违规行为：			
处理决定：上述现金短款，由出纳员失职造成的 120 元由出纳员李刚赔偿，80 元计入"管理费用"，500 元白条由财务处处长尹芳垫付入库。 　　　　同意 　　　　　　　　　　　　　　　　　　　　　　　　　　　　2021 年 8 月 30 日 　　　　　　　　　　　　　　　　　　　　　　　　　　　　　　总经理：王光明				

会计机构负责人：张志江　　　　　盘点人：王涛　　　　　出纳员：李刚

会计职业判断

结合所学内容，试列举可能出现库存现金盘盈的情况和可能出现库存现金盘亏的情况。

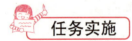

任务实施

清查库存现金

（1）开展库存现金的实地清查盘点；

（2）编制库存现金盘点表，如表 6-4 所示；

表 6-4　库存现金盘点表

单位名称：北京中润服饰有限责任公司　　　　　2021 年 6 月 30 日　　　　　　单位：元

实存金额	账存金额	对比结果		备注
		盘盈	盘亏	
4 400	4 900		500	出纳人员责任
现金使用情况	（1）库存现金限额 3 000 元。 （2）白条抵库情况：出纳员私自借给同事张某 500 元，白条抵库。 （3）违反规定的现金支出： （4）其他违规行为：			
处理决定：由责任人赔偿，计入"其他应收款"，白条抵库已经由当事人及时归还入库。 　　　　同意 　　　　　　　　　　　　　　　　　　　　　　　　　　　　2021 年 6 月 30 日 　　　　　　　　　　　　　　　　　　　　　　　　　　　　　　总经理：张斌				

会计机构负责人：庞苗须　　　　　盘点人：王涛　　　　　出纳员：赵继勇

(3)进行库存现金清查盘点结果的账务处理。

工作过程：

第一步：6月30日，会计人员根据库存现金盘点表编制会计分录如下：

借：待处理财产损溢——待处理流动资产损溢　　　　　　　　　　500
　　贷：库存现金　　　　　　　　　　　　　　　　　　　　　　　500

第二步：根据上述会计分录登记库存现金日记账及总账，达到账实相符。

第三步：查清原因后，根据领导批示，编制如下会计分录：

借：其他应收款——现金短款（赵继勇）　　　　　　　　　　　500
　　贷：待处理财产损溢——待处理流动资产损溢　　　　　　　　　500

第四步：根据上述分录，分别登记有关明细账和总账账户。

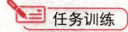

工作实例：

北京飞鱼皮具有限公司是一家主要从事皮包（袋）制造的企业，2021年6月30日，开展定期财产物资清查盘点工作，在对库存现金清查盘点中发现相关问题，编制了库存现金盘点表，如表6-5所示，并针对盘点结果及时查找原因。

表 6-5　库存现金盘点表

单位名称：北京飞鱼皮具有限责任公司　　　　2021年6月30日　　　　　　　　单位：元

实存金额	账存金额	对比结果		备注
		盘盈	盘亏	
2 600	2 450	150		无法查明原因
现金使用情况	（1）库存现金限额3 000元。 （2）白条抵库情况： （3）违反规定的现金支出： （4）其他违规行为：			
处理决定：转入营业外收入。 　　　　　同意 　　　　　　　　　　　　　　　　　　　　　　2021年6月30日 　　　　　　　　　　　　　　　　　　　　　　总经理：张虎山				

会计机构负责人：张献荣　　　　　　盘点人：王涛　　　　　　出纳员：张开凤

工作要求：

请根据库存现金盘点表，及时进行库存现金清查盘点结果的相关账务处理。

工作步骤：

第一步：6月30日，会计人员根据库存现金盘点表编制分录；

第二步：根据上述会计分录登记库存现金日记账及总账，达到账实相符；

第三步：查清原因后，根据领导批示，编制会计分录；

第四步：根据上述分录，分别登记有关明细账和总账账户。

任务 6.3　清查银行存款

任务布置

请整理北京中润服饰有限责任公司 2021 年 6 月银行存款相关业务资料和账簿资料，做好银行存款日常账务处理工作，确保银行存款相关业务全部登记入账，协助完成公司 2021 年 6 月银行存款清查盘点各项工作。

6.3.1　开展银行存款的清查

1. 编制或取得银行对账单

银行存款的清查是采用与开户银行核对账目的方法来进行的。即将企业单位的银行存款日记账与从开户银行转来的对账单逐比核对，以查明银行存款的收入、付出和结余的记录是否正确。银行对账单的格式如表 6-6 所示。

微课：银行存款清查与账务处理

表 6-6　银行对账单

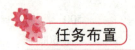 中国工商银行 对账单

户名：信达公司
账号：02345678
币种：人民币　　科目号：　　　　第 1 页共 1 页

日期	摘要	凭证号	借方发生额	贷方发生额	借/贷标志	余额
9月1日	结余				贷	269 800.00
9月16日	收东江公司销货款	电汇10		230 000.00	贷	499 800.00
9月24日	付利丰材料款	转支045	20 000.00		贷	479 800.00
9月29日	付中天公司货款	电汇	90 000.00		贷	389 800.00
9月30日	付电费	托收	3 562.00		贷	386 238.00
9月30日	收三环公司货款	汇票		28 000.00	贷	414 238.00
9月30日	本月存款利息			368.00	贷	414 606.00

> 银行对账单是指由企业开户银行所记录的,反映该银行存款存入和使用情况的记录单。一般情况下,银行每月都应向企业提供所开立账户的银行对账单,以便双方核对账目。

【说明】银行对账单作为以银行为会计主体所记录的账簿,用借方来反映企业银行存款的减少;用贷方来反映企业银行存款的增加。因此,企业在与银行对账时,应以银行对账单的借方发生额与银行存款日记账的贷方发生额相核对,以银行对账单的贷方发生额与银行存款日记账的借方发生额相核对。

2. 比照银行对账单核对银行存款日记账

银行存款日记账如表6-7所示。

表6-7 银行存款日记账

银行存款日记账

2021年		凭证		支票号码	摘要	对方科目	借方										贷方										借或贷	余额									
月	日	字	号				亿	千	百	十	万	千	百	十	元	角	分	亿	千	百	十	万	千	百	十	元	角	分		亿	千	百	十	万	千	百	十	元	角	分
9	01				上月结转																							借				2	6	9	8	0	0	0
9	18	记	02		收销货款	主营业务收入等				2	3	0	0	0	0	0	0											借				4	9	9	8	0	0	0
9	22	记	03		付材料款	原材料等																2	0	0	0	0	0	借				4	7	9	8	0	0	0
9	25	记	05		购文具	管理费用																	1	0	4	5	0	0	借				4	7	8	7	5	5	0
9	28	记	08		付材料款	原材料等																9	0	0	0	0	0	借				3	8	8	7	5	5	0
9	29	记	11		付修理费	管理费用																2	5	0	0	0	0	借				3	8	6	2	5	5	0
9	30	记	13		收销货款	主营业务收入等					4	7	0	0	0	0	0											借				4	3	3	2	5	5	0
9	30				本月合计					2	7	7	0	0	0	0	0				1	1	3	5	4	5	0	借				4	3	3	2	5	5	0

6.3.2 编制银行存款余额调节表

在实际工作中,企业银行存款日记账余额与开户银行对账单余额往往不一致,其主要原因:一是双方账目发生错账、漏账。所以,在与开户银行核对账目之前,应先仔细检查企业单位银行存款日记账的正确性和完整性,然后再将其与开户银行送来的对账单逐笔进行核对。二是正常的未达账项。所谓未达账项,是指由于双方记账时间不一致而发生的一方已经入账,而另一方尚未入账的款项。企业单位与银行之间的未达账项,有以下两大类共四种情况:

1. 企业已入账,但银行尚未入账

(1) 企业送存银行的款项,企业已做存款增加入账,但银行尚未入账,即企业已收而银行未收;

(2) 企业开出支票或其他付款凭证,企业已作为存款减少入账,但银行尚未付款记账;即企业已付而银行未付;

2. 银行已入账,但企业尚未入账。

(1) 银行代企业收进的款项,银行已作为企业存款的增加入账,但企业尚未收到通知,因而未入账,即银行已收而企业未收;

(2) 银行代企业支付的款项,银行已作为企业存款的减少入账,但企业尚未收到通知,因而未入账,即银行已付而企业未付。

上述任何一种情况的发生,都会使双方的账面存款余额不一致。因此,为了查明企业单位和银行双方账目的记录有无差错,同时也是为了发现未达账项,在进行银行存款清查时,必须将企业单位的银行存款日记账与银行对账单逐笔核对。核对的内容包括收付金额、结算凭证的种类和号数、收入来源、支出的用途、发生的时间、某日止的金额等。通过核对,如果发现企业单位有错账或漏账,应立即更正;如果发现银行有错账或漏账,应及时通知银行查明更正;如果发现有未达账项,则应据以编制银行存款余额调节表进行调节,并验证调节后余额是否相等。银行存款余额调节表如表6-8所示。

表6-8 银行存款余额调节表

公司名称:		制表时间	
开户行及账号:			单位:
项目	金额	项目	金额
企业银行存款日记账余额		银行对账单余额	
加:银行已收、企业未收款		加:企业已收、银行未收款	
减:银行已付、企业未付款		减:企业已付、银行未付款	
调节后的存款余额		调节后的存款余额	

主管: 会计: 出纳:

如果调节后双方余额相等,则一般说明双方记账没有差错;若不相等,则表明企业方或银行方或双方记账有差错,应进一步核对,查明原因予以更正。

会计职业判断

(判断)银行存款余额调节表是企业调节银行存款日记账的依据。(   )

【做中学6-3】请根据信达公司9月份的银行存款日记账(表6-6)和开户银行送来的银行对账单(表6-7),查找未达账项,并编制银行存款余额调节表。

第一步:用银行存款日记账与银行对账单逐笔核对,查找出该公司9月份的未达账项;

银行已收企业未收:28 000+368=28 368(元);

银行已付企业未付:3 562元;

企业已收银行未收:47 000元;

企业已付银行未付:1 045+2 500=3 545(元)。

第二步:编制"银行存款余额调节表",将以上未达账项填入表6-9中;

第三步:计算出调节后余额。

表6-9 银行存款余额调节表

公司名称:信达公司		制表时间 2021年9月30日	
开户行及账号:中国工商银行02345678			单位:元
项目	金额	项目	金额
企业银行存款日记账余额	433 255	银行对账单余额	414 606
加:银行已收、企业未收款	28 368	加:企业已收、银行未收款	47 000
减:银行已付、企业未付款	3 562	减:企业已付、银行未付款	3 545
调节后的存款余额	458 061	调节后的存款余额	458 601

主管:张志江   会计:王涛   出纳:李刚

> (1) 银行存款余额调节表所计算的调节后的余额才是企业当时可以实际动用的银行存款数额。
> (2) 对于银行已经入账而企业尚未入账的未达账项，不能根据银行存款余额调节表来编制会计分录，作为记账依据，必须在收到银行的有关凭证后方可入账。
> (3) 对于长期悬置的未达账项，应及时查明原因，予以解决。

> 上述银行存款的清查方法，也适用于各种银行借款的清查。但在清查银行借款时，还应检查借款是否按规定的用途使用，是否按期归还。

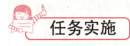

获取北京中润服饰有限责任公司 2021 年 8 月银行对账单和银行存款日记账，如表 6-10 和表 6-11 所示。

表 6-10 中国建设银行对账单

账号：41570391487043　　　　2021 年 8 月 30 日　　　　单位名称：北京中润服饰有限责任公司

日期	凭证种类	号数	借方金额	贷方金额	余额	对方户名	摘要内容
2021/8/16	电汇	18		250 000	750 000	北京友谊百货	销货款
2021/8/24	转账支票	45	20 000		730 000	苏州建德纺织公司	材料款
2021/8/29	电汇	09	80 000		650 000	潍坊林瑞纺织有限公司	材料款
2021/8/30	托收	01	3 500		646 500	北京电力公司	预付电费
2021/8/30	汇票	186		30 000	676 500	北京百货公司	销货款

表 6-11 银行存款日记账

银 行 存 款 日 记 账

2021年		凭证		支票号码	摘 要	对方科目	借方										贷方										借或贷	余额									
月	日	字	号				亿	千	百	十	万	千	百	十	元	角	分	亿	千	百	十	万	千	百	十	元	角	分		亿	千	百	十	万	千	百	十	元	角	分
8	18	收	09		收销货款	主营业务收入等					2	5	0	0	0	0	0												借					7	5	0	0	0	0	0
8	22	付	20		付材料款	原材料等																	2	0	0	0	0	0	0	借					7	3	0	0	0	0	0
8	28	付	22		付材料款	原材料等																	8	0	0	0	0	0	0	借					6	5	0	0	0	0	0
8	29	付	23		付修理费	管理费用																			4	5	0	0	0	借					6	4	5	5	0	0	0
8	30	收	10		收销货款	主营业务收入等						5	0	0	0	0	0												借					6	9	5	5	0	0	0

第一步：用银行存款日记账与银行对账单逐笔核对，查找公司 3 月份的未达账项；

银行已收企业未收：30 000 元；

银行已付企业未付：3 500 元；

企业已收银行未收：50 000 元；

企业已付银行未付：4 500 元。

第二步：编制银行存款余额调节表，将以上未达账项填入表 6-12 中；

第三步：计算出调节后余额。

表 6-12　银行存款余额调节表

公司名称：北京中润服饰有限责任公司　　　　　　　　制表时间　2021 年 8 月 30 日

开户行及账号：中国建设银行北京市西城区支行 41570391487043　　　　单位：元

项目	金额	项目	金额
企业银行存款日记账余额	695 500	银行对账单余额	676 500
加：银行已收、企业未收款	30 000	加：企业已收、银行未收款	50 000
减：银行已付、企业未付款	3 500	减：企业已付、银行未付款	4 500
调节后的存款余额	722 000	调节后的存款余额	722 000

主管：庞苗颀　　　　　　会计：杨同用　　　　　　出纳：赵继勇

任务训练

2021 年 6 月 30 日北京飞鱼皮具有限公司银行存款日记账的账面余额为 31 000 元，银行对账单的余额为 36 000 元，经逐笔核对，发现有下列未达账项：

（1）29 日，企业销售产品收到转账支票一张，计 2 000 元，将支票存入银行，银行尚未办理入账手续。

（2）30 日，企业采购原材料开出转账支票一张，计 1 250 元，企业已作银行存款付出，银行尚未收到支票而未入账。

（3）30 日，银行代企业收回货款 8 000 元，收款通知尚未到达企业，企业尚未入账。

（4）30 日，银行代付电费 2 250 元，付款通知尚未到达企业，企业尚未入账。

请根据以上资料编制银行存款余额调节表。

操作步骤如下：

第一步：用银行存款日记账与银行对账单逐笔核对，查找出该公司 6 月份的未达账项；

银行已收企业未收：

银行已付企业未付：

企业已收银行未收：

企业已付银行未付：

第二步：编制银行存款余额调节表，将以上未达账项填入表 6-13 中。

第三步：计算出调节后余额。

表 6-13 银行存款余额调节表

公司名称：		制表时间	
开户行及账号：			单位：
项目	金额	项目	金额
企业银行存款日记账余额		银行对账单余额	
加：银行已收、企业未收款		加：企业已收、银行未收款	
减：银行已付、企业未付款		减：企业已付、银行未付款	
调节后的存款余额		调节后的存款余额	

主管：　　　　　　　　　会计：　　　　　　　　　出纳：

任务 6.4　清查往来款项

任务布置

请整理北京中润服饰有限责任公司 2021 年 6 月往来款项相关业务资料和账簿资料，做好往来款项账务处理工作，确保往来款项相关业务全部登记入账，协助完成公司 2021 年 6 月往来款项清查盘点各项工作。

6.4.1　开展往来款项的清查

往来款项的清查，一般采用发函询证的方法进行核对。在检查本单位结算往来款项账目正确性和完整性的基础上，根据有关明细分类账的记录，按用户编制往来款项对账单，如图 6-3 所示，送交对方单位进行核对。往来款项对账单一般一式两联，其中一联作为回单。如果对方单位核对相符，应在回单上盖章后退回；如果数字不符，则应将不符的情况在回单上注明，或另抄对账单退回，以便进一步清查。

_____单位

你单位2021年5月20日向我公司购买甲产品500件，货款38 650元尚未支付，请核对后将回联单寄回。

清查单位：（盖章）

2021年6月10日

沿此虚线截开，将以下回联单寄回

往来款项对账单（回联）

_____清查单位：

你单位寄来的往来款项对账单已收到，经核对相符无误。

_____单位（盖章）

2021年6月10日

图 6-3　往来款项对账单

在核对过程中尤其应注意查明有无双方发生争议的款项、没有希望收回的款项以及无法支付的款项，应及时采取措施进行处理，避免或减少坏账损失。

6.4.2 整理往来款项的清查结果

往来款项清查以后，需要将清查结果编制往来款项清查表，如表6-14所示，填列各项债权、债务的余额，以供管理层参考。对于有争议的款项，应在报告单上详细注明具体情况和原因，及时沟通解决；对于没有希望收回的款项及时确认坏账；对于无法支付的款项，及时核销。

表 6-14 往来款项清查表

单位名称： 　　　　　年 月 日　　　　　单位：元　　　　　编号：

明细账户名称	账面结存余额	实存		发生日期	核对不符原因分析					备注
		核对相符金额	核对不符金额		错误账项	未达账项	拒付账项	异议账项	其他	

任务实施

第一步：整理中润服饰公司截至2021年6月30日往来款项账簿资料，确保所有债权和债务相关凭证核实无误登记入账；

第二步：将核实无误的往来款项按照客户名称、供应商名称寄发询证函，核实往来款项金额；

第三步：根据回函情况，整理往来款项清查结果，填列往来款项清查报告表；

第四步：根据往来款项清查表，逐一核实问题，及时处理，保障债权安全收回；确保债务及时偿还，减少违约。关注没有希望收回的款项及时确认坏账；对于无法支付的款项，及时核销。

任务6.5　清查实物资产

任务布置

请整理北京中润服饰有限责任公司2021年6月实物资产相关业务资料和账簿资料，做好实物资产账务处理工作，确保实物资产相关业务全部登记入账，协助完成公司2021年6月实物资产清查盘点各项工作，并针对清查盘点结果及时查找原因，及时作出相应账务处理。

 知识准备

6.5.1 开展实物资产的清查

微课：实物资产清查与账务处理

对于企业的实物资产需要开展定期清查盘点，确保企业实物资产安全完整，保障资产质量，最大限度地做到物尽其用，提高企业经济效益。

对于各种实物资产如材料、半成品、在产品、产成品、低值易耗品、包装物、固定资产等，都要从数量和质量上进行清查核对。由于实物的形态、体积、重量、堆放方式等不尽相同，因而所采用的清查方法也不尽相同。实物数量的清查方法，比较常用的有以下几种：

1. 实物盘点法

实物盘点法就是通过逐一清点或用计量器具来确定实物的实存数量。其适用的范围较广，在多数财产物资清查中都可以采用这种方法。

2. 技术推算法

采用这种方法，对于财产物资不是逐一清点计数，而是通过量方、计尺等技术推算财产物资的结存数量。这种方法只适用于成堆量大、而价值又不高的，难以逐一清点的财产物资的清查。例如，露天堆放的煤炭等。

3. 抽样盘点法

抽样盘点法就是对那些一般不便于逐一点数的、单价较小但数量较多、重量比较均匀特别是已经包装好的实物资产，通过抽样的方法检查单位实物资产的数量和质量，据以确定该项资产的总体质量与数量。

 提示

对于实物的质量，应根据不同的实物采用不同的检查方法，例如有的采用物理方法，有的采用化学方法来检查实物的质量。

（1）实物清查过程中，实物保管人员和盘点人员必须同时在场。对于盘点结果，应如实登记盘存单，并由盘点人和实物保管人签字或盖章，以明确经济责任，盘存单的格式见表6-15所示。盘存单既是纪录盘点结果的书面证明，也是反映财产物资实存数的原始凭证。

表6-15 盘存单

2021年6月30日

单位名称：信达有限公司
财产类别：原材料
仓库位置：材料库

序号	产品名称	产品规格	订量单位	数量	单价	金额	备注
1	甲材料		千克	2 000	20	40 000	
2	乙材料		千克	12 000	5	60 000	
3							
4							
5							
6							
7							

盘点人：王利　　　　　　　　　　　　　　　　　　保管人：张函

(2) 为了查明实存数与账存数是否一致，确定盘盈或盘亏情况，应根据盘存单和有关账簿的记录，编制实存账存对比表，如表 6-16 所示。实存账存对比表是用以调整账簿记录的重要原始凭证，也是分析产生差异的原因，明确经济责任的依据。

表 6-16 实存账存对比表

单位名称：信达有限公司　　　　　　　　　　　　　　　　　2021 年 6 月

类别及名称	计量单位	单价	实存		账存		对比结果				备注
							盘盈		盘亏		
			数量	金额	数量	金额	数量	金额	数量	金额	
甲材料	千克	20	2 000	40 000	1 500	30 000	500	10 000			
乙材料	千克	5	12 000	60 000	12 200	61 000			200	1 000	

处理决定：
(1) 盘盈甲材料冲减管理费用；
(2) 盘亏乙材料属于定额内消耗，计入管理费用。

同意。

2021 年 6 月 30 日

总经理：王光明

主管人员：张志江　　　　　　　　　　会计：李刚　　　　　　　　　　制表：李刚

提示

对于委托外单位加工、保管的材料、商品、物资以及在途的材料、商品、物资等，可以用询证的方法与有关单位进行核对，以查明账实是否相符。

6.5.2 实物资产清查结果的账务处理

实物资产的清查主要针对存货和固定资产，对这两类资产的清查主要是核对账面数量和实际数量。确定财产物资账面数量有两种盘存制度，即永续盘存制和实地盘存制。

1. 永续盘存制

为了加强财产管理，及时了解和掌握各项财产的增减变动和结存情况，在一般情况下，应采用永续盘存制。采用这种方法，平时对各项物资的增加数和减少数，都要根据凭证连续记入有关账簿，并随时结转出账面结存数额。所以，这种方法也叫作账面盘存制。采用永续盘存制，尽管能在账簿中及时反映各项财产、物资的结存数额，但是，也可能发生账实不符的情况，因此，采用永续盘存制的企业，也需要对各项财产、物资进行清查盘点，以查明账实是否相符以及查明账实不符的原因。

2. 实地盘存制

实地盘存制是指平时只在账簿中登记财产、物资的增加数，不登记财产、物资的减少数，到月末，根据实际盘点的实存数，来轧计本月财产、物资的减少数，即以期初结存数加上本期增加数减去期末实存数，倒挤出本月减少数，再据以登记有关账簿。可见，采用实地盘存制，对各项财产、物资实地盘点的结果，只是作为登记财产、物资账减少数的依据。实行实地盘存制，工作比较简单，但手续不严密，而且平时在账面上不反应各项财产、物资的减少数额和结存数额，这就难以通过会计记录来加强财产的管理，不利于保护财产物资的安全与完整。因此，该方法一般只适用于品种杂、单位价值低和交易频繁的商品以及数量不稳定、损耗大且难以控制的鲜活商品等。工业企业的财产物资的清查盘点很少使用此制度。

3. 账务处理规定

（1）对于账实核对中各种材料、在产品和产成品的盘盈和盘亏，属于以下原因的，一般增加或冲减费用：在收发物资中，由于计量、检验不准确；财产物资在运输、保管、收发过程中，在数量上发生自然增减变化；由于手续不齐或计算、登记上发生错误；属于无法收回的其他损失。

（2）属于管理不善或工作人员失职，造成财产损失、变质或短缺的，应由过失人或保险公司负责赔偿的，应增加其他应收款。

（3）属于贪污盗窃、营私舞弊造成的损失或自然灾害造成的非常损失，应增加营业外支出。

（4）对于财产清查中固定资产盘亏，在按规定报请审批后，其盘亏净值增加营业外支出。

会计职业判断

存货盘亏中需要追究责任人责任的是（　　　）。
A. 计量工具不准确　　B. 自燃损失　　C. 自然灾害　　D. 管理不善

会计职业判断

下列情况下（　　　）的存货盘亏，批准处理时，可以通过其他应收款核算。
A. 计量工具不准确　　B. 自然损失　　C. 自然灾害　　D. 管理不善

【做中学6-4】信达有限公司2021年6月30日在账实核对中，发现甲材料盘盈500千克，每千克20元，计10 000元。经查明，这项盘盈材料因计量仪器不准造成生产领用少发多计，经批准冲减本月管理费用。

第一步：6月30日，报经批准前，会计人员根据盘存单及账存实存对比表调整有关账簿数额，编制如下会计分录：

借：原材料——甲材料　　　　　　　　　　　　　　　10 000
　　贷：待处理财产损溢——待处理流动资产损溢　　　　　10 000

第二步：根据上述会计分录登记原材料——甲材料总账及明细账，达到账实相符。

第三步：6月30日经查明，甲材料因计量仪器不准造成生产领用少发多计，经批准冲减本月管理费用，会计人员根据实存账存对比表中领导批复意见编制如下会计分录：

借：待处理财产损溢——待处理流动资产损溢　　　　　10 000
　　贷：管理费用——存货盘盈　　　　　　　　　　　　　10 000

第四步：根据上述分录，分别登记有关明细账和总账账户。

【做中学6-5】信达有限公司2021年6月30日在账实核对中，发现乙材料盘亏200千克，成本1 000元，该批材料的进项税额为130元。

第一步：6月30日，报经批准前，会计人员根据盘存单及账存实存对比表调整有关账簿数额，编制如下会计分录：

借：待处理财产损溢——待处理流动资产损溢　　　　　　　　　　　　1 130
　　贷：原材料——甲材料　　　　　　　　　　　　　　　　　　　　1 000
　　　　应交税费——应交增值税（进项税额转出）　　　　　　　　　　130

第二步：根据上述会计分录登记原材料——甲材料总账及明细账，达到账实相符。

第三步：6月30日，经查明，乙材料盘亏属于定额内的自然损耗，会计人员根据实存账存对比表中领导的批复的记入"管理费用"账户的意见，编制如下会计分录：

借：管理费用——存货盘亏　　　　　　　　　　　　　　　　　　　　1 130
　　贷：待处理财产损溢——待处理流动资产损溢　　　　　　　　　　1 130

第四步：根据上述分录，分别登记有关明细账和总账账户。

【做中学6-6】如果经查实，上述盘亏乙材料属于管理人员过失造成，应由过失人赔偿，企业应编制会计分录如下：

借：其他应收款——责任人　　　　　　　　　　　　　　　　　　　　1 130
　　贷：待处理财产损溢——待处理流动资产损溢　　　　　　　　　　1 130

【做中学6-7】如果属于非常灾害造成的损失，经批准列作营业外支出，编制会计分录如下：

借：营业外支出　　　　　　　　　　　　　　　　　　　　　　　　　1 130
　　贷：待处理财产损溢 ——待处理流动资产损溢　　　　　　　　　　1 130

【做中学6-8】信达公司2021年6月30日在财产清查中，发现盘亏设备一台，其原值为50 000元，已计提折旧30 000元。经查明是由于过失人王怀造成的毁损，经批准，应由过失人王怀赔偿10 000元，赔偿后的差额记入"营业外支出"账户。

第一步：6月30日，报经批准前，会计人员根据盘存单及账存实存对比表确定的固定资产盘亏数，调整有关账簿记录，编制会计分录如下：

借：待处理财产损溢——待处理固定资产损溢　　　　　　　　　　　　20 000
　　累计折旧　　　　　　　　　　　　　　　　　　　　　　　　　　30 000
　　贷：固定资产——×设备　　　　　　　　　　　　　　　　　　　50 000

第二步：根据上述会计分录，登记固定资产总账及明细账，达到账实相符。

第三步：6月30日，上述盘亏设备按照规定程序批准转销，编制会计分录如下：

借：其他应收款——王怀　　　　　　　　　　　　　　　　　　　　　10 000
　　营业外支出——非常损失　　　　　　　　　　　　　　　　　　　10 000
　　贷：待处理财产损溢——待处理固定资产损溢　　　　　　　　　　20 000

第四步：根据上述分录，分别登记有关明细账和总账账户。

任务实施

北京中润服饰有限责任公司2021年6月末对原材料进行清查，账面结存和实际结存资料如表6-17和表6-18所示。

表 6-17　账面结存汇总表

2021 年 6 月 30 日

单位名称：北京中润服饰有限责任公司

序号	产品名称	产品规格	计量单位	数量	单价	金额	备注
1	化纤布		米	1 500	80	120 000	
2	纺织布		米	300	65	19 500	
3	纽扣		颗	1 500	1.40	2 100	
4	拉链		条	200	2	400	
5	蕾丝花边		米	460	38	17 480	
6							
7							

制表人：杨同用

表 6-18　盘存单

2021 年 6 月 30 日

单位名称：北京中润服饰有限责任公司
财产类别：原材料
仓库位置：材料库

序号	产品名称	产品规格	订量单位	数量	单价	金额	备注
1	化纤布		米	1 497	80	119 760	计量差错
2	纺织布		米	298	65	19 370	计量差错
3	纽扣		颗	1 400	1.40	1 960	丢失，属保管责任
4	拉链		条	195	2	390	丢失，属保管责任
5	蕾丝花边		米	456	38	17 328	计量差错
6							
7							

盘点人：张斌　　　　　　　　　　　　　　　　　　保管人：张虎山

根据上述资料编制实存账存对比表如表 6-19 所示，并进行相应的账务处理。

表 6-19　实存账存对比表

单位名称：北京中润服饰有限责任公司　　　　　　2021 年 6 月

类别及名称	计量单位	单价	实存		账存		对比结果				备注
							盘盈		盘亏		
			数量	金额	数量	金额	数量	金额	数量	金额	
化纤布	米	80	1 497	119 760	1 500	120 000			3	240	计量差错
纺织布	米	65	298	19 370	300	19 500			2	130	计量差错
纽扣	颗	1.40	1 400	1 960	1 500	2 100			100	140	保管责任
拉链	条	2	195	390	200	400			5	10	保管责任
蕾丝花边	米	38	456	17 328	460	17 480			4	152	计量差错

处理决定：
(1) 因计量差错所致短缺盘亏，计入管理费用；
(2) 因保管不善造成损失，由保管员赔偿 10%，其余列入费用。

　　　　同意。

2021 年 6 月 30 日
　　总经理：张斌

主管人员：底苗须　　　　　　会计：杨同用　　　　　　制表：杨同用

工作步骤：

第一步：6月30日，会计人员根据表6-17和表6-18编制表6-19；

第二步：6月30日，原因查明之前，会计人员根据实存账存对比表分别编制会计分录如下：

借：待处理财产损益——待处理流动资产损溢　　　　　　　　　240
　　贷：原材料——化纤布　　　　　　　　　　　　　　　　　　　240
借：待处理财产损益——待处理流动资产损溢　　　　　　　　　130
　　贷：原材料——纺织布　　　　　　　　　　　　　　　　　　　130
借：待处理财产损益——待处理流动资产损溢　　　　　　　　　140
　　贷：原材料——纽扣　　　　　　　　　　　　　　　　　　　　140
借：待处理财产损益——待处理流动资产损溢　　　　　　　　　 10
　　贷：原材料——拉链　　　　　　　　　　　　　　　　　　　　 10
借：待处理财产损益——待处理流动资产损溢　　　　　　　　　152
　　贷：原材料——花边布　　　　　　　　　　　　　　　　　　　152

第三步：根据上述会计分录，登记原材料总账及明细账，达到账实相符；

第四步：原因查明之后，根据领导批示的处理决定，分别编制会计分录如下：

(1) 属于计量差错：

借：管理费用　　　　　　　　　　　　　　　　　　　　　　　522
　　贷：待处理财产损益——待处理流动资产损溢　　　　　　　　　522

(2) 因保管人员责任：

借：其他应收款——保管员张虎山　　　　　　　　　　　　　　 15
　　管理费用——存货盘亏　　　　　　　　　　　　　　　　　　135
　　贷：待处理财产损益——待处理流动资产损溢　　　　　　　　　150

第五步：根据上述分录，分别登记有关明细账和总账账户。

项目六 组织和开展财产清查 | 261

自检知识图谱

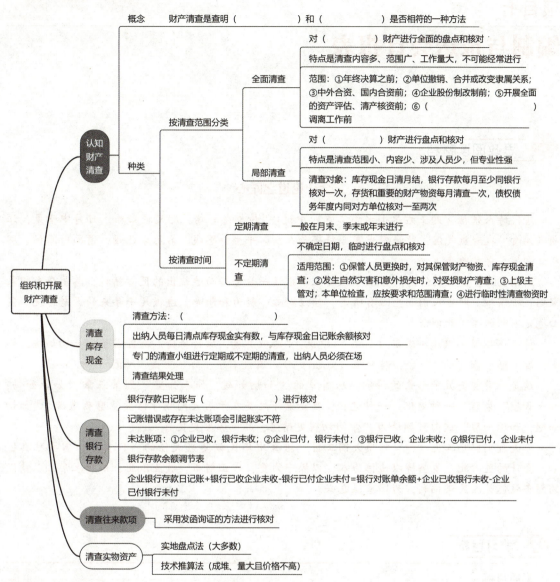

自测题

项目六自测题

项目七
编制与报送会计报表

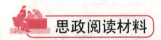
思政阅读材料

会计论道之匠心

唐代诗人张祜《题王右丞山水障二首》中说:"精华在笔端,咫尺匠心难。日月中堂见,江湖满座看。夜凝岚气湿,秋浸壁光寒。料得昔人意,平生诗思残。右丞今已殁,遗画世间稀。咫尺江湖尽,寻常鸥鸟飞。"

所谓匠心,是心的修为。倾注一生心血、投注一片苦心而造就出的匠心精神,总是令人印象深刻。所谓难,即匠人们一生心有所定,倾注耐心、毅力和挚爱,遵循几千年来的古老传统。匠心也是不断的探索和创新。

诗经《国风·卫风·淇奥(yù)》中说:"瞻彼淇奥,绿竹猗猗。有匪君子,如切如磋,如琢如磨。瑟兮僩(xiàn)兮,赫兮咺(xuān)兮。有匪君子,终不可谖(xuān)兮……"

这是一首赞美男子形象的诗歌。从首章的"如切如磋,如琢如磨"到第三章"如金如锡,如圭如璧"表现了一种变化、一种过程,寓示君子之美在于后天的积学修养,磨砺道德。"如切如磋,如琢如磨"这句可翻译为"学问切磋更精湛,品德琢磨更良善"。

今天我们弘扬工匠精神,呼唤大国工匠,培育中华民族复兴大任的一代良才,需要独具匠心。会计的匠心就是要坚持以诚信为本、以操守为重,守正创新、敬业乐业、不断求索,以精湛的财务技能为人民谋福利,为国家谋复兴。

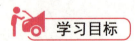
学习目标

素质目标
- 树立财务会计报表披露具有社会属性和必须承担社会责任的观念。
- 坚持诚信披露、依法依规披露财务报表,维护社会公平正义的职业道德操守。
- 领会万物互联、世界经济一体化思想,坚持开放创新思维、智能财务处理和业财一体化理念。

知识目标
- 了解会计报表的意义、种类和编制要求。
- 熟悉会计报表编制前的准备工作。
- 掌握资产负债表和利润表的内容以及二者之间的勾稽关系。
- 了解现金流量表的概念、作用、结构、内容和编制原理。
- 掌握报送会计报表的有关规定。

能力目标

- 能够借助于会计报表的数据,对企业财务状况和经营成果作出初步的评价判断。
- 能够揭示资产负债表和利润表之间的关系,逐步建立财务思维逻辑。
- 能够根据工作任务要求熟练查阅相关业务资料,熟悉财务相关网站,善于运用互联网提升自身专业能力。
- 能够准确表达财务信息,满足信息使用者的需要。

任务 7.1 认知财务报表

请以北京中润服饰有限责任公司会计人员的身份,做好财务报表编制前的准备工作。

7.1.1 认知财务报表

1. 财务报表的含义

现行《企业会计准则 30 号——财务报表列报》指出,财务报表是对企业财务状况、经营成果和现金流量的结构性表述。财务报表至少应当包括资产负债表、利润表、现金流量表、所有者权益(或股东权益)变动表和附注几个部分。

微课:认知财务会计报告

提示

上述表述反映的是财务报表的内容,资产负债表反映的是企业的资产、负债和所有者权益等财务状况,利润表反映的是企业的收入、费用和利润等经营成果,现金流量表反映的是企业现金和现金等价物流入流出情况,所有者权益变动表反映的是企业所有者权益的增减变动情况。

《企业会计准则 30 号——财务报表列报》第 6 章附注有关内容如下:

第 37 条 附注是对在资产负债表、利润表、现金流量表和所有者权益变动表等报表中列示项目的文字描述或明细资料,以及对未能在这些报表中列示项目的说明等。

第 38 条 附注应当披露财务报表的编制基础,相关信息应当与资产负债表、利润表、现金流量表和所有者权益变动表等报表中列示的项目相互参照。

第 39 条 附注一般应当按照下列顺序至少披露:

(1) 企业的基本情况。
(2) 财务报表的编制基础。
(3) 遵循企业会计准则的声明。
(4) 重要会计政策和会计估计。

(5) 会计政策和会计估计变更以及差错更正的说明。

(6) 报表重要项目的说明。

(7) 或有和承诺事项、资产负债表日后非调整事项、关联方关系及其交易等需要说明的事项。

(8) 有助于财务报表使用者评价企业管理资本的目标、政策及程序的信息。

第40条 企业应当在附注中披露下列关于其他综合收益各项目的信息：

(1) 其他综合收益各项目及其所得税影响。

(2) 其他综合收益各项目原计入其他综合收益、当期转出计入当期损益的金额。

(3) 其他综合收益各项目的期初和期末余额及其调节情况。

第41条 企业应当在附注中披露终止经营的收入、费用、利润总额、所得税费用和净利润，以及归属于母公司所有者的终止经营利润。

第42条 终止经营，是指满足下列条件之一的已被企业处置或被企业划归为持有待售的、在经营和编制财务报表时能够单独区分的组成部分：

(1) 该组成部分代表一项独立的主要业务或一个主要经营地区。

(2) 该组成部分是拟对一项独立的主要业务或一个主要经营地区进行处置计划的一部分。

(3) 该组成部分是仅仅为了再出售而取得的子公司。

同时满足下列条件的企业组成部分（或非流动资产，下同）应当确认为持有待售：该组成部分必须在其当前状况下仅根据出售此类组成部分的惯常条款即可立即出售；企业已经就处置该组成部分作出决议，如按规定需得到股东批准的，应当已经取得股东大会或相应权力机构的批准；企业已经与受让方签订了不可撤销的转让协议；该项转让将在一年内完成。

第43条 企业应当在附注中披露在资产负债表日后、财务报告批准报出日前提议或宣布发放的股利总额和每股股利金额（或向投资者分配的利润总额）。

---

2. 财务报表的作用

(1) 有利于国家经济管理部门了解国民经济的运行状况。通过对各单位提供的财务报表资料进行汇总和分析，了解和掌握各行业、各地区的经济发展情况，以便宏观调控经济运行，优化资源配置，保证国民经济稳定持续发展。

(2) 有利于满足财政、税务、工商、审计等部门监督企业经营管理。通过财务报表可以检查、监督各企业是否遵守国家的各项法律、法规和制度，有无偷税漏税的行为。

(3) 有利于投资者、债权人和其他有关各方掌握企业的财务状况、经营成果和现金流量情况，进而分析企业的盈利能力、偿债能力、投资收益、发展前景等，为他们投资、贷款和贸易提供决策依据。

(4) 全面系统地揭示企业一定时期的财务状况、经营成果和现金流量，有利于经营管理人员了解本单位各项任务指标的完成情况，评价管理人员的经营业绩，以便及时发现问题，调整经营方向，制定措施改善经营管理水平，提高经济效益，为经济预测和决策提供依据。

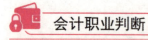
会计职业判断

财务报表的信息使用者包括哪些？请尝试列举几个，并简要说明他们重点关注的报表信息内容。

3. 财务报表的分类

财务报表可以按照不同的标准分类。

（1）按照财务报表编报期间的不同，可以分为中期财务报表和年度财务报表。

中期财务报表，是指以中期为基础编制的财务报表，中期，是指短于一个完整会计年度（自公历1月日起至12月31日止）的报告期间，包括月度、季度、半年度等。中期财务报表可以有月度财务报表、季度财务报表、半年度财务报表，也可以有年初至中期末止的财务报表，如1月1日至9月30日的财务报表等。

中期财务报表至少应当包括资产负债表、利润表、现金流量表和附注。中期财务报表附注相对于年报而言，可以适当简化。

年度财务报表，是指以一个完整会计年度（自公历1月日起至12月31日止）为基础编制的会计报表。

年度财务报表一般包括资产负债表、利润表、现金流量表、所有者权益变动表和附注等内容。

（2）财务报表按编制的主体不同，可以分为个别财务报表和合并财务报表。

个别财务报表是指由公司或子公司编制的，仅反映母公司或子公司自身财务状况、经营成果和现金流量等的财务报表。

合并财务报表是以母公司及其子公司组成的企业集团为会计主体，以母公司和其子公司单独编制的个别财务报表为基础，由母公司编制的反映抵消集团内部往来账项后的集团合并财务状况和经营成果等的财务报表，合并财务报表包括合并资产负债表、合并利润表、合并现金流量表以及合并所有者权益变动表等。

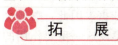
拓　　展

合并财务报表反映的是母公司和子公司所组成的企业集团整体的财务状况、经营成果和现金流量，反映的对象是由若干个法人组成的会计主体，是经济意义上的会计主体，而不是法律意义上的主体。个别财务报表反映的则是单个企业法人的财务状况、经营成果和现金流量，反映的对象是企业法人。对于由母公司和若干个子公司组成的企业集团来说，母公司和子公司编制的个别财务报表分别反映母公司本身或子公司本身各自的财务状况、经营成果以及现金流量，而合并财务报表则反映母公司和子公司组成的集团这一会计主体综合的财务状况、经营成果和现金流量。

（3）按财务会计报表所反映的经济内容不同，可分为静态报表和动态报表。

静态报表是指反映企业某一特定日期资产、负债和所有者权益状况的会计报表，如资产负债表。

动态报表是指反映企业在一定时期内的经营成果或现金流量等情况的会计报表，如利润表或现金流量表。

会计职业判断

静态报表和动态报表有什么不同？

会计职业判断

下列报表中，（　　）是中期财务报表。
A. 月度报表　　　　B. 季度报表　　　　C. 半年度报表　　　　D. 年度报表

7.1.2 明确财务报表编制要求

1. 真实可靠

财务报表中的各项数据必须真实可靠，如实地反映企业的财务状况、经营成果和现金流量。这也是对会计信息质量的基本要求。

因此，财务报表必须根据核实无误的账簿及相关资料编制，不得以任何方式弄虚作假。如果财务报表所提供的资料不真实或可靠性很差，则不仅不能发挥财务报表的应有作用，而且还会由于错误的信息，导致财务报表使用者对单位的财务状况、经营成果和现金流量情况做出错误的评价与判断，致使报表信息使用者做出错误的决策。

2. 全面完整

财务报表应当反映企业经济活动的全貌，全面反映企业的财务状况和经营成果以及现金流量，才能满足各方面对会计信息的需要。凡是国家要求提供的财务报表，各企业必须全部编制并报送，不得漏编和漏报。凡是国家统一要求披露的信息，都必须披露。

因此，在编制财务报表时，必须按规定编写，会计报表中项目不得漏填或少填，应报的会计报表不得缺报，对会计报表项目需要说明的事项要有附注，以及报送会计报表时附送财务情况说明书等。

3. 便于理解

企业对外提供的财务会计报告是会计信息使用者进行正确决策的重要依据。因此，财务会计报告的可理解性是信息使用者作出准确判断，以及发挥会计服务于经济建设这一重要作用的根本保证。因此，编制的财务会计报告应当清晰明了，便于理解和使用。如果提供的财务会计报告晦涩难懂，不可理解，使用者就不能做出准确的判断，所提供的财务会计报告的作用也会大大降低。当然，财务会计报告的可理解性是建立在信息使用者具有一定的会计基础知识和财务报表阅读能力的基础上。

4. 相关可比

企业财务报表所提供的会计信息必须满足报表使用者决策的需要，会计报表各项目的数据应当口径一致、相互可比，以便于报表使用者在不同企业之间及同一企业的前后各期之间进行比较。

财务报表项目的列报应当在各个会计期间保持一致，不得随意变更。但下列情况除外：

（1）会计准则要求改变财务报表项目的列报。

（2）企业经营业务的性质发生重大变化后，变更财务报表项目的列报能够提供更可靠、更相关的会计信息。

5. 报送及时

及时性是信息的重要特征，财务报表信息只有及时地传递给信息使用者，才能为使用者的决策提供依据。否则，即使是真实可靠和内容完整的财务报表，由于编制和报送不及时，对信息使用者来说，就大大降低了会计信息的使用价值。

一般情况下，月度财务报表应当于月度终了后6天内（节假日顺延，下同）对外提供；季度财务报表应当于季度终了后15天内对外提供；半年度财务报表应当于年度中期结束后60天内（相当于两个连续的月份）对外提供；年度财务报表应当于年度终了后4个月内对外提供。

6. 要素齐全

企业应当在财务报表的显著位置至少披露下列各项：

（1）编报企业的名称。

(2) 资产负债表日或财务报表涵盖的会计期间。
(3) 人民币金额单位。
(4) 财务报表是合并财务报表的，应当予以标明。

此外，财务报表封面上应当注明企业统一代码、组织形式、地址、报表所属年度或者月份、报出日期，并由企业负责人和主管会计工作的负责人、会计机构负责人（会计主管人员）签名并盖章；设置总会计师的企业，还应当由总会计师签名并盖章。

会计职业判断

下列属于财务报表编制要求的是（　　）。
A. 真实性　　B. 完整性　　C. 及时性　　D. 一致性　　E. 准确性

7.1.3 财务报表编制前的准备工作

由于编制财务报表的直接依据是会计账簿，所有报表的数据都来源于会计账簿，因此为保证财务报表数据的正确性，编制报表之前必须做好对账和结账工作，做到账证相符、账账相符、账实相符，以保证报表数据的真实准确。

在编制财务报表前，需要完成下列具体工作：

1. 严格审核会计账簿的记录和有关资料

对会计账簿进行全面审核，主要包括：审核会计账簿记录与会计凭证是否相符；会计账簿之间是否相符或者一致，尤其是总账和明细账、日记账是否一致，相互关联的账簿之间是否相符。通过审核，确保账证相符、账账相符。

2. 进行全面财产清查、核实债务，并按规定程序报批，进行相应的会计处理

1）核实资产

核实资产是企业编制报表前一项重要的基础工作，而且工作量大。主要包括以下几点：
(1) 清点现金、应收票据和企业持有的有价证券。
(2) 核对银行存款，编制银行存款余额调节表。
(3) 与购货人核对应收账款。
(4) 与供货人核对预付账款。
(5) 与其他债务人核对其他应收款。
(6) 清查各项存货。编制存货盘点表及盈亏处理表，及时进行相关处理。
(7) 检查各项投资的回收及利润分配情况。
(8) 清查各项固定资产的在建工程。在核实以上各项资产的过程中，如发现与账面记录不符，应先转入待处理财产损溢账户，待查明原因，按规定报此处理。做到账实相符。

2）清理债务

企业与外单位的各种经济往来中形成的应付账款、应付票据、预收账款等往来债务要认真清查及时处理。对已经到期的负债，要及时偿还，以保持企业的信誉，特别是不能拖欠税款；其他应付款中要注意是否有不正常的款项。核对企业的银行借款，区分借款期限，并进行分门别类，同时核实借款利息，及时偿还。

3. 复核成本

编制报表前，要认真复核各项生产、销售项目的成本结转情况。核查是否有少转、多转、漏转、错转成本等情况，这些直接影响企业盈亏的真实性，并由此产生一系列的后果，如多（少）交税金、多（少）分利润，造成企业资产流失或者经营成果不实等。

4. 检查相关的会计核算

检查相关的会计核算是否按照国家统一会计制度的规定进行。

5. 检查是否存在需要调整的情况

检查是否存在因会计差错、会计政策变更等原因需要调整前期或本期相关项目的情况等。

提示

随着信息技术、数字技术和互联网等的迅速发展，以及会计工作数字化、智能化的普及应用，上述工作会逐渐简洁化、自动化，会计人员只需按照相关指令按键操作即可完成上述工作。

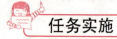

第一步：按照企业会计准则的要求结合企业的具体情况，确定需要编制报送的财务报表；
第二步：整理账簿资料，做好报表编制前的各项准备工作；
第三步：汇总各报表编制需要的账簿资料，包括总账、明细账及相关信息。

任务 7.2　编制利润表

任务布置

请整理北京中润服饰有限责任公司 2021 年 3 月利润表相关项目发生额资料，编制该公司 2021 年 3 月利润表。

微课：利润表
的编制

7.2.1　利润表概念

1. 利润表概念

利润表是反映企业在一定会计期间经营成果的会计报表。利润表是根据会计核算的配比原则，根据"收入–费用=利润"这一会计等式，把一定时期内的收入和相对应的成本费用配比，从而计算出企业经营业绩的综合体现，又是企业进行利润分配的主要依据。

2. 利润表的特点

（1）利润表反映的是会计报告期间的动态数据，是一张动态报表；
（2）利润表中所列数据是会计报告期间相关业务项目的累计数。

提示

通过利润表可以从总体上了解企业收入、成本和费用、净利润（或亏损）的实现和构成情况；同时，通过利润表提供的不同时期的比较数字（本月数、本年累计数、上年数），可以分析企业的获利能力及利润的未来发展趋势，了解投资者投入资本的保值增值情况。

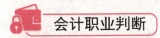

利润表是静态报表还是动态报表？为什么？

利润表的编制依据是什么？

7.2.2 利润表的结构

利润表在形式上分为表首和正表两个部分。表首主要反映利润表名称、编制单位、编制日期和金额单位；正表反映报告期间的各项收支及利润指标，是利润表的主体。

利润表的格式主要有单步式利润表和多步式利润表两种。

1. 单步式利润表

单步式利润表的基本特点是集中列示收入要素项目、费用要素项目，根据收入总额与费用总额直接计算列示利润总额。这种格式比较简单，便于编制，但是缺少利润构成情况的详细资料，不利于企业不同时期利润表与行业之间利润表的纵向和横向的比较、分析。

2. 多步式利润表

多步式利润表的基本特点是将收入项目与费用项目按不同性质归类后，分步计算主营业务利润、营业利润、利润总额和税后净利润。这种格式注重了收入与成本费用配比的层次性，从而得出一些中间性的利润信息，与单步式利润表相比，能够提供更加丰富的信息。采用多步式利润表的格式，有利于报表使用者的纵向和横向的比较。

多步式利润表，按照利润形成中的利润指标，即营业利润、利润总额和净利润等分步计算列示。

在我国，企业利润表采用的是多步式结构。其基本格式如表7-1所示。

表7-1 利润表

会企02表

编制单位：　　　　　　　　年　月　　　　　　　　金额单位：元

项目	本期金额	上期金额
一、营业收入		
减：营业成本		
税金及附加		
销售费用		
管理费用		
研发费用		
财务费用		

续表

项　　目	本期金额	上期金额
其中：利息费用		
利息收入		
加：其他收益		
投资收益（损失以"-"号填列）		
其中：对联营企业和合营企业的投资收益		
公允价值变动收益（损失以"-"号填列）		
资产减值损失（损失以"-"号填列）		
信用减值损失（损失以"-"号填列）		
资产处置收益（损失以"-"号填列）		
二、营业利润（亏损以"-"号填列）		
加：营业外收入		
减：营业外支出		
其中：非流动资产处置损失		
三、利润总额（亏损总额以"-"号填列）		
减：所得税费用		
四、净利润（净亏损以"-"号填列）		
（一）持续经营净利润（净亏损以"-"号填列）		
（二）终止经营净利润（净亏损以"-"号填列）		
五、其他综合收益的税后净额		
（一）不能重分类进损益的其他综合收益		
……		
（二）将重分类进损益的其他综合收益		
……		
六、综合收益总额		
七、每股收益		
（一）基本每股收益		
（二）稀释每股收益		

单位负责人：　　　　　　主管会计负责人：　　　　　　会计机构负责人：

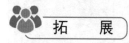
拓　展

综合收益总额项目反映净利润和其他综合收益扣除所得税影响后的净额相加后的合计金额。

其他综合收益，是指企业根据其他会计准则规定未在当期损益中确认的各项利得和损失。其他综合收益项目应当根据其他相关会计准则的规定分为下列两类列报：

（1）以后会计期间不能重分类进损益的其他综合收益项目，主要包括重新计量设定受益计划净负债或净资产导致的变动、按照权益法核算的在被投资单位以后会计期间不能重分类进损益的其他综合收益中所享有的份额等；

（2）以后会计期间在满足规定条件时将重分类进损益的其他综合收益项目，主要包括按照权益法核算的在被投资单位以后会计期间在满足规定条件时将重分类进损益的其他综合收益中所享有的份额、可供出售金融资产公允价值变动形成的利得或损失、持有至到期投资重分类为可供出售金融资产形成的利得或损失、现金流量套期工具产生的利得或损失中属于有效套期的部分、外币财务报表折算差额等。

7.2.3 利润表的编制方法

1. 利润表的编制步骤

多步式利润表的主要编制步骤和具体内容如下：

（1）计算营业利润。

营业利润=营业收入（主营业务收入+其他业务收入）-营业成本（主营业务成本+其他业务成本）-税金及附加-销售费用-管理费用-财务费用-资产减值损失-信用减值损失+其他收益+投资收益+公允价值变动收益

（2）计算利润总额。

利润总额=营业利润+营业外收入-营业外支出

（3）计算净利润。

净利润=利润总额-所得税费用

（4）计算综合收益总额。

综合收益总额=净利润+其他综合收益税后净额

（5）计算每股收益。

有普通股或潜在股的企业，还应当在利润表中列示每股收益信息，包括基本每股收益和稀释每股收益两项指标。

基本每股收益=净利润/普通股份数

2. 利润表各项目的内容及填列方法

利润表各项目均需填列"本期金额"和"上期金额"两栏。其中"上期金额"栏内各项数字，应根据上年该期利润表的"本期金额"栏内所列数字填列。

"本期金额"栏内各项目数字，除"营业利润""利润总额""净利润""综合收益总额""基本每股收益"和"稀释每股收益"项目需要按照相关项目的关系计算得出外，一般应当按照相关损益类科目的发生额分析填列。具体填列方法归纳为以下几种：

1）根据有关账户发生额分析填列

利润表中的税金及附加、销售费用、管理费用、财务费用、投资收益、资产减值损失、营业外收入、营业外支出等项目应根据各账户本期发生额分析填列。

2）根据有关账户发生额计算填列

利润表中"营业收入"项目，反映经营主业业务和其他业务所确认的收入总额，应根据"主营业务收入""其他业务收入"科目的发生额分析计算填列；"营业成本"项目，反映经营主业业务和其他业务所确认的成本总额，根据"主营业务成本""其他业务成本"科目的发生额分析计算填列。

3）根据相关账户发生额分析填列

（1）"研发费用"项目，反映企业进行研究与开发过程中发生的费用化支出，以及计入管理费用的自行开发无形资产的摊销。该项目应根据"管理费用"科目下的"研究费用"明细科目的发生额，以及"管理费用"科目下的"无形资产摊销"明细科目的发生额分析填列。

（2）"财务费用"项目下的"利息费用"项目，反映企业为筹集生产经营所需资金等而发生的应予费用化的利息支出。该项目应根据"财务费用"科目的相关明细科目的发生额分析填列。该项目作为"财务费用"项目的其中项，以正数填列。

（3）"财务费用"项目下的"利息收入"项目，反映企业按照相关会计准则确认的应冲减财务费用的利息收入。该项目应根据"财务费用"科目的相关明细科目的发生额分析填列。该项目作为"财务费用"项目的其中项，以正数填列。

此外，还需要注意，有些项目需要分析损失或者收益确定填列的符号为正还是为负。如投资收益、公允价值变动收益、资产减值损失、信用减值损失，损失需要以"-"填列。

【做中学7-1】北京中润服饰有限责任公司2021年3月"主营业务收入"科目的贷方发生额为934 400元，"其他业务收入"科目的贷方发生额为1 660元。请问该公司编制利润表时，"营业收入"项目应填列金额是多少？

提示

"主营业务收入"科目，反映企业经营主要业务所取得的收入总额。应根据"主营业务收入"科目的发生额分析填列。如果该科目借方记录有销售退回等，应抵减本期的销售收入，按其销售收入净额填列，2021年3月营业收入项目金额=934 400+1 660=936 060（元）。

会计职业判断

假如2021年3月产生一笔销售业务，该笔销售为今年2月份的一笔业务，退货收入为4 000元，那么该公司编制利润表时，"营业收入"项目应填列金额是多少？

【做中学7-2】北京中润服饰有限责任公司2021年3月"主营业务成本"科目的借方发生额为622 469.50元，"其他业务成本"科目的借方发生额为1 162元。请问企业编制利润表时，"营业成本"项目应填列金额是多少？

提示

"主营业务成本"科目，反映企业经营主要业务所确认的成本总额。应根据"主营业务成本"科目的发生额分析填列。如果该科目贷方记录有销售退回等，应抵减本期的销售成本，按其销售成本净额填列，2021年3月营业成本项目金额=622 469.50+1 162=623 631.50（元）。

会计职业判断

假如2021年3月产生一笔销售业务，该笔销售为今年2月份的一笔业务，退货收入为4 000元，对应的成本为3 200元，那么该公司编制利润表时，"营业成本"项目应填列金额是多少？

【做中学7-3】北京中润服饰有限责任公司2021年3月"研发费用"项目相关数据如下：管理费用明细账中研究费用发生额500 000元，无形资产摊销额350 000元，"研发费用"项目应填列金额是多少？

"研发费用"项目应填850 000元。

（4）"营业利润""利润总额""净利润""其他综合收益总额"项目按利润表中各项目的关系计算填列。

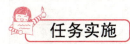

根据北京中润服饰有限责任公司2021年3月利润表相关业务资料，编制该公司2021年3月份利润表。

【操作步骤】

第一步：收集2021年3月利润表相关项目发生额资料信息如表7-2所示。

表7-2　损益类账户发生额　　　　　　　　　　　　　　　　　元

项目	借方发生额合计	贷方发生额合计
主营业务收入		934 400
其他业务收入		1 660
营业外收入		300
主营业务成本	622 469.50	
其他业务成本	1 162	
税金及附加	924.54	
销售费用	12 520.04	
管理费用	63 373.92	
财务费用	150	
营业外支出	8 000	

第二步：计算利润表中各项目金额。

1. 营业收入项目 = 934 400+1 660 = 936 060（元）；
2. 营业成本项目 = 622 469.50+1 162 = 623 631.50（元）；
3. 税金及附加项目 = 924.54（元）；
4. 销售费用项目 = 12 520.04（元）；
5. 管理费用项目 = 63 373.92（元）；
6. 财务费用项目 = 150（元）；
7. 营业利润 = 936 060−623 631.50−924.54−1 252.04−36 373.92−150 = 235 460（元）；
8. 营业外收入项目 = 300（元）；

9. 营业外支出项目＝8 000（元）；

10. 利润总额＝235 460+300-8 000＝227 760（元）；

11. 所得税费用项目＝56 940（元）；

12. 净利润＝227 760-56 940＝170 820（元）。

第三步：编制利润表，如表7-3所示。

第四步，审核，加盖公章。

表7-3 利润表

编制单位：北京中润服饰有限责任公司　　　2021年3月　　　会企02表　金额单位：元

项目	本期金额	上期金额（略）
一、营业收入	936 060	
减：营业成本	623 631.50	
税金及附加	924.54	
销售费用	12 520.04	
管理费用	63 373.92	
研发费用		
财务费用	150	
其中：利息费用	150	
利息收入		
加：其他收益		
投资收益（损失以"-"号填列)		
其中：对联营企业和合营企业的投资收益		
公允价值变动收益（损失以"-"号填列)		
资产减值损失（损失以"-"号填列)		
信用减值损失（损失以"-"号填列)		
资产处置收益（损失以"-"号填列)		
二、营业利润（亏损以"-"号填列）	235 460	
加：营业外收入	300	
减：营业外支出	8 000	
其中：非流动资产处置损失		
三、利润总额（亏损总额以"-"号填列）	227 760	
减：所得税费用	56 940	
四、净利润（净亏损以"-"号填列）	170 820	
（一）持续经营净利润（净亏损以"-"号填列）		
（二）终止经营净利润（净亏损以"-"号填列）		

续表

项 目	本期金额	上期金额（略）
五、其他综合收益的税后净额		
（一）不能重分类进损益的其他综合收益		
……		
（二）将重分类进损益的其他综合收益		
……		
六、综合收益总额		
七、每股收益		
（一）基本每股收益		
（二）稀释每股收益		

单位负责人：李建刚　　　　　主管会计负责人：张斌　　　　　会计机构负责人：底苗须

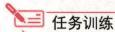
任务训练

工作实例：

北京飞鱼皮具有限公司 2021 年 7 月损益类账户发生额如表 7-4 所示，请为飞鱼皮具有限公司编制 2021 年 7 月利润表（单位负责人：黄立洪。主管会计负责人：张虎山。会计机构负责人：张献荣）。此外，2021 年 6 月利润表数据略。

表 7-4　损益类账户发生额　　　　　　　　　　　　　　　　　　　　元

项目	借方发生额合计	贷方发生额合计
主营业务收入		856 400
其他业务收入		3 600
营业外收入		8 000
主营业务成本	617 200	
其他业务成本	2 800	
税金及附加	856	
销售费用	32 516	
管理费用	63 373	
财务费用	780	
营业外支出	475	

工作步骤：

第一步：计算利润表中各项目金额。

1. 营业收入项目＝
2. 营业成本项目＝
3. 税金及附加项目＝
4. 销售费用项目＝

5. 管理费用项目=

6. 财务费用项目=

7. 营业利润项目=

8. 营业外收入项目=

9. 营业外支出项目=

10. 利润总额=

11. 所得税费用项目=

12. 净利润项目=

第二步：编制利润表，如表7-5所示。

第三步：审核，加盖公章。

表7-5 利润表

编制单位：北京飞鱼皮具有限责任公司　　2021年7月　　　　　　会企02表
　　　　　　　　　　　　　　　　　　　　　　　　　　　　　　金额单位：元

项　目	本期金额	上期金额（略）
一、营业收入		
减：营业成本		
税金及附加		
销售费用		
管理费用		
研发费用		
财务费用		
其中：利息费用		
利息收入		
加：其他收益		
投资收益（损失以"-"号填列）		
其中：对联营企业和合营企业的投资收益		
公允价值变动收益（损失以"-"号填列）		
资产减值损失（损失以"-"号填列）		
信用减值损失（损失以"-"号填列）		
资产处置收益（损失以"-"号填列）		
二、营业利润（亏损以"-"号填列）		
加：营业外收入		
减：营业外支出		
其中：非流动资产处置损失		
三、利润总额（亏损总额以"-"号填列）		

续表

项 目	本期金额	上期金额（略）
减：所得税费用		
四、净利润（净亏损以"-"号填列）		
（一）持续经营净利润（净亏损以"-"号填列）		
（二）终止经营净利润（净亏损以"-"号填列）		
五、其他综合收益的税后净额		
（一）不能重分类进损益的其他综合收益		
……		
（二）将重分类进损益的其他综合收益		
……		
六、综合收益总额		
七、每股收益		
（一）基本每股收益		
（二）稀释每股收益		

单位负责人：　　　　　　主管会计负责人：　　　　　　会计机构负责人：

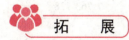
拓　　展

如何阅读利润表

利润表是一张动态的会计报表。利润表是依据"收入-费用=利润"来编制的，主要反映企业一定会计期间内的经营成果。

企业利润表采用多步式，将不同性质的收入和费用、支出进行对比，从而可以得出一些中间性的利润数据，便于利润表使用者理解企业经营成果的不同来源。企业经营成果的形成分为三个阶段：

第一阶段营业利润的形成：以营业收入为基础，扣除营业成本、税金及附加、销售费用、管理费用、财务费用、资产减值损失，加上公允价值变动收益（减去公允价值变动损失）和投资收益（减去投资损失）。

第二阶段利润总额的形成：以营业利润为基础，加上营业外收入，减去营业外支出。利润总额是企业实现的税前利润。

第三阶段净利润（或净亏损）的形成：以利润总额为基础，减去所得税费用。净利润是企业实现的税后利润。

普通股或潜在普通股已公开交易的企业，以及正处于公开发行普通股或潜在普通股过程中的企业，在利润表中还列示每股收益信息。

利润表中各项目按"本期金额"和"上期金额"两栏分别填列，属于利润表中比较信息的列示，可以使会计报表使用者通过比较不同期间利润的实现情况，判断企业经营成果的未来发展趋势。

任务 7.3　编制资产负债表

任务布置

北京中润服饰有限责任公司 2021 年 3 月初全部账户余额如表 7-6 所示。

表 7-6　资产、负债及所有者权益状况　　　　　　　　　　　　　　　　元

资产类账户	金额	负债及所有者权益类账户	金额
库存现金	9 450	应付账款	70 000
银行存款	2 241 264	应付职工薪酬	119 091.20
其他货币资金	38 000	应交税费	67 596.57
应收账款	26 000	实收资本	4 000 000
预付账款	11 800	资本公积	300 000
原材料	159 480	盈余公积	133 900.67
库存商品	83 791	本年利润	192 855.17
固定资产	3 123 943	利润分配	2 880 284.39
无形资产	2 070 000		
总计	7 763 728	总计	7 763 728

2021 年 3 月末资产负债表相关账户余额见项目五设置与登记会计账簿相关账簿记录，请根据北京中润服饰有限责任公司期初余额和期末余额资料，编制该公司 2021 年 3 月 31 日资产负债表。

知识准备

7.3.1　资产负债表的概念

微课：资产负债表的编制 1

微课：资产负债表的编制 2

1. 资产负债表的概念

资产负债表是反映企业某一特定日期（如月末、季末、年末等）财务状况的会计报表。它是根据"资产=负债+所有者权益"这一会计等式，依照一定的分类标准和顺序，将企业在一定日期的全部资产、负债和所有者权益项目进行适当分类、汇总、排列后编制而成的。资产负债表是企业基本会计报表之一。

2. 资产负债表的作用

通过资产负债表，可以反映企业资产的构成及其状况，分析企业在某一日期所拥有的经济资源及其分布情况；可以反映企业某一日期的负债总额及其结构，分析企业目前与未来的需要支付的债务数额；可以反映企业所有者权益的情况，了解企业现有的投资者在企业资产总额中所占的份额。帮助报表使用者全面了解企业的资产状况、变现能力、盈利能力，分析企业的债务

偿还能力及资金周转能力，从而为未来的经营决策提供有用信息。

7.3.2 资产负债表的结构

资产负债表主要反映资产、负债、所有者权益三方面内容。资产负债表在形式上由表首和正表两部分组成。表首包括资产负债表的名称、编制单位、编制日期和金额单位；正表是资产负债表的主要部分，包括资产、负债和所有者权益各项金额。

资产负债表的格式主要有报告式和账户式两种。

1. 报告式资产负债表

报告式资产负债表的格式如表 7-7 所示。

表 7-7 资产负债表（报告式）

资 产	
流动资产	××××
长期股权投资	××××
固定资产	××××
无形资产	××××
其他资产	××××
资产合计	××××
负 债	
流动负债	××××
长期负债	××××
负债合计	××××
所有者权益	
实收资本	××××
资本公积	××××
盈余公积	××××
未分配利润	××××
所有者权益合计	××××

提示

报告式又称垂直式，表中资产、负债、所有者权益项目自上而下排列。上部按一定顺序列示资产项目，其次列示负债项目，下部列示所有者权益项目。其优点是便于编制比较资产负债表。

2. 账户式资产负债表

账户式资产负债表的格式如表 7-8 所示。

表 7-8 资产负债表(账户式)

会企 01 表

编制单位：　　　　　　　　　　　　　　年　月　日　　　　　　　　　　　　　　单位：元

资产	期末余额	年初余额	负债和所有者权益（或股东权益）	期末余额	年初余额
流动资产：			流动负债：		
货币资金			短期借款		
交易性金融资产			交易性金融负债		
衍生金融资产			衍生金融负债		
应收票据			应付票据		
应收账款			应付账款		
应收款项融资			预收款项		
预付款项			合同负债		
其他应收款			应付职工薪酬		
存货			应交税费		
合同资产			其他应付款		
持有待售资产			持有待售负债		
一年内到期的非流动资产			一年内到期的非流动负债		
其他流动资产			其他流动负债		
流动资产合计			流动负债合计		
非流动资产：			非流动负债：		
债权投资			长期借款		
其他债权投资			应付债券		
长期应收款			其中：优先股		
长期股权股资			永续债		
其他权益工具投资			租赁负债		
其他非流动金融资产			长期应付款		
投资性房产			预计负债		
固定资产			递延收益		
在建工程			递延所得税负债		
生产性生物资产			其他非流动负债		
油气资产			非流动负债合计		
使用权资产			负债合计		
无形资产			所有者权益（或股东权益）：		

续表

资产	期末余额	年初余额	负债和所有者权益（或股东权益）	期末余额	年初余额
开发支出			实收资本		
商誉			其他权益工具		
长期待摊费用			其中：优先股		
递延所得税资产			永续债		
其他非流动资产			资本公积		
非流动资产合计			减：库存股		
			其他综合收益		
			专项储备		
			盈余公积		
			未分配利润		
			所有者权益（或股东权益）合计		
资产总计			负债和所有者权益总计		

提示

> 账户式又称水平式，分为左右两方：左方为资产项目，右方为负债及所有者权益项目。左右两方内部项目的排列，严格区分为流动项目与非流动项目。左方资产内部各个项目按照各项资产的流动性大小或变现能力强弱来排列。流动性越大、变现能力越强的资产项目越往前排；反之，则往后排。右方的权益项目包括负债和所有者权益两项，是按照权益的顺序排列的。负债具有优先偿还的特性，列示于所有者权益之前。负债内部各项目按偿还期长短的顺序排列，流动负债的偿还期短排在前面，偿还期越短的流动负债越往前排，偿还期越长的非流动负债项目越往后排。所有者权益属于剩余权益，列于负债之后。其内部各个项目按照其稳定性程度排列，稳定性程度越好的项目越往前排，反之，则往后排。

资产负债表各项目的排列顺序，实质上是提供企业偿债能力的资料。左方资产项目按照变现能力顺序排列，越往上层的项目，其变现速度越快，所以左方是反映企业可以用于偿还债务的资产；右方权益项目的排列顺序是：需要偿还的权益（负债）放于上层，需要立即偿还的负债放在最上层，而不需要清偿的所有者权益排在下层。这样，将左右双方对比，就能揭示企业的偿债能力信息。

账户式结构的资产负债表，其优点是可以直观反映资产、负债、所有者权益之间的内在关系，即"资产＝负债+所有者权益"能够一目了然。

提示

我国《企业会计准则》规定，企业的资产负债表采用账户式结构。

7.3.3 资产负债表的编制方法

1. 编制依据

资产负债表编制依据是"资产=负债+所有者权益"。资产负债表的编制过程就是通过对账户资料的有关数据进行归类、整理和汇总，加工成报表项目数据的过程。

2. 年初余额栏的填列方法

资产负债表"年初余额"栏内各项数字，应根据上年末资产负债表"期末余额"栏内所列数字填列。如果本年度资产负债表规定的各项目的名称和内容与上一年度不一致，则应对上一年年末资产负债表各项目的名称和数字按照本年度的规定进行调整，填入表中"年初余额"栏内。

3. 期末余额栏的填列方法

资产负债表"期末余额"栏内各项数字，一般应根据资产、负债和所有者权益类账户的期末余额填列。具体填列方法归纳为以下几种：

1）根据总账账户的期末余额直接填列

报表指标名称与总账账户的名称相同时，可根据总账余额直接填列。例如"短期借款""应付票据""应付职工薪酬""应交税费""递延所得税负债""实收资本""资本公积""盈余公积"等项目。

2）根据若干个总账账户的期末余额分析计算后填列

资产负债表某些项目需要根据若干个总账账户的期末余额计算填列，例如：

(1) "货币资金"项目="库存现金"+"银行存款"+"其他货币资金"；

(2) "存货"项目="在途物资"+"原材料"+"周转材料"+"库存商品"+"委托加工物资"+"生产成本"－"商品进销差价"+"委托代销商品"－"存货跌价准备"等；

(3) "其他应付款"项目="应付股利"+"应付利息"+"其他应付款"。

【做中学7-4】北京中润服饰有限责任公司2021年3月末库存现金总账余额为18 334元，银行存款总账余额为4 516 532.20元，其他货币资金总账余额为38 000元，则2021年3月末资产负债表中"货币资金"项目应填列金额多少？

提示

2021年3月末资产负债表中货币资金项目应填列18 334+4 516 532.20+38 000=4 572 866.20（元）。

【做中学7-5】某企业2021年2月末原材料总账借方余额1 100 000元，周转材料100 000元，库存商品1 900 000元，生产成本450 000元，所有存货均未计提存货跌价准备，则2021年2月末资产负债表中"存货项目"应填列金额多少？

提示

2021年2月末资产负债表中:"存货项目"应填列 3 550 000（1 100 000+100 000+1 900 000+450 000）元。

3）根据有关明细账账户的期末余额分析填列

"应收账款""预收账款""应付账款""预付账款"等项目应根据明细账余额资料按以下方法计算填列。

（1）"应收账款"项目="应收账款"明细账借方余额+"预收账款"明细账借方余额－"坏账准备"科目中有关应收账款计提的坏账准备余额；

（2）"预收款项"项目="应收账款"明细账贷方余额+"预收账款"明细账贷方余额；

（3）"应付账款"项目="应付账款"明细账贷方余额+"预付账款"明细账贷方余额；

（4）"预付款项"项目="应付账款"明细账借方余额+"预付账款"明细账借方余额－"坏账准备"科目中有关预付账款计提的坏账准备余额。

【做中学7-6】某企业2021年3月31日结账后有关科目余额如表7-9所示。

表7-9 应收、预收明细表　　　　　　　　　　　万元

总账科目	明细科目	借方余额		贷方余额	
		总账余额	明细科目余额	总账余额	明细科目余额
应收账款		8 000			
	A公司		10 000		
	B公司				2 000
预收账款				5 000	
	C公司				7 000
	D公司		2 000		
坏账准备	应收账款			1 000	

则该企业2021年3月31日资产负债表中"应收账款""预收账款"项目应填列金额多少？

提示

"应收账款"项目金额=10 000+2 000－1 000=11 000（万元）
"预收账款"项目金额=2 000+7 000=9 000（万元）

【做中学7-7】某企业2021年3月31日结账后有关科目余额如表7-10所示。

表 7-10 应付、预付款明细表　　　　　　　　万元

总账科目	明细科目	借方余额		贷方余额	
		总账余额	明细科目余额	总账余额	明细科目余额
应付账款				6 000	
	A 公司				8 000
	B 公司		2 000		
预付账款		3 000			
	C 公司		4 000		
	D 公司				1 000
坏账准备	预付账款			1 000	

则该企业 2021 年 3 月 31 日资产负债表"应付账款""预付账款"项目应填列金额多少？

"应付账款"项目金额＝8 000＋1 000＝9 000（万元）
"预付账款"项目金额＝2 000＋4 000－1 000＝5 000（万元）

4）根据总账科目和明细账科目余额分析计算填列

如"长期借款"项目，需要根据"长期借款"总账账户期末余额扣除"长期借款"明细账户中将在一年内到期、且企业不能自主地将清偿义务展期的长期借款后的金额计算填列；"应付债券"项目，需要根据"应付债券"总账账户期末余额扣除"应付债券"明细账户中将在一年内到期的金额计算填列；"长期待摊费用"项目，需要根据"长期待摊费用"总账账户期末余额扣除将于一年内（含一年）摊销的数额后的金额填列，对于一年内摊销完毕的金额，填列在流动资产下"一年内到期的非流动资产"项目中。

【做中学 7-8】某企业 2021 年 3 月 31 日结账后"长期待摊费用"总账科目余额 120 000 元，其明细账科目经营租入设备维修费 15 000 元，将于一年内到期，则 2021 年 3 月 31 日资产负债表中"长期待摊费用"项目应填列金额多少？

"长期待摊费用"项目＝120 000－15 000＝105 000（元）

【做中学 7-9】某企业 2021 年 5 月 31 日结账后"长期借款"总账科目余额 8 000 000 元，其明细账科目建设银行借款 1 500 000 元将于一年内到期，则 2021 年 5 月 31 日资产负债表中"长期借款"项目应填列金额多少？

"长期借款"项目＝8 000 000－1 500 000＝6 500 000（元）

5）根据有关科目余额减去其备抵科目余额后的净额填列

如资产负债表中的"应收票据""无形资产""长期股权投资""生产性生物资产"等项目，应根据总账账户的期末余额减去"坏账准备""长期股权投资减值准备""无形资产减值准备"等备抵账户余额后的净额填列。

（1）"应收票据"项目，应当根据"应收票据"总账账户的期末余额减去"坏账准备"备抵账户余额后的净额填列，即"应收票据"="应收票据"－"坏账准备-应收票据"；

（2）"无形资产"项目，应当根据"无形资产"总账账户的期末余额减去"累计摊销""无形资产减值准备"备抵账户余额后的净额填列，即"无形资产"="无形资产"－"累计摊销"－"无形资产减值准备"；

（3）"长期股权投资"项目应根据"长期股权投资"总账账户余额减去"长期股权投资减值准备"备抵账户余额后的净额填列，即"长期股权投资"项目＝"长期股权投资"－"长期股权投资减值准备"；

（4）"生产性生物资产"项目应根据"生产性生物资产"总账账户余额减去备抵账户"生产性生物资产累计折旧"和"生产性生物资产减值准备"后的净额填列，即"生产性生物资产"项目＝"生产性生物资产"－"生产性生物资产累计折旧"－"生产性生物资产减值准备"。

【做中学7-10】某企业2021年8月31日结账后的无形资产账户余额为200 000元，累计摊销账户余额为18 000元，无形资产减值准备账户余额为40 000元，该企业2021年8月31日资产负债表中的"无形资产"项目应填列金额多少？

提示

2021年8月31日资产负债表中"无形资产项目"应填列142 000元。

6）综合运用上述方法分析填列

如资产负债表中"存货"项目，需要根据存货相关账户减去其备抵账户"存货跌价准备"余额计算填列。

（1）"存货"项目＝"在途物资"＋"原材料"＋"周转材料"＋"发出商品"＋"委托加工物资"＋"生产成本"＋"自制半成品"＋"委托代销商品"－"商品进销差价"－"存货跌价准备"；

（2）"固定资产"项目根据"固定资产""累计折旧""固定资产减值准备""固定资产清理"账户分析计算填列，即"固定资产"项目＝"固定资产"－"累计折旧"－"固定资产减值准备"＋"固定资产清理"；

（3）"在建工程"项目应当根据"在建工程""工程物资"减去"在建工程减值准备""工程物资减值准备"备抵账户后的余额填列，即"在建工程"项目＝"在建工程"＋"工程物资"－"在建工程减值准备"－"工程物资减值准备"。

再比如"其他应收款"项目，"其他应收款"项目＝"应收股利"＋"应收利息"＋"其他应收款"－"坏账准备"相关账户余额。

此外，报表中的合计、总计应根据报表项目之间的关系计算填列，例如：

① "流动资产合计"＋"非流动资产合计"＝"资产总计"

② "流动负债合计"＋"非流动负债合计"＝"负债合计"

③ "所有者权益合计"＋"负债合计"＝"负债和所有者权益总计"

最后,"全部资产总额"="负债合计"+"所有者权益总额"。

【做中学 7-11】 某企业 2021 年 8 月末固定资产总账余额 2 000 000 元,累计折旧总账余额 600 000 元,固定资产减值准备总账余额 150 000 元,固定资产清理总账借方余额 100 000 元,计算 2021 年 8 月末资产负债表中"固定资产"项目的金额。

2021 年 8 月末资产负债表中,"固定资产"项目应填列金额=2 000 000-600 000-150 000+100 000=1 350 000(元)。

【做中学 7-12】 某企业 2021 年 8 月末在建工程总账余额 1 000 000 元,在建工程减值准备总账余额 100 000 元,工程物资总账余额 250 000 元,工程物资减值准备总账余额 30 000 元,计算 2021 年 8 月末资产负债表中"在建工程"项目金额。

2021 年 8 月末资产负债表中,"在建工程"项目应填列金额=1 000 000-100 000+250 000-30 000=1 120 000(元)。

【做中学 7-13】 某企业 2021 年 8 月末应收股利总账余额 10 万元,应收利息 12 万元,其他应收款 65 万元,与其他应收款相关坏账准备余额 2 万元,计算 2021 年 8 月末资产负债表中"其他应收款"项目金额。

2021 年 8 月末资产负债表中,"其他应收款"项目应填列金额=100 000+120 000+650 000-20 000=850 000(元)。

任务实施

第一步:收集整理 2021 年 3 月北京中润服饰有限责任公司资产负债表年初、期末相关资料,按照《企业会计准则——中期财务报表列报》的要求,编制 2021 年 3 月北京中润服饰有限责任公司资产负债表,期初余额如表 7-6 所示,2021 年 3 月资产负债表相关总账和明细账资料如表 7-11 所示。

表 7-11 资产、负债、所有者权益账户余额   元

资产类账户	金额	负债及所有者权益类账户	金额
库存现金	18 334	短期借款	30 000
银行存款	4 516 532.20	应付账款	70 000
其他货币资金	38 000	应付职工薪酬	117 091.20

续表

资产类账户	金额	负债及所有者权益类账户	金额
应收票据	137 860	应交税费	92 693.95
应收账款	26 000	应付票据	32 996
预付账款	18 879.64	应付利息	150
原材料	93 060.40	长期借款	220 000
库存商品	33.15	实收资本	6 226 000
固定资产	3 372 943	资本公积	300 000
累计折旧	−26 051	盈余公积	133 900.67
在建工程	201 200	本年利润	363 675.18
无形资产	2 070 000	利润分配	2 880 284.39
总计	10 466 791.39	总计	10 466 791.39

第二步：计算资产负债表2021年年初各项目金额。

1. 货币资金项目＝库存现金＋银行存款＋其他货币资金＝9 450＋2 241 264＋38 000＝2 288 714（元）；

2. 应收账款项目＝26 000（元）；

3. 预付款项项目＝11 800（元）；

4. 存货项目＝原材料＋库存商品＝159 480＋83 791＝243 271（元）；

5. 流动资产合计项目＝货币资金＋应收账款＋预付款项＋存货＝2 288 714＋26 000＋11 800＋243 271＝2 569 785（元）；

6. 固定资产项目＝3 123 943（元）；

7. 无形资产项目＝2 070 000（元）；

8. 非流动资产合计＝固定资产＋无形资产＝3 123 943＋2 070 000＝5 193 943（元）；

9. 资产总计＝流动资产合计＋非流动资产合计＝2 569 785＋5 193 943＝7 763 728（元）；

10. 应付账款项目＝70 000（元）；

11. 应付职工薪酬项目＝119 091.20（元）；

12. 应交税费项目＝67 596.57（元）；

13. 流动负债合计＝应付账款＋应付职工薪酬＋应交税费＝70 000＋119 091.20＋67 596.57＝256 687.77（元）；

14. 负债合计＝流动负债合计＋非流动负债合计＝256 687.77（元）；

15. 实收资本项目＝4 000 000（元）；

16. 资本公积项目＝300 000（元）；

17. 盈余公积项目＝133 900.67（元）；

18. 未分配利润项目＝本年利润项目＋利润分配项目＝192 855.17＋2 880 284.39＝3 073 139.56（元）；

19. 所有者权益合计＝实收资本＋资本公积＋盈余公积＋未分配利润＝4 000 000＋300 000＋133 900.67＋3 073 139.56＝7 507 040.23（元）；

20. 负债和所有者权益总计=负债合计+所有者权益合计=256 687.77+7 507 040.23=7 763 728（元）。

第三步：计算资产负债表期末余额各项目金额。

1. 货币资金项目=库存现金+银行存款+其他货币资金=18 334+4 516 532.20+38 000=4 572 866.20（元）；
2. 应收票据项目=137 860（元）；
3. 应收账款项目=26 000（元）；
4. 预付款项项目=18 879.64（元）；
5. 存货项目=原材料+库存商品=93 060.40+33.15=93 093.55（元）；
6. 流动资产合计项目=货币资金+应收账款+预付款项+存货=4 572 866.20+137 860+26 000+18 879.64+93 093.55=4 848 699.39（元）；
7. 固定资产项目=固定资产-累计折旧=3 372 943-26 051=3 346 892（元）；
8. 在建工程项目=201 200（元）；
9. 无形资产项目=2 070 000（元）；
10. 非流动资产合计=固定资产+无形资产=3 346 892+201 200+2 070 000=5 618 092（元）；
11. 资产总计=流动资产合计+非流动资产合计=4 848 699.39+5 618 092=10 466 791.39（元）；
12. 短期借款项目=30 000（元）；
13. 应付票据项目=32 996（元）；
14. 应付账款项目=70 000（元）；
15. 应付职工薪酬项目=117 091.20（元）；
16. 应交税费项目=92 693.95（元）；
17. 其他应付款项目=应付股利+应付利息+其他应付款=0+150+0=150（元）；
18. 流动负债合计=短期借款+应付票据+应付账款+应付职工薪酬+应交税费+其他应付款=30 000+32 996+70 000+117 091.20+92 693.95+150=342 931.15（元）；
19. 长期借款项目=220 000（元）；
20. 负债合计=流动负债合计+非流动负债合计=342 931.15+220 000=562 931.15（元）；
21. 实收资本项目=6 226 000（元）；
22. 资本公积项目=300 000（元）；
23. 盈余公积项目=133 900.67（元）；
24. 未分配利润项目=本年利润项目+利润分配项目=363 675.18+2 880 284.39=3 243 959.57（元）；
25. 所有者权益合计=实收资本+资本公积+盈余公积+未分配利润=6 226 000+300 000+133 900.67+3 243 959.57=9 903 860.24（元）；
26. 负债和所有者权益总计=负债合计+所有者权益合计=562 931.15+9 903 860.24=10 466 791.39（元）。

第四步：编制资产负债表，如表7-12所示，填列期初余额、期末余额。

第五步：审核，加盖公章。

表 7-12 资产负债表

会企 01 表

编制单位：北京中润服饰有限责任公司　　　2021 年 3 月 31 日　　　单位：元

资产	期末余额	年初余额	负债和所有者权益（或股东权益）	期末余额	年初余额
流动资产：			流动负债：		
货币资金	4 572 866.20	2 288 714	短期借款	30 000	
交易性金融资产			交易性金融负债		
衍生金融资产			衍生金融负债		
应收票据	137 860		应付票据	32 996	
应收账款	26 000	30 000	应付账款	70 000	70 000
应收款项融资			预收款项		
预付款项	18 879.64	11 800	合同负债		
其他应收款			应付职工薪酬	117 091.20	119 091.20
存货	93 093.55	243 271	应交税费	92 693.95	67 596.57
合同资产			其他应付款	150	
持有待售资产			持有待售负债		
一年内到期的非流动资产			一年内到期的非流动负债		
其他流动资产			其他流动负债		
流动资产合计	4 848 699.39	2 569 785	流动负债合计	342 931.15	256 687.77
非流动资产：			非流动负债：		
债权投资			长期借款	220 000	
其他债权投资			应付债券		
长期应收款			其中：优先股		
长期股权股资			永续债		
其他权益工具投资			租赁负债		
其他非流动金融资产			长期应付款		
投资性房产			预计负债		
固定资产	3 346 892	3 123 943	递延收益		
在建工程	201 200		递延所得税负债		
生产性生物资产			其他非流动负债		
油气资产			非流动负债合计		
使用权资产			负债合计	562 931.15	256 687.77
无形资产	2 070 000	2 070 000	所有者权益（或股东权益）：		

续表

资产	期末余额	年初余额	负债和所有者权益（或股东权益）	期末余额	年初余额
开发支出			实收资本	6 226 000	4 000 000
商誉			其他权益工具		
长期待摊费用			其中：优先股		
递延所得税资产			永续债		
其他非流动资产			资本公积	300 000	300 000
非流动资产合计	5 618 092	5 193 943	减：库存股		
			其他综合收益		
			专项储备		
			盈余公积	133 900.67	133 900.67
			未分配利润	3 243 959.57	3 073 139.56
			所有者权益（或股东权益）合计	9 903 860.24	7 507 040.23
资产总计	10 466 791.39	7 763 728	负债和所有者权益总计	10 466 791.39	7 763 728

单位负责人：李建刚　　　　　　主管会计负责人：张斌　　　　　　会计机构负责人：底苗须

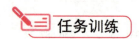 **任务训练**

资产负债表编制

工作实例：

北京飞鱼皮具有限责任公司 2021 年 8 月 31 日资产负债表相关账户余额资料如表 7-13 所示，期初余额资料略，请根据账户余额数据编制飞鱼公司 2021 年 8 月 31 日资产负债表。

表 7-13　资产、负债、所有者权益账户余额

资产类账户	金额	负债及所有者权益类账户	金额
库存现金	18 000	短期借款	150 000
银行存款	450 000	应付账款	70 000
其他货币资金	32 000	应付职工薪酬	150 000
应收票据	150 000	应交税费	100 000
应收账款	360 000	应付票据	36 000
预付账款	36 000	应付利息	4 000
原材料	120 000	长期借款	220 000

续表

资产类账户	金额	负债及所有者权益类账户	金额
库存商品	480 000	实收资本	6 200 000
固定资产	8 000 000	资本公积	300 000
累计折旧	-800 000	盈余公积	150 000
在建工程	200 000	本年利润	360 000
无形资产	2 000 000	利润分配	3 306 000
总计	11 046 000	总计	11 046 000

【操作步骤】

第一步：分析、计算资产负债表中各项目期末余额。

1. 货币资金项目＝
2. 应收票据项目＝
3. 应收账款项目＝
4. 预付款项项目＝
5. 存货项目＝
6. 流动资产合计项目＝
7. 固定资产项目＝
8. 在建工程项目＝
9. 无形资产项目＝
10. 非流动资产合计项目＝
11. 资产总计项目＝
12. 短期借款项目＝
13. 应付账款项目＝
14. 应付票据项目＝
15. 应交税费项目＝
16. 应付职工薪酬项目＝
17. 其他应付款项目＝
18. 流动负债合计项目＝
19. 长期借款项目＝
20. 负债合计项目＝
21. 实收资本项目＝
22. 资本公积项目＝
23. 盈余公积项目＝
24. 未分配利润项目＝
25. 所有者权益合计项目＝
26. 负债与所有者权益总计项目＝

第二步：编制资产负债表，如表7-14所示。

表7-14 资产负债表

编制单位：北京飞鱼皮具有限责任公司　　2021年8月31日　　会企01表　　金额单位：元

资产	期末余额	年初余额（略）	负债和所有者权益（或股东权益）	期末余额	年初余额（略）
流动资产：			流动负债：		
货币资金			短期借款		
交易性金融资产			交易性金融负债		
衍生金融资产			衍生金融负债		
应收票据			应付票据		
应收账款			应付账款		
应收款项融资			预收款项		
预付款项			合同负债		
其他应收款			应付职工薪酬		
存货			应交税费		
合同资产			其他应付款		
持有待售资产			持有待售负债		
一年内到期的非流动资产			一年内到期的非流动负债		
其他流动资产			其他流动负债		
流动资产合计			流动负债合计		
非流动资产：			非流动负债：		
债权投资			长期借款		
其他债权投资			应付债券		
长期应收款			其中：优先股		
长期股权股资			永续债		
其他权益工具投资			租赁负债		
其他非流动金融资产			长期应付款		
投资性房产			预计负债		
固定资产			递延收益		
在建工程			递延所得税负债		
生产性生物资产			其他非流动负债		
油气资产			非流动负债合计		
使用权资产			负债合计		
无形资产			所有者权益（或股东权益）：		

续表

资产	期末余额	年初余额（略）	负债和所有者权益（或股东权益）	期末余额	年初余额（略）
开发支出			实收资本		
商誉			其他权益工具		
长期待摊费用			其中：优先股		
递延所得税资产			永续债		
其他非流动资产			资本公积		
非流动资产合计			减：库存股		
			其他综合收益		
			专项储备		
			盈余公积		
			未分配利润		
			所有者权益（或股东权益）合计		
资产总计	10 466 791.39		负债和所有者权益总计		

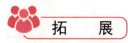

拓　展

如何阅读资产负债表

资产负债表是静态报表，它反映了编制资产负债表这一天公司财务状况的构成情况。通过资产负债表可以了解和把握特定时点上公司的基本财务结构和债务状况。

资产负债表是关于一个公司财务基本构成的会计记录。它表明公司的实力是什么（资产），公司的债务是什么（负债），公司所有者拥有的财产是什么（所有者权益）。关于资产负债表，从形式上我们必须把握三点：

（1）资产负债表中，资产在左边，负债和所有者权益在右边。

（2）资产负债表反映出最基本的会计恒等式"资产=负债+所有者权益"。

（3）负债和所有者权益（资金来源）为资产提供资金，资产（资金占用）用来产生现金以偿还负债，并给所有者带来利润。

资金是这样在企业流通的，所有者给企业投资，债权人为企业提供资金，这样便产生所有者权益和负债。企业再利用这些资金购买资产，形成企业各种形式的资产，例如厂房设备（固定资产）、材料（存货）、以信用方式购货的客户欠企业的钱（应收账款）等。资产循环又会产生现金，然后回到资产负债表的右边，用于偿还负债，明确偿还多少短期债务，偿还多少长期债务。企业所有者拥有资产并欠债务，从所拥有的资产当中扣除所欠的债务，就是所有者在公司的实际权益，也是公司的实际价值，所有者权益也叫作净资产。

总之，资产负债表告诉你，要想了解一个企业的财务状况，可以从资产、负债、所有者权益三个方面分别逐项理解，也可以将三方面综合起来理解。

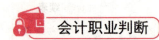 **会计职业判断**

资产负债表与利润表之间的关系是什么？

 提示

（1）资产负债表是按照"资产＝负债+所有者权益"编制的，它反映的是某一特定时点会计主体的财务状况。

（2）利润表是按照"收入－费用＝利润"编制的，它反映的是一个会计期间会计主体经营活动成果的变动情况。

（3）由于会计等式"收入－费用＝利润"的结果既会在利润表中反映，也会在资产负债表中反映。基于这个联系，会计等式可以变形为"资产＝负债+所有者权益+收入－费用"。

（4）资产负债表的"未分配利润"期末数＝资产负债表的"未分配利润"年初数+利润表的"净利润"期末数。

任务 7.4 现金流量表

 任务布置

1. 了解现金流量的含义，认识现金流量表的意义；
2. 明确现金流量表的结构；
3. 理解现金流量表中现金及现金等价物的含义；
4. 了解现金流量表的编制方法。

 知识准备

7.4.1 现金流量表概述

1. 现金流量的含义

现金是指企业库存现金以及可以随时用于支付的存款，包括库存现金、银行存款和其他货币资金。不能随时用于支付的存款不属于现金。

现金流量是某一时期内企业现金流入和现金流出的数量。企业销售商品、提供劳务、出售固定资产、向银行借款等取得现金，形成现金流入。企业购买原材料、接受劳务、购建固定资产、偿还债务等支付形成现金流出。

现金流量信息能够表明企业经营状况是否良好，资金是否紧缺，企业偿付能力大小，从而为投资者、债权人、企业管理者提供相关信息。

2. 现金流量表的概念

现金流量表是反映企业一定时期内现金的流入和流出情况的财务报表，实际上是以现金为基础编制的财务状况变动表。企业对外提供的财务报表除了资产负债表、利润表外，还应包括现金流量表，这三张表分别从不同的角度反映企业的财务状况、经营成果和现金流量。

现金流量表从现金的流入和流出反映企业在一定时期内的经营活动、投资活动和筹资活动的动态情况，反映企业现金流入和流出的全貌。现金流量表的数字为时期数，因此，现金流量表是动态报表。

> 现金流量表的主要作用是能够说明企业一定会计期间内现金流入和流出的多少及原因；能够说明企业的偿债能力和支付股利的能力；能够分析企业未来获取现金的能力；能够分析企业投资和理财活动对经营成果和财务状况的影响。

我国企业现金流量表采用报告式结构，分类反映经营活动产生的现金流量、投资活动产生的现金流量和筹资活动产生的现金流量，最后汇总反映企业某一期间现金及现金等价物的净增加额。

现金等价物，是指企业持有的期限短、流动性强、易于转换为已知金额现金、价值变动风险很小的投资。如三个月内到期的债券投资等。

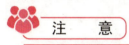

权益性投资变现的金额通常不确定，因而不属于现金等价物。企业应当根据具体情况，确定现金等价物的范围，一经确定，不得随意变更。

 会计职业判断

现金流量表中的"现金"与"现金等价物"有什么区别？

 会计职业判断

企业现金形式的转换是否会产生现金流入和现金流出？例如，企业从银行提取现金。

 会计职业判断

现金与现金等价物之间的转换是否属于现金流量？例如，企业用现金购买3个月内到期的国库券。

7.4.2 现金流量表的结构及基本内容

1. 现金流量表的结构

我国企业现金流量表采用报告式结构，包括主表和补充资料两部分，其格式如表7-15和表7-16所示。

表 7-15 现金流量表

会企 03 表

编制单位：　　　　　　　　　　　　　　年　月　　　　　　　　　　　单位：元

项目	本期金额	上期金额
一、经营活动产生的现金流量：		
销售商品、提供劳务收到的现金		
收到的税费返还		
收到其他与经营活动有关的现金		
经营活动现金流入小计		
购买商品、接受劳务支付的现金		
支付给职工以及为职工支付的现金		
支付的各项税费		
支付其他与经营活动有关的现金		
经营活动现金流出小计		
经营活动产生的现金流量净额		
二、投资活动产生的现金流量：		
收回投资收到的现金		
取得投资收益收到的现金		
处置固定资产、无形资产和其他长期资产收回的现金净额		
处置子公司及其他营业单位收到的现金净额		
收到其他与投资活动有关的现金		
投资活动现金流入小计		
购建固定资产、无形资产和其他长期资产支付的现金		
投资支付的现金		
取得子公司及其他营业单位支付的现金净额		
支付其他与投资活动有关的现金		
投资活动现金流出小计		
投资活动产生的现金流量净额		
三、筹资活动产生的现金流量：		
吸收投资收到的现金		
取得借款收到的现金		
收到其他与筹资活动有关的现金		
筹资活动现金流入小计		
偿还债务支付的现金		
分配股利、利润或偿付利息支付的现金		

续表

项目	本期金额	上期金额
支付其他与筹资活动有关的现金		
筹资活动现金流出小计		
筹资活动产生的现金流量净额		
四、汇率变动对现金及现金等价物的影响		
五、现金及现金等价物净增加额		
加：期初现金及现金等价物余额		
六、期末现金及现金等价物余额		

表7-16　现金流量表补充资料

编制单位：　　　　　　　　　　　　　年　月　　　　　　　　　　　　　单位：元

补充资料	本期金额	上期金额
1. 将净利润调节为经营活动现金流量：		
净利润		
加：资产减值准备		
固定资产折旧、油气资产折耗、生产性生物资产折旧		
无形资产摊销		
长期待摊费用摊销		
处置固定资产、无形资产和其他长期资产的损失（收益以"-"号填列）		
固定资产报废损失（收益以"-"号填列）		
公允价值变动损失（收益以"-"号填列）		
财务费用（收益以"-"号填列）		
投资损失（收益以"-"号填列）		
递延所得税资产减少（增加以"-"号填列）		
递延所得税负债增加（减少以"-"号填列）		
存货的减少（增加以"-"号填列）		
经营性应收项目的减少（增加以"-"号填列）		
经营性应付项目的增加（减少以"-"号填列）		
其他		
经营活动产生的现金流量净额		
2. 不涉及现金收支的重大投资和筹资活动：		
债务转为资本		
一年内到期的可转换公司债券		

续表

补充资料	本期金额	上期金额
融资租入固定资产		
3. 现金及现金等价物净变动情况：		
现金的期末余额		
减：现金的期初余额		
加：现金等价物的期末余额		
减：现金等价物的期初余额		
现金及现金等价物净增加额		

2. 现金流量表的基本内容

现金流量表的基本内容包括三个方面：一是经营活动产生的现金流量；二是投资活动产生的现金流量；三是筹资活动产生的现金流量。

1）经营活动产生的现金流量

经营活动产生的现金流量是指直接与利润表中本期利润相关的交易及其他事项所产生的现金流入与流出。具体构成项目主要有以下两种：

（1）经营活动的现金流入，包括销售商品、提供劳务收到的现金；收到的税费返还；收到的其他与经营有关的现金。

（2）经营活动的现金流出，包括购买商品、接受劳务支付的现金；支付给职工以及为职工支付的现金；支付的各种税费；支付的其他与经营活动相关的现金。

2）投资活动产生的现金流量

投资活动产生的现金流量通常是指购置与处置非流动资产交易所产生的现金流入与流出。具体构成项目主要有以下两种：

（1）投资活动的现金流入，包括收回投资所收到的现金；取得投资收益所收到的现金；处置固定资产、无形资产和其他长期资产所收回的现金净额；处置子公司及其他营业单位收到的现金净额；收到其他与投资活动有关的现金。

（2）投资活动的现金流出，包括购建固定资产、无形资产和其他长期资产所支付的现金；投资所支付的现金；取得子公司及其他营业单位支付的现金净额；支付其他与投资活动相关的现金。

3）筹资活动产生的现金流量

筹资活动产生的现金流量通常是指与所有者、债权人有关的筹资活动而产生的现金流入与流出。具体构成项目主要有以下两种：

（1）筹资活动的现金流入，包括吸收投资所收到的现金；借款所受到的现金；收到其他与筹资活动有关的现金。

（2）筹资活动的现金流出，包括偿还债务所支付的现金；分配股利、利润或偿付利息所支付的现金；支付其他与筹资活动有关的现金。

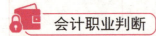
会计职业判断

下列项目属于投资活动的有（　　）。
A. 对外投资　　　B. 构建固定资产　　　C. 构建无形资产
D. 发行股票　　　E. 发行债券

会计职业判断

下列项目属于筹资活动的有（　　）。
A. 取得借款　　B. 吸收投资　　C. 购买股票
D. 发行股票　　E. 发行债券

7.4.3 现金流量表的编制方法

现金流量表的编制基础是收付实现制。

现金流量表编制方法有两种：一种称为直接法，另一种称为间接法。这两种方法对投资活动的现金流量和筹资活动的现金流量的编制方法是一样的，仅仅是经营活动的现金流量的编制方法不同。

现金流量表的正表部分，一般采用直接法计算列示。所谓直接法，是指通过现金收入和现金支出的主要类别列示现金流量，以利润表中的营业收入为起点，调整有关项目的增减变动，计算现金流量。

经营活动现金净流量＝营业收入收现－营业成本付现＋其他收入收现－销售费用付现－
　　　　　　　　　　销售税金付现－管理费用付现－所得税付现

提示

采用直接法填列现金流量表，具体可以采用工作底稿法或T形账户法，（可见"知识链接"）也可以根据有关账户记录分析填列。

现金流量表的补充资料一般采用间接法编制，所谓间接法，是指以净利润为起点，调整有关项目，将以权责发生制为基础计算的净利润调整为以收付实现制为基础计算的经营活动的现金流量净额。

【知识拓展】

编制现金流量表的具体方法

1. 采用工作底稿法编制现金流量表

采用工作底稿法编制现金流量表，是以工作底稿为手段，以资产负债表和利润表数据为基础，对每一项目进行分析并编制调整分录，从而编制现金流量表。工作底稿法的程序如下：

（1）将资产负债表的期初数和期末数过入工作底稿的期初数栏和期末数栏。

（2）对当期业务进行分析并编制调整分录。编制调整分录时，要以利润表项目为基础，从"营业收入"开始，结合资产负债表项目逐一进行分析。在调整分录中，有关现金和现金等价物的事项，并不直接借记或贷记现金，而是分别计入"经营活动产生的现金流量""投资活动产生的现金流量""筹资活动产生的现金流量"有关项目，借记表示现金流入，贷记表示现金流出。

（3）将调整分录过入工作底稿中的相应部分。

（4）核对调整分录，借方、贷方合计数均已经相等，资产负债表项目期初数加减调整分录中的借贷金额以后，也等于期末数。

（5）根据工作底稿中的现金流量表项目部分编制正式的现金流量表。

2. 采用T形账户法编制现金流量表

采用T形账户法编制现金流量表，是以T形账户为手段，以资产负债表和利润表数据为基础，对每一项目进行分析并编制调整分录，从而编制现金流量表。T形账户法的程序如下：

（1）为所有的非现金项目（包括资产负债表项目和利润表项目）分别开设T形账户，并将各自的期末期初变动数过入各该账户。如果项目的期末数大于期初数，则将差额过入和项目余额相同的方向；反之，过入相反的方向。

（2）开设一个大的"现金及现金等价物"T形账户，每边分为经营活动、投资活动和筹资活动三个部分，左边记现金流入，右边记现金流出。与其他账户一样，过入期末期初变动数。

（3）以利润表项目为基础，结合资产负债表分析每一个非现金项目的增减变动，并据此编制调整分录。

（4）将调整分录过入各T形账户，并进行核对，该账户借贷相抵后的余额与原先过入的期末期初变动数应当一致。

（5）根据大的"现金及现金等价物"T形账户编制正式的现金流量表。

任务 7.5　报送会计报表

任务布置

1. 明确会计报表的报送对象；
2. 熟悉会计报表的报送要求和报送程序。

7.5.1　会计报表的对外报送对象

企业一般要向上级主管部门、开户银行、财政、税务和审计机关报送会计报表。同时应向投资者、债权人以及其他与企业有关的报表使用者提供会计报表。股份有限公司还应向证券交易所和证券监督管理机构提供会计报表。根据法律和国家有关规定，对会计报表必须进行审计的单位应先委托会计师事务所进行审计，并将注册会计师出具的审计报告，随同财务会计报告按照规定期限报送有关部门。

企业会计报表主要的报送对象是股东和税务部门。

【小知识】根据《税收征管法》等有关法律、法规的规定，企业应向有关部门提供财务会计报告。有关部门或者机构依照法律、法规或国务院的规定，要求企业提供部分或者全部财务会计报告及其有关数据的，应向企业出示依据，并不得要求企业改变财务会计报告有关数据的会计口径。

除依照法律、法规或国务院的规定外，任何组织和个人不得要求企业提供部分或者全部财务会计报告及其有关数据。

7.5.2　会计报表的对外报送要求

1. 会计报表的复核

企业会计报表编制完成后，在报送之前，必须由单位会计主管人和单位负责人进行复核。复核是保证会计报表质量的一项重要措施。会计报表复核的内容主要包括以下几项：

(1) 报表所列金额与账簿记录是否一致；
(2) 报表的项目是否填列齐全；
(3) 报表的各项数字计算是否正确；
(4) 内容是否完整，相关报表之间的有关数字的勾稽关系是否正确与衔接一致；
(5) 会计报表的附注是否符合有关要求。

经审查无误后，对会计报表应依次编定页数、加具封面、装订成册、加盖公章。封面应注明企业的名称、地址、主管部门、开业年份、报表所属年度和月份、送出日期等。

2. 会计报表的报送要求

1) 签章

企业的会计报表必须由企业负责人、总会计师、会计机构负责人（会计主管人员）和制表人员签名并盖章后才能报出。设置总会计师的企业，还应当由总会计师签名并盖章。单位负责人对会计报表的合法性、真实性负最终法律责任。

2) 及时报送

及时性是信息的重要特征，会计报表信息只有及时地传递给信息使用者，才能为使用者的决策提供依据。否则，即使是真实可靠和内容完整的会计报表，由于编制和报送不及时，对报告使用者来说，会大大降低会计信息的使用价值。

企业应根据有关规定，按月、按季、按半年、按年及时对外报送会计报表。

3) 报送期限

会计报表的报送期限，由国家统一规定，具体如下：

(1) 月报应于月度终了后6天内（节假日顺延，下同）报出；
(2) 季报应于季度终了后15天内报出；
(3) 半年度报应于年度中期结束后60天内（相当于两个连续的月份）报出；
(4) 年报应于年度终了后4个月内报出。

 提示

企业依照《企业会计准则》规定向有关各方提供的会计报表，其编制基础、编制依据、编制原则和方法应当一致，不得提供编制基础、编制依据、编制原则和方法不同的会计报表。会计报表需经注册会计师审计的，企业应将注册会计师及其会计师事务所出具的审计报告随同会计报表一并对外提供。接受企业会计报表的组织或者个人，在会计报表正式对外披露前，应当对其内容保密。

【小知识】《公司法》规定公司应当在每一会计年度终了时编制财务会计报告，并依法经会计师事务所审计。还规定有限责任公司应当依照公司章程规定的期限将财务会计报告送交各股东。股份有限公司的财务会计报告应当在召开股东大会年会的20日前置备于本公司，供股东查阅；公开发行股票的股份有限公司必须公告其财务会计报告。

自检知识图谱

```
编制与报送会计报表
├── 认知财务报表
│   ├── 概念：财务报表包括资产负债表、（　　　）、现金流量表、所有者权益变动表及附注
│   └── 分类
│       ├── 按编报期间不同，分为（　　　）和（　　　）
│       ├── 按编制主体不同，分为（　　　）和（　　　）
│       └── 按所反映的经济内容不同，分为（　　　）和（　　　）
├── 编制利润表
│   ├── 反映企业某一会计期间（　　　）的报表
│   ├── 结构分为单步式和（　　　）
│   ├── 编制依据为账户的（　　　）额
│   └── 编制方法
│       ├── 营业收入=
│       └── 营业成本=
├── 编制资产负债表
│   ├── 反映企业某一会计期间（　　　）的报表
│   ├── 结构分为报告式和（　　　）
│   ├── 编制依据为资产、负债、所有者权益账户的（　　　）额
│   └── 编制方法
│       ├── 根据总账账户的期末余额直接填列
│       ├── 根据若干个总账账户的期末余额分析填列，如：（　　　）（　　　）
│       ├── 根据有关明细账账户的期末余额分析填列，根据若干个总账账户的期末余额分析填列，如：（　　　）（　　　）（　　　）
│       ├── 根据总账账户和明细账账户的期末余额分析填列，如：一年内到期的非流动资产
│       ├── 根据有关账户与其备抵账户的期末余额分析填列，如：固定资产、无形资产
│       └── 综合运用上述方法
├── 了解现金流量表
│   ├── 反映企业某一会计期间（　　　）的报表
│   └── 基本内容包括经营活动现金流量、投资活动现金流量、筹资活动现金流量
└── 报送会计报表
```

 自测题

项目七自测题

项目八
确定账务处理程序

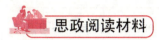

会计论道之责任心

孔子的"当仁不让",孟子的"舍我其谁",张载的"为天地立心,为生民立命,为往圣继学,为万世开太平",顾炎武的"天下兴亡,匹夫有责",范仲淹的"先天下之忧而忧,后天下之乐而乐",李大钊的"铁肩担道义",等等,这不仅是中国历代知识分子的信仰,更是他们崇高责任感的人生实践。

责任心是诚心的支撑,负责任才能讲诚信。"一个有责任感的人,从容而不浮躁,充实而不空虚,真诚而不虚荣。"会计岗位与社会经济发展、人民群众的日常生活直接相连,担负着治国理财的重任,中国会计人员也应该具备责任意识。

近年来,人工智能、大数据等新技术不断涌现,新的经济形势对服务于市场经济的会计人员提出了更高的要求。会计人员除了要掌握专业知识外,还应紧随商业形态的快速发展,具备利用智能工具解决问题的职业素养,这是21世纪会计人员的会计责任。

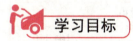

素质目标
- 引导学生树立"天下兴亡,匹夫有责"的理想抱负和"先天下之忧而忧,后天下之乐而乐"的崇高志向。
- 引导学生在实践中自觉提高自己的责任素养。
- 以积极进取的心态面对日益发展变化的社会,履行自己的责任。

知识目标
- 了解账务处理程序的意义和基本程序。
- 理解账务处理程序的概念及选择要求。
- 明确各种账务处理程序的核算要求和具体操作步骤。
- 认知不同账务处理程序的异同、优缺点和选择范围。
- 掌握在不同的账务处理程序下,会计凭证和会计账簿的设置要求。

能力目标
- 能应用记账凭证账务处理程序。
- 能应用科目汇总表账务处理程序。
- 能按照账务处理程序的选择要求,针对不同单位的具体情况选择合理、适用的账务处理程序。

- 能根据完成工作任务的需要查阅相关资料。

任务 8.1　应用记账凭证账务处理程序

微课：记账凭证账务处理程序

任务布置

信达公司是一家生产制造企业，有一个基本生产车间，生产 001、002 两种产品。公司属于增值税一般纳税人，增值税税率 13%，城市维护建设税税率为 7%，公司另设有销售科、供应科、仓库保管科、财务科等行政管理部门。

2021 年 1 月初公司有关总账账户期初余额如表 8-1 所示。

表 8-1　总账账户期初余额　　　　　　　　　　　　元

账户名称	借方金额	贷方金额	账户名称	借方金额	贷方金额
库存现金	3 500		应付账款		11 100
银行存款	165 180		应付职工薪酬		3 950
应收账款	12 500		应交税费		4 500
原材料	256 000		应付利息		6 000
库存商品	128 300		实收资本		600 000
预付账款	6 000		盈余公积		32 830
固定资产	435 900		利润分配	32 830	
累计折旧		124 600	本年利润		164 150
生产成本	136 920				
短期借款		230 000	合计	1 177 130	1 177 130

信达公司有关明细账户期初余额如表 8-2 所示。

表 8-2　明细账户期初余额　　　　　　　　　　　　元

总账科目	明细分类科目	借或贷	余额
应收账款	文斌公司	借	10 000
	华运公司	借	2 500
原材料	甲材料（30 000 千克，单价 5 元）	借	150 000
	乙材料（26 500 千克，单价 4 元）	借	106 000
库存商品	001 产品（440 件）	借	77 000
	002 产品（380 件）	借	51 300
预付账款	黄河公司	借	6 000

续表

总账科目	明细分类科目	借或贷	余额
生产成本	001 产品（740 件，材料成本）	借	82 140
	002 产品（660 件，材料成本）	借	54 780
应付账款	中兴公司	贷	8 000
	海天公司	贷	3 100
应付利息	利息支出	贷	6 000

2021 年 1 月发生如下经济业务：

（1）1 月 1 日，李利出差借款 800 元，以现金支付。

（2）1 月 2 日，企业管理部门购买办公用品 300 元，以银行存款支付。

（3）1 月 2 日，销售给文斌公司 001 产品 200 件，单价 240 元，002 产品 150 件，单价 180 元，价款共计 75 000 元，增值税税率 13%，增值税销项税额 9 750 元，价税合计 84 750 元，产品已经发出，款项尚未收到。

（4）1 月 3 日，收到国家对企业的投资 300 000 元存入银行。

（5）1 月 3 日，以存款交纳上月城市维护建设税 4 500 元。

（6）1 月 4 日，购入甲材料 6 500 千克，单价 5 元，计 32 500 元，乙材料 7 000 千克，单价 4 元，计 28 000 元，价款合计 60 500 元。增值税税率 13%，增值税进项税额 7 865 元，价税合计 68 365 元，以银行存款支付。

（7）1 月 4 日，收到文斌公司前欠货款 84 750 元，款项已存入银行。

（8）1 月 5 日，销售给华运公司 001 产品 240 件，单价 240 元，计 57 600 元，002 产品 200 件，单价 180 元，计 36 000 元，价款共计 93 600 元；增值税税率 13%，增值税销项税额 12 168 元，价税合计 105 768 元，产品已经发出，款项已收到并存入银行。

（9）1 月 7 日，以银行存款偿还前欠海天公司货款 3 100 元。

（10）1 月 7 日，李利出差回来，报销差旅费共计 740 元，余款 60 元交回现金。

（11）1 月 8 日，收到文斌公司归还欠款 10 000 元，存入银行。

（12）1 月 9 日，以现金报销职工培训费 300 元。

（13）1 月 10 日，以银行存款支付车间生产设备的维修费用 450 元。

（14）1 月 11 日，从银行提取现金 3 000 元备用。

（15）1 月 12 日，从银行提取现金 78 000 元，备发工资。

（16）1 月 12 日，以现金支付职工工资 78 000 元。

（17）1 月 14 日，购入甲材料 7 800 千克，单价 5 元，计 39 000 元，购入乙材料 8 000 千克，单价 4 元，计 32 000 元，价款共计 71 000 元。增值税税率 13%，增值税进项税额 9 230 元，价税合计 80 230 元，以银行存款支付。

（18）1 月 15 日，以存款预付长江公司货款 16 000 元。

（19）1 月 16 日，以现金报销职工医药费 800 元。

（20）1 月 17 日，文斌公司购买 001 产品 10 件，单价 240 元，价款 2400 元，增值税税率 13%，增值税进项税额 312 元，价税合计 2 712 元，款项尚未收到。

（21）1 月 19 日，以银行存款购买打印机一台，计 1 850 元，已交付办公室使用。

（22）1 月 20 日，以银行存款支付中兴公司前欠货款 8 000 元。

（23）1 月 21 日，收到文斌公司转账支票一张，金额 2 712 元，结清前欠货款。

(24) 1月22日，从银行提取现金2 000元备用。

(25) 1月22日，以银行存款支付电费3 900元，其中，001产品电费1 600元，002产品电费1 800元，车间照明电费500元。

(26) 1月23日，预提本月银行借款利息3 000元。

(27) 1月23日，以现金预付李利出差借款1 000元。

(28) 1月24日，从中兴公司购入甲材料9 000千克，单价5元，计45 000元；乙材料8 000千克，单价4元，计32 000元。价款共计77 000元，增值税税率13%，增值税进项税额10 010元，价税合计87 010元。材料已如数收到并验收入库，款项尚未支付。

(29) 1月25日，销售给文斌公司001产品300件，单价240元，计72 000元；002产品310件，单价180元，计55 800元；价款共计127 800元。增值税税率13%，增值税销项税额16 614元，价税合计144 414元。产品已经发出，款项已收到并存入银行。

(30) 1月26日，以银行存款支付前欠中兴公司材料款87 010元。

(31) 1月28日，以银行存款支付本月水费460元，其中，001产品水费180元，002产品水费160元，车间用水120元。

(32) 1月29日，支付产品广告费1 000元。

(33) 1月29日，以银行存款支付第二季度短期借款利息6 000元。

(34) 1月31日，计提本月固定资产折旧费3 180元，其中，车间为2 000元，企业管理部门为1 180元。

(35) 1月31日，分配本月工资78 000元，其中，生产工人工资62 400元，车间管理人员工资10 600元，企业管理人员工资5 000元；生产工人工资按照生产工时分配（001产品生产工时12 000小时，002产品生产工时8 000小时）；按工资总额78 000元的14%提取职工福利费10 920元。工资及福利费分配表如表8-3所示。

表8-3 工资及福利费分配表

2021年1月31日

项目	生产工时/小时	应分配工资/天	应提取福利费/天
生产工人	20 000	62 400	8 736
001产品	12 000	37 440	5 241.60
002产品	8 000	24 960	3 494.40
车间管理人员		10 600	1 484
企业管理人员		5 000	700
合计	20 000	78 000	10 920

(36) 1月31日，结转本月发出材料成本。本月材料耗用情况如表8-4所示。

表8-4 材料耗用情况

2021年1月31日

项目	甲材料		乙材料		金额合计/元
	数量/千克	金额/天	数量/千克	金额/天	
001产品	9 750	48 750	9 500	38 000	86 750
002产品	6 400	32 000	6 000	24 000	56 000

续表

项目	甲材料		乙材料		金额合计/元
	数量/千克	金额/天	数量/千克	金额/天	
修理设备	100	500	80	320	820
合计	16 250	81 250	15 580	62 320	143 570

(37) 1月31日，将本月制造费用按照产品生产工时比例分配计入001、002产品生产成本。制造费用分配表如表8-5所示。

表8-5 制造费用分配表

2021年1月31日

产品	生产工时/小时	应分配制造费用/元
001产品	12 000	9 584.40
002产品	8 000	6 389.60
合计	20 000	15 974

(38) 1月31日，本月001产品完工800件，总成本144 174元；002产品完工700件，总成本97 116元。两产品均已验收入库，结转完工产品成本。

(39) 1月31日，计算本月应交城市维护建设税821.73元。

(40) 1月31日，结转已销产品生产成本224 474元，其中001产品133 774元，002产品90 700元。

(41) 1月31日，将本月发生的各项收入、费用结转到"本年利润"账户。

主营业务收入：298 800元；

主营业务成本：224 474元；

税金及附加：821.73元；

管理费用：8 220元；

销售费用：1 000元；

财务费用：3 000元。

(42) 1月31日，计算本月应交所得税15 321.07元，并结转到"本年利润"账户。

请采用记账凭证账务处理程序，完成信达公司有关1月份的经济业务处理，完成从编制记账凭证→登记日记账→登记明细账→登记总账→编制会计报表的全过程。

知识准备

账务处理程序又称会计核算程序或会计核算组织程序或会计核算形式，是指在会计核算中，以账簿体系为核心，把会计凭证、会计账簿、会计报表、记账程序和记账方法有机结合的方式。

8.1.1 记账凭证账务处理程序的特点

记账凭证账务处理程序是指对发生的经济业务事项，都要根据原始凭证或汇总原始凭证编制记账凭证，然后直接根据记账凭证逐笔登记总分类账，并定期编制会计报表的一种账务处理程序。

> 记账凭证账务处理程序的特点是直接根据记账凭证逐笔登记总分类账。它是最基本的账务处理程序,其他会计账务处理程序都是在记账凭证账务处理程序基础上发展演变而形成的。

8.1.2 记账凭证账务处理程序下设置的记账凭证与会计账簿

1. 设置的记账凭证

在记账凭证账务处理程序中,记账凭证可以是通用记账凭证,也可以分设收款凭证、付款凭证和转账凭证,作为登记明细分类账和总分类账的依据。

2. 设置的会计账簿

在记账凭证账务处理程序下,需要设置的账簿有:现金日记账、银行存款日记账、明细分类账和总分类账。其中,日记账和总账一般采用三栏式,外表形式为订本式;明细账根据管理需要设置,可采用三栏式、多栏式和数量金额式,外表形式为活页式。

8.1.3 记账凭证账务处理程序的工作步骤

(1) 根据原始凭证编制汇总原始凭证;
(2) 根据原始凭证或汇总原始凭证编制记账凭证;
(3) 根据收款凭证、付款凭证逐笔登记现金日记账和银行存款日记账;
(4) 根据原始凭证、汇总原始凭证和记账凭证登记各种明细分类账;
(5) 根据记账凭证逐笔登记总分类账;
(6) 期末,现金日记账、银行存款日记账和明细分类账的余额同有关总分类账的余额核对相符;
(7) 期末,根据总分类账和明细分类账的记录,编制会计报表。

记账凭证账务处理程序如图 8-1 所示。

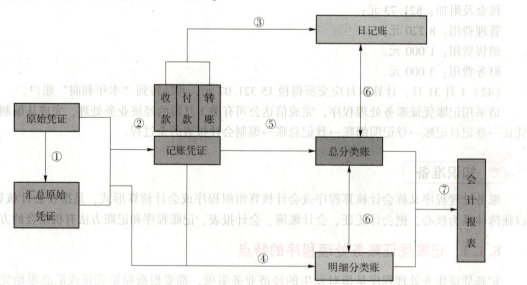

图 8-1 记账凭证账务处理程序

会计职业判断

记账凭证账务处理程序是指对发生的经济业务事项,都要根据原始凭证或汇总原始凭证编制记账凭证,然后直接根据(　　)逐笔登记总分类账,并定期编制会计报表的一种账务处理程序。
A. 银行存款日记账
B. 记账凭证
C. 科目汇总表
D. 总账所属的明细账

8.1.4　记账凭证账务处理程序的优缺点及适用范围

1. 记账凭证账务处理程序的优点
直接根据记账凭证登记总账,简单明了,易于理解,总分类账可以较详细地反映经济业务的发生情况,便于了解企业经济业务的动态变化。

2. 记账凭证账务处理程序的缺点
对企业发生的每一笔经济业务都要根据记账凭证逐笔登记在总分类账中,登记总分类账的工作量较大。对于经济业务较多,经营规模较大的企业,总分类账的登记工作过于繁重。

3. 记账凭证账务处理程序的适用范围
对于经济业务较多,经营规模较大的企业,总分类账的登记工作过于繁重。因此,记账凭证账务处理程序适用于规模较小、经济业务量较少、会计凭证数量不多的单位。

提示

采用记账凭证账务处理程序时,可以使用原始凭证汇总表,对反映同一类经济业务的原始凭证进行整理汇总,然后根据原始凭证汇总表编制记账凭证。这样做可以减少记账凭证的数量,从而减轻登记总分类账的工作量。

会计职业判断

以下关于记账凭证账务处理程序的表述中,正确的有(　　)。
A. 账务处理程序简单明了,易于理解
B. 总分类账可以较详细地反映交易或事项的发生情况,便于查账、对账
C. 登记总分类账地工作量较大
D. 这种程序只适用于一些规模大、业务量多、凭证多的单位

任务实施

【做中学8-1】根据本任务案例资料,完成在记账凭证账务处理程序下从编制记账凭证→登记日记账→登记明细账→登记总账→编制会计报表的工作任务。

具体工作步骤：

第一步：根据原始凭证或原始凭证汇总表填制记账凭证，如表8-6所示。

表8-6 记账凭证（简化格式） 元

2021年		凭证编号	摘要	账户名称		金额	
月	日			借方	贷方	借方	贷方
1	1	记1	预付差旅费	其他应收款——李利		800	
					库存现金		800
1	2	记2	付办公费	管理费用		300	
					银行存款		300
1	2	记3	销售产品	应收账款——文斌公司		84 750	
					主营业务收入		75 000
					应交税费——增值税（销项税额）		9 750
1	3	记4	接受投资	银行存款		300 000	
					实收资本——国家		300 000
1	3	记5	缴纳城建税	应交税费——城建税额		4 500	
					银行存款		4 500
1	4	记6	购入材料	原材料——甲材料		32 500	
				——乙材料		28 000	
				应交税费——增值税（进项税额）		7 865	
					银行存款		68 365
1	4	记7	收回欠款	银行存款		84 750	
					应收账款——文斌公司		84 750
1	5	记8	销售产品	银行存款		105 768	
					主营业务收入		93 600
					应交税费——增值税（销项税额）		12 168
1	7	记9	偿还货款	应付账款——海天公司		3 100	
					银行存款		3 100
1	7	记10	报销差旅费	管理费用		740	
					其他应收款——李利		740
1	7	记11	收回借款	库存现金		60	
					其他应收款——李利		60
1	8	记12	收回货款	银行存款		10 000	
					应收账款——文斌公司		10 000

续表

2021年		凭证编号	摘要	账户名称		金额	
月	日			借方	贷方	借方	贷方
1	9	记13	报销培训费	管理费用		300	
					库存现金		300
1	10	记14	付车间维修费	制造费用		450	
					银行存款		450
1	11	记15	提现备用	库存现金		3 000	
					银行存款		3 000
1	12	记16	提现备发工资	库存现金		78 000	
					银行存款		78 000
1	12	记17	发放工资	应付职工薪酬——工资		78 000	
					库存现金		78 000
1	14	记18	购入材料	原材料——甲材料 　　　——乙材料 应交税费——增值税（进项税额）		39 000 32 000 9 230	
					银行存款		80 230
1	15	记19	预付货款	预付账款——长江公司		16 000	
					银行存款		16 000
1	16	记20	报销医药费	应付职工薪酬——职工福利		800	
					库存现金		800
1	17	记21	销售产品	应收账款——文斌公司	主营业务收入 应交税费——增值税（销项税额）	2 712	2 400 312
1	19	记22	购入打印机	固定资产——打印机		1 850	
					银行存款		1 850
1	20	记23	偿还货款	应付账款——中兴公司		8 000	
					银行存款		8 000
1	21	记24	收回货款	银行存款		2 712	
					应收账款——文斌公司		2 712
1	22	记25	提现备用	库存现金		2 000	
					银行存款		2 000
1	22	记26	付电费	生产成本——001产品 　　　　——002产品 制造费用		1 600 1 800 500	
					银行存款		3 900

续表

2021年		凭证编号	摘要	账户名称		金额	
月	日			借方	贷方	借方	贷方
1	23	记27	预提借款利息	财务费用		3 000	
					应付利息		3 000
1	23	记28	预付差旅费	其他应收款——李利		1 000	
					库存现金		1 000
1	24	记29	购入材料	原材料——甲材料 　　　　——乙材料 应交税费——增值税（进项税额）		45 000 32 000 10 010	
					应付账款——中兴公司		87 010
1	25	记30	销售产品	银行存款		144 414	
					主营业务收入 应交税费——增值税（销项税额）		127 800 16 614
1	26	记31	偿还货款	应付账款——中兴公司		87 010	
					银行存款		87 010
1	28	记32	付水费	生产成本——001产品 　　　　——002产品 制造费用		180 160 120	
					银行存款		460
1	29	记33	支付广告费	销售费用		1 000	
					银行存款		1 000
1	29	记34	支付二季度利息	应付利息		6 000	
					银行存款		6 000
1	31	记35	计提折旧费	制造费用 管理费用		2 000 1 180	
					累计折旧		3 180
1	31	记36	分配工资	生产成本——001产品 　　　　——002产品 制造费用 管理费用		37 440 24 960 10 600 5 000	
					应付职工薪酬——工资		78 000
1	31	记37	计提福利费	生产成本——001产品 　　　　——002产品 制造费用 管理费用		5 241.60 3 494.40 1 484 700	
					应付职工薪酬——工资		10 920

续表

2021年		凭证编号	摘要	账户名称		金额	
月	日			借方	贷方	借方	贷方
1	31	记38	领用材料	生产成本——001产品 ——002产品 制造费用	 原材料——甲材料 ——乙材料	86 750 56 000 820	 81 250 62 320
1	31	记39	分配制造费用	生产成本——001产品 ——002产品	 制造费用	9 584.40 6 389.60	 15 974
1	31	记40	结转完工产品成本	库存商品——001产品 ——002产品	 生产成本——001产品 ——002产品	144 174 97 116	 144 174 97 116
1	31	记41	计算城建税	税金及附加	应交税费——城建税	821.73	821.73
1	31	记42	结转销售成本	主营业务成本	库存商品——001产品 ——002产品	224 474	133 774 90 700
1	31	记43	转入利润	主营业务收入	本年利润	298 800	298 800
1	31	记44	转入利润	本年利润	主营业务成本 税金及附加 管理费用 销售费用 财务费用	237 515.73	224 474 821.73 8 220 1 000 3 000
1	31	记45	计算应交所得税	所得税费用	应交税费——所得税	15 321.07	15 321.07
1	31	记46	转入利润	本年利润	所得税费用	15 321.07	15 321.07

第二步：根据收款凭证、付款凭证逐笔登记现金日记账和银行存款日记账，如表8-7和表8-8所示。

第三步：根据记账凭证及所附的原始凭证或原始凭证汇总表登记明细分类账。本案例仅登记原材料、生产成本、应收账款、应付账款明细分类账，其他明细账从略。如表8-9～表8-16所示。

表 8-7 现金日记账

现金日记账

2021年 月	日	凭证字	凭证号	摘要	借方	贷方	借或贷	余额
01	01			上月结转				3 5 0 0 0 0
01	01	记	01	李利出差借款		8 0 0 0 0		2 7 0 0 0 0
01	07	记	11	李利交回余款	6 0 0 0			2 7 6 0 0 0
01	09	记	13	报销差旅费		3 0 0 0 0		2 4 6 0 0 0
01	11	记	15	提现备用	3 0 0 0 0 0			5 4 6 0 0 0
01	12	记	16	提现备发工资	7 8 0 0 0 0			8 3 4 6 0 0 0
01	12	记	17	发放工资		7 8 0 0 0 0		5 4 6 0 0 0
01	16	记	20	报销职工医药费		8 0 0 0 0		4 6 6 0 0 0
01	22	记	25	提现备用	2 0 0 0 0 0			6 6 6 0 0 0
01	23	记	28	李利出差借款		0 1 0 0 0 0 0		5 6 6 0 0 0
01	31			本月合计	8 3 0 6 0 0 0	8 0 9 0 0 0 0		5 6 6 0 0 0

表 8-8 银行存款日记账

银行存款日记账

2021年 月	日	凭证字	凭证号	支票号码	摘要	对方科目	借方	贷方	借或贷	余额
01	01				上月结转					1 6 5 1 8 0 0 0
01	02	记	02		购买办公用品	其他应收款		3 0 0 0 0		1 6 4 8 8 0 0 0
01	03	记	04		收到国家投资	管理费用	3 0 0 0 0 0 0 0			4 6 4 8 8 0 0 0
01	03	记	05		交纳上月城建税	应交税费		4 5 0 0 0 0		4 6 0 3 8 0 0 0
01	04	记	06		支付材料款	原材料等		6 8 3 6 5 0 0		3 9 2 0 1 5 0 0
01	04	记	07		收回文斌公司款	应收账款	8 4 7 5 0 0 0			4 7 6 7 6 5 0 0
01	05	记	08		销售	主营业务收入等	1 0 5 7 6 8 0 0			5 8 2 5 3 3 0 0
01	07	记	09		归还海天公司款	应付账款		3 1 0 0 0 0 0		5 7 9 4 3 3 0 0
01	08	记	12		收文斌公司欠款	应收账款	1 0 0 0 0 0 0			5 8 9 4 3 3 0 0
01	10	记	14		支付设备修理费	制造费用		4 5 0 0 0		5 8 8 9 8 3 0 0
01	11	记	15		提现备用	库存现金		3 0 0 0 0 0		5 8 5 9 8 3 0 0
01	12	记	16		提现备发工资	库存现金		7 8 0 0 0 0 0		5 0 7 9 8 3 0 0
01	14	记	18		支付材料款	原材料等		8 0 2 3 0 0 0		4 2 7 7 5 3 0 0
01	15	记	19		预付材料款	预付账款		1 6 0 0 0 0 0 0		4 1 1 7 5 3 0 0
01	19	记	22		购入打印机	固定资产		1 8 5 0 0 0 0		4 0 9 9 0 3 0 0
01	20	记	23		归还中兴公司款	应付账款		8 0 0 0 0 0		4 0 1 9 0 3 0 0
01	21	记	24		收文斌公司欠款	应收账款	2 7 1 2 0 0			4 0 4 6 1 5 0 0
01	22	记	25		提现备用	库存现金		2 0 0 0 0 0		4 0 2 6 1 5 0 0
01	22	记	26		支付电费	生产成本等		3 9 0 0 0 0		3 9 8 7 1 5 0 0
01	25	记	30		销售	主营业务收入等	1 4 4 4 1 4 0 0			5 4 3 1 2 9 0 0
01	26	记	31		偿还中兴公司款	应付账款		8 7 0 1 0 0 0		4 5 6 1 1 9 0 0
01	28	记	32		支付水费	生产成本等		4 5 5 6 5 0 0		4 5 5 6 5 9 0 0
01	29	记	33		支付广告费	销售费用		1 0 0 0 0 0		4 5 4 6 5 9 0 0
01	29	记	34		支付借款利息	应付利息		6 0 0 0 0 0		4 4 8 6 5 9 0 0
01	31				本月合计		6 4 7 6 4 4 0 0	3 6 4 1 6 5 0 0		4 4 8 6 5 9 0 0

表 8-9 原材料明细分类账

原材料明细分类账

总第_____页
分_____页
编号、名称 甲材料

最高存量_____ 储备天数_____ 存放地点_____ 计量单位 千克 规格_____ 类别_____
最低存量_____

2021年 月	日	凭证字	凭证号	摘要	收入 数量	收入 单价	收入 金额	支出 数量	支出 单价	支出 金额	结存 数量	结存 单价	结存 金额
01	01			上月结转							30000	5.00	1 5 0 0 0 0 0 0
01	04	记	06	购料	6500	5.00	3 2 5 0 0 0 0				36500		
03	14	记	18	购料	7800	5.00	3 9 0 0 0 0 0				44300		
03	24	记	29	购料	9000	5.00	4 5 0 0 0 0 0				53300		
03	31	记	38	结转发出材料成本				16250	5.00	8 1 2 5 0 0 0	37050		
03	31			本月合计	23300		1 1 6 5 0 0 0 0	16250	5.00	8 1 2 5 0 0 0	37050	5.00	1 8 5 2 5 0 0 0

表 8-10 原材料明细分类账

原材料明细分类账

总第　　页　分第　　页
编号、名称　乙材料

最高存量　　　储备天数　　　存放地点　　　计量单位　千克　　规格　　　类别

2021年		凭证		摘要	收入			支出			结存		
月	日	字	号		数量	单价	金额(亿千百十万千百十元角分)	数量	单价	金额(亿千百十万千百十元角分)	数量	单价	金额(亿千百十万千百十元角分)
01	01			上月结转							26500	4.00	10600000
01	04	记	06	购料	7000	4.00	2800000				33500		
03	14	记	18	购料	8000	4.00	3200000				41500		
03	24	记	29	购料	8000	4.00	3200000				49500		
03	31	记	38	结转发出材料成本				15580	4.00	6232000	33920		
03	31			本月合计	23300	4.00	9200000	15580	4.00	6232000	33920	4.00	13568000

表 8-11 应收账款明细分类账

应收账款明细分类账

总第　　页　分第　　页
会计科目或编号　应收账款
子母、户名或编号　华云公司

2021年		凭证		摘要	借方(亿千百十万千百十元角分)	√	贷方(亿千百十万千百十元角分)	√	借或贷	余额(亿千百十万千百十元角分)	√
月	日	字	号								
01	01			上月结转					借	250000	

表 8-12 应收账款明细分类账

应收账款明细分类账

总第　　页　分第　　页
会计科目或编号　应收账款
子母、户名或编号　文斌公司

2021年		凭证		摘要	借方(亿千百十万千百十元角分)	√	贷方(亿千百十万千百十元角分)	√	借或贷	余额(亿千百十万千百十元角分)	√
月	日	字	号								
01	01			上月结转					借	100000	
01	02	记	03	文斌公司欠货款	847500				借	947500	
01	04	记	07	收回欠款			847500		借	100000	
01	08	记	12	收回欠款			100000		平		
01	17	记	21	文斌公司欠货款	271200				借	271200	
01	21	记	24	收回欠款			271200		平		
01	31			本月合计	874620		974620		平	000	

表 8-13 生产成本明细分类账

生产成本明细分类账

总第　　页　分第　　页
明细科目　001 产品

2021年		凭证		摘要	借方	贷方	借或贷	余额	(借)方全额分析		
									直接材料	直接人工	制造费用
月	日	字	号		亿千百十万千百十元角分	亿千百十万千百十元角分		亿千百十万千百十元角分	亿千百十万千百十元角分	亿千百十万千百十元角分	亿千百十万千百十元角分
01	01			上月结转			借	821400			
01	22	记	26	分配电费	160000		借	837400			160000
01	28	记	32	分配水费	18000		借	839200			18000
01	31	记	36	分配工资	374400		借	1213600		374400	
01	31	记	37	计提福利费	52416		借	1266016		52416	
01	31	记	38	本月领料	867500		借	2133516	867500		
01	31	记	39	分配制造费用	95844		借	2229360			95844
01	31	记	40	完工转出成本		1441740	借	787620			
01	31			本月合计	1407960	1441740	借	787620			

第四步：根据记账凭证登记总分类账，现金、银行存款两个总账账户的登记同日记账，其他总分类账户的登记如表 8-17～表 8-41 所示。

表 8-14 生产成本明细分类账

生产成本明细分类账

总第_____页
分第_____页
明细科目 002产品

2021年		凭证		摘要	借方	贷方	借或贷	余额	（借）方全额分析		
									直接材料	直接人工	制造费用
月	日	字	号		亿千百十万千百十元角分	亿千百十万千百十元角分		亿千百十万千百十元角分	亿千百十万千百十元角分	亿千百十万千百十元角分	亿千百十万千百十元角分
01	01			上月结转			借	5478000			
01	22	记	26	分配电费	180000		借	5658000			180000
01	28	记	32	分配水费	16000		借	5674000			16000
01	31	记	36	分配工资	2496000		借	8170000		2496000	
01	31	记	37	计提福利费	349440		借	8519440		349440	
01	31	记	38	本月领料	5600000		借	14119440	5600000		
01	31	记	39	分配制造费用	638960		借	14758400			638960
01	31	记	40	完工转出成本		9711600	借	5046800			
01	31			本月合计	9280400	9711600		5046800			

表 8-15 应付账款明细分类账

应付账款明细分类账

总第_____页
分第_____页
会计科目或编号 应付账款
子母、户名或编号 中兴公司

2021年		凭证		摘要	借方	√	贷方	√	借或贷	余额	√
月	日	字	号		亿千百十万千百十元角分		亿千百十万千百十元角分			亿千百十万千百十元角分	
01	01			上月结转					贷	800000	
01	20	记	23	归还欠款	800000				平	000	
01	24	记	29	购料款未付			8701000		贷	8701000	
01	26	记	31	归还欠款	8701000				平	000	
01	31	记		本月合计	9501000		8701000		平	000	

表 8-16 应付账款明细分类账

应付账款明细分类账

总第_____页
分第_____页
会计科目或编号 应付账款
子母、户名或编号 海天公司

2021年		凭证		摘要	借方	√	贷方	√	借或贷	余额	√
月	日	字	号		亿千百十万千百十元角分		亿千百十万千百十元角分			亿千百十万千百十元角分	
01	01			上月结转					贷	310000	
01	20	记	23	归还欠款	310000				平	000	
01	31			本月合计	310000				平	000	

表 8-17 总分类账

总 分 类 账

第 号
会计科目或编号：应收账款

2021年		记账凭证		摘要	借方	√	贷方	√	借或贷	余额	√
月	日	字	号		亿千百十万千百十元角分		亿千百十万千百十元角分			亿千百十万千百十元角分	
01	01			上月结转					借	1250000	
01	02	记	03	销售产品	8475000				借	9725000	
01	04	记	07	收回货款			8475000		借	1250000	
01	08	记	12	收回货款			1000000		借	250000	
01	17	记	21	销售产品	271200				借	521200	
01	21	记	24	收回货款			271200		借	250000	
01	31			本月合计	8746200		9746200		借	250000	

表 8-18　总分类账

总 分 类 账

第　号

会计科目或编号：　原材料

2021年		记账凭证		摘要	借方	√	贷方	√	借或贷	余额	√
月	日	字	号		亿千百十万千百十元角分		亿千百十万千百十元角分			亿千百十万千百十元角分	
01	01			上月结转					借	2 5 6 0 0 0 0	
01	04	记	06	购料	6 0 5 0 0 0 0				借	3 1 6 5 0 0 0 0	
01	14	记	18	购料	7 1 0 0 0 0 0				借	3 8 7 5 0 0 0 0	
01	24	记	29	购料	7 7 0 0 0 0 0				借	4 6 4 5 0 0 0 0	
01	31	记	38	本月领用材料			1 4 3 5 7 0 0 0		借	3 2 0 9 3 0 0 0	
01	31			本月合计	2 0 8 5 0 0 0 0		1 4 3 5 7 0 0 0		借	3 2 0 9 3 0 0 0	

表 8-19　总分类账

总 分 类 账

第　号

会计科目或编号：　库存商品

2021年		记账凭证		摘要	借方	√	贷方	√	借或贷	余额	√
月	日	字	号		亿千百十万千百十元角分		亿千百十万千百十元角分			亿千百十万千百十元角分	
01	01			上月结转					借	1 2 8 3 0 0 0 0	
01	31	记	06	产品入库	2 4 1 2 9 0 0 0				借	3 6 9 5 9 0 0 0	
01	31	记	18	结转已销产品成本			2 2 4 4 7 4 0 0		借	1 4 5 1 1 6 0 0	
01	31			本月合计	2 4 1 2 9 0 0 0		2 2 4 4 7 4 0 0		借	1 4 5 1 1 6 0 0	

表 8-20　总分类账

总 分 类 账

第　号

会计科目或编号：　预付账款

2021		记账凭证		摘要	借方	√	贷方	√	借或贷	余额	√
月	日	字	号		亿千百十万千百十元角分		亿千百十万千百十元角分			亿千百十万千百十元角分	
01	01			上月结转					借	6 0 0 0 0 0	
01	15	记	19	预付货款	1 6 0 0 0 0 0				借	2 2 0 0 0 0 0	
01	31			本月合计	1 6 0 0 0 0 0				借	2 2 0 0 0 0 0	

表 8-21　总分类账

总 分 类 账

第　号

会计科目或编号：　其他应收款

2021		记账凭证		摘要	借方	√	贷方	√	借或贷	余额	√
月	日	字	号		亿千百十万千百十元角分		亿千百十万千百十元角分			亿千百十万千百十元角分	
01	01			上月结转					平	0 0 0	
01	01	记	01	预付差旅费	8 0 0 0 0				借	8 0 0 0 0	
01	07	记	10	报销差旅费			7 4 0 0 0		借	6 0 0 0	
01	07	记	11	收回借款			6 0 0 0		平	0 0 0	
01	23	记	28	预付差旅费	1 0 0 0 0 0				借	1 0 0 0 0 0	
01	31			本月合计	8 0 0 0 0		8 0 0 0 0		借	1 0 0 0 0 0	

表 8-22 总分类账

总 分 类 账

第　号

会计科目或编号：　固定资产

2021		记账凭证		摘要	借方 亿千百十万千百十元角分	√	贷方 亿千百十万千百十元角分	√	借或贷	余额 亿千百十万千百十元角分	√
月	日	字	号								
01	01			上月结转					借	4 3 5 9 0 0 0 0	
01	19	记	22	购入打印机	1 8 5 0 0 0				借	4 3 7 7 5 0 0 0	
01	31			本月合计	1 8 5 0 0 0				借	4 3 7 7 5 0 0 0	

表 8-23 总分类账

总 分 类 账

第　号

会计科目或编号：　累计折旧

2021		记账凭证		摘要	借方 亿千百十万千百十元角分	√	贷方 亿千百十万千百十元角分	√	借或贷	余额 亿千百十万千百十元角分	√
月	日	字	号								
01	01			上月结转					借	1 2 4 6 0 0 0 0	
01	19	记	35	本月折旧			3 1 8 0 0 0		借	1 2 7 7 8 0 0 0	
01	31			本月合计			3 1 8 0 0 0		借	1 2 7 7 8 0 0 0	

表 8-24 总分类账

总 分 类 账

第　号

会计科目或编号：　生产成本

2021		记账凭证		摘要	借方 亿千百十万千百十元角分	√	贷方 亿千百十万千百十元角分	√	借或贷	余额 亿千百十万千百十元角分	√
月	日	字	号								
01	01			上月结转					借	1 3 6 9 2 0 0 0	
01	23	记	26	支付电费	3 4 0 0 0 0				借	1 4 0 3 2 0 0 0	
01	28	记	32	支付水费	3 4 0 0 0				借	1 4 0 6 6 0 0 0	
01	31	记	36	分配工资	6 2 4 0 0 0 0				借	2 0 3 0 6 0 0 0	
01	31	记	37	计提福利费	8 7 3 6 0 0				借	2 1 1 7 9 6 0 0	
01	31	记	38	本月领用材料	1 4 2 7 5 0 0 0				借	3 5 4 5 4 6 0 0	
01	31	记	39	分配制造费用	1 5 9 7 4 0 0				借	3 7 0 5 2 0 0 0	
01	31	记	40	转出成本			2 4 1 2 9 0 0 0		借	1 2 9 2 3 0 0 0	
01	31			本月合计	2 3 3 6 0 0 0 0		2 4 1 2 9 0 0 0		借	1 2 9 2 3 0 0 0	

表 8-25 总分类账

总 分 类 账

第　号

会计科目或编号：　制造费用

2021		记账凭证		摘要	借方 亿千百十万千百十元角分	√	贷方 亿千百十万千百十元角分	√	借或贷	余额 亿千百十万千百十元角分	√
月	日	字	号								
01	01	记	14	支付修理费	4 5 0 0 0				借	4 5 0 0 0	
01	22	记	26	支付电费	5 0 0 0 0				借	9 5 0 0 0	
01	28	记	32	支付水费	1 2 0 0 0				借	1 0 7 0 0 0	
01	31	记	35	计提折旧	2 0 0 0 0 0				借	3 0 7 0 0 0	
01	31	记	36	分配工资	1 0 6 0 0 0 0				借	1 3 6 7 0 0 0	
01	31	记	37	计提福利费	1 4 8 4 0 0				借	1 5 1 5 4 0 0	
01	31	记	38	分配材料费	8 2 0 0 0				借	1 5 9 7 4 0 0	
01	31	记	39	分配费用			1 5 9 7 4 0 0		平	0 0 0	
01	31			本月合计	1 5 9 7 4 0 0		1 5 9 7 4 0 0		平	0 0 0	

表 8-26 总分类账

总 分 类 账

第　　号

会计科目或编号：__短期借款__

2021		记账凭证		摘要	借方									√	贷方									√	借或贷	余额									√
月	日	字	号		亿	千	百	十	万	千	百	十	元	角	分	亿	千	百	十	万	千	百	十	元	角	分		亿	千	百	十	万	千	百	十	元	角	分	
01	01			上月结转																							贷			2	3	0	0	0	0	0	0	
01	31			本月合计																							贷			2	3	0	0	0	0	0	0	

表 8-27 总分类账

总 分 类 账

第　　号

会计科目或编号：__应付账款__

2021		记账凭证		摘要	借方	贷方	借或贷	余额
月	日	字	号					
01	01			上月结转			贷	1 1 1 0 0 0
01	07	记	09	归还海天公司借款	3 1 0 0 0 0		贷	8 0 0 0 0
01	20	记	23	归还中兴公司欠款	8 0 0 0 0		平	0 0 0
01	24	记	29	欠中兴公司货款		8 7 0 1 0 0 0	贷	8 7 0 1 0 0 0
01	26	记	31	归还中兴公司货款	8 7 0 1 0 0 0		平	0 0 0
01	31			本月合计	9 8 1 1 0 0 0	8 7 0 1 0 0 0	平	0 0 0

表 8-28 总分类账

总 分 类 账

第　　号

会计科目或编号：__应交税费__

2021		记账凭证		摘要	借方	贷方	借或贷	余额
月	日	字	号					
01	01			上月结转			贷	4 5 0 0 0 0
01	02	记	03	销售产品		9 7 5 0 0 0	贷	1 4 2 5 0 0 0
01	03	记	05	缴纳城建税	4 5 0 0 0 0		贷	9 7 5 0 0 0
01	04	记	06	购入材料	7 8 6 5 0 0		贷	1 8 8 5 0 0
01	05	记	08	销售产品		1 2 1 6 8 0 0	贷	1 4 0 5 3 0 0
01	14	记	18	购入材料	9 2 3 0 0 0		贷	4 8 2 3 0 0
01	17	记	21	销售产品		3 1 2 0 0	贷	5 1 3 5 0 0
01	24	记	29	购入材料	1 0 0 1 0 0 0		贷	4 8 7 5 0 0
01	25	记	30	销售产品		1 6 6 1 4 0 0	贷	1 1 7 3 9 0 0
01	31	记	41	计提城建税		8 2 1 7 3	贷	1 2 5 6 0 7 3
01	31	记	45	本月所得税		1 5 3 2 1 0 7	贷	2 7 8 8 1 8 0
01	31			本月合计	3 1 6 0 5 0 0	5 4 9 8 6 8 0	贷	2 7 8 8 1 8 0

表 8-29 总分类账

总 分 类 账

第　　号

会计科目或编号：__应付职工薪酬__

2021		记账凭证		摘要	借方	贷方	借或贷	余额
月	日	字	号					
01	01			上月结转			贷	3 9 5 0 0 0
01	12	记	17	支付工资	7 8 0 0 0 0 0		借	7 4 0 5 0 0 0
01	16	记	20	报销医药费	8 0 0 0 0		借	7 4 8 5 0 0 0
01	31	记	36	分配工资		7 8 0 0 0 0 0	贷	3 1 5 0 0 0
01	31	记	37	计提福利费		1 0 9 2 0 0 0	贷	1 4 0 7 0 0 0
01	31			本月合计	7 8 8 0 0 0 0	8 8 9 2 0 0 0	贷	1 4 0 7 0 0 0

表 8-30 总分类账

总 分 类 账

第 号

会计科目或编号：应付利息

2021		记账凭证		摘要	借方 亿千百十万千百十元角分	√	贷方 亿千百十万千百十元角分	√	借或贷	余额 亿千百十万千百十元角分	√
月	日	字	号								
01	01			上月结转					贷	6 0 0 0 0 0	
01	23	记	27	计提借款利息			3 0 0 0 0 0		贷	9 0 0 0 0 0	
01	29	记	34	支付利息	6 0 0 0 0 0				贷	3 0 0 0 0 0	
01	31			本月合计	6 0 0 0 0 0		3 0 0 0 0 0		贷	3 0 0 0 0 0	

表 8-31 总分类账

总 分 类 账

第 号

会计科目或编号：实收资本

2021		记账凭证		摘要	借方 亿千百十万千百十元角分	√	贷方 亿千百十万千百十元角分	√	借或贷	余额 亿千百十万千百十元角分	√
月	日	字	号								
01	01			上月结转					贷	6 0 0 0 0 0 0 0	
01	03	记	04	接受投资			3 0 0 0 0 0 0 0		贷	9 0 0 0 0 0 0 0	
01	31			本月合计			3 0 0 0 0 0 0 0		贷	9 0 0 0 0 0 0 0	

表 8-32 总分类账

总 分 类 账

第 号

会计科目或编号：盈余公积

2021		记账凭证		摘要	借方 亿千百十万千百十元角分	√	贷方 亿千百十万千百十元角分	√	借或贷	余额 亿千百十万千百十元角分	√
月	日	字	号								
01	01			上月结转					贷	3 2 8 3 0 0 0	
01	31			本月合计					贷	3 2 8 3 0 0 0	

表 8-33 总分类账

总 分 类 账

第 号

会计科目或编号：本年利润

2021		记账凭证		摘要	借方 亿千百十万千百十元角分	√	贷方 亿千百十万千百十元角分	√	借或贷	余额 亿千百十万千百十元角分	√
月	日	字	号								
01	01			上月结转					贷	1 6 4 1 5 0 0 0	
01	31	记	43	本月收入			2 9 8 8 0 0 0 0		贷	4 6 2 9 5 0 0 0	
01	31	记	44	本月费用	2 3 7 5 1 5 7 3				贷	2 2 5 4 3 4 2 7	
01	31	记	46	所得税费用	1 5 3 2 1 0 7				贷	2 1 0 1 1 3 2 0	
01	31			本月合计	2 5 2 8 3 6 8 0		2 9 8 8 0 0 0 0		贷	2 1 0 1 1 3 2 0	

表 8-34 总分类账

总 分 类 账

会计科目或编号：利润分配　　　第　号

2021		记账凭证		摘要	借方 亿千百十万千百十元角分	√	贷方 亿千百十万千百十元角分	√	借或贷	余额 亿千百十万千百十元角分	√
月	日	字	号								
01	01			上月结转					贷	3 2 8 3 0 0 0	
01	31			本月合计					贷	3 2 8 3 0 0 0	

表 8-35 总分类账

总 分 类 账

会计科目或编号：主营业务收入　　　第　号

2021		记账凭证		摘要	借方 亿千百十万千百十元角分	√	贷方 亿千百十万千百十元角分	√	借或贷	余额 亿千百十万千百十元角分	√
月	日	字	号								
01	01	记	03	销售产品			7 5 0 0 0 0 0		贷	7 5 0 0 0 0 0	
01	15	记	08	销售产品			9 3 6 0 0 0 0		贷	1 6 8 6 0 0 0 0	
01	17	记	21	销售产品			2 4 0 0 0 0		贷	1 7 1 0 0 0 0 0	
01	25	记	30	销售产品			1 2 7 8 0 0 0 0		贷	2 9 8 8 0 0 0 0	
01	31	记	43	转本年利润	2 9 8 8 0 0 0 0				平	0 0 0	
01	31			本月合计	2 9 8 8 0 0 0 0		2 9 8 8 0 0 0 0		平	0 0 0	

表 8-36 总分类账

总 分 类 账

会计科目或编号：主营业务成本　　　第　号

2021		记账凭证		摘要	借方 亿千百十万千百十元角分	√	贷方 亿千百十万千百十元角分	√	借或贷	余额 亿千百十万千百十元角分	√
月	日	字	号								
01	31	记	42	本月销售成本	2 2 4 4 7 4 0 0				贷	2 2 4 4 7 4 0 0	
01	31	记	44	转本年利润			2 2 4 4 7 4 0 0		平	0 0 0	
01	31			本月合计	2 2 4 4 7 4 0 0		2 2 4 4 7 4 0 0		平		

表 8-37 总分类账

总 分 类 账

会计科目或编号：税金及附加　　　第　号

2021		记账凭证		摘要	借方 亿千百十万千百十元角分	√	贷方 亿千百十万千百十元角分	√	借或贷	余额 亿千百十万千百十元角分	√
月	日	字	号								
01	31	记	41	计提城建税	8 2 1 7 3				贷	8 2 1 7 3	
01	31	记	44	转本年利润			8 2 1 7 3		平	0 0 0	
01	31			本月合计	8 2 1 7 3		8 2 1 7 3		平	0 0 0	

表 8-38 总分类账

总 分 类 账

第　　号

会计科目或编号：　管理费用

2021		记账凭证		摘要	借方	√	贷方	√	借或贷	余额	√
月	日	字	号		亿千百十万千百十元角分		亿千百十万千百十元角分			亿千百十万千百十元角分	
01	01	记	02	支付办公费	3 0 0 0 0				贷	3 0 0 0 0	
01	08	记	10	报销差旅费	7 4 0 0 0				贷	1 0 4 0 0 0	
01	09	记	13	报销培训费	3 0 0 0 0				贷	1 3 4 0 0 0	
01	31	记	35	计提折旧	1 1 8 0 0 0				贷	2 5 2 0 0 0	
01	31	记	36	分配工资	5 0 0 0 0 0				贷	7 5 2 0 0 0	
01	31	记	37	计提福利费	7 0 0 0 0				贷	8 2 2 0 0 0	
01	31	记	44	转本年利润			8 2 2 0 0 0		平	0 0 0	
01	31			本月合计	8 2 2 0 0 0		8 2 2 0 0 0		平		

表 8-39 总分类账

总 分 类 账

第　　号

会计科目或编号：　销售费用

2021		记账凭证		摘要	借方	√	贷方	√	借或贷	余额	√
月	日	字	号		亿千百十万千百十元角分		亿千百十万千百十元角分			亿千百十万千百十元角分	
01	29	记	33	支付广告费	1 0 0 0 0 0				贷	1 0 0 0 0 0	
01	31	记	44	转本年利润			1 0 0 0 0 0		平	0 0 0	
01	31			本月合计	1 0 0 0 0 0		1 0 0 0 0 0		平	0 0 0	

表 8-40 总分类账

总 分 类 账

第　　号

会计科目或编号：　财务费用

2021		记账凭证		摘要	借方	√	贷方	√	借或贷	余额	√
月	日	字	号		亿千百十万千百十元角分		亿千百十万千百十元角分			亿千百十万千百十元角分	
01	23	记	27	计提利息费用	3 0 0 0 0 0				贷	3 0 0 0 0 0	
01	31	记	44	转本年利润			3 0 0 0 0 0		平	0 0 0	
01	31			本月合计	3 0 0 0 0 0		3 0 0 0 0 0		平	0 0 0	

表 8-41 总分类账

总 分 类 账

第　　号

会计科目或编号：　所得税费用

2021		记账凭证		摘要	借方	√	贷方	√	借或贷	余额	√
月	日	字	号		亿千百十万千百十元角分		亿千百十万千百十元角分			亿千百十万千百十元角分	
01	31	记	45	应交税金	1 5 3 2 1 0 7				贷	1 5 3 2 1 0 7	
01	31	记	46	转本年利润			1 5 3 2 1 0 7		平	0 0 0	
01	31			本月合计	1 5 3 2 1 0 7		1 5 3 2 1 0 7		平	0 0 0	

提示

企业在登记账簿前,应根据企业的经济业务内容设置账簿,有期初余额的账户,应先登记期初余额,再登记本期发生额。这是因为账簿组织是核心,决定着对凭证种类的选择,制约着各种凭证之间、凭证与账簿之间的联系方式。

第五步:期末,将日记账、明细账与总账核对。

由同学自己对原材料总分类账与原材料明细分类账、应付账款总分类账与应付账款明细分类账、应收账款总分类账与应收账款明细分类账、生产成本总分类账与生产成本明细分类账进行核对,检查期末余额是否相符。

第六步:根据总账及其所属的明细账和其他资料编制会计报表。

由同学们自己完成该企业资产负债表和利润表的编制工作。

会计职业判断

1. 通过上述案例操作,你能叙述记账凭证账务处理程序的操作过程吗?
2. 记账凭证账务处理程序下,总分类账是依据什么登记的?登记总分类账能否简化?

任务训练

工作实例:

鸿德公司 2021 年 3 月 1 日有关账户余额如表 8-42 和表 8-43 所示。

表 8-42 总分类账户余额

2021 年 3 月 1 日   元

账户名称	金额	账户名称	金额
库存现金	6 000	累计折旧	50 000
银行存款	50 000	短期借款	50 000
原材料	4 000	长期借款	80 000
生产成本	20 000	实收资本	200 000
库存商品	40 000	盈余公积	40 000
固定资产	300 000		
合计	420 000		420 000

表 8-43 明细分类账户余额表

2021 年 3 月 1 日   元

账户名称	金额
原材料——A 材料	4 000
生产成本——X 产品	20 000
库存商品——X 产品	30 000

该公司 2021 年 3 月份发生的经济业务如下:(假定除下列经济业务外,该公司未发生其他经济业务事项)

(1)3 月 2 日,购入 A 材料 2 000 千克,单价 8 元,价款共计 16 000 元,材料已验收入库,货款以银行存款支付（不考虑增值税）。

（2）3月8日，李某出差预借差旅费5 000元。

（3）3月10日，销售X产品1 000件，单位售价50元，共计价款50 000元，货物已发出，价款收到存入银行（不考虑增值税）。

（4）3月15日，用现金支付销售X产品的运费800元。

（5）3月20日，为生产X产品领用A材料500千克，单价8元，共计4 000元。

（6）3月25日，李某出差回来，报销差旅费4 500元，归还多余款500元。

（7）3月31日，以银行存款支付本月保险费1 200元。

（8）3月31日，以银行存款支付借款利息1 800元。

（9）3月31日，计提本月应交城市维护建设税1 000元，应交教育费附加500元。

（10）3月31日，结转已售X产品成本，已知X产品单位成本30元，成本共计30 000元。

（11）3月31日，将本月主营业务收入50 000元转入"本年利润"贷方。

（12）3月31日，将本月主营业务成本30 000元转入"本年利润"借方。

（13）3月31日，将本月发生的主营业务税金及附加1 500元、营业费用800元、财务费用1 800元、管理费用5 700元转入"本年利润"借方。

（14）3月31日，计算本月应交所得税3 060元。

（15）3月31日，将本月所得税3 060元转入"本年利润"借方。

（16）3月31日，结转本年利润7 140元。

工作要求：

在记账凭证账务处理程序下完成建账、编制记账凭证、登记账簿、对账、结账、编制会计报表等各项工作任务。

工作步骤：

第一步：根据发生经济业务所取得的原始凭证或汇总原始凭证填制通用记账凭证。（可以用会计分录代替记账凭证，按经济业务统一顺序编号）

第二步：根据收、付款业务的记账凭证登记现金日记账和银行存款日记账。

第三步：根据原始凭证、通用记账凭证登记明细分类账。

第四步：根据记账凭证逐笔登记总分类账。

第五步：将日记账、明细账与总账核对。

第六步：根据总账及其所属的明细账和其他资料编制会计报表。

拓 展

账务处理程序，是指会计凭证、会计账簿、财务报表相结合的方式，包括账簿组织体系、记账程序和记账方法。账簿组织体系是指账簿的种类、格式和各种账簿之间的相互关系；记账程序和记账方法是指从凭证的整理、填制、账簿的登记到编制会计报表的步骤和方法。不同的账簿组织体系、记账程序和记账方法相互结合在一起，就构成了不同的账务处理程序。由于各单位的规模大小、业务性质以及管理要求等各不相同，需要设置的账簿种类、格式和账簿之间的相互关系和与之相适应的记账程序和记账方法也就不完全相同。这就要求各单位根据本单位的业务性质、规模大小、业务多少、经营管理的要求等具体情况，选择一个合理、适用的账务处理程序。

当前，我国企业单位所采用的账务处理程序有很多，例如记账凭证账务处理程序、科目汇总表账务处理程序和汇总记账凭证账务处理程序、多栏式日记账账务处理程序、日记总账账务处理程序，等等，但比较常用的是前三种。

各种账务处理程序的基本步骤包括接受并审核会计凭证、填制记账凭证、登记日记账和分类账（总分类账、明细分类账）、对账、调整应计账项并计算成本与损益、结账、编制会计报表。不同账务处理程序的区别主要是登记总账的依据和方法不同。

账务处理程序是指（　　）相结合的方式。
A. 财务报表　　　　B. 会计账簿　　　　C. 记账凭证　　　　D. 会计凭证

任务 8.2　应用科目汇总表账务处理程序

采用科目汇总表账务处理程序，完成信达公司有关 1 月份的经济业务（见任务 8.1 中的"任务布置"）处理，完成从编制记账凭证→登记日记账→登记明细账→登记总账→编制会计报表的全过程。

8.2.1　科目汇总表账务处理程序的特点

科目汇总表账务处理程序又称记账凭证汇总表账务处理程序，它是根据记账凭证定期编制科目汇总表，再根据科目汇总表登记总分类账的一种账务处理程序。其主要特点是：根据记账凭证定期汇总编制科目汇总表，并根据科目汇总表登记总分类账。科目汇总表账务处理程序是在记账凭证账务处理程序的基础上发展和演变而来的。

微课：科目汇总表账务处理程序

8.2.2　科目汇总表账务处理程序下设置的记账凭证与会计账簿

科目汇总表账务处理程序下，记账凭证与会计账簿的设置与记账凭证核算程序基本相同。

1. 设置的记账凭证

记账凭证可以是通用记账凭证，也可以分设收款凭证、付款凭证和转账凭证。同时要将记账凭证定期进行汇总，编制科目汇总表。

科目汇总表又可以称作记账凭证汇总表，是依据一定时期内的全部记账凭证，按会计科目进行归类汇总，以 T 形账户的形式，计算出各个总分类账户的本期借方发生额合计和贷方发生额合计，然后填写在表中相关栏目内编制而成的。依据借贷记账法"有借必有贷，借贷必相等"的记账规则，科目汇总表中全部总分类账户的本期借方发生额合计数一定等于本期贷方发生额合计数。

科目汇总表的编制时间，应根据各企业单位的业务量大小而定。业务量较多的单位可以每日、每旬汇总一次；业务量较小的单位可以十天、半个月或一个月汇总一次。

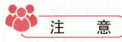

采用的 T 形账户只是对会计科目借贷方的发生额进行汇总，不包括余额。

2. 设置的会计账簿

科目汇总表账务处理程序下,会计账簿的设置与记账凭证账务处理程序相同。

科目汇总表的格式如表 8-44 所示。

表 8-44 科目汇总表

科 目 汇 总 表

年　　月　　日至　　日　　　　　　汇字第　　号

会计科目	借方金额 百十万千百十元角分	贷方金额 百十万千百十元角分	页数	会计科目	借方金额 百十万千百十元角分	贷方金额 百十万千百十元角分	页数
合　计				合　计			

会计主管　　　　记账　　　　审核　　　　制表　　　　附凭证　　　张

8.2.3 科目汇总表核算程序的工作步骤

(1) 根据原始凭证编制汇总原始凭证；
(2) 根据原始凭证或汇总原始凭证，编制记账凭证；
(3) 根据收款凭证、付款凭证逐笔登记现金日记账和银行存款日记账；
(4) 根据原始凭证、汇总原始凭证和记账凭证，登记各种明细分类账；
(5) 根据记账凭证编制科目汇总表；
(6) 根据科目汇总表登记总分类账；
(7) 期末，现金日记账、银行存款日记账和明细分类账的余额同有关总分类账的余额核对相符；
(8) 期末，根据总分类账和明细分类账的记录，编制会计报表。

科目汇总表账务处理程序如图 8-2 所示。

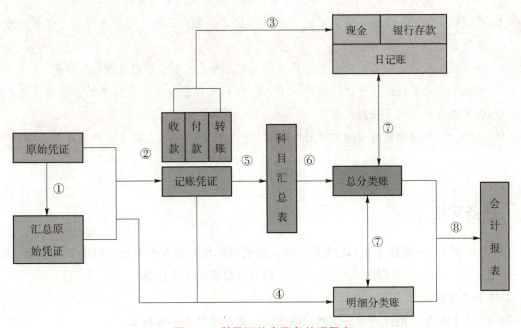

图 8-2 科目汇总表账务处理程序

> 科目汇总表的主要作用是作为记账凭证与总分类账的中间环节，以减少登记总分类账的工作量。

8.2.4 科目汇总表账务处理程序的优缺点及适用范围

1. 科目汇总表账务处理程序的优点

根据科目汇总表登记总分类账,大大简化了登记总分类账的工作量;并且通过科目汇总表的编制,可以将各科目本期借、贷方发生额的合计数进行试算平衡,及时发现填制凭证和汇总过程中的错误,保证记账工作的质量;编制方法简明易懂,方便易学。

2. 科目汇总表账务处理程序的缺点

科目汇总表不能反映账户对应关系,不便于查对账目。

3. 科目汇总表账务处理程序的适用范围

科目汇总表账务处理程序适用范围比较广泛,一般规模较大、经济业务较多的单位均可采用。

 会计职业判断

以下关于科目汇总表账务处理程序的优缺点和适用范围的表述中,正确的有(　　)。
A. 通过编制科目汇总表,可以对发生额进行试算平衡,从而及时发现错误,保证记账工作质量
B. 将记账凭证通过科目汇总表汇总后登记总账,大大减轻了登记总账的工作量
C. 科目汇总表能反映账户之间的对应关系,有利于根据账簿记录检查和分析交易或事项的来龙去脉,便于查对账目
D. 这种账务处理程序的适用范围较广,特别适用于规模大、业务量多的大中型企业

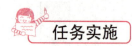 任务实施

【做中学8-2】根据任务8.1的案例资料,完成在科目汇总表账务处理程序下从编制记账凭证→登记日记账→登记明细账→登记总账→编制会计报表的工作任务。

具体工作步骤:

第一步:根据发生的经济业务编制记账凭证,如本项目表8-6所示。

第二步:根据记账凭证登记现金日记账和银行存款日记账,如本项目表8-7和表8-8所示。

第三步:根据记账凭证和原始凭证登记明细账,如本项目表8-9~表8-16所示。

第四步:根据记账凭证编制科目汇总表。

科目汇总表编制结果如表8-45和表8-46所示。

第五步:根据科目汇总表登记总分类账。本案例只登记库存现金、银行存款、原材料总分类账,其他总分类账户略。如表8-47~表8-49所示。

表 8-45　科目汇总表

科 目 汇 总 表

2021 年　　　1 月　　　1 日 至　　　15 日　　　汇字第　1　号

会计科目	借方金额	贷方金额	页数	会计科目	借方金额	贷方金额	页数
库存现金	8 106 00	7 910 00					
银行存款	500 518 00	253 945 00					
应收账款	8 475 00	9 475 00					
预收账款	1 600 00						
原材料	13 150 00						
其他应收款	800 00	800 00					
应付账款	3 100 00						
应交税费	2 159 50	2 191 80					
应付职工薪酬	7 800 00						
制造费用	450 00						
实收资本		300 000 00					
主营业务收入		16 860 00					
管理费用	1 340 00						
合　计	919 113 00	919 113 00		合　计			

会计主管 ××　　　记账 ××　　　审核 ××　　　制表 ××　　　附凭证　19　张

表 8-46 科目汇总表

科 目 汇 总 表

2021 年 1 月 16 日 至 31 日 　　　汇字第 2 号

会计科目	借方金额	贷方金额
库存现金	2 0 0 0 0 0	1 8 0 0 0 0
银行存款	1 4 7 1 2 6 0 0	1 1 0 2 2 0 0 0
应收账款	2 7 1 2 0 0	2 7 1 2 0 0
原材料	7 7 0 0 0 0 0	1 4 3 5 7 0 0 0
库存商品	2 4 1 2 9 0 0 0	2 2 4 4 7 4 0 0
其他应收款	1 0 0 0 0 0	
固定资产	1 8 5 0 0 0	
累计折旧		3 1 8 0 0 0
应付账款	8 7 0 1 0 0 0	8 7 0 1 0 0 0
应交税费	9 5 0 1 0 0 0	3 3 0 6 8 8 0
应付职工薪酬	8 0 0 0 0 0	8 8 9 2 0 0 0
应付利息	6 0 0 0 0 0	3 0 0 0 0 0
生产成本	2 3 3 6 0 0 0 0	2 4 1 2 9 0 0 0
制造费用	1 5 5 2 4 0 0	1 5 9 7 4 0 0
本年利润	2 5 2 8 4 6 8 0	2 9 8 8 0 0 0 0
主营业务收入	2 9 8 8 0 0 0 0	1 3 0 2 0 0 0 0
主营业务成本	2 2 4 4 7 4 0 0	2 2 4 4 7 4 0 0
税金及附加	8 2 1 7 3	8 2 1 7 3
销售费用	1 0 0 0 0 0	1 0 0 0 0 0
管理费用	6 8 8 0 0 0	8 2 2 0 0 0
财务费用	3 0 0 0 0 0	3 0 0 0 0 0
所得税费用	1 5 3 2 1 0 7	1 5 3 2 1 0 7
合　计	1 6 3 7 0 5 5 6 0	1 6 3 7 0 5 5 6 0

会计主管 ×× 　　记账 ×× 　　审核 ×× 　　制表 ×× 　　附凭证 23 张

表 8-47 总分类账

总 分 类 账

第　　号

会计科目或编号：　库存现金

2021		记账凭证		摘要	借方										√	贷方										√	借或贷	余额										√
月	日	字	号		亿	千	百	十	万	千	百	十	元	角	分		亿	千	百	十	万	千	百	十	元	角	分		亿	千	百	十	万	千	百	十	元	角	分	
01	01			上月结转																								借					3	5	0	0	0	0	
01	15	汇	1	1-15日汇总				8	1	0	6	0	0	0							7	9	1	0	0	0	0	借					5	4	6	0	0	0	
01	31	汇	2	16-31日汇总						2	0	0	0	0									1	8	0	0	0	借					5	6	6	0	0	0	
01	31			本月合计				8	3	0	6	0	0	0							8	0	9	0	0	0	0	借					5	6	6	0	0	0	

表 8-48 总分类账

总 分 类 账

第　　号

会计科目或编号：　银行存款

2021		记账凭证		摘要	借方										√	贷方										√	借或贷	余额										√
月	日	字	号		亿	千	百	十	万	千	百	十	元	角	分		亿	千	百	十	万	千	百	十	元	角	分		亿	千	百	十	万	千	百	十	元	角	分	
01	01			上月结转																								借				1	6	5	1	8	0	0	0	
01	15	汇	1	1-15日汇总				5	0	0	5	1	8	0	0					2	5	3	9	4	5	0	0	借				4	1	1	7	5	3	0	0	
01	31	汇	2	16-31日汇总				1	4	7	1	2	6	0	0					1	1	0	2	2	0	0	0	借				4	4	8	6	5	9	0	0	
01	31			本月合计				6	4	7	6	4	4	0	0					3	6	4	1	6	5	0	0	借				4	4	8	6	5	9	0	0	

表 8-49 总分类账

总 分 类 账

第　　号

会计科目或编号：　原材料

2021		记账凭证		摘要	借方										√	贷方										√	借或贷	余额										√
月	日	字	号		亿	千	百	十	万	千	百	十	元	角	分		亿	千	百	十	万	千	百	十	元	角	分		亿	千	百	十	万	千	百	十	元	角	分	
01	01			上月结转																								借					2	5	6	0	0	0	0
01	15	汇	1	1-15日汇总				1	3	1	5	0	0	0	0												借					3	8	7	5	0	0	0
01	31	汇	2	16-31日汇总						7	7	0	0	0	0						1	4	3	5	7	0	0	借					3	2	0	9	3	0	0
01	31			本月合计				2	0	8	5	0	0	0	0						1	4	3	5	7	0	0	借					3	2	0	9	3	0	0

 会计职业判断

1. 通过上述案例操作，指出科目汇总表账务处理程序与记账凭证账务处理程序的区别是什么？
2. 为什么要采用这种科目汇总表账务处理程序？

 任务训练

工作实例：

仍以任务 8.1 中任务训练鸿德公司 2021 年 3 月的资料为例。

工作要求：

在科目汇总表账务处理程序下完成建账、编制记账凭证、登记账簿、对账、结账、编制会计报表等各项工作任务。

工作步骤：

第一步：根据发生经济业务所取得的原始凭证或汇总原始凭证填制通用记账凭证。（略）
第二步：根据收、付款业务的记账凭证登记现金日记账和银行存款日记账。（略）
第三步：根据原始凭证、通用记账凭证登记明细分类账。（略）
第四步：根据记账凭证编制科目汇总表一张（可以通过T形账户进行汇总）
第五步：根据科目汇总表登记总分类账。
第六步：将日记账、明细账与总账进行核对。
第七步：根据总账及其所属的明细账和其他资料编制会计报表。（略）

任务 8.3　应用汇总记账凭证账务处理程序

采用汇总记账凭证账务处理程序，完成信达公司有关1月份的经济业务处理，完成从编制记账凭证→登记日记账→登记明细账→登记总账→编制会计报表的全过程。

8.3.1　汇总记账凭证账务处理程序的特点

汇总记账凭证账务处理程序是根据原始凭证或汇总原始凭证编制记账凭证，定期根据记账凭证分类编制汇总收款凭证、汇总付款凭证和汇总转账凭证，再根据汇总记账凭证登记总分类账的一种账务处理程序。其特点是：定期根据记账凭证分类编制汇总收款凭证、汇总付款凭证和汇总转账凭证，再根据汇总记账凭证登记总分类账。

8.3.2　汇总记账凭证账务处理程序下设置的记账凭证与会计账簿

1. 设置的记账凭证

在汇总记账凭证账务处理程序下，需要设置专用记账凭证，即收款凭证、付款凭证、转账凭证。然后，根据专用记账凭证分别编制汇总收款凭证、汇总付款凭证和汇总转账凭证，再依据三类汇总记账凭证登记总账。

2. 设置的会计账簿

在汇总记账凭证账务处理程序下，会计账簿设置与前两种账务处理程序相同。

8.3.3　汇总记账凭证的编制方法

1. 汇总记账凭证的编制时间

汇总记账凭证一般5天、10天或15天汇总一次，每月编制一次。

2. 汇总记账凭证的编制方法

1) 汇总收款凭证

汇总收款凭证，是按"库存现金"科目和"银行存款"科目的借方分别设置，根据现金、银行存款收款凭证，对其对应的贷方科目进行归类，汇总了一定时期内现金、银行存款的收款业务，月末结计出合计数，分别计入"库存现金"和"银行存款"总账账户的借方和与之相对应总账账户的贷方。

汇总收款凭证的格式如表 8-50 所示。（以 10 天汇总一次，每月编制一次为例）

表 8-50 汇总收款凭证

借方科目：库存现金　　　　　　　　　　年　月　　　　　　　　　　第　号

借方科目	金额			总账页数	
	1—15 日记账凭证 第　号至　号	16—31 日记账凭证 第　号至　号	本月合计	借方	贷方
合计					

2）汇总付款凭证

汇总付款凭证是按"库存现金"科目和"银行存款"科目的贷方分别设置，根据现金、银行存款付款凭证，对其对应的借方科目进行归类，汇总了一定时期内现金、银行存款的付款业务，月末结计出合计数，分别计入"库存现金""银行存款"总账账户的贷方和与之相对应总账账户的借方。

汇总付款凭证的格式如表 8-51 所示。（以 10 天汇总一次，每月编制一次为例）

表 8-51 汇总付款凭证

贷方科目　　　　　　　　　　　　　年　月　　　　　　　　　　　　第　号

借方科目	金额			总账页数	
	1—15 日记账凭证 第　号至　号	16—31 日记账凭证 第　号至　号	本月合计	借方	贷方
合计					

3）汇总转账凭证

汇总转账凭证是按转账凭证中每一贷方科目分别设置，并按借方科目归类，汇总了一定时期内转账业务，月末结计出合计数，分别根据汇总转账凭证登记对应总分类账户的借方和贷方。

提示

若汇总期内某一贷方科目的转账凭证不多，为简化核算，可不汇总转账凭证，直接根据转账凭证登记总账。

汇总转账凭证的格式如表8-52所示。（以10天汇总一次，每月编制一次为例）

表8-52　汇总转账凭证

贷方科目：　　　　　　　　　　　　年　　月　　　　　　　　　　　　第　　号

借方科目	金额			总账页数	
	1—15日记账凭证第1号至19号	16—31日记账凭证第20号至46号	本月合计	借方	贷方
合计					

 会计职业判断

以下关于汇总收款凭证和汇总付款凭证的编制表述中，正确的有（　　）。
A．汇总收款凭证一般可5天或10天汇总一次，月终结算出合计数，据以登记总分类账
B．汇总收款凭证，是指按"库存现金"和"银行存款"科目的借方分别设置的一种汇总记账凭证
C．汇总付款凭证，是指按"库存现金"和"银行存款"科目的贷方分别设置的一种汇总记账凭证
D．汇总付款凭证将一定时期内全部现金和银行存款付款凭证，分别按其对应贷方科目进行归类，计算出每一借方科目发生额合计数，填入汇总付款凭证中

8.3.4　汇总记账凭证账务处理程序的工作步骤

（1）根据原始凭证编制汇总原始凭证；
（2）根据原始凭证或汇总原始凭证，编制记账凭证（收款凭证、付款凭证、转账凭证）；
（3）根据收款凭证、付款凭证逐笔登记现金日记账和银行存款日记账；
（4）根据原始凭证、汇总原始凭证和记账凭证，登记各种明细分类账；
（5）根据各种记账凭证编制有关汇总记账凭证（汇总收款凭证、汇总付款凭证、汇总转账凭证）；
（6）根据各种汇总记账凭证登记总分类账；
（7）期末，现金日记账、银行存款日记账和明细分类账的余额同有关总分类账的余额核对相符；
（8）期末，根据总分类账和明细分类账的记录，编制会计报表。
汇总记账凭证账务处理程序如图8-3所示。

微课：汇总记账凭证账务处理程序

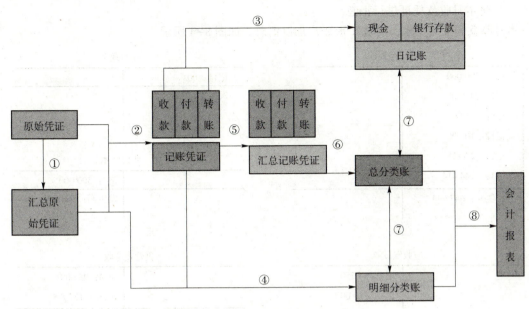

图 8-3 汇总记账凭证账务处理程序

8.3.5 汇总记账凭证账务处理程序的优缺点及适用范围

1. 汇总记账凭证账务处理程序的优点

记账凭证、汇总记账凭证和总分类账三者能清晰地反映账户的对应关系，便于经常分析、检查经济活动的情况；同时，由于总分类账是根据汇总记账凭证于月终时一次登记入账，减轻了登记总账的工作量。

2. 汇总记账凭证账务处理程序的缺点

按每一贷方科目编制汇总转账凭证，不利于会计核算的日常分工，当转账凭证较多时，编制汇总转账凭证的工作量较大。

3. 汇总记账凭证账务处理程序的适用范围

适用于经济规模较大、经济业务较多的大、中型企业和单位。

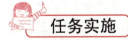任务实施

【做中学 8-3】根据任务 8.1 的案例资料，完成在汇总记账凭证账务处理程序下从编制记账凭证→登记日记账→登记明细账→登记总账→编制会计报表的工作任务。

具体工作步骤：

第一步：根据引入案例资料中信达公司 2021 年 1 月份发生经济业务编制收款凭证、付款凭证、转账凭证；如本项目表 8-6 所示。

第二步：根据收款凭证、付款凭证逐笔登记现金日记账和银行存款日记账；如本项目表 8-7 和表 8-8 所示。

第三步：根据记账凭证和原始凭证登记明细账；如本项目表 8-9～表 8-16 所示。

第四步：根据收款凭证、付款凭证和转账凭证定期编制汇总记账凭证；

这一步是与以上两种账务处理程序不一致之处，主要是为了减少总账的登记次数，以便减少会计人员的工作量。假设我们半个月汇总一次，汇总方法如下：

（1）将本月收款凭证进行汇总。

本月收款凭证共 7 张，通过 T 形账户加以汇总，如图 8-4 所示。

```
         银行存款                              库存现金
记4：300 000                          记11：60
记7：84 750                           发生额：60
记8：105 768                                   （b）
记12：10 000
记24：2 712                                   实收资本
记30：144 414                         记4：300 000
发生额：647 644                       发生额：300 000
         （a）                                （c）

         应收账款                            主营业务收入
记7：84 750                           记8：93 600
记12：10 000                          记30：127 800
记24：2 712                           发生额：221 400
发生额：97 462
         （d）                                （e）

         应交税费
记8：12 168
记30：16 614
发生额：28 782
         （f）
```

图 8-4 利用 T 形账户汇总收款凭证

根据以上 T 形账户的发生额编制汇总收款凭证，如表 8-53 和表 8-54 所示。

表 8-53 汇总收款凭证

借方科目：库存现金　　　　　　　　　　2021 年 1 月　　　　　　　　　　汇收第 1 号

借方科目	金额			总账页数	
	1—15 日记账凭证第 1 号至 19 号	16—31 日记账凭证第 20 号至 46 号	本月合计	借方	贷方
其他应收款	60		60		
合计	60		60		

表 8-54 汇总收款凭证

借方科目：银行存款　　　　　　　　　　　　　2021 年 1 月　　　　　　　　　　　　　汇收第 2 号

借方科目	金额			总账页数	
	1—15 日记账凭证 第 1 号至 19 号	16—31 日记账凭证 第 20 号至 46 号	本月合计	借方	贷方
实收资本	300 000		300 000		
应收账款	94 750	2 712	97 462		
主营业务收入	93 600	127 800	221 400		
应交税费	1 216	16 614	28 782		
合计	500 518	147 126	647 644		

（2）将本月付款凭证进行汇总。

本月付款凭证共 22 张，将付款凭证登记 T 形账户如图 8-5 所示。

其它应收款
记1：800
记28：1 000
发生额：1 800
（a）

应付职工薪酬
记17：78 000
记20：800
发生额：78 800
（b）

应交税费
记5：4 500
记6：7 865
记18：9 230
发生额：21 595
（c）

原材料
记6：60 500
记18：71 000
发生额：131 500
（d）

银行存款
记2：300
记5：4 500
记6：68 365
记9：3 100
记14：450
记15：3 000
记16：78 000
记18：80 230
记19：16 000
记22：1 850
记23：8 000
记25：2 000
记26：3 900
记31：87 010
记32：460
记33：1 000
记34：6 000
发生额：364 165
（e）

库存现金
记15：3 000　　记1：800
记16：78 000　 记13：300
记25：2 000　　记17：78 000
　　　　　　　记20：800
　　　　　　　记28：1 000
发生额：83 000　发生额：80 900
（f）

应付利息
记34：6 000
发生额：6 000
（g）

销售费用
记33：1 000
发生额：1 000
（h）

图 8-5 利用 T 形账户汇总付款凭证

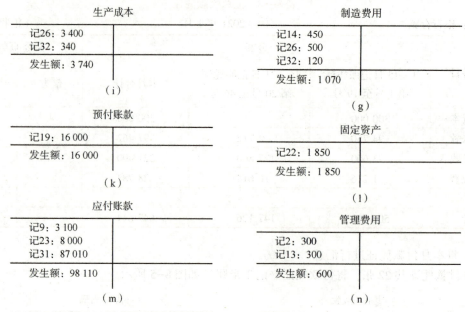

图 8-5 利用 T 形账户汇总付款凭证（续）

根据 T 形账户汇总结果编制付款汇总记账凭证如表 8-55～表 8-58 所示。

表 8-55 汇总付款凭证

贷方科目：库存现金　　　　　　　　　　　2021 年 1 月　　　　　　　　　　　汇付第 1 号

借方科目	金额			总账页数	
	1—15 日记账凭证第 1 号至 19 号	16—31 日记账凭证第 20 号至 46 号	本月合计	借方	贷方
其他应收款	800	1 000	1 800		
管理费用	300		300		
应付职工薪酬	78 000	800	78 800		
合计	79 100	1 800	80 900		

表 8-56 汇总付款凭证

贷方科目：银行现金　　　　　　　　　　　2021 年 1 月　　　　　　　　　　　汇付第 2 号

借方科目	金额			总账页数	
	1—15 日记账凭证第 1 号至 19 号	16—31 日记账凭证第 20 号至 46 号	本月合计	借方	贷方
管理费用	300		300		
库存现金	81 000	2 000	83 000		
应交税费	21 595		21 595		
原材料	1 31500		131 500		
应会账款	3 100	95 010	98 110		
合计	237 495	97 010	334 505		

表 8-57　汇总付款凭证

贷方科目：银行存款　　　　　　　　　　　2021 年 1 月　　　　　　　　　　　汇付第 3 号

借方科目	金额			总账页数	
	1—15 日记账凭证 第 1 号至 19 号	16—31 日记账凭证 第 20 号至 46 号	本月合计	借方	贷方
制造费用	450	620	1 070		
预付账款	16 000		16 000		
生产成本		3 740	3 740		
应付利息		6 000	6 000		
固定资产		1 850	1 850		
合计	16 450	12 210	28 660		

表 8-58　汇总付款凭证

贷方科目：银行存款　　　　　　　　　　　2021 年 1 月　　　　　　　　　　　汇付第 4 号

借方科目	金额			总账页数	
	1—15 日记账凭证 第 1 号至 19 号	16—31 日记账凭证 第 20 号至 46 号	本月合计	借方	贷方
销售费用		1 000	1 000		
合计		1 000	1 000		

会计职业判断

"库存现金"与"银行存款"账户之间的收付款业务如何填制记账凭证？又如何填制汇总记账凭证？

（3）将本月的转账凭证汇总。

本月转账凭证共 17 张，汇总结果如表 8-59～表 8-76 所示（T 形账户略）。

表 8-59　汇总转款凭证

贷方科目：其他应收款　　　　　　　　　　2021 年 1 月　　　　　　　　　　　汇转第 1 号

借方科目	金额			总账页数	
	1—15 日记账凭证 第 1 号至 19 号	16—31 日记账凭证 第 20 号至 46 号	本月合计	借方	贷方
管理费用	740		740		
合计	740		740		

表 8-60　汇总转款凭证

贷方科目：原材料　　　　　　　　　　2021 年 1 月　　　　　　　　　　汇转第 2 号

借方科目	金额			总账页数	
	1—15 日记账凭证 第 1 号至 19 号	16—31 日记账凭证 第 20 号至 46 号	本月合计	借方	贷方
生产成本		142 750	142 750		
制造费用		820	820		
合计		143 570	143570		

表 8-61　汇总转款凭证

贷方科目：库存商品　　　　　　　　　　2021 年 1 月　　　　　　　　　　汇转第 3 号

借方科目	金额			总账页数	
	1—15 日记账凭证 第 1 号至 19 号	16—31 日记账凭证 第 20 号至 46 号	本月合计	借方	贷方
主营业务成本		224 474	224 474		
合计		224 474	224 474		

表 8-62　汇总转款凭证

贷方科目：主营业务收入　　　　　　　　2021 年 1 月　　　　　　　　　　汇转第 4 号

借方科目	金额			总账页数	
	1—15 日记账凭证 第 1 号至 19 号	16—31 日记账凭证 第 20 号至 46 号	本月合计	借方	贷方
应收账款	75 000	2 400	77 400		
合计	75 000	2 400	77 400		

表 8-63　汇总转款凭证

贷方科目：应交税费　　　　　　　　　　2021 年 1 月　　　　　　　　　　汇转第 5 号

借方科目	金额			总账页数	
	1—15 日记账凭证 第 1 号至 19 号	16—31 日记账凭证 第 20 号至 46 号	本月合计	借方	贷方
税金及附加		821.73	821.73		
所得税费用		15 321.07	15 321.07		

续表

借方科目	金额			总账页数	
	1—15日记账凭证第1号至19号	16—31日记账凭证第20号至46号	本月合计	借方	贷方
应收账款	12 168	312	12 480		
合计	12 168	16 454.80	28 622.80		

表 8-64　汇总转款凭证

贷方科目：累计折旧　　　　　　　　　　2021 年 1 月　　　　　　　　　　汇转第 6 号

借方科目	金额			总账页数	
	1—15日记账凭证第1号至19号	16—31日记账凭证第20号至46号	本月合计	借方	贷方
制造费用		2 000	2 000		
管理费用		1 180	1 180		
合计		3 180	3 180		

表 8-65　汇总转款凭证

贷方科目：应付账款　　　　　　　　　　2021 年 1 月　　　　　　　　　　汇转第 7 号

借方科目	金额			总账页数	
	1—15日记账凭证第1号至19号	16—31日记账凭证第20号至46号	本月合计	借方	贷方
原材料		77 000	77 000		
应交税费		10 010	10 010		
合计		87 010	87 010		

表 8-66　汇总转款凭证

贷方科目：应付职工薪酬　　　　　　　　2021 年 1 月　　　　　　　　　　汇转第 8 号

借方科目	金额			总账页数	
	1—15日记账凭证第1号至19号	16—31日记账凭证第20号至46号	本月合计	借方	贷方
生产成本		71 136	71 136		
制造费用		12 084	12 084		
管理费用		5 700	5 700		
合计		88 920	88 920		

表 8-67　汇总转款凭证

贷方科目：应付利息　　　　　　　　　　2021 年 1 月　　　　　　　　　　汇转第 9 号

借方科目	金额			总账页数	
	1—15 日记账凭证 第 1 号至 19 号	16—31 日记账凭证 第 20 号至 46 号	本月合计	借方	贷方
账务费用		3 000	3 000		
合计		3 000	3 000		

表 8-68　汇总转款凭证

贷方科目：财务费用　　　　　　　　　　2021 年 1 月　　　　　　　　　　汇转第 10 号

借方科目	金额			总账页数	
	1—15 日记账凭证 第 1 号至 19 号	16—31 日记账凭证 第 20 号至 46 号	本月合计	借方	贷方
本年利润		3 000	3 000		
合计		3 000	3 000		

表 8-69　汇总转款凭证

贷方科目：生产成本　　　　　　　　　　2021 年 1 月　　　　　　　　　　汇转第 11 号

借方科目	金额			总账页数	
	1—15 日记账凭证 第 1 号至 19 号	16—31 日记账凭证 第 20 号至 46 号	本月合计	借方	贷方
库存商品		241 290	241 290		
合计		241 290	241 290		

表 8-70　汇总转款凭证

贷方科目：制造费用　　　　　　　　　　2021 年 1 月　　　　　　　　　　汇转第 12 号

借方科目	金额			总账页数	
	1—15 日记账凭证 第 1 号至 19 号	16—31 日记账凭证 第 20 号至 46 号	本月合计	借方	贷方
生产成本		15 974	15 974		

续表

借方科目	金额			总账页数	
	1—15日记账凭证 第1号至19号	16—31日记账凭证 第20号至46号	本月合计	借方	贷方
合计		15 974	15 974		

表 8-71　汇总转款凭证

贷方科目：本年利润　　　　　　　　　　2021 年 1 月　　　　　　　　　　汇转第 13 号

借方科目	金额			总账页数	
	1—15日记账凭证 第1号至19号	16—31日记账凭证 第20号至46号	本月合计	借方	贷方
主营业务收入		298 800	298 800		
合计		298 800	298 800		

表 8-72　汇总转款凭证

贷方科目：主营业务成本　　　　　　　　2021 年 1 月　　　　　　　　　　汇转第 14 号

借方科目	金额			总账页数	
	1—15日记账凭证 第1号至19号	16—31日记账凭证 第20号至46号	本月合计	借方	贷方
本年利润		224 474	224 474		
合计		224 474	224 474		

表 8-73　汇总转款凭证

贷方科目：税金及附加　　　　　　　　　2021 年 1 月　　　　　　　　　　汇转第 15 号

借方科目	金额			总账页数	
	1—15日记账凭证 第1号至19号	16—31日记账凭证 第20号至46号	本月合计	借方	贷方
本年利润		821.73	821.73		
合计		821.73	821.73		

表 8-74　汇总转款凭证

贷方科目：管理费用　　　　　　　　　　2021 年 1 月　　　　　　　　　　汇转第 16 号

借方科目	金额			总账页数	
	1—15 日记账凭证第 1 号至 19 号	16—31 日记账凭证第 20 号至 46 号	本月合计	借方	贷方
本年利润		8 220	8 220		
合计		8 220	8 220		

表 8-75　汇总转款凭证

贷方科目：销售费用　　　　　　　　　　2021 年 1 月　　　　　　　　　　汇转第 17 号

借方科目	金额			总账页数	
	1—15 日记账凭证第 1 号至 19 号	16—31 日记账凭证第 20 号至 46 号	本月合计	借方	贷方
本年利润		1 000	1 000		
合计		1 000	1 000		

表 8-76　汇总转款凭证

贷方科目：所得税费用　　　　　　　　　2021 年 1 月　　　　　　　　　　汇转第 8 号

借方科目	金额			总账页数	
	1—15 日记账凭证第 1 号至 19 号	16—31 日记账凭证第 20 号至 46 号	本月合计	借方	贷方
本年利润		15 321.07	15 321.07		
合计		15 321.07	15 321.07		

提示

　　汇总转账凭证上的账户对应关系是一个贷方账户与一个或几个借方账户相对应，所以，在汇总记账凭证账务处理程序下，为了便于编制汇总转账凭证，在平时编制转账凭证时，应使账户的对应关系保持一个贷方账户与一个或几个借方账户相对应，不得填制一个借方账户或几个借方账户与几个贷方账户相对应的转账凭证。否则，就不能以贷方账户为主进行汇总。

（4）根据汇总记账凭证登记总分类账，仅以"库存现金""银行存款"账户为例进行登记，其余账户的登记从略，如表 8-77 和表 8-78 所示。

表 8-77 总分类账

总 分 类 账

第　号

会计科目或编号：　　库存现金

2021		记账凭证		摘要	借方	√	贷方	√	借或贷	余额	√
月	日	字	号		亿千百十万千百十元角分		亿千百十万千百十元角分			亿千百十万千百十元角分	
01	01			上月结转					借	3 5 0 0 0 0	
01	31	汇收	1	1-15日汇总	6 0 0 0				借	3 5 6 0 0 0	
01	31	汇付	2	1-15日汇总	8 1 0 0 0 0 0				借	8 4 5 6 0 0 0	
01	31	汇付	1	1-15日汇总			7 9 1 0 0 0 0		借	5 4 6 0 0 0	
01	31	汇付	2	16-31日汇总	2 0 0 0 0 0				借	7 4 6 0 0 0	
01	31	汇付	1	16-31日汇总			1 8 0 0 0 0		借	5 6 6 0 0 0	
01	31			本月合计	8 3 0 6 0 0 0		8 0 9 0 0 0 0		借	5 6 6 0 0 0	

表 8-78 总分类账

总 分 类 账

第　号

会计科目或编号：　　银行存款

2021		记账凭证		摘要	借方	√	贷方	√	借或贷	余额	√
月	日	字	号		亿千百十万千百十元角分		亿千百十万千百十元角分			亿千百十万千百十元角分	
01	01			上月结转					借	1 6 5 1 8 0 0	
01	31	汇收	2	1-15日汇总	5 0 0 5 1 8 0 0				借	6 6 5 6 9 8 0 0	
01	31	汇付	2	1-15日汇总			2 3 7 4 9 5 0 0		借	4 2 8 2 0 3 0 0	
01	31	汇付	3	1-15日汇总			1 6 4 5 0 0 0		借	4 1 1 7 5 3 0 0	
01	31	汇收	2	16-31日汇总	1 4 7 1 2 6 0 0				借	5 5 8 8 7 9 0 0	
01	31	汇付	2	16-31日汇总			9 7 0 1 0 0 0		借	4 6 1 8 6 9 0 0	
01	31	汇付	3	16-31日汇总			1 2 2 1 0 0 0		借	4 4 9 6 5 9 0 0	
01	31	汇付	4	16-31日汇总			1 0 0 0 0 0		借	4 4 8 6 5 9 0 0	
01	31			本月合计	6 4 7 6 4 4 0 0		3 6 4 1 6 5 0 0		借	4 4 8 6 5 9 0 0	

会计职业判断

（1）汇总记账凭证账务处理程序与前两种账务处理程序有何异同？能否替代使用？
（2）三种不同的账务处理程序，核算的最终结果是否一致？
（3）汇总记账凭证账务处理程序下对账簿和凭证有何要求？
（4）在会计实务中，以上各种账务处理程序能否结合运用？

任务训练

工作实例：
仍以任务 8.1 中任务训练鸿德公司 2021 年 3 月的资料为例。
工作要求：
在汇总记账凭证账务处理程序下完成编制记账凭证、登记账簿、对账、结账、编制会计报表等各项工作。
工作步骤：
第一步：根据发生的经济业务填制收款凭证、付款凭证、转账凭证。

第二步：根据收款凭证、付款凭证登记现金日记账和银行存款日记账。(略)

第三步：根据专用记账凭证登记明细分类账。(略)

第四步：根据收款凭证、付款凭证、转账凭证分别编制库存现金汇总收款凭证、银行存款汇总收款凭证、库存现金汇总付款凭证、银行存款汇总付款凭证、汇总转账凭证。

第五步：根据汇总记账凭证登记总分类账。

第六步：将日记账、明细账与总账进行核对。

第七步：根据总账及其所属的明细账和其他资料编制会计报表。(略)

【总结比较】

以上三种常用账务处理程序的比较如表8-79所示。

表8-79　三种常用账务处理程序的比较

账务处理程序	特点	需设置的记账凭证与会计账簿	优点	缺点	适用范围
记账凭证账务处理程序	直接根据记账凭证，逐笔登记总分类账，是最基本的核算形式	1. 记账凭证：专用记账凭证或通用记账凭证 2. 会计账簿：现金、银行存款日记账，总分类账和明细分类账	1. 简单明了，易于理解； 2. 总分类账较详细地记录和反映经济业务的发生情况，来龙去脉清楚，便于了解经济业务动态和查对账目	如果企业规模大，则登记总账的工作量很大	规模小且经济业务较少的经济单位
科目汇总表账务处理程序	定期将所有记账凭证汇总，编制科目汇总表，据此登记总分类账	1. 记账凭证：专用记账凭证或通用记账凭证 2. 会计账簿：现金、银行存款日记账，总分类账和明细分类账	1. 大大减轻了登记总账的工作量并起到试算平衡的作用； 2. 保证登记总账的正确性	科目汇总表是按总账科目汇总编制，只能作为登记总账和试算平衡的依据，不便于分析和检查经济业务的来龙去脉，不便于查对账目	经济业务量大且有一定规模的经济单位
汇总记账凭证账务处理程序	先定期将全部记账凭证按收、付款凭证和转账凭证分别归类汇总，编制成汇总记账凭证，再根据汇总记账凭证登记总分类账	1. 记账凭证：收款凭证、付款凭证、转账凭证、汇总收（付、转）凭证 2. 会计账簿：现金、银行存款日记账、总分类账和明细分类账	1. 便于通过有关科目之间的对应关系，了解经济业务的来龙去脉，便于核对账目； 2. 减少了登记总分类账的工作量	汇总记账凭证是按每一贷方科目，而不是按经济业务的性质归类、汇总的，因而不利于会计核算工作的分工，当转账凭证较多时，编制汇总记账凭证的工作量较大	规模大、经济业务较多的大、中型经济单位

拓 展

日记总账账务处理程序

1. 日记总账账务处理程序的特点

日记总账账务处理程序是指对发生的经济业务事项，先根据原始凭证或汇总原始凭证编制记账凭证，再根据记账凭证逐笔顺序登记日记总账的一种账务处理程序。其特点是需要设置日记总账，直接根据记账凭证逐笔顺序登记日记总账。

2. 日记总账账务处理程序下设置的会计凭证与会计账簿

1）设置的会计凭证

在日记总账账务处理程序下，采用的记账凭证主要是专用记账凭证，即收款凭证、付款凭证和转账凭证，也可采用通用记账凭证。

2）设置的会计账簿

采用的日记账和明细分类账与其他账务处理程序基本相同，所不同的是：在这种账务处理程序下需要专门设置日记总账。

3. 日记总账的格式与登记方法

日记总账是日记账和分类账结合在一起，兼具序时账簿和分类账簿两种功能的联合账簿。是将全部科目都集中设置在一张账页上，以记账凭证为依据，对所发生的全部经济业务进行序时登记。月末将每个科目借、贷方登记的数字分别合计，并计算出每个科目的月末余额。

日记总账的账页一般设计为多栏式，即将经济业务发生以后可能涉及的所有会计科目，分设专栏集中列示在同一张账页上，每一科目又具体分设借方和贷方两栏。每笔经济业务的借方发生额和贷方发生额应该分别登记在同一行的有关科目的借方栏和贷方栏；并将发生额记入"发生额"栏内。月末，分别结出各栏次的合计数，计算各科目的月末借方或贷方余额。

月末，日记总账要进行账簿记录的核对工作，首先核对各科目的借方余额合计数与贷方余额合计数是否相符；"发生额"栏目内的本月合计数，与全部科目的借方发生额合计数或贷方发生额的合计数是否相符。日记总账的账页格式如表8-80所示。

表8-80 日记总账 元

2011年		记账凭证	摘要	发生额	银行存款		在途物资		应交税费		……
月	日				借方	贷方	借方	贷方	借方	贷方	……
10	1		月初余额		72 000		40 000			17 360	
	3	银付1	购货	9 360		9 360	8 000		1 360		
	6	银付2	上交税金	16 000		16 000			16 000		
			…								
			…								
			本月合计	25 360		25 360	8 000		17 360		
			月末余额		46 640		48 000			0	

4. 日记总账账务处理程序的工作步骤

（1）根据有关的原始凭证或原始凭证汇总表编制记账凭证；

（2）根据收款凭证和付款凭证逐笔登记库存现金日记账和银行存款日记账；

（3）根据记账凭证并参考原始凭证或原始凭证汇总表，逐笔登记各种明细分类账；

（4）根据各种记账凭证逐笔登记日记总账；

（5）月末，将日记总账分别与现金、银行存款日记账和明细分类账相互核对；

（6）期末，根据日记总账和明细分类账有关资料编制会计报表。

日记总账账务处理程序如图8-6所示。

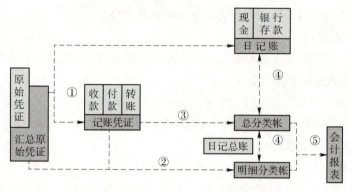

图8-6　日记总账账务处理程序

5. 日记总账账务处理程序的优缺点及适用范围

1）日记总账账务处理程序的优点

日记总账账务处理程序的优点主要表现在以下两个方面：

（1）可以大大简化总分类账的登记手续。在日记总账账务处理程序下，是将日记账和总分类账结合在一起，直接根据记账凭证登记日记总账，并且是将所有会计科目都集中在一张账页上，而不是分设在各个账簿中，因而，可以简化登记总分类账的手续。

（2）在日记总账上能够清晰地反映会计账户之间的对应关系。当经济业务发生以后，在日记总账上要按照预先设置的会计科目栏，在相应栏次的同一行进行登记，可以集中反映经济业务的全貌，反映会计账户之间的对应关系，便于进行会计检查和会计分析。

2）日记总账核算程序的缺点

日记总账核算程序的缺点主要表现在以下两个方面：

（1）增大了登记日记总账的工作量。如同记账凭证核算组织程序一样，在日记总账核算组织程序下，对于发生的每一笔经济业务都要根据记账凭证逐笔在日记总账中登记，实际上与登记日记账和明细分类账是一种重复登记，势必要增大登记日记总账的工作量。

（2）不便于记账分工和查阅。在使用会计科目比较多的会计主体，日记总账的账页势必要设计得很大，既不便于进行记账和查阅，也容易登记串行等记账错误。如果会计人员较多，也不便于他们在记账上的业务分工。

3）日记总账账务处理程序的适用范围

日记总账账务处理程序一般只适用于规模小、业务量少、使用会计科目不多的会计主体。但在使用会计软件的大中型企业，由于账簿的登记等是由计算机来完成，克服了日记总账账务处理程序的缺点，因此在一些大中型企业也可以应用这种核算程序。

自检知识图谱

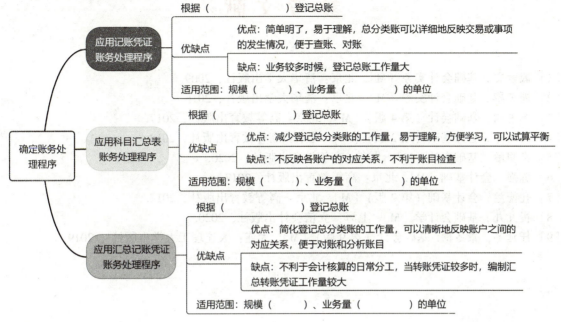

 自测题

项目八自测题

参考文献

[1] 戚素文. 基础会计实务 [M]. 北京：清华大学出版社，2009.
[2] 周东黎. 基础会计实务 [M]. 北京：清华大学出版社，2016.
[3] 李占国. 基础会计（第4版）[M]. 北京：高等教育出版社，2017.
[4] 高丽萍. 会计基础（第2版）[M]. 北京：高等教育出版社，2018.
[5] 常明敏. 基础会计 [M]. 北京：高等教育出版社，2020.
[6] 陈强. 会计基础 [M]. 北京：高等教育出版社，2017.
[7] 孔德兰. 会计基础（第2版）[M]. 北京：高等教育出版社，2017.
[8] 崔九九. 基础会计学 [M]. 上海：立信会计出版社，2020.
[9] 任延冬，景冬梅. 基础会计（第9版）[M]. 大连：大连理工大学出版社，2019.